Ronald Gleich/Fred Marfleet (Hrsg.)

Effektives Gemeinkostenmanagement –
Best-Practice-Beispiele erfolgreicher Unternehmen

Ronald Gleich/Fred Marfleet (Hrsg.)

Effektives Gemeinkostenmanagement – Best-Practice-Beispiele erfolgreicher Unternehmen

Haufe Gruppe
Freiburg • München

Bibliografische Information der Deutschen Nationalbibliothek
Die Deutsche Nationalbibliothek verzeichnet diese Publikation in der Deutschen Nationalbibliografie; detaillierte bibliografische Daten sind im Internet über http://dnb.ddb.de abrufbar.

Print: ISBN: 978-3-648-03204-6	Bestell-Nr.: 01492-0001
ePDF: ISBN: 978-3-648-03206-0	Bestell-Nr.: 01492-0150
ePUB: ISBN: 978-3-648-03205-3	Bestell-Nr.: 01492-0100

Ronald Gleich/Fred Marfleet (Hrsg.)
Effektives Gemeinkostenmanagement –
Best-Practice-Beispiele erfolgreicher Unternehmen
1. Auflage 2012

© 2012 Haufe-Lexware GmbH & Co. KG
Niederlassung München
Redaktionsanschrift: Postfach, 82142 Planegg/München
Hausanschrift: Fraunhoferstraße 5, 82152 Planegg/München
Telefon: 089 895 17-0
Telefax: 089 895 17-290
www.haufe.de
online@haufe.de
Lektorat: Dipl.-Betriebswirt (FH) Günther Lehmann
Schriftleitung: Dipl.-Kfm. Mike Schulze (EBS Business School)

Alle Rechte, auch die des auszugsweisen Nachdrucks, der fotomechanischen Wiedergabe (einschließlich Mikrokopie) sowie die Auswertung durch Datenbanken, vorbehalten.

Umschlag: RED GmbH, 82152 Krailling
Druckvorstufe: Reemers Publishing Services GmbH, Luisenstraße 62, 47799 Krefeld
Druck: fgb. freiburger graphische betriebe, 79108 Freiburg

Alle Angaben/Daten nach bestem Wissen, jedoch ohne Gewähr für Vollständigkeit und Richtigkeit. Alle Rechte, auch die des auszugsweisen Nachdrucks, der fotomechanischen Wiedergabe (einschließlich Mikrokopie) sowie der Auswertung durch Datenbanken oder ähnliche Einrichtungen, vorbehalten.

Vorwort

Liebe Leserinnen und Leser,

die nicht-strategischen Beschaffungskosten machen laut dem Bundesverband Materialwirtschaft, Einkauf und Logistik e. V. (BME) mittlerweile zwischen 30 und 50 Prozent des gesamten Einkaufsvolumens in Unternehmen aus. Dazu zählen beispielweise Kostenarten wie IT-, Energie-, Logistik-, Telekommunikations-, Druck- oder Reisekosten, die immer mehr an Bedeutung gewinnen. In diesen Gemeinkosten gibt es im Gegensatz zu den direkten Herstellkosten in vielen Unternehmen noch erhebliches Einsparpotenzial. Da hier die Einsparungen in der Regel ohne direkten Einfluss auf die Qualität des herzustellenden Produktes generiert werden können, lässt sich dort das Unternehmensergebnis durch einfache Maßnahmen und ohne große Investitionen mitunter deutlich verbessern.

Das Gemeinkostenmanagement ist allerdings über lange Zeit in Unternehmen eher stiefmütterlich behandelt und nicht systematisch verfolgt worden. Kostensenkungsmaßnahmen wurden häufig erst als Reaktion auf Unternehmenskrisen oder allgemein konjunkturell bedingte Schwächeperioden verstärkt durchgeführt. Unternehmensführungen griffen dabei häufig zu pauschalen Budgetkürzungen. Um die unternehmerische Effizienz optimal zu gestalten und nachhaltig Wettbewerbsvorteile zu generieren, sollten Unternehmen ein Gemeinkostenmanagement etablieren, das systematisch und auf einer kontinuierlichen Basis angelegt ist. Ziel dieses Buches ist es daher, Führungskräfte in Unternehmen bei der erfolgreichen Umsetzung eines effektiven Gemeinkostenmanagements sowohl methodisch als auch durch konkrete Handlungsempfehlungen und erfolgreiche Praxisbeispiele zu unterstützen. Zu diesem Zweck haben wir Experten aus der Praxis, Wissenschaft und Beratung zusammengebracht und erstmals ein Praxisbuch zum Thema Gemeinkostenmanagement erstellt.

In der Rubrik **„Standpunkt"** diskutiert Mike Schulze mit Fred Marfleet von Expense Reduction Analysts die Relevanz und das Potenzial von kontinuierlichen und nachhaltigen Kostenreduktionsprozessen in Unternehmen.

Der erste Beitrag in der Rubrik **„Grundlagen & Konzepte"** beschäftigt sich mit den Merkmalen von Gemeinkosten sowie deren Entwicklung und gibt einen Überblick über die Methoden des Gemeinkostencontrollings. Ein zweiter Beitrag stellt ein Rahmenkonzept des Gemeinkostencontrollings vor und betrachtet exemplarisch die drei spezifischen Felder Fixkosten-, Prozesskosten- und Komplexitätskostencontrolling. Daran anschließend wird die Prozesskostenrechnung als erfolgversprechendes Instrument der Gemeinkostensteuerung im Detail betrachtet und kritisch beleuchtet. Die Rubrik beschließt ein Beitrag, der die Ergebnisse einer aktuellen Studie bezüglich der Erfolgsfaktoren und Potenziale der Gemeinkostenreduktion in der Unternehmenspraxis sowie der dazu eingesetzten Verfahren und Instrumente vorstellt.

Erfolgreiche Beispiele der Implementierung eines Gemeinkostenmanagements in der Praxis sind in der Rubrik „Umsetzung & Praxis" zu finden. Ein erster Beitrag zeigt auf, wie man bei der Heidelberger Druckmaschinen AG durch eine prozessorientierte Variantenkostenbewertung die zunehmende Komplexität der Varianten- und Teilevielfalt steuerbar macht. Der zweite Beitrag stellt die leistungsorientierte und verursachungsgerechte Verrechnung von Gemeinkosten durch die Einführung einer Prozesskostenrechnung im Service Center Lieferantenverkehr der Otto Group vor. In weiteren Beiträgen werden die positiven Ergebnisse im Rahmen eines Energiekostenprojektes bei der Commerzbank-Arena, die Möglichkeiten zur Optimierung von kleinen und mittleren Reisekostenbudgets im Travel Management sowie die Effizienzsteigerung im Bereich der Intralogistik durch die Optimierung des Nutzungsgrades einer reduzierten Flurförderfahrzeugflotte dargestellt. Der letzte Beitrag fokussiert die prozessorientierte Gemeinkostenplanung und -steuerung in Versicherungsunternehmen.

In der Rubrik „Organisation & IT" thematisiert der erste Beitrag die Methodik der Fixkostenvorverteilung als Alternative zum Fixkostenverrechnungssatz in SAP. Ein weiterer Beitrag fokussiert psychologische Aspekte und beschreibt, wie im Rahmen eines Gemeinkostenmanagements Widerstände integriert und Akzeptanz geschaffen werden kann. Der dritte Beitrag dieser Rubrik zeigt die Möglichkeiten zur Reduzierung von Telekommunikationskosten in international agierenden Unternehmen auf. Darüber hinaus wird in einem weiteren Beitrag vorgestellt, wie sich Gemeinkosten durch die aktive Gestaltung von Organisationsstrukturen und -prozessen in Unternehmen positiv beeinflussen lassen. Zuletzt werden in dieser Rubrik die Möglichkeiten und Einsparpotenziale elektronischer Tools im Rahmen von Einkaufs- und Beschaffungsprozessen diskutiert.

In der letzten Rubrik „Literaturanalyse" stellen wir Ihnen vier ausgewählte Bücher als weiterführende Literatur vor.

Wir bedanken uns ganz herzlich bei allen Autoren, die zum Gelingen dieser Ausgabe beigetragen haben, und wünschen Ihnen, liebe Leserinnen und Leser, eine interessante Lektüre.

Oestrich-Winkel/Kent, im November 2012

Ronald Gleich und Fred Marfleet

Inhalt

Kapitel 1: Standpunkt
Das Experten-Interview
Fred Marfleet, Mike Schulze 15

Kapitel 2: Grundlagen & Konzepte
Grundlagen und Konzepte des Gemeinkostencontrollings
Klaus-Peter Franz 23

Gemeinkostencontrolling – Rahmenkonzept,
Funktionen und Instrumente
Uwe Götze 37

Prozesskostenrechnung:
Chancen und Risiken im Gemeinkostenmanagement
Robert Rieg 53

Gemeinkostensteuerung in der Praxis –
Optimale Vorgehensweise und Erfolgsfaktoren
Ronald Gleich, Christoph Schneider, Jochen Schmidt 69

Kapitel 3: Umsetzung & Praxis
Komplexität aktiv steuern – Variantenkostenbewertung
bei der Heidelberger Druckmaschinen AG
Tobias Bayer 87

Leistungsorientierte Gemeinkostenverrechnung im
Service Center Lieferantenverkehr der Otto Group
Kerstin Jurkeit, Michael Felix 111

Commerzbank-Arena Frankfurt: Mit nachhaltigen Konzepten
Energiekosten um 300.000 EUR jährlich gesenkt
Christopher Fiori 133

Optimierung von kleinen und mittleren Reisebudgets im Travel
Management
Markus Frieling 145

Intralogistik: Gesamtkosten des innerbetrieblichen Materialflusses
optimieren
Harald Lampey 163

Prozessorientierte Gemeinkosten-Planung und -Steuerung
in Versicherungsunternehmen
Jürgen Bischof 185

Kapitel 4: Organisation & IT

Fixkostenvorverteilung in SAP® – Alternative zum Fixkostenverrechnungssatz?
Uwe Szyszka 205

Akzeptanz schaffen: Psychologische Hindernisse überwinden,
Widerstände integrieren
Marion Kellner-Lewandowsky 229

Kommunikationskosten in international agierenden Unternehmen
optimieren
Hans-Peter Caesar, Joachim Weindel 247

Center-Organisation: Komplexität durch Flexibilisierung
und Standardisierung lösen
Ralf Dillerup, Daniela Simone Kappler 267

Der Nutzen elektronischer Tools für den Mittelstand bei der
Organisation von Einkaufs- und Beschaffungsprozessen
Arnd Halbach, David Fleschen 285

Kapitel 5: Literaturanalyse

Literaturanalyse
Christoph Munck, Helge F. R. Nuhn 301

Stichwortverzeichnis 311

Die Autoren

Dr. Tobias Bayer
Teamleiter Controlling bei der Heidelberger Druckmaschinen AG in Wiesloch. Er ist darüber hinaus stv. Projektleiter Komplexitätsmanagement im Unternehmen.

Prof. Dr. Jürgen Bischof
Professor für Controlling an der Hochschule Aalen.

Hans-Peter Caesar
Senior Partner von Expense Reduction Analysts mit Büros in Wiesbaden und Wien. Sein Schwerpunkt ist Telekommunikation.

Prof. Dr. Ralf Dillerup
Professor für Unternehmensführung und Controlling an der Hochschule Heilbronn.

Michael Felix
Leiter Service Center Lieferantenverkehr der Otto Group in Hamburg.

Christopher Fiori
Stellvertretender Geschäftsführer der Stadion Frankfurt Management GmbH, der Betreibergesellschaft der Commerzbank-Arena in Frankfurt/Main.

David Fleschen
Referent im Bereich Marketing & PR bei Expense Reduction Analysts in Köln.

Prof. Dr. Klaus-Peter Franz
Inhaber des Lehrstuhls für Betriebswirtschaftslehre, insbesondere Unternehmensprüfung und Controlling, an der Heinrich-Heine-Universität Düsseldorf.

Markus Frieling
Senior Partner bei Expense Reduction Analysts in Münster und Consultant insbesondere im Bereich Travel Management.

Prof. Dr. Ronald Gleich
Vorsitzender der Institutsleitung Strascheg Institute for Innovation and Entrepreneurship (SIIE) der EBS Business School in Oestrich-Winkel.

Prof. Dr. Uwe Götze
Inhaber der Professur für Unternehmensrechnung und Controlling an der Fakultät für Wirtschaftswissenschaften der Technischen Universität Chemnitz.

Dr. Arnd Halbach
Director of Business Development bei Expense Reduction Analysts in Köln.

Kerstin Jurkeit
Senior Manager Controlling im Service Center Lieferantenverkehr der Otto Group in Hamburg.

Daniela Simone Kappler
Akademische Mitarbeiterin und Doktorandin an der Hochschule Heilbronn.

Marion Kellner-Lewandowsky
Selbstständiger Controlling-Coach in den Themengebieten Controlling, Kommunikation und Organisationsentwicklung und Trainerin an der Controller Akademie.

Dr. Harald Lampey
Partner bei Expense Reduction Analysts und Berater für die Beschaffung von technischen Produkten sowie Experte für die Optimierung technischer und organisatorischer Prozesse einschließlich intralogistischer Fragestellungen.

Fred Marfleet
Gründer und Vorsitzender von Expense Reduction Analysts.

Christoph Munck
Wissenschaftlicher Mitarbeiter im Competence Center Controlling und Innovation am Strascheg Institute for Innovation and Entrepreneurship (SIIE) der EBS Business School in Oestrich-Winkel.

Helge F. R. Nuhn
Wissenschaftlicher Mitarbeiter und Doktorand im Forschungsschwerpunkt Innovationsmanagement am Strascheg Institute for Innovation and Entrepreneurship (SIIE) der EBS Business School in Oestrich-Winkel.

Prof. Dr. Robert Rieg
Professor für Controlling und Interne Unternehmensrechnung an der Hochschule Aalen.

Jochen Schmidt
Wissenschaftlicher Mitarbeiter im Forschungsschwerpunkt Entrepreneurship am Strascheg Institute for Innovation and Entrepreneurship (SIIE) der EBS Business School in Oestrich-Winkel.

Christoph Schneider
Forschungsdirektor am Strascheg Institute for Innovation and Entrepreneurship (SIIE) der EBS Business School in Oestrich-Winkel.

Mike Schulze
Wissenschaftlicher Mitarbeiter und Doktorand im Forschungsschwerpunkt Controlling & Innovation am Strascheg Institute for Innovation and Entrepreneurship (SIIE) der EBS Business School in Oestrich-Winkel.

Professor Dr. Uwe Szyszka
Programmverantwortlicher des Studienschwerpunktes "Controlling" im Fachbereich Wirtschaft der Fachhochschule Flensburg.

Joachim Weindel
Kaufmännischer Leiter der AVL Deutschland GmbH. Er hat die Aufgabe übernommen, einen Telekommunikationsrahmen für die deutschen AVL- Konzerngesellschaften zu entwerfen.

Kapitel 1: Standpunkt

Das Experten-Interview zum Thema „Gemeinkostenmanagement"

■ Interviewpartner:

Fred Marfleet. Gründer und Vorsitzender von Expense Reduction Analysts. Das Beratungsunternehmen wurde 1992 in England gegründet, ist mittlerweile in über 30 Ländern weltweit mit mehr als 750 Beratern aktiv und gehört zu den international führenden Beratungen im Beschaffungs- und Kostenmanagement.

■ Das Interview führte:

Mike Schulze. Wissenschaftlicher Mitarbeiter und Doktorand im Forschungsschwerpunkt Controlling & Innovation am Strascheg Institute for Innovation and Entrepreneurship (SIIE) der EBS Business School in Oestrich-Winkel.

■ Hintergrund

Mike Schulze: Herr Marfleet, vor nunmehr 20 Jahren haben Sie die Idee umgesetzt, eine Unternehmensberatung zu gründen, die sich vornehmlich um die nicht-strategischen Kosten, die Gemeinkosten, kümmert. Auf welcher Motivation beruht diese Idee?

Fred Marfleet: Die Zeiten damals waren den heutigen sehr ähnlich. Ich war damals in den USA, die sich gerade in einer Rezession befanden. Viele Unternehmen haben versucht, Ausgaben schnell und effektiv zu senken. Dadurch verloren viele hoch qualifizierte Mitarbeiter ihren Arbeitsplatz. Die Überlegung hinter der Gründung von Expense Reduction Analysts war, die Unternehmen sowie die qualifizierten und vor allem sehr erfahrenen Menschen zusammenzubringen. Auch heute ist es so, dass aufgrund der unsicheren wirtschaftlichen Lage viele Unternehmen nach Möglichkeiten suchen, die eigenen Kosten zu senken, ohne dabei durch die Entlassung von Mitarbeitern Know-how zu verlieren. In Deutschland haben viele Unternehmen verstanden, dass durch Entlassung von qualifiziertem Personal viel Wissen verloren geht, das man bei einer anziehenden Wirtschaftslage wieder teuer einkaufen muss bzw. hohe Einbußen hat, wenn man die gewonnenen Aufträge nicht zeitnah bearbeiten kann. Einsparungen bei den Gemeinkosten hingegen sind schnell durchführbar und verbessern nachhaltig die strategische Situation von Unternehmen – wenn man über das nötige Wissen verfügt.

Mike Schulze: Gemeinkosten ist ein sehr weit gefasster Begriff – welche Bereiche verbergen sich dahinter und welche Potenziale gibt es für Unternehmen, diese zu senken?

Fred Marfleet: In der Tat fassen viele Unternehmen unter den Begriff der Gemeinkosten unterschiedliche Aspekte. Wir haben im Rahmen einer Studie, die wir in 2011 gemeinsam mit der EBS Business School durchgeführt haben, bei Interviews mit Unternehmensvertretern festgestellt, dass manche Unternehmen Personalkosten mit einbeziehen – andere hingegen nicht. Da die Personalkosten direkt mit der strategischen Ausrichtung der Unternehmen verbunden sind, sind für uns Personalkosten nicht Bestandteil der Gemeinkosten. Vielmehr reden wir von Kosten für Energie, Logistik, Fracht, Marketing, Druck, Telekommunikation und viele andere mehr. Es sind zusammengefasst alle Kosten, die nicht direkt dem Produktionsprozess zugerechnet werden.

In 2005 hat dazu der Bundesverband Materialwirtschaft, Einkauf und Logistik (BME) eine Studie veröffentlicht, nach der sich diese Ausgaben auf 30 bis 50 % des gesamten Beschaffungsvolumens in Unternehmen belaufen. Wenn man bedenkt, dass die Beschaffungskosten in Unternehmen bis zu 50 % des Jahresumsatzes ausmachen, ergibt sich ein großes Potenzial. Zudem wirken sich Einsparungen auf der Kostenseite wesentlich stärker aus, als vergleichbare Umsatzsteigerungen.

Als Beispiel kann hier ein Unternehmen mit einem Umsatz von 10 Mio. EUR dienen. Diesem Umsatz stehen in der Ausgangssituation 9,7 Mio. EUR an Ausgaben gegenüber (vgl. Abb. 1). In diesem Beispiel gehen wir von einem produzierenden Unternehmen aus. Dort beträgt das Verhältnis von variablen zu fixen Kosten etwa 70 % zu 30 %. Wenn dieses Unternehmen den Umsatz um 3 % erhöht, erhöhen sich gleichzeitig auch die variablen Kosten für Material sowie ggf. produktionsbezogene direkte Kosten durch längere Maschinen- und Arbeitszeiten. Die fixen Kosten wie Personalkosten in der Verwaltung, Mieten und Versicherungen bleiben davon unberührt. Bei einer 3 %-igen Umsatzsteigerung würde der Gewinn um 32,1 % steigen. Reduziert das Unternehmen allerdings die Kosten um 3 %, würde das Unternehmen in der Beispielrechnung den Gewinn sogar um 48,5 % steigern können.

	Ausgangssituation	Umsatzerhöhung	Kostensenkung
Umsatz	10.000.000 EUR	10.300.000 EUR	10.000.000 EUR
-Kosten	9.700.000 EUR	9.903.700 EUR	9.554.500 EUR
= Gewinn	300.000 EUR	396.300 EUR	445.500 EUR
		+32,1 %	+48,5 %

Abb. 1: Vergleich der Effekte von Umsatzerhöhung und Kostensenkung um je 3 %

Umsetzung & Organisation

Mike Schulze: Jeder Einkaufsleiter und jeder Finanzvorstand hat auf seiner Agenda, die Kosten zu senken. Wo liegt eigentlich die Schwierigkeit darin, die Ausgaben zu senken?

Fred Marfleet: Die Ausgaben einmal in einem Bereich zu senken, ist in der Regel gar nicht schwer und wird von den meisten Unternehmen auch so umgesetzt. Die Schwierigkeiten liegen eher darin, die Einsparungen nachhaltig zu sichern und dem Unternehmen auf Dauer zugutekommen zu lassen. Einer der Gründe, wieso gerade im Gemeinkostenbereich Einsparpotenziale einfach hergeschenkt werden, ist das sogenannte „Maverik-Buying". Hier kaufen unterschiedliche Stellen im Unternehmen mitunter die gleiche Dienstleistung oder das gleiche Produkt zu unterschiedlichen Preisen ein. Genau an dieser Stelle können Unternehmen die eigenen Ausgaben deutlich und effektiv senken. Diese Einsparungen sind direkt ergebniswirksam und führen im Unternehmen ebenfalls nicht zu erzwungenem Verzicht. Allerdings müssen die getroffenen Maßnahmen immer wieder kontrolliert werden, damit sich nicht wieder alte „Maverik-Buying"-Muster einschleichen. Für den Erfolg solcher Programme im Bereich Gemeinkosten muss es ganz klare Regeln geben, die an alle Stakeholder kommuniziert und letztendlich auch von allen befolgt werden. Es ist an den Finanzverantwortlichen, die eigenen Leute mitzunehmen und einzubinden, die Umsetzung zu kontrollieren und falschen Entwicklungen entgegenzuwirken.

Mike Schulze: Gibt es wichtige Voraussetzungen, die ein Unternehmen haben sollte, wenn es Ausgaben im Bereich der Gemeinkosten nachhaltig senken will?

Fred Marfleet: Wie erfolgreich und wie nachhaltig Kostenreduktionsprogramme in den Unternehmen umgesetzt werden können, hängt von vielen Faktoren ab. Jedes Projekt steht und fällt mit der Qualität der vorhandenen Daten. Je besser die Datenlage, desto höher ist auch die Wahrscheinlichkeit, dass die Sparpotenziale identifiziert und realisiert werden. Deshalb ist es wichtig, im Bereich der Gemeinkosten ein Controlling aufzusetzen und dies auch konsequent im Unternehmen durchzuführen. Gerade bei kleinen und mittelständischen Unternehmen ist dies aber eine sehr vernachlässigte Aufgabe. Bei schnell wachsenden Unternehmen ist das auch solange kein Problem, solange die Umsatzzuwächse stimmen. Muss sich ein Unternehmen in einer Krisensituation dann aber konsolidieren, wird es schwierig und langwierig, ein adäquates Gemeinkostencontrolling zu implementieren. Daher sollte es so früh wie möglich eingeführt werden.

Ein weiterer Punkt, der großen Einfluss auf den Erfolg von Reduktionsprogrammen im Gemeinkostenbereich hat, ist, welche Beschaffungsinstrumente von Unternehmen angewendet werden. Dabei zeigt sich in der Praxis wie auch in Studien: je spezifischer die Instrumente – desto besser sind auch die Resultate. Bei den meisten Unternehmen gibt es einen Mix aus verschiedenen Instrumenten: Bei nahezu allen Unternehmen sind Beschaffungsinstrumente wie klassisches Kostencontrolling und Verhandlungen Standard. Anders sieht es bei vergleichenden Instrumenten wie Einkaufspreisanalysen und Benchmarking aus. Speziell bei KMU spielen Instrumente wie Vertragsmanagement oder Gemeinkostenwertanalysen kaum eine Rolle. Genau hier werden laut der von der EBS Business School 2011 durchgeführten Studie aber die größten Zufriedenheitswerte in Unternehmen erreicht.

Mike Schulze: Aus einer Erfahrung von nun 20 Jahren im Bereich der Gemeinkostenreduktion – wie sollte ein erfolgreicher Prozess zur Gemeinkostenreduktion gestaltet sein?

Fred Marfleet: Wie vorher schon einmal angesprochen – alles steht und fällt mit den zur Verfügung stehenden Daten. Sind die Daten nicht vorhanden, ist es ein Stochern im Nebel. Die Datenaufnahme gibt einen guten Überblick über die genutzten Lieferanten, Preise etc. Daher ist es hilfreich, wenn dies alles im Unternehmen durch Vertragsmanagement, Kennzahlen und Benchmarks vorliegt. Diese Zahlen müssen sauber aufgearbeitet werden.

Schritt 2 sollte dann mit den einzelnen Fachabteilungen erarbeitet werden. Es muss geklärt werden, welche Dienstleistung, welches Produkt genau gebraucht wird. Je besser die Beschreibung, desto detaillierter kann die Ausschreibung erfolgen und desto genauer können Dienstleister und Lieferanten ihr Angebot anpassen. Hier Zeit und Aufwand zu sparen, schlägt sich negativ in den Kosten wieder.

Schritt 3 ist die Ausschreibung. Dabei kommt es natürlich auf die Gemeinkostenkategorie an, welche Ausschreibungsart gewählt wird. Bei Produkten, wie dem klassischen Beispiel Büromaterial, bietet sich sicherlich eine Ausschreibung über ein E-Tendering-Tool an. Aber nicht alle Gemeinkostenarten lassen sich so einfach standardisieren. In der Bewertung der Angebote müssen dann neben Preis und Qualität auch weiche Faktoren – wie passt der Lieferant oder Dienstleister von Größe und Struktur zum eigenen Unternehmen – eine Rolle spielen.

Das Projekt darf nach der Ausschreibung und Implementierung auf gar keinen Fall als abgeschlossen angesehen werden. Jetzt fängt der schwierige Teil eigentlich erst an. Einsparungen zu finden und einmalig zu realisieren ist nicht schwer, schwierig wird es, diese Einsparungen nachhaltig und fortlaufend für das Unternehmen nutzbar zu machen. Es muss also permanent überprüft werden, ob die Lieferanten oder Dienstleister ihre Preise beibehalten und ob die intern getroffenen Regelungen umgesetzt werden. Damit dies auch tatsächlich erfolgt, ist es wichtig, die betroffenen Mitarbeiter von Beginn an in den gesamten Prozess mit einzubinden – sei es durch eine fortlaufende Kommunikation oder durch eine aktive Partizipation.

IT-Unterstützung

Mike Schulze: Welche Rolle spielen elektronische Ausschreibungsplattformen bei Gemeinkostenreduktionsprogrammen?

Fred Marfleet: Der ganze Bereich E-Tendering wird in den meisten Unternehmen immer wichtiger und zunehmend stärker genutzt. Das vom BME jährlich erhobene „Stimmungsbarometer Elektronische Beschaffung" zeigt ganz klar, dass auch KMU verstärkt auf diesen Bereich setzen. Für Unternehmen hat es gleich mehrere Vorteile:

Zum einen helfen elektronische Ausschreibungsplattformen, einen guten Überblick über die Angebote zu bekommen. Zudem können alle Angebote und Lieferanten per Datenbank besser ein- bzw. gepflegt werden. Es ist für Unternehmen von sehr großer Bedeutung, wenn die Unterlagen von früheren Ausschreibungen schnell und einfach zur Verfügung stehen und man nicht erst wieder bei fast Null anfangen muss. So lässt sich eine gute Lieferantendatenbank aufbauen, auf die immer wieder zurückgegriffen werden kann. Das spart Zeit und damit Prozesskosten. Gerade das Thema Prozesskosten wird bei den Gemeinkosten immer wieder übersehen – obwohl hier große Potenziale verborgen sind.

In Bereichen wie Travel Management und Bürobedarf sind diese Potenziale wahrscheinlich am besten zu erkennen. Wenn hier IT-gestützte Tools bzw. Kataloge eingebunden werden und den Bestellern im Unternehmen eine vordefinierte Auswahl vorgegeben wird, reduziert sich die Zeit, die benötigt wird, um Reisen zu buchen oder Büromaterial zu ordern, deutlich. Bei unserer Kernklientel sind solche Ansatzpunkte aber noch nicht weit genug entwickelt. Bei KMU gibt es bei der Anwendung dieser Möglichkeiten noch deutlichen Verbesserungsbedarf. Für Unternehmen, die solche Lösungen einführen wollen, ist es wichtig, diese intern richtig zu verkaufen und sich die Zeit zu nehmen, die Anwender richtig und vollständig zu schulen.

Was auf kleiner Ebene wie bei diesen beiden exemplarisch dargestellten Kostenkategorien funktioniert, funktioniert auch auf Lieferantenebene im Allgemeinen. Durch eine Lieferantendatenbank können Unternehmen die Anzahl der für Ausschreibungen zugelassenen Lieferanten limitieren und vordefinieren – was wiederum den Aufwand für eine erfolgreiche Ausschreibung deutlich reduziert.

Ausblick

Mike Schulze: Welche Rolle wird das Thema Gemeinkostenmanagement und Gemeinkostencontrolling Ihrer Meinung nach in Zukunft spielen?

Fred Marfleet: In den Gemeinkosten gibt es im Gegensatz zu den relativ fixen und vom einzelnen Unternehmen nur schwer beeinflussbaren Kosten für Rohstoffe und direktes Produktionsmaterial noch erhebliches Sparpotenzial. Wie groß das Potenzial ist, hängt damit zusammen, wie gut und wie effizient Unternehmen bei den Gemeinkosten jetzt schon einkaufen. Da hier die Einsparungen ohne Einfluss auf Qualität des eigenen Produkts generiert werden können und sich Unternehmen im nationalen und internationalen Wettbewerb effizienter aufstellen müssen, gehe ich davon aus, dass der Bereich Gemeinkosten verstärkt in den Fokus der Finanzverantwortlichen und Einkäufer rückt. Wenn man sich auf den entsprechenden Fachveranstaltungen umhört – ganz gleich ob es sich um Fachtagungen von Einkäufern oder Finanzverantwortlichen handelt –, steht das Thema nicht-strategische Beschaffungsfelder bzw. Gemeinkosten immer häufiger im Fokus. Ein heiß diskutiertes Thema ist dabei vor allem die Frage, wie diese Einsparungen auch langfristig gesichert werden können.

Für viele Unternehmen steht es außer Frage, dass sie sich den versteckten Kosten annehmen wollen. Die Frage wird dann sein, ob die Unternehmen versuchen, die Gemeinkosten intern zu optimieren oder ob sie dazu auf externe Angebote zurückgreifen. Der Trend scheint in die Richtung zu gehen, dass für Projekte externe Kräfte hinzugezogen werden, die auf Basis des Erfolgs honoriert werden. Das hat für Unternehmen den Vorteil, dass interne Kapazitäten und Know-how nicht vorgehalten werden müssen.

Kapitel 2: Grundlagen & Konzepte

Grundlagen und Konzepte des Gemeinkostencontrollings

- Gemeinkosten sind ganz überwiegend fixe Kosten, so dass ihre Planung und Kontrolle nicht unmittelbar in Abhängigkeit vom Absatzprogramm des Betriebes erfolgen kann.
- An die Stelle absatzbezogener Leistungen können betriebliche Aktivitäten und Prozesse als kostentreibende Faktoren treten, sofern diese wirtschaftlich erfassbar und messbar sind.
- Sofern keine gemeinkostentreibenden Faktoren erfassbar sind, müssen für die periodische Planung und Kontrolle der Gemeinkosten nichtanalytische Methoden Anwendung finden.
- Aperiodisch in Form von Projekten werden Verfahren des Gemeinkostencontrollings, wie die Gemeinkostenwertanalyse oder das Zero-Base-Budgeting, eingesetzt, um tiefergreifende Veränderungen der Gemeinkosten zu erreichen.

Inhalt		Seite
1	Gemeinkosten im Kontext des Controllings	25
2	Gemeinkosten und Gemeinkostenbereiche	25
3	Merkmale von Gemeinkostenbereichen und Gemeinkosten	27
4	Methoden des Gemeinkostencontrollings	28
4.1	Laufendes Gemeinkostencontrolling	29
4.1.1	Analytische Methoden des Gemeinkostencontrollings	29
4.1.2	Nicht-analytische Methoden des Gemeinkostencontrollings	30
4.2	Aperiodisches Gemeinkostencontrolling	32
4.2.1	Gemeinkostenwertanalyse	32
4.2.2	Business Reengineering	33
4.2.3	Zero-Base-Budgeting	34
5	Fazit	35
6	Literaturhinweise	36

■ Der Autor

Prof. Dr. Klaus-Peter Franz ist Inhaber des Lehrstuhls für Betriebswirtschaftslehre, insbesondere Unternehmensprüfung und Controlling, an der Heinrich-Heine-Universität Düsseldorf.

1 Gemeinkosten im Kontext des Controllings

Bei aller Umstrittenheit des Begriffs „Controlling" lässt sich doch feststellen, dass Controlling in jedem Fall auf die Planung und Kontrolle der unternehmerischen Aktivitäten und damit auf die zielorientierte Steuerung durch das Management ausgerichtet ist. Gemeinkosten*controlling* ist somit nahe am Kostenmanagement anzusiedeln. Gemeinkosten sind im Gegensatz dazu ein Begriff der Kosten*rechnung*, da sie dadurch gekennzeichnet sind, dass sie einzelnen Bezugsobjekten nicht unmittelbar zugerechnet werden können. Insofern ist der Frage nachzugehen, warum in diesem Beitrag ein Teil der Kosten, der durch das Kriterium der Zurechenbarkeit charakterisiert ist, in Bezug auf seine zielgerechte Steuerung untersucht werden soll. Bevor dies geschieht, sollen jedoch zuvor der Gemeinkostenbegriff und die Bereiche, in denen Gemeinkosten überwiegend entstehen, näher umrissen werden.

Gemeinkostencontrolling als Teil des Kostenmanagements

2 Gemeinkosten und Gemeinkostenbereiche

Gemeinkosten existieren nur relativ bezogen auf ein bestimmtes Bezugsobjekt. Sie würden gar nicht in Erscheinung treten, wenn das gesamte Unternehmen als Bezugsobjekt definiert werden würde, da dann alle Kosten Einzelkosten wären. Praktisch gesehen, entstehen Gemeinkosten durch ihren fehlenden direkten Bezug zu Absatzobjekten, insbesondere *Produkteinheiten* von Serienprodukten oder *Aufträgen* bei Einzelauftragsfertigung, und umfassen damit alle Kosten, die nicht unmittelbar entfallen, wenn das Absatzobjekt nicht erstellt und abgesetzt wird.

Gemeinkosten in der begrifflichen Abgrenzung

Dies trifft auf den überwiegenden Teil der Kostenbereiche von Unternehmen zu, in denen Verwaltungsleistungen ohne unmittelbaren Marktbezug erbracht werden (*sekundäre* Leistungsbereiche[1]) (vgl. Abb. 1). In dem in unmittelbarem Zusammenhang mit der Marktaufgabe des Unternehmens stehenden *primären* Leistungsbereich sind ein direkter und ein indirekter Bereich zu unterscheiden. Im direkten Bereich wird unmittelbar auf die Produkte eingewirkt. In industriellen Unternehmen geschieht dies in den Fertigungskostenstellen. In ihnen spielen die Gemeinkosten – anders als in Dienstleistungsunternehmen – eine geringere Rolle, da der Anteil der Materialkosten in der Regel relativ hoch ist. Dominant sind Gemeinkosten wiederum im indirekten Teil des primären Leistungsbereichs industrieller Unternehmen, in dem in den „sonstigen primären Kostenstellen"[2] Dienstleistungen für den direkten

---

[1] Vgl. dazu und zu den Ausführungen zum primären Leistungsbereich Friedl, 2009, S. 225; Kilger/Pampel/Vikas, 2007, S. 256 ff.
[2] Kilger/Pampel/Vikas, 2007, S. 261.

Grundlagen & Konzepte

Bereich erbracht werden, wie Produktionsplanung und -steuerung, Qualitätssicherung oder Softwareentwicklung; insofern können diese Bereiche auch als produktnahe Bereiche bezeichnet werden.

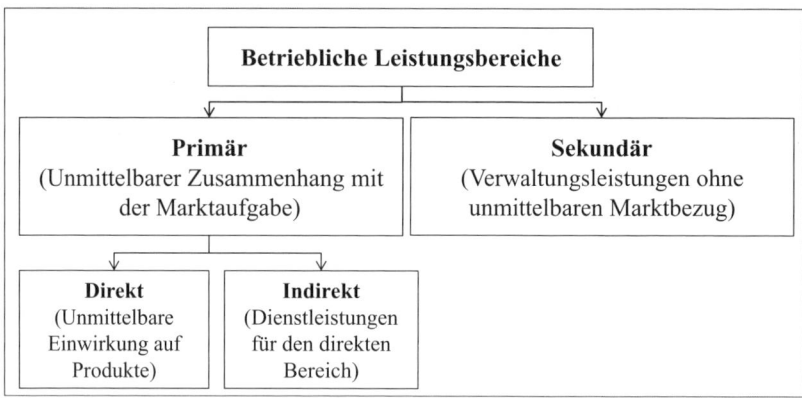

Abb. 1: Die betrieblichen Leistungsbereiche

Gründe für steten Anstieg der Gemeinkosten

Betrachtet man die Entwicklung der Gemeinkosten über die vergangenen Jahrzehnte, so ist aus unterschiedlichen Gründen deren stetiger Anstieg zu konstatieren:[3]

- Mechanisierung und Automatisierung nahmen zu mit der Folge eines ansteigenden Anteils des Maschineneinsatzes zu Lasten der Personalkosten im direkten primären Leistungsbereich. Gleichzeitig stiegen die Personalkosten in indirekten Bereichen aufgrund von steuernden und planenden Funktionen.
- Vielfältigere Kundenwünsche machen darauf zugeschnittene, schnelle Reaktionen erforderlich, was die Ansprüche an Entwicklung, Konstruktion und Vertrieb erhöht. Die Folgen sind Anstiege bei den Vorlaufkosten und den markt- und kundenbezogenen Kosten.
- Die allgemeinen Verwaltungskosten steigen aufgrund gesellschaftlicher Ansprüche an Unternehmenstransparenz, Umweltschutz und Schutz der Inter-essen unternehmensinterner und -externer Gruppen (Mitarbeiter, Verbraucher).

---

[3] Vgl. Miller/Vollmann, 1985, S. 143; Hahn/Laßmann, 1993, S. 154f.

3 Merkmale von Gemeinkostenbereichen und Gemeinkosten

Die Antwort auf die anfangs gestellte Frage, warum in diesem Beitrag ein Teil der Kosten, der mit der Zurechenbarkeit durch ein für die Unternehmenssteuerung nicht dominantes Kriterium gekennzeichnet ist, in Bezug auf seine zielgerechte Steuerung untersucht werden soll, ist aus den Merkmalen ableitbar, die den Gemeinkosten gemeinsam sind:

Zielgerichtete Steuerung von Gemeinkosten ist notwendig

- Gemeinkosten entstehen durch den Aufbau und die Nutzung von Leistungspotenzialen, die der Erstellung und Vermarktung einer Vielzahl von Absatzobjekten dienen.[4] Die Leistungspotenziale werden in der Regel über einen längeren Zeitraum genutzt und können nicht kurzfristig abgebaut werden.
- Ein Zusammenhang zwischen dem Leistungsprogramm des Unternehmens und den Gemeinkostenbereichen ist nur in seltenen Fällen direkt und leicht ermittelbar gegeben.[5] Vielmehr sind viele Gemeinkostenarten und -kategorien – wie insbesondere fixe Periodengemeinkosten oder Vor- und Nachleistungskosten – dispositionsbestimmt.[6]
- Gemeinkostenbereiche sind in der Regel keinem Wettbewerb ausgesetzt und unterliegen damit der Gefahr von Ineffizienzen, die mangels regulierender Markteinflüsse schlecht sichtbar werden.[7]
- Hinzu kommt, dass Gemeinkostenbereiche vielfach durch eine hohe Komplexität und daraus folgende Undurchsichtigkeit gekennzeichnet sind, was die Gefahr ihrer Ausweitung und der Verselbständigung ihrer Aktivitäten mit sich bringt.[8]

Nur geringe Teile der Gemeinkosten sind variabel. Der weitaus überwiegende Teil wird durch den Aufbau von Leistungspotenzialen festgelegt und ist damit fix. Daraus folgt zunächst, dass ein „Hauptanliegen des Gemeinkostencontrolling ... in der möglichst effizienten Auswahl und Nutzung der betrieblichen Ressourcen liegen"[9] muss oder – mit anderen Worten – dass das Gemeinkostencontrolling zu Beginn, bei der Entscheidung über den Aufbau betrieblicher Kapazitäten, die größte Wirkung besitzt. Es ist auf Produktebene bekannt, dass der größte Freiraum bei Entscheidungen mit Kostenfolgen bei der Entscheidung über das Produktdesign besteht. Bhimani, Horngren et al. unterscheiden „cost

Gemeinkosten stellen zum größten Teil Fixkosten dar

---

[4] Vgl. Küpper, 1994, S. 36 sowie Hahn/Laßmann, 1993, S. 155: „Durch Entscheidungen über Anlageninvestitionen und Personalbestand wird ein Großteil der Gemeinkosten mittelfristig determiniert."
[5] Vgl. Küpper, 1994, S. 38.
[6] Vgl. Dellmann/Franz, 1994, S. 17.
[7] Vgl. Friedl, 2009, S. 225.
[8] Vgl. Hahn/Laßmann, 1993, S. 155.
[9] Hahn/Laßmann, 1993, S. 155.

incurrence" und „locked-in costs" bzw. „designed-in costs"[10]. Erstere entstehen, wenn Entscheidungen über den Ressourcenverbrauch bereits gefallen sind, während bei den letzteren diese Entscheidung noch aussteht. Gemeinkostencontrolling (und natürlich auch das Controlling der Einzelkosten) beginnt daher am besten in der Phase der Produktentwicklung, „because it is difficult to alter or reduce costs that have already been locked in"[11]. So können die Kosten des Qualitätscontrollings eines Unternehmens zu einem großen Teil vom Produktdesign abhängig sein ebenso wie die Personalkosten der Softwareerstellung. Sind die Kapazitäten einmal aufgebaut, sind die späteren Möglichkeiten der Einflussnahme auf die Kosten unterschiedlich. Fixe Gemeinkosten entstehen entweder durch den Kauf und die anschließende Nutzung abschreibbarer Vermögensgegenstände oder durch den Abschluss von Verträgen, in denen sich ein Unternehmen zur Entrichtung von Entgelten für Ressourcen über einen festzulegenden Zeitraum verpflichtet. Im ersten Fall sind die Gemeinkosten in Form der Abschreibungen nicht abbaubar („sunk costs"). Im zweiten Fall ist eine Einflussnahme nach Vertragsende oder auf die Vertragsgestaltung während der Laufzeit möglich.

Im Folgenden wird von bereits bestehenden Kapazitäten und gegebenem Leistungsprogramm ausgegangen, so dass Probleme des Target Costing, von Produktlebenszykluskostenrechnungen[12] sowie kostenorientierter Entwicklung und Wertanalyse[13] nicht behandelt werden. Desgleichen wird zur Gemeinkostenproblematik bei Großserienfertigung und langfristiger Einzelfertigung auf die Literatur verwiesen.[14] Näher eingegangen wird auf das periodische Gemeinkostencontrolling im Rahmen der laufenden Kostenrechnung und das aperiodische Gemeinkostenmanagement.

4 Methoden des Gemeinkostencontrollings

Periodische und aperiodische Methoden

Gemeinkostencontrolling kann in regelmäßigen Abständen[15] (laufendes Gemeinkostencontrolling) oder unregelmäßig bzw. einmalig[16] (aperiodisches Gemeinkostencontrolling) durchgeführt werden (vgl. Abb. 2).

---

[10] Vgl. Bhimani/Horngren, 2008, S. 386f.
[11] Ebenda, S. 387.
[12] Vgl. dazu beispielsweise Lange, 2002, Sp. 623f.; Küpper, 1994, S. 50ff.
[13] Vgl. dazu Friedl, 2009, S. 270ff.
[14] Vgl. dazu Hahn/Laßmann, 1993, S. 185ff.
[15] Vgl. Hahn/Laßmann, 1993, S. 164ff. Diese sprechen von „Methoden zur laufenden Gemeinkostenüberwachung", Lange, 2002, Sp. 618 von „periodischem Gemeinkostenmanagement".
[16] Nach Hahn/Laßmann, 1993, S. 156ff. „Methoden zur einmaligen Gemeinkostensenkung" und nach Lange, 2002, Sp. 618 „aperiodisches Gemeinkostenmanagement".

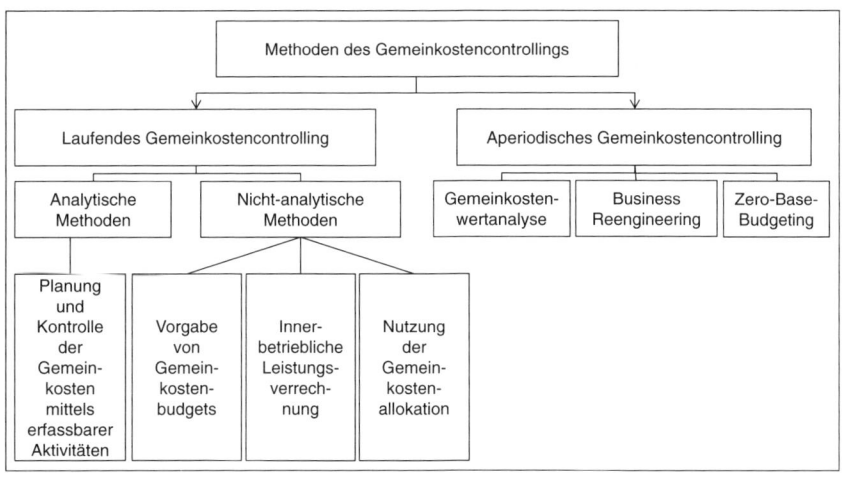

Abb. 2: Methoden des Gemeinkostencontrollings

4.1 Laufendes Gemeinkostencontrolling

Sofern Transparenz über die gemeinkostenverursachenden Faktoren gegeben ist, können analytische Methoden der Gemeinkostenplanung und -kontrolle angewendet werden,[17] bei denen aus der Höhe der kostentreibenden Faktoren auf die Höhe der Kosten geschlossen wird. Eine solche Transparenz ist insbesondere bei *standardisierbaren* physischen und geistigen Tätigkeiten erzielbar[18] sowie bei *begrenzt standardisierbaren*, wie Kundengesprächen oder einfachen Planungs- und Kontrollaufgaben.[19] Sind Tätigkeiten *nicht standardisierbar*, weil sie sich eher nicht-gleichartig wiederholen oder kreativer Natur sind (z.B. Menschenführung, Strategie- und Organisationsentwicklung, Produktentwicklung) können lediglich nicht-analytische Methoden zur Anwendung kommen.[20]

Unterscheidung zwischen analytischen und nicht-analytischen Methoden

4.1.1 Analytische Methoden des Gemeinkostencontrollings

In Grenzplankostenrechnungen erfolgt die Kostenplanung im direkten Teil des primären Leistungsbereichs (vgl. Abb. 1) über ein System von Bezugsgrößen, die den Output der Kostenstellen ausdrücken und in proportionaler Beziehung zu den erzeugten Leistungseinheiten des Absatzprogramms stehen sollten. Zu solchen Bezugsgrößen stehen allein die variablen Kosten in einer direkten Beziehung, so dass sie auch programmorientiert geplant und kontrolliert werden können. Da Gemeinkosten – auch im direkten primären Leistungsbereich – in der

---

[17] Küpper, 1994, S. 38f. spricht von „planungsorientierten" Methoden.
[18] Vgl. Küpper, 1994, S. 37 mit der Anführung zahlreicher Beispiele.
[19] Vgl. ebenda.
[20] Von „steuerungsorientierten" Methoden spricht Küpper, 1994, S. 37.

Regel fix sind, ist für sie eine solche unmittelbar programm- bzw. outputorientierte Planung und Kontrolle ausgeschlossen.

Gemeinkosten als wertschöpfende Aktivitäten?

Gemeinkosten sind nur vertretbar, wenn in den entsprechenden Bereichen wertschöpfende **Aktivitäten** erbracht werden. Sofern diese Aktivitäten ein gewisses Maß an Standardisierung und damit Homogenität und repetitiven Charakter aufweisen,[21] können sie als kostentreibende Faktoren (in der Terminologie der Plankostenrechnung: Bezugsgrößen) erfasst werden und die Grundlage für die Gemeinkostenplanung und -kontrolle bilden.

Insofern bestehen in der Grenzplankostenrechnung detaillierte Systeme von Bezugsgrößen auch für die Gemeinkosten im primären Leistungsbereich. Die bei den Gemeinkosten in diesem Bereich dominanten Personalkosten werden durch die Anzahl erforderlicher Aktivitäten und den Zeitbedarf pro Aktivität getrieben. Um die Bezugsgrößen zu erfassen, sind somit Funktionsanalysen auf der Grundlage von Zeitaufschreibungen durchzuführen.[22] Die gleiche wie die oben geschilderte Vorgehensweise ist auch im sekundären Leistungsbereich möglich. Zu folgen ist für die Planung und Kontrolle aller Gemeinkosten dem Grundgedanken der Aktivitäts- und Prozesskostenrechnung. Die Notwendigkeit einer solchen Vorgehensweise ergibt sich durch den oben bereits angeführten Strukturwandel der industriellen Fertigung sowie das starke Anwachsen der Dienstleistungen und wird auch von den Vertretern der Grenzplankostenrechnung so gesehen,[23] weshalb sie „den prozessorientierten Weg der Vorgangskalkulation auf der Basis von Leistungsstandards für administrative Prozesse"[24] empfehlen. Möglich wird damit eine Planung mit Standardkosten, die als Durchschnitt aus Ist-Bezugsgrößen vergangener Jahre gewonnen werden oder mit Planwerten im Sinne einer Zielvorgabe. Problematisch ist eine Planung mit Sollwerten, da entsprechende Normen schwierig innerbetrieblich zu gewinnen sind. Weiterhelfen können hier aus Benchmarking-Projekten gewonnene Informationen.

4.1.2 Nicht-analytische Methoden des Gemeinkostencontrollings

Sofern Gemeinkosten nicht mit Bezugsgrößen in Zusammenhang gebracht werden können, sind analytische Verfahren ausgeschlossen. Dies trifft besonders auf nicht-standardisierbare Aktivitäten und Prozesse zu, deren Planung und Kontrolle mithin besonders problematisch ist.

Nachteile von Gemeinkostenbudgets

Eine in der Praxis vorherrschende Methode ist die **Vorgabe von Gemeinkostenbudgets** im Rahmen der periodischen Budgetierung.

---

[21] Küpper, 1994, S. 37 verwendet den Terminus „standardisierbar".
[22] Vgl. Küpper, 1994, S. 43.
[23] Vgl. *Kilger/Pampel/Vikas,* 2007, S. 256.
[24] Ebenda.

Damit sollen zumindest Überschreitungen der Gemeinkosten vermieden werden. Da aufgrund des Fehlens von Bezugsgrößen sachliche Anhaltspunkte für eine Ableitung der Gemeinkostenhöhe fehlen, kommt es häufig zur inkrementellen Budgetierung, bei der das vergangene Budget den Ausgangspunkt für das zu planende Budget bildet. Dies verhindert Innovationen oder zumindest sinnvolle Veränderungen in Gemeinkostenbereichen und entspricht insofern nicht einem wirtschaftlich angemessenen Vorgehen. Unterschiedliche Situationen können dafür maßgebend sein, dass die Gemeinkosten im Rahmen eines reaktiven Kostenmanagements[25] gesenkt werden müssen:

- So kann es im Rahmen einer Kostenführer-Strategie vorkommen, dass die Kosten nicht wettbewerbsgerecht ausgerichtet sind;
- im Verlauf eines Target Costing-Prozesses zeigen sich Notwendigkeiten der Kostensenkung, um einen marktgerechten Preis zu erreichen;
- die Kapitalkosten des Unternehmens oder eines Teilbereichs sind höher als die erzielte Rendite. In solchen Situationen ist manchmal schnelles Kostensenken angesagt. Mangels Kenntnissen über die Felder mit Kostenunwirtschaftlichkeiten wird in solchen Fällen häufig entsprechend der „Rasenmäher-Methode" vorgegangen, indem eine gleich prozentuale Kostensenkungsvorgabe für alle Bereiche verordnet wird. Dies belohnt die Bereiche, die aufgrund unwirtschaftlicher Tatbestände, wie nicht wertschöpfender Tätigkeiten, Spielräume für Kostensenkungen haben und bestraft die Bereiche, in denen auf der Grundlage korrekter und wirtschaftlicher Ressourcenverwendung geplant und budgetiert wird. Ein Ersatz für fehlende Bezugsgrößen der Kostenplanung können Benchmarks, gewonnen aus entsprechenden Projekten sein.

Als eine weitere nicht-analytische Methode kann für intern dienstleistende Bereiche eine entsprechend ausgestaltete **innerbetriebliche Leistungsverrechnung** zur Anwendung kommen. Voraussetzung für eine sinnvolle Anwendung ist die Vorgabe von über mehrere Planungsperioden hinweg gleichbleibenden Verrechnungssätzen, zu denen die Lieferanten der internen Leistungen den internen Kunden die erbrachten Leistungen in Rechnung stellen. Sofern in diesem Fall die liefernden Bereiche ihre Kosten nicht decken, könnte dies auf eine Überkapazität dieser Bereiche hindeuten. Zumindest ist eine solche Unterdeckung der Kosten ein Signal, mit dem betreffenden Bereich über eine solche Möglichkeit zu kommunizieren.

Gleichbleibende Verrechnungssätze als Voraussetzung einer internen Leistungsverrechnung

Ein aus japanischen Unternehmen berichteter Weg, um den Abbau gemein-kostentreibender Faktoren anzuregen, ist die **Nutzung der Gemeinkostenallokation**. Sofern die Beziehung zwischen einem Ge-

Gemeinkostenallokation als Verrechnungsmöglichkeit für Gemeinkosten

---
[25] Vgl. Franz/Kajüter, 2002, S. 11 f.

meinkostentreiber und den Gemeinkosten bekannt ist oder eine solche Beziehung zumindest vermutet wird, wird der kostentreibende Faktor mit einem besonders hohen Kostenbetrag belegt. Geht dann der kostentreibende Faktor in eine Produktkalkulation ein, steigen die Produktkosten auf eine Höhe, die ein Signal für die Kostenverantwortlichen darstellt, den kostentreibenden Faktor zu senken. Ist beispielsweise bekannt, dass die Zahl der Teile in einem Produkt die Gemeinkosten nach oben treibt, weil dadurch von der Materialbedarfsplanung über die Angebotseinholung bis zu logistischen Transaktionen viele nicht-repetitive Aktivitäten verursacht werden, wird den Kosten pro Teil ein hoher Gemeinkostenbetrag zugeordnet, um die Entwickler und Konstrukteure anzuregen, die Zahl der Teile zu reduzieren.

4.2 Aperiodisches Gemeinkostencontrolling

Die Methoden des aperiodischen Gemeinkostencontrollings kommen projektweise in der Regel mit Hilfe von Beratern zur Anwendung, um Unternehmen von Zeit zu Zeit fit in den Gemeinkostenbereichen zu machen.

4.2.1 Gemeinkostenwertanalyse

Die Gemeinkostenwertanalyse hat ihre Wurzeln in der Wertanalyse.[26] Diese zielt in ihrer ursprünglichen Form darauf ab, in Projektteams die Funktionen von Produkten mit Hilfe systematischer Analysen verbessert oder kostengünstiger zu gestalten.

Abbau von nicht wertschöpfenden Aktivitäten

Die in den siebziger Jahren von der Unternehmensberatung McKinsey entwickelte und in den Markt eingeführte Gemeinkostenwertanalyse (GWA) wird ebenfalls in Teamarbeit durchgeführt, hat aber im Gegensatz zur Wertanalyse nicht Produkte, sondern **Aktivitäten** in Gemeinkostenbereichen zum Gegenstand. Das Ziel einer GWA besteht darin, Gemeinkosten durch den Abbau nicht wertschöpfender Aktivitäten zu senken und zu bewirken, dass wertschöpfende Aktivitäten in effizienter Weise erbracht werden. Am Ende eines GWA-Projektes sollen also nur noch für die Empfänger notwendige Leistungen so gut und kostengünstig wie möglich erbracht werden.

Grundlage der GWA ist eine Projektträgerorganisation mit Lenkungsausschuss, Projektleitung, Analyse-Teams und Arbeitsgruppen und eine zeitlich strikt strukturierte Ablauforganisation.[27] Kern der GWA ist die Analyse der einzelnen Untersuchungseinheiten in jeweils vier Schritten.

---

[26] Vgl. Roever, 1980 sowie Franz, 1995.
[27] Vgl. zu Einzelheiten Franz, 1995, S. 132 ff.

1. Im ersten Schritt wird ein Leistungskatalog erstellt, in dem alle Leistungen einer Untersuchungseinheit und deren Empfänger dargestellt werden.
2. Als besonders problematisch hat sich der zweite Schritt herausgestellt, in dem Maßnahmen zum Abbau von Aktivitäten und zur Effizienzsteigerung generiert werden sollen, da dabei den Beteiligten ein Kostensenkungsziel von pauschal 40 % vorgegeben wird, um sie zu besonderen Anstrengungen anzuspornen. Eine solche hohe „Ideenhürde" ruft Widerstände hervor und kann die Gefahr mit sich bringen, dass Maßnahmen vorgeschlagen werden, die zwar sehr kostenwirksam sind, sich aber letztlich als nicht durchsetzbar herausstellen.
3. Im dritten Schritt werden die erarbeiteten Kostensenkungsideen im Hinblick auf das zu erwartende Einsparungsvolumen, die mit der Umsetzung verbundenen Risiken und ihre Umsetzbarkeit bewertet und in drei Gruppen eingeteilt.
4. Im letzten Schritt werden schließlich für die innerhalb von zwei Jahren mit akzeptablem Risiko umsetzbaren A-Maßnahmen Aktionsprogramme ausgearbeitet. Der Einsatz der mit höheren Risiken verbundenen B-Maßnahmen wird erwogen, wenn noch weiterer Kostensenkungsbedarf besteht. Auf die als nicht realisierbar erachteten Maßnahmen der C-Kategorie wird verzichtet.

Von dem an der Entwicklung und dem Einsatz des Verfahrens maßgeblich beteiligten Michael Roever wird berichtet, dass mit der GWA zwischen 10 % und 20 % Kosten eingespart werden konnten.[28] Spätere Analysen zeigten allerdings, dass die Einsparungen in relativ kurzer Zeit wieder aufgezehrt wurden, was vermutlich zu einem großen Teil darin begründet liegt, dass durch die GWA nicht die Prozesse des Unternehmens gründlich reorganisiert werden und dass die betroffenen Mitarbeiter selbst die Sinnhaftigkeit der von ihnen erbrachten Aktivitäten auf den Prüfstand stellen müssen, was ein hohes Maß an Selbstkritik nötig macht.[29]

4.2.2 Business Reengineering

Speziell auf die Verbesserung von Prozessen ist das Business Reengineering (BR)[30] ausgerichtet, wobei Kosteneinsparungen nur ein Teilziel neben Qualitätsverbesserungen und zeitlichen Zielen darstellen[31]. Das BR greift weiter als die GWA, da es nicht nur um den Abbau überflüssiger

Prozessorientierter Ansatz im aperiodischen Gemeinkostencontrolling

---

[28] Vgl. Roever, 1980, S. 689.
[29] Vgl. Friedl, 2009, S. 232.
[30] Vgl. Hammer/Champy, 1996.
[31] Das BR ist auch nicht speziell auf Kostencontrolling in Gemeinkostenbereichen ausgerichtet.

Leistungen, sondern um innovative Ideen[32] zur Umgestaltung betrieblicher Prozesse im Sinne der Verbindung sachlich zusammengehörender Aktivitäten geht. Die Aufbauorganisation eines BR-Projektes ist ähnlich wie die eines GWA-Projektes gestaltet und auch die Projektphasen ähneln sich sehr. Das wie bei allen wesentlichen Veränderungen auch hier relevante Problem der Verstetigung der kostenverbessernden Aktionen wird durch personelle und organisatorische Maßnahmen zu lösen versucht: Empfohlen werden

- das Ersetzen von Mitarbeitern, die sich den Veränderungen entgegenstellen oder diesen in ihrer Arbeitsweise nicht gerecht werden und
- die Anpassung der Controlling- und Anreizsysteme an die neuen Bedingungen.[33]

4.2.3 Zero-Base-Budgeting

„Radikaler" Ansatz aus der Beratungspraxis

Zeitlich nahezu parallel zur GWA und auch mit ähnlichen Zielsetzungen wurde das Zero-Base-Budgeting (ZBB) entwickelt[34] und anschließend von dem Beratungsunternehmen A.T. Kearney vermarktet. Ein wesentlicher Unterschied zur GWA besteht jedoch in der Radikalität des Vorgehens bei der Kostensenkung, da beim Start des Verfahrens von einem vollständigen Neuanfang des Unternehmens ausgegangen werden soll. Allerdings können im Gegensatz zum Vorgehen bei der GWA die Entscheidungseinheiten (entsprechend den Untersuchungseinheiten der GWA) unter Umständen auch ihren Leistungsumfang und damit ihre Kosten erhöhen, wenn dies der längerfristigen Zielsetzung des Unternehmens zuträglich ist. Die Projektorganisation ist der der GWA ähnlich.[35] Beim ZBB-Prozess besteht ein bedeutsamer Unterschied zur GWA darin, dass in den Entscheidungseinheiten drei Niveaus für das geplante Arbeitsergebnis festgelegt werden:

- Das niedrigste dient der Aufrechterhaltung der Funktionserfüllung und umfasst damit das Minimum an erforderlichen Aktivitäten.
- Das zweite Ergebnisniveau ist eines auf gegenwärtigem Stand nach der Umsetzung effizienzverbessernder Maßnahmen.
- Das dritte Ergebnisniveau ist schließlich das für eine verbesserte Leistung und Zielerfüllung angestrebte Niveau.

Für jede Entscheidungseinheit werden Entscheidungspakete gebildet, die für jedes Ergebnisniveau die entscheidungsrelevanten Daten zu Kosten

---

[32] Dies zeigt sich beispielsweise im Titel des Buchs von Davenport, 1993: Process Innovation.
[33] Vgl. Davenport, 1993, S. 194 ff.
[34] Vgl. Pyhrr, 1970.
[35] Vgl. zu einer knappen, übersichtlichen Darstellung Friedl, 2009, S. 234 f.

und Nutzen beinhalten.[36] Die Entscheidungspakete werden bottom-up über drei Hierarchieebenen hinweg in eine Rangfolge gebracht. Letztlich ist für die Durchführung der geplanten Vorhaben die Höhe des insgesamt zur Verfügung stehenden Budgets maßgebend. Entscheidungspakete werden solange genehmigt, bis das vorhandene Budget ausgeschöpft ist (Budgetschnitt). Mit dem Budgetschnitt wird gleichzeitig über die Zahl der Mitarbeiter und die Sachmittelausstattung in den Entscheidungseinheiten entschieden, so dass bei der nun folgenden Planumsetzung insbesondere – ähnlich wie bei der GWA – die Mitarbeiterzahl an die aus der Budgetierung resultierende Vorgabe angepasst werden muss. Der Sicherstellung der ein bis zwei Jahre dauernden Umsetzung dient ein institutionell verankertes Überwachungsteam.[37]

5 Fazit

Die Planung und Kontrolle von Einzelkosten besitzt den Vorteil, dass mit der Absatzmenge der dominante Kosteneinflussfaktor bekannt und erfassbar ist. Auch ist die wirtschaftlich vertretbare Höhe der Einzelkosten aufgrund technisch-naturwissenschaftlicher Zusammenhänge über Stücklisten, Rezepturen, Abfall-analysen oder ähnliche Hilfsmittel gut bestimmbar. Allerdings ist der Anwendungsbereich des Einzelkostencontrollings auf material- und energieintensive Industriebetriebe beschränkt, in denen allein der Materialanteil in vielen Fällen einen Umfang von mehr als 50 % annehmen kann.[38] Aber auch in diesen Betrieben kommt den Gemeinkosten eine große und zunehmende Bedeutung zu. Erst recht gilt diese Aussage für Dienstleistungsbetriebe, in denen der Anteil an Einzelkosten im Sinne variabler, produktbezogener Kosten sehr gering ist.

Bedeutung des Gemeinkostencontrollings nimmt zu

Insofern kommt dem Gemeinkostencontrolling eine große Bedeutung zu. Für eine zweckgerechte Planung und Kontrolle der Gemeinkosten ist es von großem Vorteil, falls, wie bei den Einzelkosten, kostentreibende Faktoren in Form von Leistungsgrößen erfassbar sind. Da dies nur bei recht homogenen Leistungen mit Wiederholcharakter in Aktivitäts- und Prozesskostenrechnungen der Fall ist, müssen auch andere Verfahren des Gemeinkostencontrollings Anwendung finden. Diese können teilweise laufend eingesetzt werden, wie die Kostenbudgetierung, die innerbetriebliche Leistungsverrechnung oder die Gemeinkostenallokation oder fallweise, um mit Beraterhilfe größere Fortschritte beim Gemeinkostenmanagement zu erreichen.

Gemeinkostencontrolling als tragende Säule des Kostenmanagements

---

[36] Vgl. zu Einzelheiten und erläuternden Beispielen Friedl, 2009, S. 236 ff. und Hahn/Laßmann, 1993, S. 159 ff.
[37] Zur kritischen Beurteilung der GWA und des ZBB vgl. Hahn/Laßmann, 1993, S. 158 f. und 164.
[38] Vgl. Kilger/Pampel/Vikas, 2007, S. 191.

6 Literaturhinweise

Bhimani/Horngren/Datar/Foster, Management and Cost Accounting, 4. Auflage, 2008.

Davenport, Process Innovation, 1993.

Dellmann/Franz, Von der Kostenrechnung zum Kostenmanagement, in: Dellmann/Franz (Hrsg.): Neuere Entwicklungen im Kostenmanagement, 1994, S. 15–30.

Franz, Die Gemeinkostenwertanalyse als Instrument des Kostenmanagements, in: Scholz/Djarrahzadeh (Hrsg.): Strategisches Personalmanagement, 1995, S. 131–140.

Franz/Kajüter, Proaktives Kostenmanagement als Daueraufgabe, in: Franz/Kajüter (Hrsg.): Kostenmanagement, 2002, S. 3–32.

Friedl, Kostenmanagement, 2009.

Hahn/Laßmann, Produktionswirtschaft – Controlling industrieller Produktion, Band 3–2. Teilband: Informationssysteme, 1993.

Hammer/Champy, Business Reengineering, 1996.

Jehle, Gemeinkostenmanagement, in: Männel (Hrsg.): Handbuch Kostenrechnung, 1992, S. 1506–1523.

Küpper, Vergleichende Analyse moderner Ansätze des Gemeinkostenmanagements, in: Dellmann/Franz (Hrsg.): Neuere Entwicklungen im Kostenmanagement, 1994, S. 31–77.

Lange, Gemeinkostenmanagement, in: Küpper/Wagenhofer (Hrsg.): Handwörterbuch Unternehmensrechnung und Controlling, 2002, Sp. 617–624.

Meyer-Piening, Zero-Base-Budgeting, in: Szyperski (Hrsg.): Handwörterbuch der Planung, 1989, Sp. 2277-2296.

Miller/Vollmann, The Hidden Factory, in: Harvard Business Review, 63. Jg., 1985, Heft Sept./Oct., S. 142–150.

Pyhrr, Zero-base Budgeting, in: Harvard Business Review, 48 Jg., 1970, S. 111–121.

Roever, Gemeinkosten-Wertanalyse – Erfolgreiche Antwort auf die Gemeinkosten-Problematik, in: Zeitschrift für Betriebswirtschaft, 50. Jg., 1980, Heft 6, S. 686–690.

Wagenhofer/Riegler, Verhaltenssteuerung durch die Wahl von Bezugsgrößen, in: Dellmann/Franz (Hrsg.): Neuere Entwicklungen im Kostenmanagement, 1994, S. 463–494.

Gemeinkostencontrolling – Rahmenkonzept, Funktionen und Instrumente

- Das Gemeinkostencontrolling ist eine aufgrund hoher Gemeinkostenanteile und Rationalisierungspotenziale besonders wichtige, zugleich angesichts ihrer Vielschichtigkeit und Komplexität auch sehr herausfordernde Aufgabe.
- Sehr relevante Felder des Gemeinkostencontrollings sind das Controlling der Fixkosten, der Prozesskosten und der Komplexitätskosten.
- Für das Controlling der Fixkosten, der Prozesskosten und der Komplexitätskosten lässt sich jeweils eine Reihe von Instrumenten nutzen, von denen der Prozesskostenrechnung eine besondere Bedeutung zukommt.
- Der Beitrag vermittelt ein Rahmenkonzept für das Gemeinkostencontrolling sowie Hinweise für das Controlling der Fixkosten, der Prozesskosten und der Komplexitätskosten.

Inhalt		Seite
1	Beitrag des Gemeinkostencontrollings zum Unternehmenserfolg	39
2	Rahmenkonzept für das Gemeinkostencontrolling	39
2.1	Definition und Ziele	39
2.2	Objekte und Aufgaben	41
2.3	Einflussgrößen und Organisation	43
2.4	Instrumente	43
2.5	Rahmenbedingungen	44
3	Fixkostencontrolling	44
4	Prozesskostencontrolling	46
5	Komplexitätskostencontrolling	49
6	Fazit	51
7	Literaturhinweise	51

■ **Der Autor**

Prof. Dr. Uwe Götze ist Inhaber der Professur für Unternehmensrechnung und Controlling an der Fakultät für Wirtschaftswissenschaften der Technischen Universität Chemnitz.

1 Beitrag des Gemeinkostencontrollings zum Unternehmenserfolg

Die Gemeinkosten von Unternehmen sind in der Vergangenheit sowohl absolut als auch im Vergleich zu den Einzelkosten tendenziell gestiegen. Damit ist ihr Anteil an den Gesamtkosten typischerweise so hoch, dass sie ein bedeutendes, wenn nicht das bedeutendste Rationalisierungspotenzial von Unternehmen darstellen und Bemühungen zur Kostensenkung oder -begrenzung vorrangig an ihnen ansetzen sollten. Hinzu kommt, dass Gemeinkosten bei der Vorbereitung von Entscheidungen über das Leistungsprogramm des Unternehmens mit möglichst hoher Aussagekraft auf die Produkte verrechnet werden sollten, um Fehlentscheidungen zu vermeiden.

Hohe Relevanz von Gemeinkosten

Das Controlling wiederum stellt ein Managementelement dar, dessen Nützlichkeit inzwischen allgemein anerkannt ist. Daher liegt es nahe, dieses Managementelement auch auf die Gemeinkosten zu beziehen und ein Gemeinkostencontrolling in Unternehmen zu etablieren, das über die Schwerpunkte, zeitliche Entwicklung, Verursachung etc. der Gemeinkosten informiert und/oder diese gezielt beeinflusst.

Controlling als unverzichtbares Managementelement

Dies motiviert zu der nachfolgenden Auseinandersetzung mit dem Gemeinkostencontrolling. Ein erstes Anliegen des Beitrags ist es, ein Rahmenkonzept für das Gemeinkostencontrolling zu entwickeln, das dessen vielfältige Facetten in strukturierter Weise aufzeigt und damit eine Grundlage für seine systematische Ausgestaltung bildet. Danach sollen ausgewählte Felder des Gemeinkostencontrollings näher betrachtet werden:

Rahmenkonzept und Felder des Gemeinkostenmanagements

- das Controlling der Fixkosten,
- das Controlling der Prozesskosten sowie
- das Controlling der Komplexitätskosten.

2 Rahmenkonzept für das Gemeinkostencontrolling

2.1 Definition und Ziele

Gemeinkosten werden hier verstanden als Kosten, die nicht nach dem Verursachungs- oder Identitätsprinzip den Kostenträgern (Produkten, Dienstleistungen) eines Unternehmens zugeordnet werden können. Wie bereits angedeutet, handelt es sich beim Controlling dieser Gemeinkosten um eine vielschichtige Aufgabe. Abb. 1 veranschaulicht die unterschiedlichen Facetten des Gemeinkostencontrollings in Form eines Oktogons.

Gemeinkostenbegriff

Grundlagen & Konzepte

```
Mengen-/Preiskompo-          Niveau    Struktur    Verlauf      Verankerung des
nenten der Gemeinkosten                der                       Gemeinkostenbewusstsein
                                       Gemeinkosten              in der Unternehmenskultur
Gemeinkostenarten                                                transparente
Variable/Fixe                          Zielrichtungen            Unternehmensstruktur
Gemeinkosten                                        Rahmenbe-    Verfügbarkeit
Gemeinkosten in           Objekte                   dingungen    geeigneter
Funktionsbereichen                                               Informationssysteme
Ressourcen,                                                      (Plan-)Kostenrechnun
Prozesse, Produkte                                               Prozesskosten-
                                                                 rechnung
Gemeinkostenbe                                                   Life Cycle Costing
-zogene Infor-                                                   Cost Benchmarking
mationsver-               Aufgaben                  Instrumente  Budgetierung
sorgungs-,                                                       Gemeinkosten-
Planungs-,                                                       wertanalyse
Kontroll- und                                                    Zero Base Budgeting
Koordinations-                                                   Kaizen Costing
aufgaben                                                         Instrumente des
strategische,             Kostenein-                Organisation Fix- und Kom-
taktische, operative      flussgrößen                            plexitätskosten-
wirksam auf Preis-                     Maßnahmen                 controllings
und /oder Mengen-                                                ...
komponente von
Gemeinkosten
wirtschaftliche,                       mit strategischem,    Koordination zwischen
technische                             taktischem und operativem Aktivitäten des
unternehmensinterne,                   Charakter u. a.       Gemein-
-externe (u. a.                        - Outsourcing         kostencontrollings    aufbau- und
Komplexität)                           - Prozessverbesserung sowie zwischen diesen ablauf-
                                       - Standardisierung    und anderen           organisatorische
                                       - Komplexitätsverringerung Controlling-/    Regelungen
                                                             Führungsaktivitäten
```

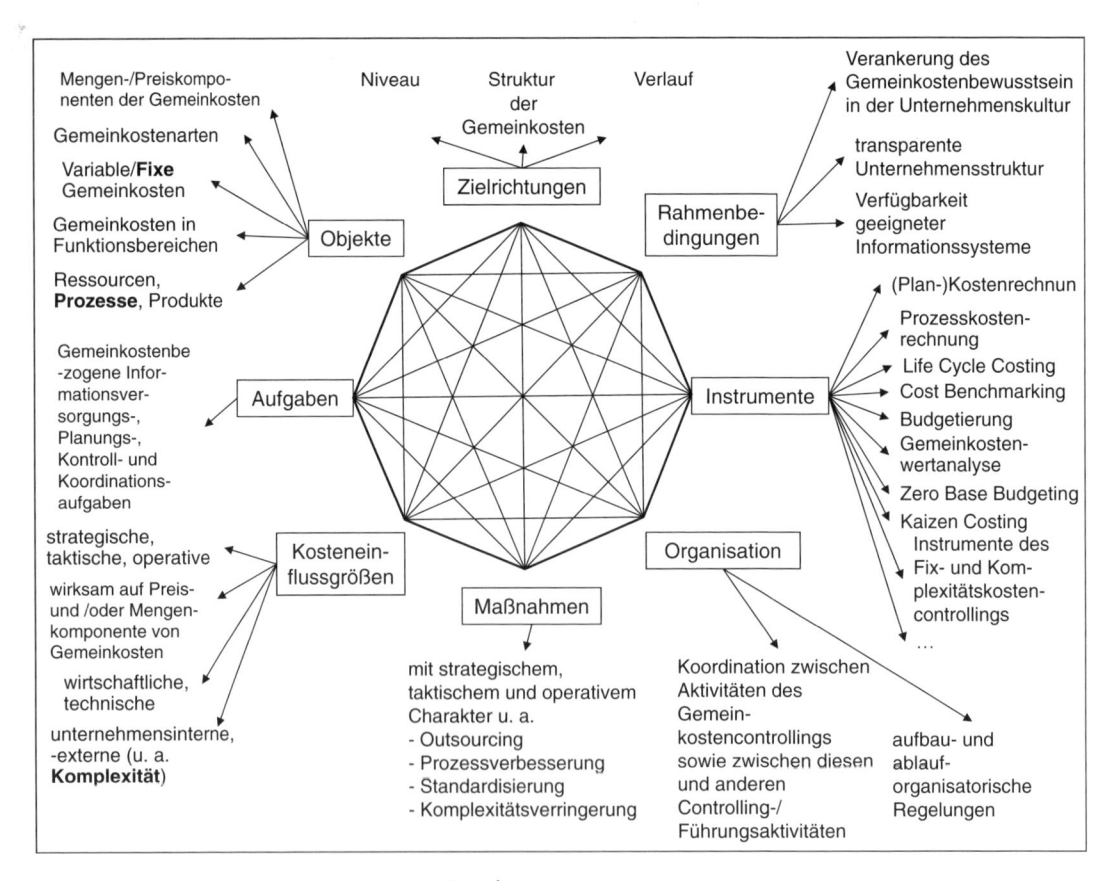

Abb. 1: Oktogon des Gemeinkostencontrollings[1]

Zielsetzungen   Im Vordergrund des Gemeinkostencontrollings werden häufig die Höhe, die Struktur und der Verlauf der Gemeinkosten stehen, über die es zu informieren und die es gezielt zu beeinflussen gilt. Es ist aber darauf hinzuweisen, dass durch entsprechende Entscheidungen auch die Erlöse des Unternehmens verändert oder Investitionen erforderlich werden können. In solchen Fällen sind derartige Effekte ebenfalls vom Gemeinkostencontrolling bzw. in einem übergeordneten Controllingsystem zu berücksichtigen und dazu ggf. übergeordnete Zielgrößen wie Gewinn oder Kapitalwert zu verfolgen.

---

[1] Eigene Darstellung auf der Grundlage von Götze, 2010, S. 274.

2.2 Objekte und Aufgaben

Als Objekte des Gemeinkostencontrollings lassen sich die verschiedenen Gemeinkostenkategorien bzw. -elemente interpretieren, die von unterschiedlichen Kriterien ausgehend differenziert werden können:

- die Mengen- und Preiskomponenten der Gemeinkosten,
- die Kostenarten, um die es sich handelt,
- die fixen und variablen Gemeinkosten,
- die in unterschiedlichen Funktionsbereichen anfallenden Gemeinkosten sowie
- die durch Ressourcen, Prozesse und Produkte „verursachten" Gemeinkosten.

Abb. 2 zeigt die entsprechende Aufgliederung der Gemeinkosten und weist mittels eines Pfeils darauf hin, dass aus Sicht von Unternehmen der Anteil der variablen an den gesamten Gemeinkosten möglichst hoch sein sollte (dass bei der Gliederung nach Ressourcen/Produktionsfaktoren, Prozessen und Produkten eine Mehrfacherfassung von Kosten erfolgt, ist durch die nicht durchgezogenen Linien angedeutet).

Objekte

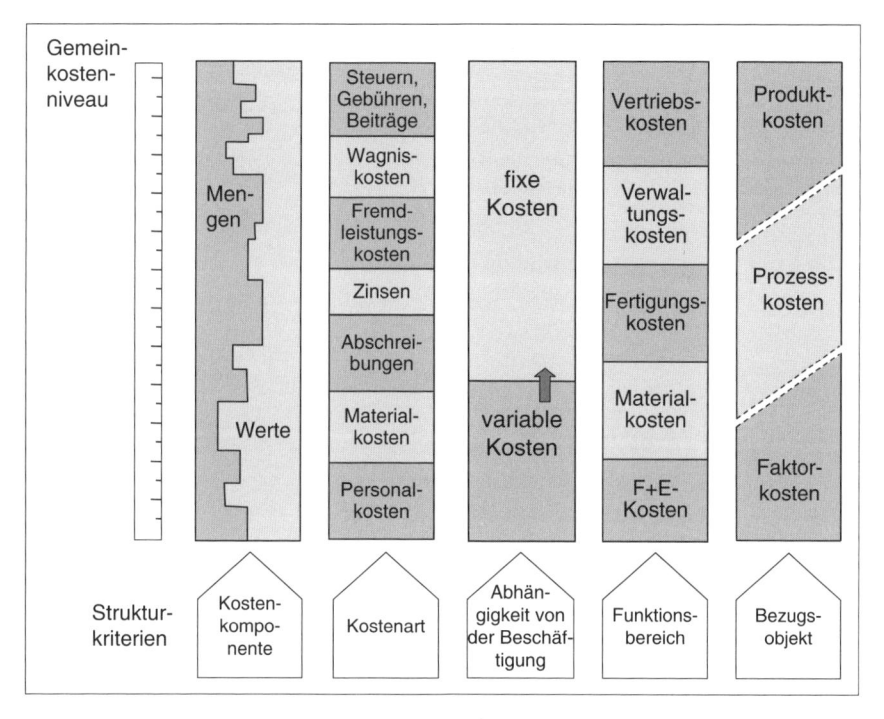

Abb. 2: Objekte des Gemeinkostencontrollings[2]

---

[2] Eigene Darstellung auf der Grundlage von Götze, 2010, S. 276.

Grundlagen & Konzepte

Aufgaben des Gemeinkostencontrollings
Bei den Aufgaben des Gemeinkostencontrollings kann es sich – je nach zugrunde gelegter Controlling-Konzeption – um gemeinkostenbezogene Informations-, Planungs-, Kontroll- sowie Koordinationsaufgaben handeln.³ Es erscheint nicht sinnvoll, hier eine Diskussion über Controlling-Konzeptionen und -Funktionen zu führen. Stattdessen wird eine umfassende bzw. integrative Sicht eingenommen: Danach soll das Gemeinkostencontrolling situationsspezifisch durch Informationsversorgung, Planung, Kontrolle und Koordination dazu beitragen, dass gemeinkostenbezogene Entscheidungen rational bzw. zielgerecht getroffen werden. Darüber leistet es dann einen Beitrag zur Senkung bzw. Begrenzung der Gemeinkosten.⁴

Diese Aufgaben können weitgehend im Rahmen von Controlling-Regelkreisen erfüllt werden, die insbesondere eine laufende Überwachung und zielgerichtete Reaktion auf Abweichungen von erwarteten Werten ermöglichen. Die Grundstruktur derartiger Regelkreise zeigt Abb. 3.

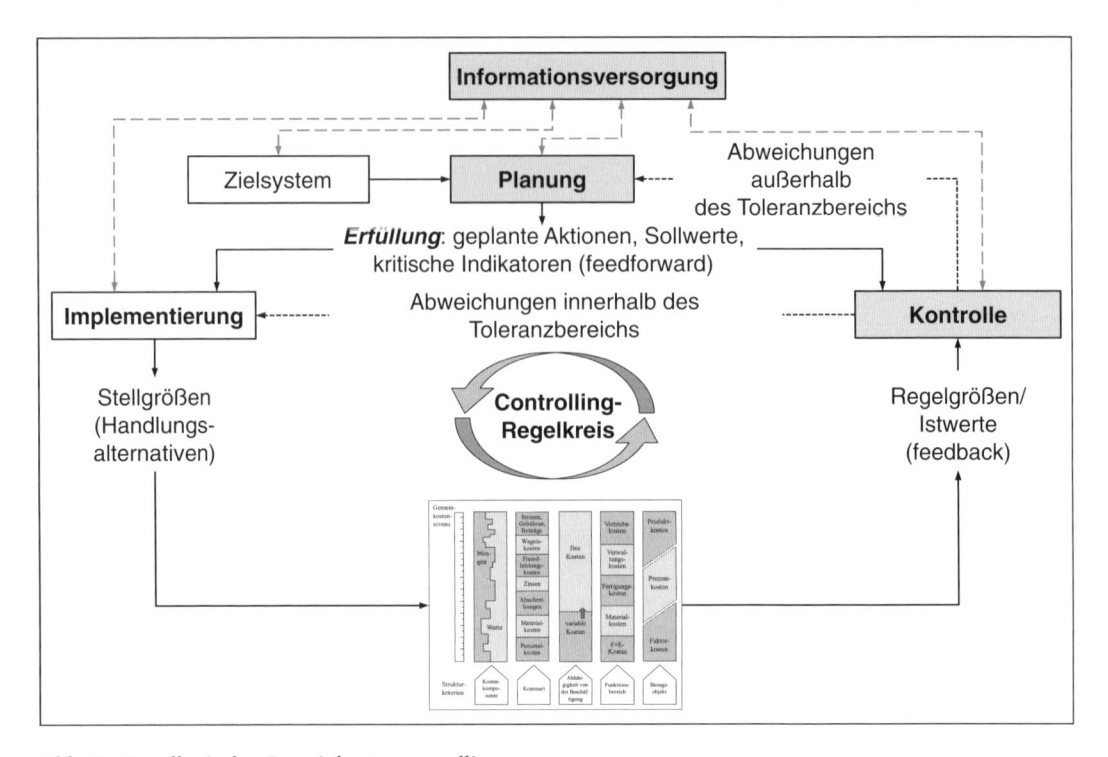

Abb. 3: Regelkreis des Gemeinkostencontrollings

---

³ Zu einem Überblick vgl. Zenz, 1999, S. 16 ff.
⁴ Diese basiert auf der Controlling-Konzeption der Rationalitätssicherung der Führung. Vgl. dazu Weber/Schäffer, 2011.

2.3 Einflussgrößen und Organisation

Um die Gemeinkosten gezielt beeinflussen zu können, muss man die Faktoren kennen, die ihr Entstehen und ihre Höhe maßgeblich beeinflussen. Zu diesen Kosteneinflussgrößen zählen beispielsweise solche auf strategischer, taktischer und operativer Ebene, auf die Preis- und/oder Mengenkomponenten von Gemeinkosten wirkende und wirtschaftliche und technische sowie unternehmensinterne und -externe Faktoren. Eine bedeutende unternehmensinterne (ggf. aber durch externe Entwicklungen bedingte) Einflussgröße wird oftmals die Komplexität darstellen.

Einflussgrößen der Gemeinkosten

Die gezielte Beeinflussung dieser Größen und damit der Gemeinkosten lässt sich mittels diverser strategischer, taktischer und operativer Maßnahmen(-bündel) vornehmen. In Abb. 1 sind beispielhaft typische Maßnahmen genannt.

Die Organisation des Gemeinkostencontrollings erfordert zum einen die Koordination zwischen diesem und anderen Controlling- und Management-aktivitäten des Unternehmens, zum anderen sind aufbau- und ablauforganisatorische Regelungen erforderlich (Bildung eigenständiger Stellen oder Abteilungen oder Verzicht darauf, Zuweisung von Aufgaben und Kompetenzen etc.).

Organisation des Gemeinkostencontrollings

2.4 Instrumente

Für das Gemeinkostencontrolling ist eine Reihe von Instrumenten nutzbar.

Dazu zählt die traditionelle Kostenrechnung, innerhalb derer die (kostenträgerbezogenen) Gemeinkosten in der Kostenartenrechnung erfasst, dann innerhalb der Kostenstellenrechnung Kostenstellen zugeordnet, zwischen diesen verrechnet sowie für die Kostenträgerrechnung aufbereitet und schließlich den Kostenträgern zugerechnet werden. Im Rahmen der traditionellen Kostenrechnung kann mittels einer Plankostenrechnung eine aussagekräftige Kostenkontrolle inklusive Abweichungsanalyse ermöglicht werden, die es erlaubt, die Ursachen von Abweichungen bei den Gemeinkosten aufzudecken und Verantwortlichen zuzuordnen.

Einen weiterführenden und primär auf Gemeinkosten ausgerichteten Ansatz stellt die Prozesskostenrechnung dar.

Das Life Cycle Costing kann zur Ermittlung und Analyse der von Betriebsmitteln über längere Nutzungszeiträume verursachten Kosten und damit zur Beeinflussung des Verlaufs der mit diesen verbundenen Gemeinkosten genutzt werden.

Grundlagen & Konzepte

Beim Cost Benchmarking wird ein kennzahlengestützter Vergleich mit anderen Unternehmen(-sbereichen) durchgeführt, der u.a. ein verbessertes Verständnis des Entstehens und von Möglichkeiten der Senkung von Gemeinkosten bezwecken kann.[5]

Daneben existieren Instrumente, die speziell auf die Begrenzung und Verringerung von Gemeinkosten ausgerichtet sind. Diese umfassen die Budgetierung, die Gemeinkostenwertanalyse und andere Formen der Wertanalyse sowie das Zero Base Budgeting.[6] Schließlich lässt sich das Kaizen Costing als japanischer Ansatz zur kontinuierlichen Kostenverringerung in kleinen Schritten auch auf Gemeinkosten beziehen, und es können die weiter unten erörterten Ansätze des Fixkosten- und Komplexitätskostencontrollings genutzt werden.

2.5 Rahmenbedingungen

Bei der Ausgestaltung des Gemeinkostencontrollings zu beachten sind dessen unternehmensinterne Rahmenbedingungen. So bestimmen die Bedeutung, die das Management dem Thema beimisst, die Transparenz der Unternehmensstruktur und die verfügbaren Informationssysteme sowohl die Notwendigkeit als auch die Möglichkeiten des Gemeinkostencontrollings.

Wie zu Beginn des Abschnitts angedeutet, lassen sich das dargestellte Oktogon und die Ausführungen zu seinen Elementen als (grobes) Rahmenkonzept für das Gemeinkostencontrolling interpretieren. Die Ausgestaltung des Gemeinkostencontrollings in einem Unternehmen kann sich dann an diesem Rahmen orientieren und von der spezifischen Situation des Unternehmens ausgehend Schwerpunkte setzen. Solche Schwerpunkte betreffen häufig das Controlling der fixen Gemeinkosten, der Prozesskosten und der durch Komplexität verursachten Gemeinkosten. Daher werden diese nachfolgend gesondert thematisiert.

3 Fixkostencontrolling

Fixkosten als Objekt des Gemeinkostencontrollings

Fixe Kosten sind die Kosten, die sich innerhalb einer Periode nicht verändern, wenn sich eine Kosteneinfluss- bzw. Bezugsgröße verändert. Die Einstufung als Fix- oder variable Kosten richtet sich oft nach der Kosteneinflussgröße „Beschäftigung" (in der Regel durch die Produktions- und Absatzmenge gemessen). Es können aber auch andere Kosteneinflussgrößen, wie beispielsweise eine bestimmte Entscheidung (z.B.

---

[5] Zu diesen Instrumenten vgl. Götze, 2010.
[6] Vgl. dazu Roolfs, 1996, Küpper, 2008, S. 373 ff.

über die Annahme eines Auftrags), herangezogen werden. Wird von der Beschäftigung ausgegangen und zugleich bei der Unterscheidung zwischen Einzelkosten und Gemeinkosten auf eine Produkteinheit Bezug genommen, dann sind Fixkosten zugleich Gemeinkosten.

Aus den oftmals hohen Anteilen fixer Kosten an den Gesamt- und Gemeinkosten sowie aus ihrer Relevanz für die Kostenflexibilität und das Ergebnis bei Beschäftigungsschwankungen resultiert die Bedeutung des Fixkostencontrollings. Dieses hat bezogen auf die Fixkosten diejenigen Aufgaben wahrzunehmen, die in Abschnitt 2 für das Gemeinkostencontrolling skizziert worden sind.

Dabei kann es neben universell einsetzbaren Methoden der Kosten- und Investitionsrechnung und anderen Ansätzen des Gemeinkostencontrollings verschiedene spezifische Instrumente nutzen:

Instrumente des Fixkostencontrollings

- eine Mehrstufige Fixkostendeckungsrechnung als Form der Teilkostenrechnung, bei der die Fixkosten aufgespalten und den in einer Hierarchie angeordneten Bezugsobjekten (wie Produkten, Produktgruppen, Bereichen, Gesamtunternehmen) zugerechnet werden, auf die ihre Entstehung zurückgeht,
- eine Fixkostenmanagementorientierte Plankostenrechnung, die neben der Mehrstufigen Fixkostendeckungsrechnung auch eine zeit- und betriebsbereitschaftsgradabhängige Fixkostenplanung in den Kostenstellen vorsieht,[7]
- die im nächsten Abschnitt anzusprechende Prozesskostenrechnung, die eine gezielte Analyse der Entstehung von Fixkosten sowie der Nutzung der sie auslösenden Potenziale ermöglicht,
- Eigentumspotenzial- bzw. Vertragsdatenbanken, die Informationen über die Abbaubarkeit der aus Vermögensgegenständen des Unternehmens bzw. Verträgen mit Externen resultierenden Fixkosten erfassen (so enthalten Vertragsdatenbanken u. a. Informationen über den jeweiligen Vertragspartner, die Kündigungsfrist, den monatlichen Fixkostenbetrag sowie etwaige Folgekosten),
- das Fixkosten-Markt-Portfolio, in dem Geschäftseinheiten hinsichtlich der Dimensionen „Marktstabilität" (mit den Ausprägungen hoch oder niedrig) und „Fixkostenflexibilität" (hoch oder niedrig) beurteilt und in die Felder „extremes Risiko" (bei jeweils niedriger Ausprägung), „Kosten-Risiko" (bei hoher Marktstabilität und niedriger Fixkostenflexibilität), „Markt-Risiko" (bei niedriger Marktstabilität und hoher Fixkostenflexibilität) oder „geringes Risiko" (bei jeweils hoher Ausprägung) eingeordnet werden. Für die in den verschiedenen Feldern positionierten Geschäftseinheiten bieten sich unterschiedliche

---

[7] Vgl. Reichmann/Fröhling, 1991.

Normstrategien an, z. B. die Eliminierung bei ex-tremem Risiko und die Verbesserung der Kostenflexibilität bei Kostenrisiko.[8]

Ergebnisse des Fixkostencontrollings

Generell werden mit den Instrumenten des Fixkostencontrollings vor allem Informationen zur zielgerichteten Beeinflussung der Fixkosten bereitgestellt: So kann mit dem Fixkosten-Markt-Portfolio oder einer Mehrstufigen Fixkostendeckungsrechnung ein entsprechender Anpassungsbedarf identifiziert und mittels Eigentumspotenzial- oder Vertragsdatenbanken nach Möglichkeiten zur Verringerung der Fixkosten gesucht werden. Zu den typischerweise hierfür geeigneten Maßnahmen zählen das Outsourcing, die Verringerung von Vertragslaufzeiten, die Flexibilisierung des Personaleinsatzes, Miete statt Kauf etc. Zudem erfolgt eine indirekte Beeinflussung der Fixkosten (und damit auch der Gemeinkosten), indem die Fixkosten in adäquater Weise in die Vorbereitung produktbezogener Entscheidungen einbezogen werden.

4   Prozesskostencontrolling

Prozesskosten als Objekt des Gemeinkostencontrollings

Prozesskosten stellen die Kosten dar, die durch die Ausführung von Prozessen in Unternehmen verursacht werden. Mit Ausnahme weniger Fertigungsprozesse und der bei diesen anfallenden Einzelkosten (Materialkosten, Fertigungslöhne) handelt es sich bei ihnen um Gemeinkosten. Die Bedeutung von Prozessen für die Gemeinkosten und des Prozesscontrollings spiegelt sich in dem klassischen Zitat von Miller/Vollman wider: *„If, as we believe, transactions [i. S. v. Prozessen] are responsible for most overhead costs in the hidden factory, then the key to managing overheads is to control the transactions that drive them."*[9] Seit den 80er-Jahren sind Prozesse in Wissenschaft und Unternehmenspraxis in den Fokus des Gemeinkostenmanagements gerückt, die Konzeption von verschiedenen Formen der Prozesskostenrechnung ist ein Ausdruck dieser Entwicklung.

Aufgaben und Instrumente des Prozesskostencontrollings

Prozesskostencontrolling kann als Teilmenge der in Abschnitt 2 beschriebenen Aufgaben des Gemeinkostencontrollings verstanden werden. Es kann einerseits auf Instrumente des Prozesscontrollings wie Prozesskennzahlen und Prozessbenchmarking,[10] andererseits auf (prozessbezogen bzw. -spezifisch anzuwendende) Methoden der Kostenrechnung und des Kostenmanagements zurückgreifen. Als zentrales Instrument bietet sich aber die Prozesskostenrechnung an, da sie eine Erfassung, Analyse, Prognose und Verrechnung von Prozesskosten ermöglicht und damit in vielfältiger Weise für das Prozesskostencontrolling nutzbar ist.

---

[8] Vgl. Oecking, 1994, S. 95 ff. und S. 177 ff.
[9] Miller/Vollmann, 1985, S. 146.
[10] Für einen Überblick vgl. Götze, 2007.

Kennzeichen der Prozesskostenrechnung ist die Verrechnung der von Prozessen verursachten Gemeinkosten über Bezugsgrößen, mit denen die Prozessmenge bzw. -häufigkeit gemessen wird. Sie existiert inzwischen in verschiedenen Varianten. Hier wird auf das im deutschen Sprachraum weit verbreitete System von *Horváth/Mayer* Bezug genommen.[11] Mit diesem wird angestrebt, den in den Gemeinkostenbereichen von Unternehmen entstehenden Ressourcenverzehr abzubilden, um auf dieser Basis die Gemeinkosten zum einen steuern und zum anderen besser den Produkten zurechnen zu können. Merkmale des Systems sind die

Prozesskostenrechnung

- Konzentration auf repetitive, strukturierte Abläufe in den indirekten Bereichen,
- Analyse abteilungsübergreifender Prozesse (sog. Hauptprozesse) neben den in einer Kostenstelle ablaufenden Prozessen (sog. Teilprozessen),
- Untersuchung von Kostenbestimmungsfaktoren und Bildung von Bezugsgrößen zur Messung von Prozessmengen,
- Bestimmung von Prozesskosten und Prozesskostensätzen sowie
- Verrechnung auch fixer Kosten, um mittel- und langfristige Entscheidungen vorbereiten zu können.

Den Ablauf der Prozesskostenrechnung und deren Einbindung in die Kostenrechnung insgesamt zeigt Abb. 4.

Die Prozesskostenrechnung verfeinert die Kostenrechnung demgemäß vor allem auf der Ebene der Kostenstellenrechnung, indem sie dort zum einen mehrere Prozesse innerhalb einer Kostenstelle und zum anderen kostenstellenübergreifende Prozesse sowie deren jeweilige Kosten untersucht.

Auf die Details des Ablaufs einer Prozesskostenrechnung soll hier nicht eingegangen und dazu lediglich auf die Literatur verwiesen werden.[12] Stattdessen sei deren Nutzung im Rahmen des Gemeinkostencontrollings fokussiert. Die Prozesskostenrechnung unterstützt die Steuerung der Gemeinkosten vor allem, indem sie

Ergebnisse der Prozesskostenrechnung

- bei den in ihrem Rahmen erforderlichen Tätigkeits- und Prozessanalysen unwirtschaftliche Abläufe und Strukturen sichtbar macht und eine Prozessstruktur schafft, die auch für die Etablierung eines Prozess(-kosten-)managements nutzbar ist,
- Kosteneinflussgrößen und die von ihnen verursachten Kosten aufdeckt und es damit ermöglicht, gezielt mittel- und langfristig wirkende Maßnahmen zur Senkung der Gemeinkosten zu ergreifen,

---

[11] Vgl. Horváth/Mayer, 1993.
[12] Vgl. Schweitzer/Küpper, 2011, S. 352 ff., Götze, 2010, S. 217 ff. Siehe auch den Beitrag von Rieg in diesem Band.

Grundlagen & Konzepte

- Prozesse und Prozessmengen, den Kapazitätsbedarf sowie die Prozesskosten erfasst, plant und kontrolliert und damit Auslastungsgrade sowie Veränderungen der Prozesskosten im Zeitablauf feststellt sowie die Möglichkeiten einer aussagekräftigen Budgetierung verbessert und
- die Kostentransparenz sowie das Kostenbewusstsein in den Gemeinkostenbereichen tendenziell erhöht.

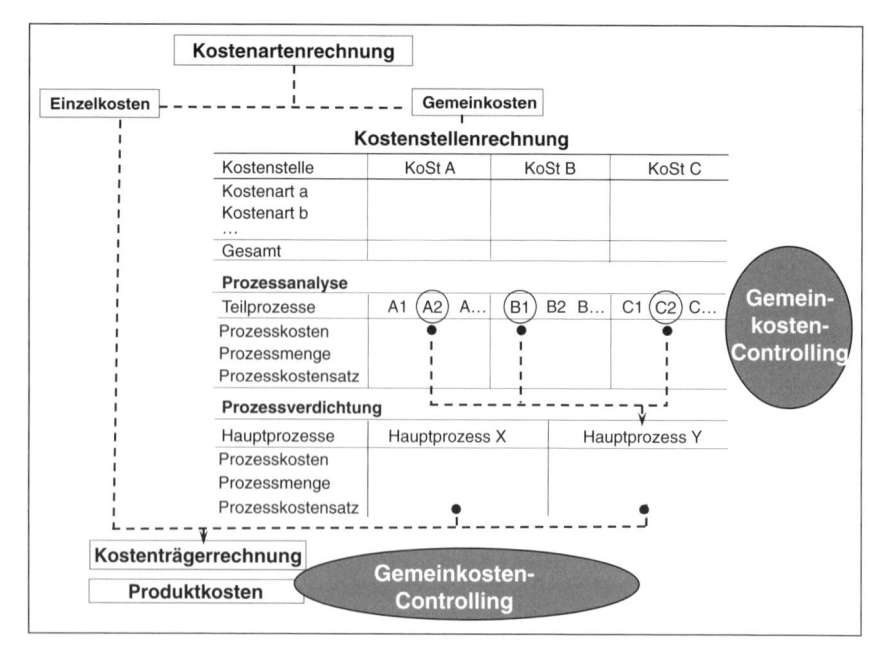

Abb. 4: Ablauf und Einbindung einer Prozesskostenrechnung[13]

Damit werden Entscheidungen über Maßnahmen zur Reduzierung oder Begrenzung von Prozesskosten initiiert und/oder vorbereitet. Diese können sich auf die Prozessstandardisierung, -verkürzung, -beschleunigung, das Outsourcing von Prozessen, die Kapazitätsanpassung etc. beziehen.

Daneben ermöglicht die Prozesskostenrechnung eine gegenüber der klassischen Zuschlagskalkulation verbesserte Zurechnung der Gemeinkosten zu Produkten und leistet damit indirekt einen weiteren Beitrag zum Gemeinkostenmanagement: Verbesserte produktbezogene Entscheidungen wirken sich tendenziell positiv auf die Gemeinkosten aus. Als Ergebnis einer Prozesskostenrechnung liegen auch die Prozesskostensätze (als durchschnittliche Kosten einer einmaligen Prozessdurchführung) von Teil- und Hauptprozessen vor. Es kann nun hinterfragt werden, wie viele Einheiten (bzw. Durchführungen) der relevanten Prozesse ein Kosten-

---

[13] Modifiziert übernommen von Schmidt, 2005, S. 225.

träger jeweils benötigt. Die Multiplikation der entsprechenden Größen (der sog. Prozesskoeffizienten) mit den Prozesskostensätzen führt zu Prozesskosten der Kostenträger und damit einer relativ aussagekräftigen Zurechnung der entsprechenden Gemeinkosten.

5 Komplexitätskostencontrolling

Als eine Ursache gestiegener Gemeinkosten gilt häufig die hohe Komplexität. Diese lässt sich als „*Gesamtheit aller Merkmale eines Zustands oder Objekts im Sinne von Vielschichtigkeit*"[14] verstehen. Sie kann sich demgemäß in unterschiedlichen Dimensionen, u.a. als Zielkomplexität, Kundenkomplexität, Variantenkomplexität, Teilekomplexität und Komplexität der Leistungserstellungsprozesse und -systeme, äußern.[15] Hohe Komplexität kann durch eine Reihe unternehmensexterner (wie Lieferanten-, Kundenanzahl, Anforderungsvielfalt) und unternehmensinterner (Trennung von Aufgaben, Anzahl der Schnittstellen, Anzahl von Bearbeitungsschritten, etc.) Komplexitätstreiber hervorgerufen werden. Komplexität verursacht Komplexitätskosten, die sich entweder als „*Auswirkungen, die die Komplexität auf die Kostensituation eines Unternehmens besitzt*"[16], oder als durch eine komplexitätserhöhende Maßnahme verursachte zusätzliche Kosten beschreiben lassen (vgl. Abb. 5).[17] Diese Komplexitätskosten stellen i.d.R. Gemeinkosten dar und sind damit auch potenzieller Gegenstand des Gemeinkostencontrollings bzw. eines Komplexitätskostencontrollings als dessen Teilbereich.

Komplexitätskosten als Objekt des Gemeinkostencontrollings

Die Aufgaben des Komplexitätskostencontrollings entsprechen ihrer Art nach denen des Gemeinkostencontrollings (siehe Abschnitt 2). Als Instrumente lassen sich wiederum diverse Methoden des Gemeinkostencontrollings wie das Benchmarking heranziehen. Zudem können speziell mit Komplexitätsanalysen die Ursachen der Komplexität, d.h. die Ausprägungen der oben genannten Komplexitätstreiber und weiterer relevanter Einflussgrößen, aufgezeigt und untersucht sowie darauf basierend Ansatzpunkte für Maßnahmen zur Effizienzsteigerung herausgearbeitet werden.[18]

Aufgaben und Instrumente des Komplexitätskostencontrollings

Daneben kann angestrebt werden, mittels geeigneter Rechnungen Komplexitätskosten zu ermitteln. Dazu können diese zunächst ihrer Art nach klassifiziert werden, und zwar gemäß den in Abschnitt 2 beschriebenen Kategorien oder nach der Häufigkeit ihres Anfalls und der Wirkungsweise, wie es Abb. 5 zeigt.

Komplexitätskostenrechnung

---

[14] Adam/Johannwille, 1998, S. 6.
[15] Vgl. Adam/Johannwille, 1998, S. 7.
[16] Hungenberg, 2000, S. 545.
[17] Vgl. Olbrich/Battenfeld, 2005, S. 163.
[18] Vgl. Roever, 1994 sowie Schulz, 1994.

Grundlagen & Konzepte

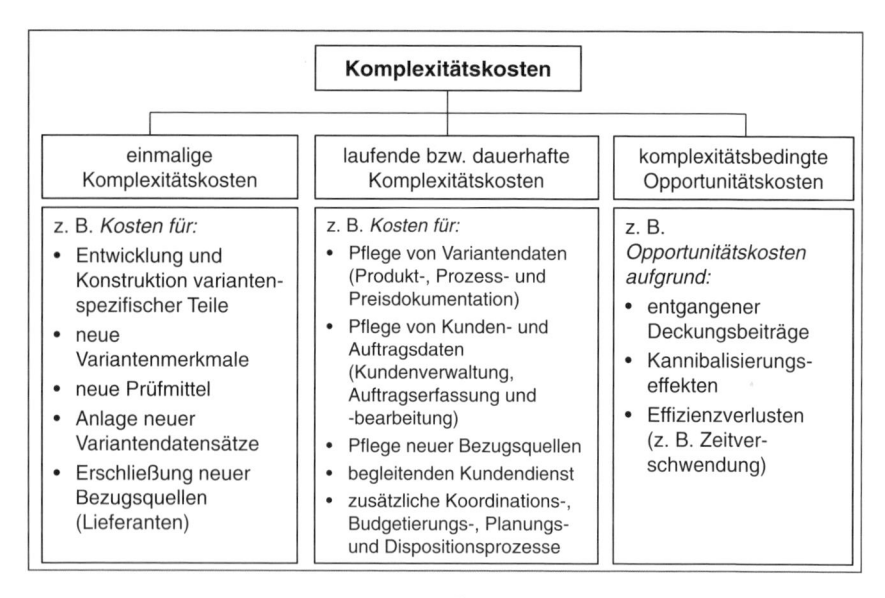

Komplexitätskosten		
einmalige Komplexitätskosten	laufende bzw. dauerhafte Komplexitätskosten	komplexitätsbedingte Opportunitätskosten
z. B. *Kosten für:* • Entwicklung und Konstruktion variantenspezifischer Teile • neue Variantenmerkmale • neue Prüfmittel • Anlage neuer Variantendatensätze • Erschließung neuer Bezugsquellen (Lieferanten)	z. B. *Kosten für:* • Pflege von Variantendaten (Produkt-, Prozess- und Preisdokumentation) • Pflege von Kunden- und Auftragsdaten (Kundenverwaltung, Auftragserfassung und -bearbeitung) • Pflege neuer Bezugsquellen • begleitenden Kundendienst • zusätzliche Koordinations-, Budgetierungs-, Planungs- und Dispositionsprozesse	z. B. *Opportunitätskosten aufgrund:* • entgangener Deckungsbeiträge • Kannibalisierungseffekten • Effizienzverlusten (z. B. Zeitverschwendung)

Abb. 5: Kategorien von Komplexitätskosten[19]

Für die darauf basierende Erfassung, Analyse und Prognose von Komplexitätskosten sind verschiedene Rechnungen vorgeschlagen worden, von denen hier 2 erwähnt werden sollen:

- Die Prozesskostenrechnung ist in ihrer Grundform (nach *Horváth/ Mayer*) wie auch in komplexitätsbezogenen Erweiterungen[20] in der Lage, diverse Komplexitätstreiber (wie die Anzahl von Lieferanten, Kunden oder Bearbeitungsschritten) zu erfassen und deren Auswirkungen auf die Gemeinkostenentstehung aufzuzeigen.
- Kapitalwertberechnungen sollten unter Einbeziehung von Kosten- bzw. Auszahlungs-, aber auch Erlös- bzw. Einzahlungsveränderungen dann zur gezielten Bewertung von Maßnahmen zur Veränderung der Komplexität herangezogen werden, wenn diese sich – was durchaus nicht selten sein dürfte – mehrperiodig auswirken.[21]

Damit – und in Kombination mit der traditionellen Kostenrechnung und der entwicklungsbegleitenden Kalkulation – lassen sich Maßnahmen der Produktgestaltung (Baukastenprinzip, Modularisierung, Plattformbauweise usw.) und der Prozessgestaltung (Fertigungssegmentierung, Verschiebung des Auftragsentkopplungspunktes etc.), die auf die Verringerung der Komplexität oder den verbesserten Umgang mit dieser abzielen, zumindest näherungsweise bewerten.

---

[19] Leicht modifiziert übernommen von Reiners/Sasse, 1999, S. 226.
[20] Ein entsprechendes Beispiel findet sich in Battenfeld, 2001.
[21] Vgl. Rosenberg, 2002.

6 Fazit

Im vorliegenden Beitrag wurde zum einen ein Rahmenkonzept für das Gemeinkostencontrolling vorgestellt, das dessen Ziele, Objekte, Aufgaben, Instrumente etc. strukturiert und damit eine Basis für die gezielte Ausgestaltung des Gemeinkostencontrollings in der Unternehmenspraxis schafft. Zum anderen wurden bestimmte Felder des Gemeinkostencontrollings, das Fixkosten-, Prozesskosten- und Komplexitätskostencontrolling, näher betrachtet und dabei vor allem in deren Rahmen einsetzbare Instrumente überblicksartig dargestellt. Dabei zeigte sich, dass die Prozesskostenrechnung in allen Feldern einsetzbar und damit als zentrales Instrument eines aussagekräftigen Gemeinkostencontrollings interpretierbar ist.

Einschränkend ist zum einen zu erwähnen, dass die angesprochenen Instrumente durchaus noch Defizite und Entwicklungsbedarfe aufweisen und die Frage nach ihrem zielgerichteten, situationsadäquaten Einsatz nie allgemeingültig und endgültig beantworten werden wird. In Verbindung damit ist zum anderen auf das Wirtschaftlichkeitspostulat hinzuweisen, das auch für den Einsatz der Instrumente gilt – der dadurch bewirkte Nutzen sollte höher sein als die (Gemein-)Kosten, die verursacht werden.

7 Literaturhinweise

Adam/Johannwille, Die Komplexitätsfalle, in: Adam (Hrsg.): Komplexitätsmanagement, 1998, S. 5–28.

Battenfeld, Behandlung von Komplexitätskosten in der Kostenrechnung, in: krp, 45. Jg., H. 3, 2001, S. 137–143.

Götze, Kostenrechnung und Kostenmanagement, 5. Aufl., 2010.

Götze, Prozesscontrolling, in: ZP, Bd. 18, H. 3, 2007, S. 323–332.

Horváth/Mayer, Prozeßkostenrechnung – Konzeption und Entwicklungen, in: krp, Sonderheft 2, 1993, S. 15–28.

Hungenberg, Komplexitätskosten, in: Fischer (Hrsg.), Kosten-Controlling. Neue Methoden und Inhalte, 2000, S. 539–553.

Küpper, Controlling, Konzeption, Aufgaben, Instrumente, 5. Aufl., 2008.

Miller/Vollmann, The hidden factory, in: Harvard Business Review, Vol. 63, H. 5, 1985, S. 142–150.

Reichmann/Fröhling, Fixkostenmanagementorientierte Plankostenrechnung vs. Prozeßkostenrechnung – Zwei Welten oder zwei Partner?, in: Controlling, 3. Jg., H. 1, 1991, S. 42–44.

Oecking, Strategisches und operatives Fixkostenmanagement: Möglichkeiten und Grenzen des theoretischen Konzeptes und der praktischen Umsetzung im Rahmen des Kosten- und Erfolgs-Controllings, 1994.

Olbrich/Battenfeld, Variantenvielfalt und Komplexität – kostenorientierte vs. marktorientierte Sicht, in: der markt, 44. Jg., H. 3+4, 2005, S. 161–173.

Reiners/Sasse, Komplexitätskostenmanagement, in: krp, 43. Jg., H. 4, 1999, S. 222–232.

Roever, Fokussierte Produkt- und Programmgestaltung zur Komplexitätsreduzierung, in: Corsten (Hrsg.): Handbuch Produktionsmanagement – Strategie – Führung – Technologie – Schnittstellen, 1994, S. 115–129.

Roolfs, Gemeinkostenmanagement unter Berücksichtigung neuerer Entwicklungen in der Kostenlehre, 1996.

Rosenberg, Kostensenkung durch Komplexitätsmanagement, in: Franz/Kajüter (Hrsg.): Kostenmanagement, 2. Aufl., 2002, S. 225–246.

Schmidt, Kostenrechnung, 4. Aufl., 2005.

Schulz, Komplexität in Unternehmen – eine Herausforderung an das Controlling, in: Controlling, 6. Jg., H. 3, 1994, S. 130–139.

Schweitzer/Küpper, Systeme der Kosten- und Erlösrechnung, 10. Aufl., 2011.

Weber/Schäffer, Einführung in das Controlling, 13. Aufl., 2011.

Zenz, Controlling: Konzeption als Metaführungsfunktion, 1999.

Prozesskostenrechnung: Chancen und Risiken im Gemeinkostenmanagement

- Die Prozesskostenrechnung ist ein erfolgversprechendes Instrument der Gemeinkostensteuerung, denn hinter den Gemeinkosten stehen zumeist Prozesse und Aktivitäten. Deren Neugestaltung und laufende Planung und Steuerung erlauben eine höhere Transparenz und einen effizienteren Ressourceneinsatz.
- Prozesskosten werden über die Zurechnung von Kosten auf Prozesse ermittelt und können auch in eine prozesskostenbasierte Kalkulation und Erfolgsrechnung eingehen. In der Praxis wird allerdings der hohe Einführungsaufwand der Prozesskostenrechnung beklagt. Ihre Verbreitung ist daher je nach Branche und Unternehmensgröße unterschiedlich.
- Ziel des Beitrags ist es, den aktuellen Stand der Prozesskostenrechnung für das Gemeinkostenmanagement aufzuzeigen und kritisch zu beurteilen.

Inhalt		Seite
1	Gemeinkostenmanagement und Prozesskostenrechnung	55
2	Struktur der Prozesskostenrechnung	57
2.1	Ermittlung von Prozesskosten	57
2.1.1	Hauptprozesse festlegen	57
2.1.2	Kostentreiber festlegen	58
2.1.3	Kosten zurechnen	58
2.1.4	Kapazitätsermittlung und Kosten	58
2.2	Verwendung von Prozesskosten	59
3	Einsatz im Gemeinkostenmanagement	60
3.1	Neugestaltung von Prozessen	60
3.1.1	Restrukturierung von Prozessen	61
3.1.2	Teamorientierte Prozessoptimierung	61
3.1.3	Beurteilung des Prozesswerts als Hauptproblem	61
3.2	Prozesskostenrechnung und Prozesssteuerung	62
3.2.1	Einsatz in der Gemeinkostenplanung und -steuerung	62
3.2.2	Einsatz in der Gestaltung der Marktleistungen	64
4	Empirie zur Verbreitung und zum Einsatz der Prozesskostenrechnung	65
5	Fazit	66
6	Literaturhinweise	67

- **Der Autor**

Prof. Dr. Robert Rieg ist Professor für Controlling und Interne Unternehmensrechnung an der Hochschule Aalen.

1 Gemeinkostenmanagement und Prozesskostenrechnung

Als ein Instrument des Gemeinkostenmanagements wird häufig die Prozesskostenrechnung vorgeschlagen. Über Jahrzehnte gestiegene Kosten der fertigungsfernen indirekten Bereiche[1] ließen den Wunsch nach einem Instrument wachsen, das sich nicht damit begnügt, Gemeinkosten pauschal als Zuschlagssatz zu verrechnen, sondern das es erlaubt, deren Kosten und Wertschöpfung genauer zu untersuchen und zu beeinflussen. Da sich die Prozesskostenrechnung explizit auf die nicht direkt mit der Produktfertigung verbundenen Prozesse richtet, trifft auf sie das obige Abgrenzungsproblem „direkte/indirekte Kosten" in der Praxis weniger zu.

Entstehung der Prozesskostenrechnung

Die traditionelle Zuschlagskalkulation kann diesem Anstieg der Gemeinkosten nicht Rechnung tragen, da die Gemeinkosten im Ganzen zugerechnet werden, unabhängig davon, ob die Produkte alle diese Gemeinkosten auch auslösen. Die Folge können Fehlurteile sein.

> **Achtung: Fehlurteile durch Zuschlagskalkulation**
> Die Zuschlagskalkulation kann dazu führen, immer mehr Produktvarianten einzuführen. Ursache ist der Irrglauben, dadurch würden die Gemeinkosten pro Produkt tendenziell sinken (economies of scale). Produktvarianten haben jedoch eher den gegenteiligen Effekt: Für jede Variante sind zusätzliche Entwicklungstätigkeiten erforderlich, es sind oft spezielle Teile oder Bearbeitungsschritte nötig, ein besonderer Versand, spezielle Qualitätsprüfungen und eigenständige Planungs- und Steuerungsaufgaben können auftreten. Dies alles führt zu steigenden Gemeinkosten und das bei geringeren Stückzahlen, da Varianten als besondere Produkte einen kleineren Käuferkreis ansprechen als das Grundprodukt.

Die Prozesse, die eine Prozesskostenrechnung betrachtet, sind zunächst einmal sachlogisch zusammenhängende Ketten von Aktivitäten, die sich häufig gleichartig wiederholen. Einmalige Aktivitäten wie etwa ein Projekt oder nur schwer zu standardisierende Einzelentscheidungen über den Zukauf eines Unternehmens sind daher von der Analyse ausgeschlossen.

Grundzüge der Prozesskostenrechnung

---

[1] Die Gründe für gestiegene „indirekte" Kosten liegen vermutlich in der stark gestiegenen Automatisierung der Fertigung sowie in der Zunahme planerischer, steuernder und überwachender Tätigkeiten zu Lasten ausführender Aktivitäten, s. dazu Coenenberg/Fischer/Günther (2009), S. 145 ff.

Grundlagen & Konzepte

Die Merkmale der in der Prozesskostenrechnung betrachteten Prozesse sind:[2]

- Ausrichtung auf einen für den Betriebszweck relevanten Output, beispielsweise eine Bestellung, eine Rechnungsprüfung oder eine Kommissionierung,
- Möglichkeit der zeitlichen (Start, Ende, Durchlaufzeiten), qualitativen (Prozessqualität) sowie kostenmäßigen Zuordnung von Kenngrößen.

Die Ermittlung der Prozesskosten erfolgt nach *Horváth* und *Mayer* über die Zuordnung von Arbeitskapazitäten auf Prozesse und deren Bewertung mit einem Kostensatz. Die Prozesskostenrechnung ersetzt nicht die bisherige Struktur der Kostenrechnung, sondern ergänzt und detailliert sie (s. Abb. 1)[3].

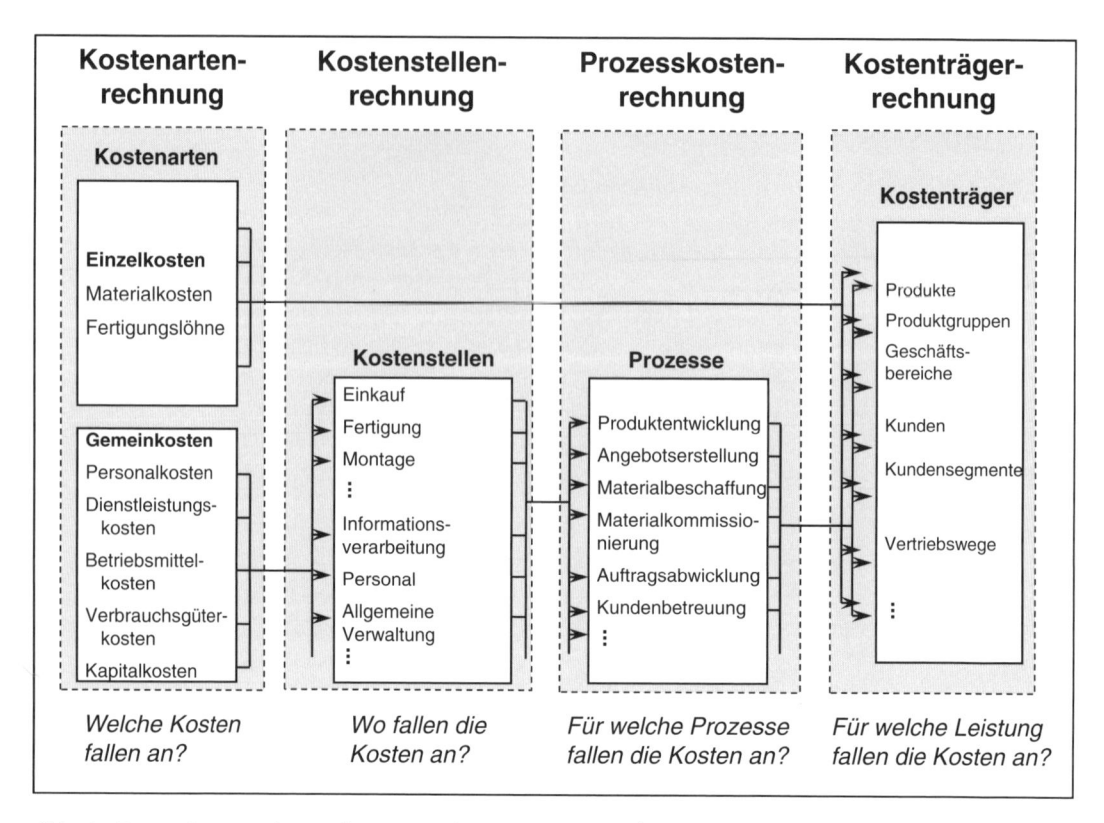

Kostenarten-rechnung	Kostenstellen-rechnung	Prozesskosten-rechnung	Kostenträger-rechnung
Kostenarten			**Kostenträger**
Einzelkosten Materialkosten Fertigungslöhne			Produkte Produktgruppen Geschäftsbereiche
Gemeinkosten Personalkosten Dienstleistungskosten Betriebsmittelkosten Verbrauchsgüterkosten Kapitalkosten	**Kostenstellen** Einkauf Fertigung Montage ⋮ Informationsverarbeitung Personal Allgemeine Verwaltung ⋮	**Prozesse** Produktentwicklung Angebotserstellung Materialbeschaffung Materialkommissionierung Auftragsabwicklung Kundenbetreuung ⋮	Kunden Kundensegmente Vertriebswege ⋮
Welche Kosten fallen an?	*Wo fallen die Kosten an?*	*Für welche Prozesse fallen die Kosten an?*	*Für welche Leistung fallen die Kosten an?*

Abb. 1: Prozesskostenrechnung im System der Kostenrechnung[4]

---

[2] Vgl. Horváth/Mayer (1993), S. 16.
[3] Die anglo-amerikanische Kostenrechnung kennt keine ausgearbeitete Kostenstellenrechnung, sodass das dortige activity-based costing-System anders vorgeht. Zu einem Vergleich s. Kellermanns/Islam, 2004 sowie Schweitzer/Küpper, 2011, S. 364 ff.
[4] Bischof (1997), S. 52.

2 Struktur der Prozesskostenrechnung

2.1 Ermittlung von Prozesskosten

2.1.1 Hauptprozesse festlegen

Hat man das Ziel und den Untersuchungsbereich festgelegt, ist der 1. Schritt zur Ermittlung der Prozesskosten die Prozessanalyse[5]. Sie beginnt mit der Festlegung der Hauptprozesse. Letztere sind solche, die meist über Kostenstellengrenzen hinweg gehen und wesentliche Leistungen erzeugen. Durch diesen Schritt erhält man bei der nachfolgenden Tätigkeitsanalyse und Erarbeitung der Teilprozesse in den Kostenstellen eine Orientierung, auf welche Aktivitäten besonders geachtet werden sollte.

Anschließend sind in den Kostenstellen des Untersuchungsbereichs diejenigen Tätigkeiten zu identifizieren, die für die Hauptprozesse eine Teilleistung erbringen (s. Abb. 2). Die Teilprozesse sollten allerdings nicht zu kleinteilig sein, da ansonsten der Analyseaufwand sehr groß wird und die Gefahr besteht, dass sich durch laufende Änderungen auf der sehr detaillierten Ebene das Prozessmodell häufig ändern muss. Für die Analyse genügt es aus Erfahrung, nur Prozesse aufzunehmen, deren Tätigkeitsaufwand größer 1/10 Mitarbeiterjahr ist. Das entspräche bei einer Jahresarbeitszeit von 1.600 Stunden mehr als 160 Stunden pro Jahr, also etwa 3 Stunden pro Woche im Durchschnitt.

Tätigkeitsanalyse und Teilprozessermittlung

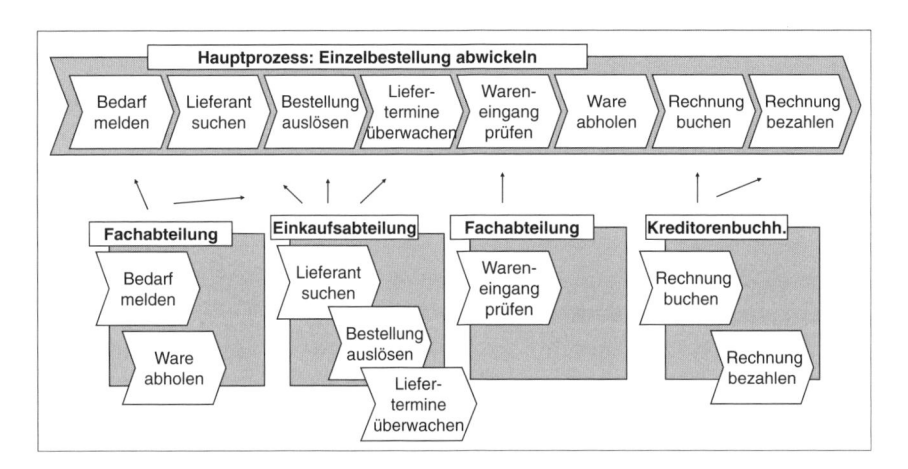

Abb. 2: Beispiel zu Teil- und Hauptprozessen[6]

---

[5] Vgl. zur Prozessanalyse Brokemper/Gleich (1999) sowie Homburg/Zimmer, 1999.
[6] Rieg 2008, S. 91.

2.1.2 Kostentreiber festlegen

Jedem Teil- und Hauptprozess muss vor der Kostenermittlung ein „Kostentreiber" (cost driver) zugewiesen werden. Der Kostentreiber ist diejenige Größe, die die Höhe der Kosten des Prozesses beeinflusst. Da es sich um sich wiederholende (repetitive) Prozesse handelt, nimmt man die Anzahl der durchgeführten Prozesse als Kostentreiber. So wäre beispielsweise in einer Einkaufsabteilung beim Teilprozess „Bestellung auslösen" der Kostentreiber die „Anzahl ausgelöster Bestellungen". Die Kosten der Bestellung hängen somit nicht von der Höhe des Materialwerts ab, wie das die Zuschlagskalkulation annimmt. Sie werden vielmehr durch die Komplexität und Zahl der Bestellvorgänge bestimmt. Jedem Kostentreiber wird damit eine Menge bzw. die Zahl der Durchführungen zugewiesen.

2.1.3 Kosten zurechnen

Die Kostenzurechnung auf Prozesse basiert typischerweise auf einem „Aktenbearbeitungsmodell", d.h. auf der Vorstellung, dass eine Aufgabe auf dem Schreibtisch einer Mitarbeiterin landet, sie diese bearbeitet und an den nächsten Arbeitsplatz weiterleitet. Die Kosten der Bearbeitung des Prozesses ergeben sich dann aus den Kosten der Arbeitszeit der Mitarbeiterin.[7] In diese Kosten fließen nicht nur die Personal- und Personalnebenkosten ein, sondern auch alle relevanten Sachkosten des Arbeitsplatzes (Raum, Ausstattung, EDV etc.). Die Kostenzurechnung benötigt somit 2 Daten: die benötigte Arbeitszeit für einen Prozess und die Sach- und Personalkosten.

2.1.4 Kapazitätsermittlung und Kosten

Die benötigte Arbeitszeit je Teilprozess muss durch Interviews, Befragungen oder durch andere Zeitstudien erhoben werden. Dazu teilt man die gesamte verfügbare Arbeitszeit in einer Abteilung auf die dort ablaufenden Prozesse auf. Man spricht in diesem Zusammenhang auch von Kapazitätszuordnung, da Arbeitskapazitäten auf jeden Prozess zugeordnet werden. Dies soll nachfolgend anhand einer Beispielrechnung verdeutlicht werden(s. Abb. 3): Die gesamte Arbeitskapazität von 11 Mitarbeiterjahren (MJ) teilt sich auf 4 Teilprozesse auf. Für die betrachtete Abteilung wurden insgesamt Sach- und Personalkosten von 1,1 Mio. EUR ermittelt. Somit kostet jedes Personenjahr im Schnitt 100.000 EUR p.a.

---

[7] Bei stark IT-gestützten Prozessen müssen zusätzlich laufende Kosten sowie IT-Bereitschaftskosten auf die Prozesse zugerechnet werden, vgl. Tulowitzki, 2000.

Achtung: Durchschnittskosten verwenden
Für Prozesse werden nicht die tatsächlichen Personalkosten für einzelne Personen angesetzt, auch wenn man wissen sollte, dass nur diese Person an dem Prozess arbeitet. Hier genügt eine Durchschnittsbetrachtung unabhängig von konkreten Personen. Eine Zurechnung auf einzelne Personen könnte eine individuelle Leistungsmessung erlauben, welche mitbestimmungspflichtig wäre.

Die Kostenzurechnung zu Hauptprozessen erfolgt über die anteilige Zurechnung der eben ermittelten Teilprozesskosten. Welche Teilprozesse zu welchem Anteil (prozentual oder über Mengenanteile) in welchen Hauptprozess eingehen, kann nur in der praktischen Anwendung erarbeitet werden.

Verdichtung zu Hauptprozessen

Kostenstelle Einkauf	
Ist-Daten	Jahr 2011
Personalkosten	850.000,00 EUR
Abschreibungen	75.000,00 EUR
EDV-Kosten	150.000,00 EUR
Sonstige Sachkosten	25.000,00 EUR
Summe Kosten	1.100.000,00 EUR
11 MJ Kosten je MJ	100.000,00 EUR

MJ = Mitarbeiterjahr

Ermittlung Prozesskosten der Teilprozesse der Kostenstelle Einkauf — Jahr 2011

TP-Nr.	Teilprozesse (TP)	Prozessmenge	Bezeichnung Kostentreiber	Kapazität in MJ	Kosten gesamt	Kosten je Prozess
TP 1	Lieferanten betreuen	40	Lieferanten	0,5	50.000,00 EUR	1.250,00 EUR
TP 2	Bestellungen abwickeln	5.000	Einzelbestellungen	7,0	700.000,00 EUR	140,00 EUR
TP 3	Rahmenverträge verhandeln	50	Verträge	1,0	100.000,00 EUR	2.000,00 EUR
TP 4	Abrufe aus Rahmenverträgen	4.500	Abrufe	2,5	250.000,00 EUR	55,56 EUR
			Summen	11,0	1.100.000,00 EUR	

Verdichtung zu Hauptprozess Einzelbestellung abwickeln
Kostentreiber: Anzahl Einzelbestellungen — 5.000 im Jahr 2011

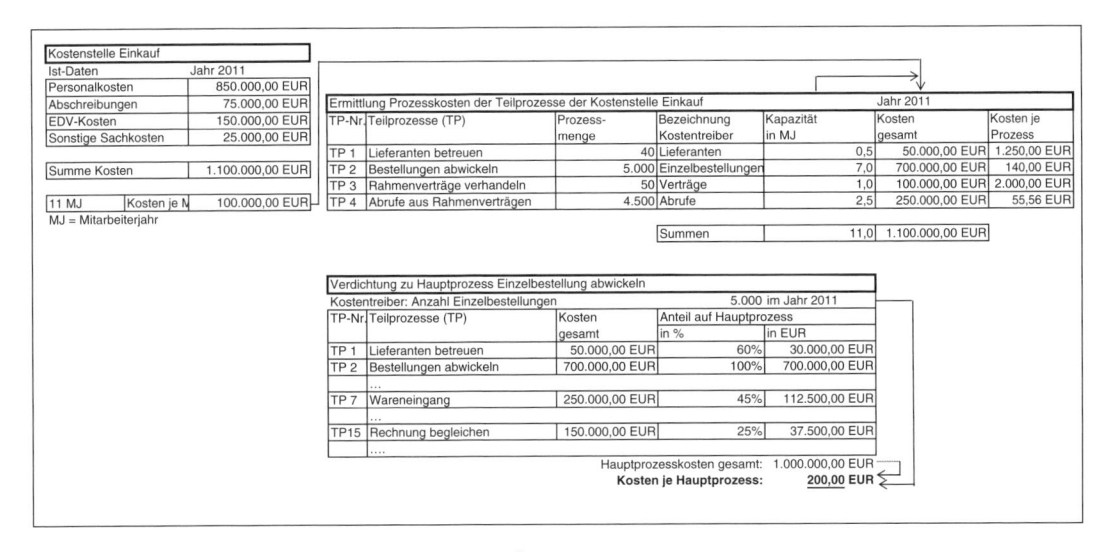

TP-Nr.	Teilprozesse (TP)	Kosten gesamt	Anteil auf Hauptprozess in %	in EUR
TP 1	Lieferanten betreuen	50.000,00 EUR	60%	30.000,00 EUR
TP 2	Bestellungen abwickeln	700.000,00 EUR	100%	700.000,00 EUR
...				
TP 7	Wareneingang	250.000,00 EUR	45%	112.500,00 EUR
...				
TP15	Rechnung begleichen	150.000,00 EUR	25%	37.500,00 EUR
....				
	Hauptprozesskosten gesamt:			1.000.000,00 EUR
	Kosten je Hauptprozess:			**200,00 EUR**

Abb. 3: Ermittlung Teil- und Hauptprozesskosten[8]

2.2 Verwendung von Prozesskosten

Ein Anwendungsfall der Prozesskostenrechnung ist die Produktkalkulation. Ziel ist eine Verfeinerung der Kalkulation, indem die durch das Produkt in Anspruch genommenen Prozesse auf eine Produkteinheit

Prozesskostenbasierte Produktkalkulation

---

[8] Vgl. Rieg, 2008, S. 92.

Grundlagen & Konzepte

zugerechnet werden[9]. Damit wird die pauschale Zurechnung von Gemeinkosten mit ihren negativen Effekten vermieden. Allerdings lassen sich nicht alle Gemeinkosten als Prozesskosten abbilden.[10] Sie kann Anstoß für das Management der Gemeinkosten sein, sofern ein Kostensenkungsbedarf besteht. Ebenso wirkt eine Veränderung der Gemeinkosten über die Zurechnung der Prozesskosten auf das Kalkulationsergebnis.

Prozesskostenbasierte Gemeinkostenplanung und -steuerung

Als weiteren Anwendungsbereich kann die Prozesskostenrechnung das Gemeinkostenmanagement unterstützen[11]. Die Prozesskostenrechnung liefert detaillierte Informationen über die Entstehung (= Prozesse) und Verwendung (= Prozessoutput) der Gemeinkosten, die aus einer kostenstellenbezogenen und kostenartenorientierten Analyse nicht ableitbar sind. Die Art und Höhe der ermittelten Prozesskosten können einen Anstoß zu effizienzsteigernden Maßnahmen liefern, die an den Ursachen der Gemeinkostenentstehung ansetzen und nicht pauschal bestimmte Kosten senken wie bei der Gemeinkostenwertanalyse. Letztere konzentriert sich primär auf das Symptom „hohe Kosten" und ändert nicht ohne Weiteres die Ursachen dafür. Auf der Basis dieser effizienzgesteigerten Prozesse kann dann die Prozesskostenrechnung für die laufende Planung und Steuerung eingesetzt werden. Statt Gemeinkosten auf Basis von Vergangenheitswerten in die Zukunft fortzuschreiben, wird eine analytische Mengen- und Wertplanung von Prozessen verwendet.

3 Einsatz im Gemeinkostenmanagement

3.1 Neugestaltung von Prozessen

Restrukturierung und Prozessoptimierung

Um Gemeinkosten dauerhaft zu verändern, sind tiefgreifende Umgestaltungen der dahinterliegenden Prozesse nötig[12]. Für eine solche Umgestaltung haben sich in der Praxis 2 Vorgehensweisen herausgebildet: eine top down gesteuerte und umfassende Restrukturierung sowie eine teamorientierte und eher inkrementelle Prozessoptimierung.

---

[9] Vgl. Friedl/Hofmann/Pedell, 2010, S. 462 ff.
[10] Dies aus 2 Gründen: (1) Wie oben erwähnt, konzentriert sich die Prozesskostenrechnung auf repetitive Prozesse. (2) Nicht alle Prozesse werden durch Produkte in Anspruch genommen. Ein Ersatz der Zurechnung von Einzelkosten würde eine teilkostenbasierte Prozesskostenrechnung voraussetzen, was in der Praxis mangels Zurechnungsmöglichkeit meist nicht durchgeführt wird.
[11] Vgl. Horváth, 2011, S. 488 f.
[12] Zu Ansatzpunkten der Veränderung von Prozessen vgl. Friedl, 2009, S. 205 ff.

3.1.1 Restrukturierung von Prozessen

Die Restrukturierung setzt auf eine umfassende Neugestaltung der Strukturen und Prozesse. Basis und Vorgabe der Restrukturierung sind strategische Entscheidungen – zum Produkt- und Marktportfolio, zur Gestaltung der Wertschöpfung oder Ähnliches. Darauf aufbauend soll die Restrukturierung bestehende Prozesse und Organisationsstrukturen hinterfragen und neue entwickeln, welche es erlauben, den strategischen Vorgaben besser gerecht zu werden[13].

Dieser Ansatz ist primär top down und auf eine wirkliche Neugestaltung gerichtet. Dies unter der Prämisse, dass umfassende Überarbeitungen auch große Leistungssteigerungen erwarten lassen. 3 Probleme gehen mit dieser Vorgehensweise einher:

- Zu erwartende Widerstände bei Mitarbeitern, die nicht in die Erarbeitung der Neugestaltung eingebunden sind und vor vollendete Tatsachen gestellt werden,
- Mangel an Wirklichkeitsnähe der erarbeiteten Lösungen aufgrund der Erarbeitung in kleinem Kreis und auf abstrakter Ebene, sodass die erhofften Leistungssteigerungen am Ende nicht eintreten, und
- Fragwürdigkeit einer völligen Neugestaltung aufgrund der Tatsache, dass auch kleine Änderungen große Wirkungen erzielen können.

3.1.2 Teamorientierte Prozessoptimierung

Die teamorientierte Prozessoptimierung möchte sich bei der Prozessgestaltung das Wissen und die Erfahrung der Mitarbeiter zunutze machen. Durch die Einbindung der Mitarbeiter sollen zudem mögliche Widerstände reduziert werden. Dies setzt allerdings einen geringeren Veränderungsanspruch als bei der Restrukturierung voraus. Der Fokus dürfte damit mehr auf inkrementellen Veränderungen bestehender Prozesse liegen als auf einer aus der Strategie abgeleiteten Neugestaltung „auf der grünen Wiese". Hierfür ist die Einbindung der am bestehenden Prozess bereits mitwirkenden Mitarbeiter allerdings sehr nützlich[14].

3.1.3 Beurteilung des Prozesswerts als Hauptproblem

Die Prozesskostenrechnung kann bei der Neugestaltung von Prozessen wichtige Informationen liefern: beispielsweise in der Restrukturierung Informationen über Prozesskostenwirkungen geplanter Neuorganisationen und in der teamorientierten Prozessoptimierung Informationen über die Kosten derzeitiger Prozesse und Kostenwirkungen von Prozessänderungen.

---

[13] Vgl. Grönke, 2005.
[14] Vgl. Becker/Schmidt, 2005.

Prozesskosten sind jedoch nur eine Bewertung der in den Prozess gehenden betrieblichen Ressourcen. Auf der Inputseite müssen Zeit- und Qualitätsinformationen hinzukommen, um ein breiteres Bild zu erhalten[15]. Auf der Outputseite setzt die Prozesskostenrechnung als Teil des Gemeinkostenmanagements an der betrieblichen Effizienz an. Wird eine konstante Effizienz angenommen, soll die Neugestaltung die Kosten reduzieren. Meist haben aber Prozessgestaltungen auch Rückwirkungen auf die internen Leistungen oder gar die Marktleistung.

Bei der o. g. Restrukturierung ist dies sogar Teil des Vorgehens. In diesen Fällen greift die Prozesskostenrechnung allerdings zu kurz. Man bräuchte eine Prozess„wert"betrachtung als Verhältnis aus Nutzen zu Kosten[16]. Da sich Wirkungen und Nutzen von Prozessen erheblich schlechter als Kosten und Zeitgrößen standardisiert messen lassen, ist das aber eine bis heute noch nicht gelöste Aufgabe.

3.2 Prozesskostenrechnung und Prozesssteuerung

Die Prozesskostenrechnung stellt zum einen detaillierte Informationen bereit, um die Kostenentstehung der indirekten Bereiche besser verstehen, planen und ggf. verändern zu können. Zum anderen liefert sie Daten für die mittelfristige Gestaltung der Prozesse für Marktleistungen und die sich anschließende Diskussion über die Wirtschaftlichkeit von Kundenbeziehungen, Produkten und produktnahen Leistungen.

3.2.1 Einsatz in der Gemeinkostenplanung und -steuerung

Neben oder im Anschluss an die Neugestaltung von Prozessen kann die Prozesskostenrechnung auch für eine operative bis mittelfristige Gemeinkostenplanung und -steuerung eingesetzt werden. Eine operative Planung und Budgetierung über Prozesse erlauben eine detaillierte Planung der Aktivitäten und deren Kosten. Damit können unternehmensinterne Ressourcen besser zugewiesen werden, was zu einer höheren Wirtschaftlichkeit beiträgt. Statt beispielsweise der Einkaufsabteilung ein Plankostenbudget zuzuweisen, von dem man mangels Prozessinformationen nicht genau weiß, wofür das Geld verwendet wird, beginnt man mit der Planung der Prozessmengen (s. Abb. 4).

---

[15] Zumindest bzgl. Zeit-Informationen gibt es hier eine Erweiterung, das „time-driven activity-based costing", vgl. Coeners/von der Hardt, 2004.
[16] Vgl. Friedl, 2009, S. 204.

Prozesskostenrechnung

Planung der Prozessmengen und resultierende Prozesskosten				Planjahr 2012		
TP-Nr.	Teilprozesse (TP)	Plan-Prozess-menge	Bezeichnung Kostentreiber	Kapazität in MJ	Kosten gesamt	Kosten je Prozess
TP 1	Lieferanten betreuen	50	Lieferanten	0,6	62.500 EUR	1.250,00 EUR
TP 2	Bestellungen abwickeln	3.000	Einzelbestellungen	4,2	420.000 EUR	140,00 EUR
TP 3	Rahmenverträge verhandeln	10	Verträge	0,2	20.000 EUR	2.000,00 EUR
TP 4	Abrufe aus Rahmenverträgen	6.500	Abrufe	3,6	361.111 EUR	55,56 EUR
			Summe	8,6	863.611 EUR	
			Leerkapazität	2,4	236.389 EUR	
			Reduktionsbedarf in %:		21,5%	

Planungsablauf Prozesse:

Zunächst Planung Prozessmengen;
Berechnung Plan-Prozesskosten aus
Plan-Prozessmenge x (konstantem)
Plan-Prozesskostensatz;
Plan-Kapazität analog
Leerkapazität = bisherige Kapazität - Plankapazität

Ist- und Zielbudget Kostenstelle Einkauf		
Ableitung Zielbudget	Ist 2011	Ziel 2012
Annahme: anteilige Reduktion um 21,5 %	Ursprünglicher Budgetansatz	Neuer Budgetansatz
Personalkosten	850.000 EUR	667.336 EUR
Abschreibungen	75.000 EUR	58.883 EUR
EDV-Kosten	150.000 EUR	117.765 EUR
Sonstige Sachkosten	25.000 EUR	19.628 EUR
Summe Kosten	1.100.000 EUR	863.611 EUR
Reduktionsbedarf	236.389 EUR	21,5%

Abb. 4: Operative Planung über Prozessmengen und -kosten[17]

Die Prozessmengen bilden die Leistungen ab, die eine Einkaufsabteilung zu erbringen plant, d.h. beispielsweise die Zahl abgearbeiteter Bestellungen oder durchgeführter Abrufe aus Rahmenverträgen. Die einfachste Form der Budgeterstellung plant dagegen nur die Eingangsgrößen wie Personal- und Sachkosten, nicht aber, wofür diese Ressourcen eingesetzt werden sollen. Die prozessorientierte Budgetierung beginnt bei der Frage der zu erbringenden Leistungen und ermittelt auf deren Basis das nötige Budget. Dies ist der zentrale Unterschied und Vorteil.

> **Achtung: Kostensenkungen im Budget stehen oft nur auf dem Papier**
> Hier zeigt sich auch eine Gefahr der Prozesskostenrechnung. Die Personal- und Sachkosten, die in die Prozesskosten eingehen, sind i.d.R. nicht variabel, sondern fixe oder sprungfixe Gemeinkosten. Die Leerkapazität (Istkosten Basisjahr – Budgetansatz Planjahr, vgl. Abb. 4) bedeutet, dass Mitarbeiter nicht ausgelastet sind. Die entsprechenden Kosten existieren jedoch noch, auch wenn dies aus dem neuen Budgetansatz nicht hervorgeht. Die Leerkapazität sollte zum Nachdenken veranlassen, welche Aufgaben der Einkauf noch übernehmen kann oder wo die entsprechenden Mitarbeiter sinnvoll anderweitig beschäftigt werden können.

---

[17] Rieg, 2008, S. 94.

Grundlagen & Konzepte

Die prozessorientierte Planung der Gemeinkostenbereiche kann die bestehende Absatz- und Produktionsplanung ergänzen, um zu einer durchgängigen, outputorientierten Gesamtplanung zu gelangen[18]. Deren Anforderung an den Umfang von Prognosen, die Informationsverarbeitung und den Planungsaufwand ist jedoch erheblich.

3.2.2 Einsatz in der Gestaltung der Marktleistungen

Neben dem Gemeinkostenmanagement ist der Einsatz der Prozesskostenrechnung im Rahmen der Produktkalkulation am bedeutendsten. Durch die detaillierte Zurechnung von Prozesskosten auf Produkte, die diese in Anspruch nehmen, kann eine genauere Kalkulation erreicht werden als durch eine pauschale Zuschlagsrechnung (sog. Allokationseffekt). Damit wird auch deutlicher ersichtlich, welche Produkte bspw. aufgrund komplexer Logistik oder Kundenbetreuungsprozesse erheblich mehr Prozesskosten induzieren als andere (sog. Komplexitätseffekt). Da viele Prozesse nicht produktbezogen, sondern auftrags- oder kundenbezogen sind, wird es möglich, die Prozesskosten je Stück durch eine größere Herstellmenge zu reduzieren (sog. Degressionseffekt).

Die Integration der Prozesskostenrechnung in eine bestehende Kostenrechnung erlaubt zudem eine um Prozesskosten ergänzte Deckungsbeitragsrechnung. Auf deren Grundlage wird ersichtlich, welche Deckungsbeiträge durch Produkte und Kunden entstehen, nachdem anteilige Prozesskosten saldiert wurden. Somit können Entscheidungen über das Produkt- und Kundenportfolio unterstützt werden, wobei hier nicht mehr nur die Effizienz, sondern auch die Effektivität betroffen ist.

Prozesssteuerung — Um die Unternehmensprozesse dauerhaft wirtschaftlich zu betreiben bzw. zu verbessern, wird in der Literatur ein prozessorientiertes Performance Measurement vorgeschlagen. Eine kontinuierliche Messung, Bewertung und Visualisierung der Kosten-, Zeit- und Qualitätskriterien der Prozesse sollen eine ebenso kontinuierliche Verbesserung erlauben[19].

Problemfelder — Die Vorgehensweise bei der Ermittlung und Nutzung der Prozesskosteninformationen erscheint auf den ersten Blick plausibel und gut nachvollziehbar. Sie basiert jedoch in der oben beschriebenen Form auf einer mehrfachen Schlüsselung von Gemeinkosten sowie der Annahme, dass sich Prozesse und Kostentreiber klar abgrenzen und identifizieren lassen. Beides ist jedoch eher von Plausibilitätsüberlegungen geprägt. Bis heute fehlen klare produktions- und kostentheoretische Begründungen dafür. Die Gemeinkostenschlüsselung kann zu Fehlurteilen führen, falls fälsch-

---

[18] Vgl. Mayer/Essiger, 2004, S. 150 ff. Zum Ablauf einer prozessorientierten Planung vgl. Rieg, 2008, S. 95.
[19] Vgl. Götze (2007) sowie Gleich, 2011, S. 100 ff.

licherweise davon ausgegangen wird, dass eine sinkende Prozessmenge (sinkende Zahl an Prozessdurchführungen) auch zu sinkenden Prozesskosten führen würde. Gemeinkosten lassen sich niemals „verursachungsgerecht" zurechnen, da sie sonst Einzelkosten wären[20].

Darüber hinaus ist die Bewältigung der höheren Komplexität durch die Prozesskostenrechnung zu berücksichtigen. Die höhere Detaillierung durch die Prozesskostenrechnung erfordert mehr Daten und Aufwand in der Prognose, Planung und Kontrolle und ebenso eine komplexere Software-Unterstützung. Insgesamt wird die Einführung und dauerhafte Nutzung der Prozesskostenrechnung als sehr aufwendig angesehen[21].

4 Empirie zur Verbreitung und zum Einsatz der Prozesskostenrechnung

Je nach Studie wird die Prozesskostenrechnung in 30 %–40 % der befragten Unternehmen angewandt, wobei einzelne Studien auch deutlich geringere Werte zeigen[22]. Viele Studien leiden allerdings zum einen an geringen Stichprobenumfängen und zum andern an einer nicht zufälligen Auswahl der Befragten, da i.d.R. Großunternehmen bestimmter Industriebranchen ausgewählt werden. Insofern kann dies nicht ohne Weiteres verallgemeinert werden. Die Tendenz scheint jedoch zu sein, dass eine Minderheit die Prozesskostenrechnung einsetzt. Ihr Einsatzgebiet dürften allerdings vermehrt Unternehmen mit entsprechend hohen Gemeinkostenanteilen, komplexen Prozessen und vielfältigen Kunden- und Marktbeziehungen sein. Diese Bedingungen sind branchen- und größenabhängig gegeben.

Verbreitung der Prozesskostenrechnung

Die Befragten der Studien nennen als Vorteile

- die höhere Transparenz,
- eine bessere Informationsbasis sowie
- die Unterstützung bei der Kostensenkung, sei es durch Auslagerung von Prozessen oder bessere Ressourcenzuweisung[23].

Vorteile und Einsatz

Während einige Studien zeigen, dass Prozesskostenrechnung isoliert von anderen und teilweise nur als „Einmalprojekt" für die Neugestaltung von Prozessen eingesetzt wird, zeigen andere Studien einen dauerhaften Einsatz in Kombination mit anderen Kostenrechnungssystemen wie beispielsweise der Grenzplankostenrechnung.

---

[20] Vgl. zur Kritik ausführlich Schweitzer/Küpper, 2011, S. 379ff.
[21] Vgl. auch Friedl/Hofmann/Pedell, 2010, S. 476.
[22] Vgl. hierzu und nachfolgend Himme, 2009 sowie Friedl/Hofmann/Pedell, 2010, S. 476.
[23] Vgl. Himme, 2009, S. 1061.

Wesentlicher Kritikpunkt an der Prozesskostenrechnung ist der hohe Aufwand ihrer Einführung. Dies wird oftmals als der entscheidende Grund genannt, sie nicht einzusetzen.

5 Fazit

Prozesskostenrechnung im Fokus der Kritik

Die Prozesskostenrechnung hat von Beginn an viel Kritik auf sich gezogen. Diese entzündete sich vor allem an der oft mehrfachen Schlüsselung von Gemeinkosten, der unscharfen Abgrenzung von Prozessen und der pauschalen Ableitung von Handlungsempfehlungen auf Basis der so ermittelten Prozesskosten[24]. Hinzu kommt der hohe Aufwand der Einführung und des Einsatzes, was viele Unternehmen von einer Anwendung abzuhalten scheint.

Prozesskosten als Heuristik

Hinzu kommt, dass nicht jeder Rechenschritt im Einzelnen theoretisch begründbar ist und die ermittelten Prozesskosten größtenteils „heuristischer" Natur sind, d.h., sie können eher als Daumenregel und grober Hinweis gelten, aber nicht als exakte Rechenergebnisse. Doch auch ein gröberes Instrument ist besser als keines. Die Prozesskostenrechnung kann ein Nachdenken, Hinterfragen und Ändern der Gemeinkosten und der dahinterstehenden Prozesse anstoßen.

Es besteht die Gefahr, dass aufgrund unscharfer Informationen falsche Entscheidungen getroffen werden, wie beispielsweise ein Produkt nicht mehr zu vertreiben, da die zugerechneten Prozesskosten zu hoch erscheinen. Durch die kurzfristig meist nicht abbaubaren anteiligen Gemeinkosten hätte dies einen Anstieg der zugerechneten Prozesskosten auf andere Produkte oder steigende, nicht auf Prozesse verrechnete, Gemeinkosten zur Folge. Solange jedoch kein anderes Rechensystem existiert, um solche Entscheidungen besser zu unterstützen, ist es sinnvoller, zumindest ein derartiges grobes Instrument einzusetzen.

Fokus der Problem- und Ursachenbetrachtung auf Strukturen und Prozesse

Ein weiterer, selten beachteter Aspekt der Prozessorientierung ist, dass sie dabei helfen kann, den Fokus der Problem- und Ursachenbetrachtung auf Strukturen und Prozesse zu verschieben. Typischerweise lassen sich Probleme in Organisationen aus Sicht von Managern auf 2 Gründe zurückführen: Entweder liegt es an den Menschen oder an den Strukturen und Prozessen der Organisation. Fehler als Ergebnis von menschlichen Schwächen und Unzulänglichkeiten zu sehen liegt dabei in der Natur des Menschen. Dabei kann der Einzelne wenig dafür, wenn er durch vorhandene Organisationsmängel benötigte Informationen und Ressourcen nicht erhält oder nicht über die nötigen Entscheidungskompetenzen verfügt.

---

[24] Vgl. Schweitzer/Küpper, 2011, S. 379 ff.

Die Prozesskostenrechnung kann im besten Fall den Fokus der Problem- und Ursachenbetrachtung auf Strukturen und Prozesse verschieben. Durch die Bemühungen, Probleme als prozessgetrieben zu sehen und diese Prozesse zu verbessern, können dieselben Mitarbeiter eine höhere Leistung erbringen als vorher. Dies setzt nicht nur eine Perspektivenverschiebung voraus, sondern auch Geduld, abzuwarten und vorübergehende Verschlechterungen auszuhalten, denn Prozessverbesserung benötigt Ressourcen, die bei der bisherigen Aufgabenerfüllung fehlen, und wird in der Übergangszeit des Lernens eher zu noch mehr Problemen führen, da neue Methoden und Vorgehensweisen erlernt werden müssen[25]. Dies steht allerdings in Spannung zu einer Tendenz, Prozesse immer noch genauer, umfassender und in kürzeren Zeiträumen zu evaluieren und bei Abweichungen schnell zu reagieren.

6 Literaturhinweise

Anderson u. a., Cost Behavior and Fundamental Analysis of SG&A Costs, Journal of Accounting, Auditing & Finance, 22. Jg., Heft 5/2005, S. 1–28.

Becker/Schmidt, Teamorientierte Geschäftsprozessoptimierung, in: Horváth & Partners (Hrsg.), Prozessmanagement umsetzen, 2005, S. 107–122.

Bischof, Prozesskostenmanagement im Versicherungsunternehmen: Der Einsatz der Prozesskostenrechnung im Gemeinkostenmanagement, 1997.

Brokemper/Gleich, Empirische Analyse von Gemeinkostenprozessen zur Herleitung eines branchenspezifischen Prozess(kosten)modells, Die Betriebswirtschaft, 59. Jg., Heft 1/1999, S. 76–89.

Coenenberg/Fischer/Günther, Kostenrechnung und Kostenanalyse, 7. Aufl. 2009.

Coeners/von der Hardt, Time-driven Activity-Based Costing: Motivation und Anwendungsperspektiven, ZfCM, 48. Jg., Heft 2/2004, S. 108–118.

Friedl, Kostenmanagement, 2009.

Friedl/Hofmann/Pedell, Kostenrechnung – Eine entscheidungsorientierte Einführung, 2010.

Gleich, Performance Measurement, 2. Aufl. 2011.

---

[25] Vgl. Repenning/Sterman, 2002.

Götze, ZP-Stichwort: Prozesscontrolling, Zeitschrift für Planung & Unternehmenssteuerung, 18. Jg., 2007, S. 323–332.

Grönke, Prozesstransformation durch Restrukturierung, in Horváth & Partners (Hrsg.), Prozessmanagement umsetzen, 2005, S. 87–105.

Himme, Kostenmanagement: Bestandsaufnahme und kritische Beurteilung der empirischen Forschung, Zeitschrift für Betriebswirtschaft, 79. Jg., Heft 9/2009, S. 1051–1098.

Homburg/Zimmer, Optimale Auswahl von Kostentreibern in der Prozesskostenrechnung, in: zfbf, 51. Jg., 11/1999, S. 1042–1055.

Horváth, Controlling. 12. Aufl., 2011.

Horváth/Mayer, Prozesskostenrechnung – Konzeption und Entwicklungen, Kostenrechnungspraxis, 37. Jg., Sonderheft 2/1993, S. 15–28.

Kellermanns/Islam, US and German activity-based costing: A critical comparison and system acceptability propositions, Benchmarking: An International Journal, 11. Jg., Heft 1/2004, S. 31–51.

Mayer/Essiger, Outputorientierte Planung, in Horváth & Partners (Hrsg.), Beyond Budgeting umsetzen, 2004, S. 147–172.

Repenning/Sterman, Capability Traps and Attribution Errors in the Dynamics of Process Improvement, Administrative Science Quarterly, 47. Jg., Heft 2/2002, S. 265–295.

Rieg, Planung und Budgetierung. Was wirklich funktioniert, 2008.

Schweitzer/Küpper, Systeme der Kosten- und Erlösrechnung, 10. Aufl. 2011.

Tulowitzki, IV als internes Geschäftsfeld – Centerbildung und Leistungsverrechnung, in Dobschütz, v. u.a. (Hrsg.), IV-Controlling, 2000, S. 451–477.

Gemeinkostensteuerung in der Praxis – Optimale Vorgehensweise und Erfolgsfaktoren

- In den vergangenen Jahren hat sich Kostenmanagement als ein wichtiger Stellhebel der Unternehmenssteuerung zur Sicherung von Effizienz und Profitabilität etabliert.

- In diesem Beitrag werden die Ergebnisse einer in 2011 durchgeführten Studie der EBS Business School in Kooperation mit Expense Reduction Analysts dargestellt. Darin wurden die Potenziale der Gemeinkostenreduktion in Unternehmen sowie die dazu eingesetzten Verfahren und Instrumente untersucht. Darüber hinaus wurden Erfolgsfaktoren und -barrieren für die Reduktion von Gemeinkosten analysiert.

- Die Studie zeigt, dass insbesondere nachhaltige Unternehmen Prozesse zur Optimierung der Gemeinkosten weitaus umfangreicher nutzen. In diesen Unternehmen spielt die aktive Einbindung der Mitarbeiter in den Reduktionsprozess eine vorrangige Rolle. Mittels einer gezielten Wertanalyse werden die Gemeinkosten von einigen Pionieren konsequent optimiert.

- Dieser Beitrag gibt einen Überblick zum Anwendungsstand im Bereich der Gemeinkostenreduktionsprozesse und zeigt, wo Verbesserungspotenziale verborgen sind. Controller und Manager, die ihre Gemeinkosten nicht nur phasenbezogen, sondern dauerhaft professionell managen wollen, können ihre Kostenbasis unter Berücksichtigung der dargestellten Ergebnisse verhältnismäßig risikoarm optimieren.

Inhalt		Seite
1	Bedeutung von Gemeinkosten in der Praxis	71
2	Rolle der Gemeinkostenreduktionsprozesse in der Praxis	71
2.1	Wesentliche Gemeinkostenarten	71
2.2	Durchführung von Gemeinkostenreduktionsprozessen	72
2.3	Auslöser für Gemeinkostenreduktionsprozesse	73
3	Erfolgreiches Vorgehen in der Praxis	74
3.1	Idealtypischer Ablauf	74
3.2	Methoden und Tools	76
3.3	Erfolgsfaktoren	77
3.4	Erfolgsbarrieren	78

4	Nachhaltigkeit der befragten Unternehmen	79
5	Ergebnis: Nachhaltigkeit beeinflusst den Erfolg	81
6	Handlungsempfehlungen für die Praxis	82
7	Ausblick auf weitere empirischen Forschung	83
8	Literaturhinweise	83

■ **Die Autoren**

Prof. Dr. Ronald Gleich ist Vorsitzender der Institutsleitung Strascheg Institute for Innovation and Entrepreneurship (SIIE) der EBS Business School in Oestrich-Winkel.

Christoph Schneider ist Forschungsdirektor am Strascheg Institute for Innovation and Entrepreneurship (SIIE) der EBS Business School in Oestrich-Winkel.

Jochen Schmidt ist Wissenschaftlicher Mitarbeiter im Forschungsschwerpunkt Entrepreneurship am Strascheg Institute for Innovation and Entrepreneurship (SIIE) der EBS Business School in Oestrich-Winkel.

1 Bedeutung von Gemeinkosten in der Praxis

Gemeinkosten stellen heute einen wesentlichen und in den letzten Jahrzehnten kontinuierlich gewachsenen Anteil an den Gesamtkosten dar.[1] Sie werden zumeist als unvermeidbare Aufwendungen betrachtet, bei denen im Vergleich zu direkten Kosten lediglich ein bescheidenes Einsparungspotenzial besteht. Gemeinkostenoptimierungen werden, in der Unternehmenspraxis daher vorwiegend als Reaktionen auf Unternehmenskrisen oder schlechte gesamtwirtschaftliche Rahmendaten durchgeführt.[2] Dies hängt auch damit zusammen, dass Kostenmanagement in den meisten Unternehmen als rein operatives und weniger als strategisches Führungsinstrument eingesetzt wird.[3] Da es sich in der Regel um nicht-strategische Kosten handelt, kann die Profitabilität eines Unternehmens durch Reduktion von Gemeinkosten dennoch verhältnismäßig risikoarm gesteigert werden. Entsprechenden Einsparungen wirken sich nicht negativ auf den Erhalt und den Aufbau von Erfolgspotenzialen aus.[4]

Bedeutung von Gemeinkosten wird in der Praxis oft unterschätzt

Welche Verfahren zur Reduktion von Gemeinkosten vorliegen und wie diese in der Praxis tatsächlich eingesetzt werden, wurde bislang wissenschaftlich wenig untersucht. Diesen Fragen wurde daher im Rahmen einer empirischen Studie der EBS Business School und Expense Reduction Analysts untersucht.[5] Zielsetzung der Untersuchung war es, optimales Vorgehen, eingesetzte Instrumente und Erfolgsfaktoren von Reduktionsprozessen im Bereich der Gemeinkosten zu analysieren und Handlungsempfehlungen für Unternehmen abzuleiten.

Gemeinkostenreduktionsprozesse empirisch analysiert

2 Rolle der Gemeinkostenreduktionsprozesse in der Praxis

2.1 Wesentliche Gemeinkostenarten

Von der Literatur werden zahlreiche Kostenarten als Gemeinkosten verstanden. Im Hinblick auf die Struktur der Gemeinkosten in den studienbeteiligten Unternehmen sind Energie-, Marketing-, Logistik-, Fracht- und Facility-Managementkosten von großer Bedeutung. Nicht nur die Nennung von Energie als wichtigster Bestandteil, sondern auch die Nennungen der ebenfalls energieintensiven Kostenarten Logistik,

Energie ist der wesentliche Bestandteil der Gemeinkosten

---

[1] Vgl. Kellner-Lewandowsky, 2009, S. 107–108.
[2] Vgl. Weber/Hirsch, 2005, S. 12.
[3] Vgl. PwC, 2008, S. 11–13.
[4] Vgl. Franz/Winkler, 2010.
[5] Vgl. dazu auch Wald et al., 2012, S. 395–401.

Grundlagen & Konzepte

Fracht und Facility-Management, zeigen, dass den Energiekosten eine dominante Rolle in den Gemeinkostenanteilen der Unternehmen zukommt.

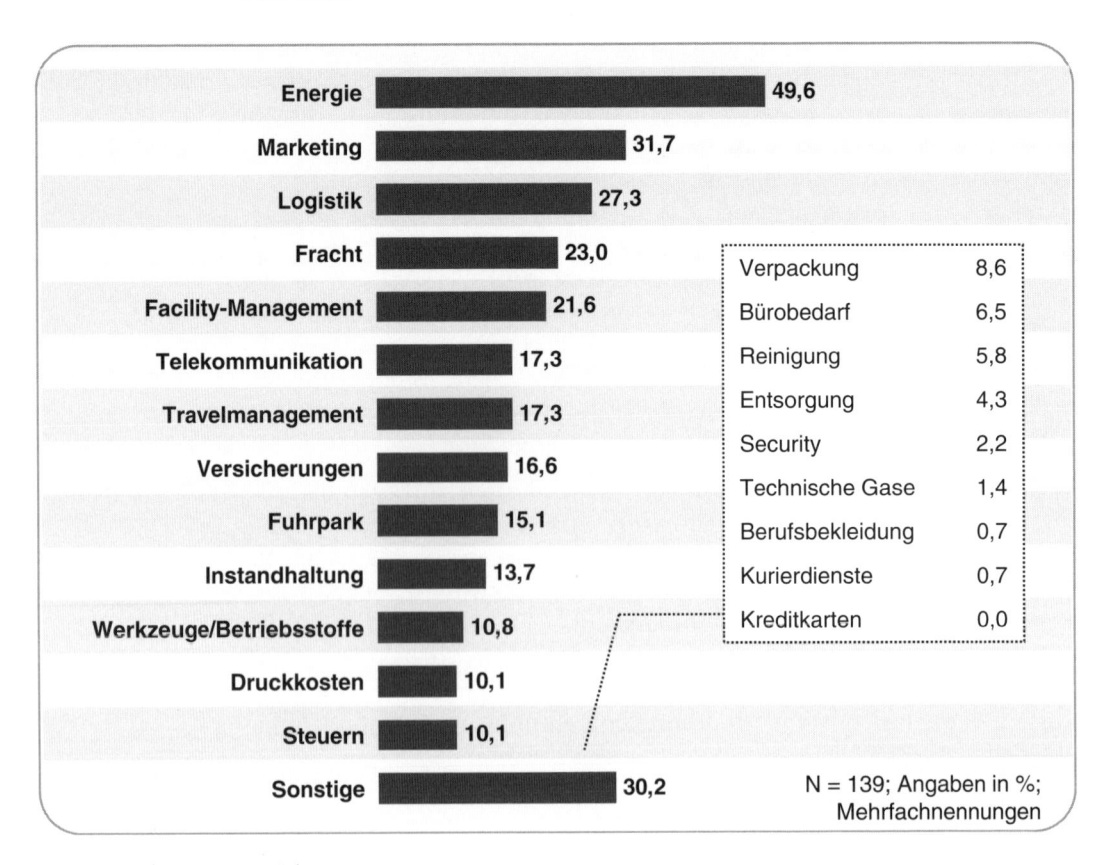

Gemeinkostenart	%
Energie	49,6
Marketing	31,7
Logistik	27,3
Fracht	23,0
Facility-Management	21,6
Telekommunikation	17,3
Travelmanagement	17,3
Versicherungen	16,6
Fuhrpark	15,1
Instandhaltung	13,7
Werkzeuge/Betriebsstoffe	10,8
Druckkosten	10,1
Steuern	10,1
Sonstige	30,2

Sonstige (Detail)	%
Verpackung	8,6
Bürobedarf	6,5
Reinigung	5,8
Entsorgung	4,3
Security	2,2
Technische Gase	1,4
Berufsbekleidung	0,7
Kurierdienste	0,7
Kreditkarten	0,0

N = 139; Angaben in %; Mehrfachnennungen

Abb. 1: Relevante Gemeinkostenarten

2.2 Durchführung von Gemeinkostenreduktionsprozessen

Wirtschaftskrise als Auslwurden Gemeinkostenreduktionsprozesse durchgeführt

Mehr als vier aus fünf Unternehmen haben in den vergangenen drei Jahren Gemeinkostenreduktionsprozesse durchgeführt. Lediglich rund 8 % der Unternehmen planen auch in Zukunft keine Maßnahmen. Die meisten dieser Unternehmen geben zum Befragungszeitpunkt an, andere Prioritäten zu haben. Rund 2 % aller Unternehmen sehen sich als komplett kosteneffizient, und wollen daher zukünftig keine weiteren Gemeinkostenreduktionen durchführen.

Erfolgsfaktoren der Gemeinkostensteuerung

Wurde in den letzten drei Jahren ein Reduktionsprozess durchgeführt? Ist ein solcher Prozess angedacht oder bereits konkret geplant?

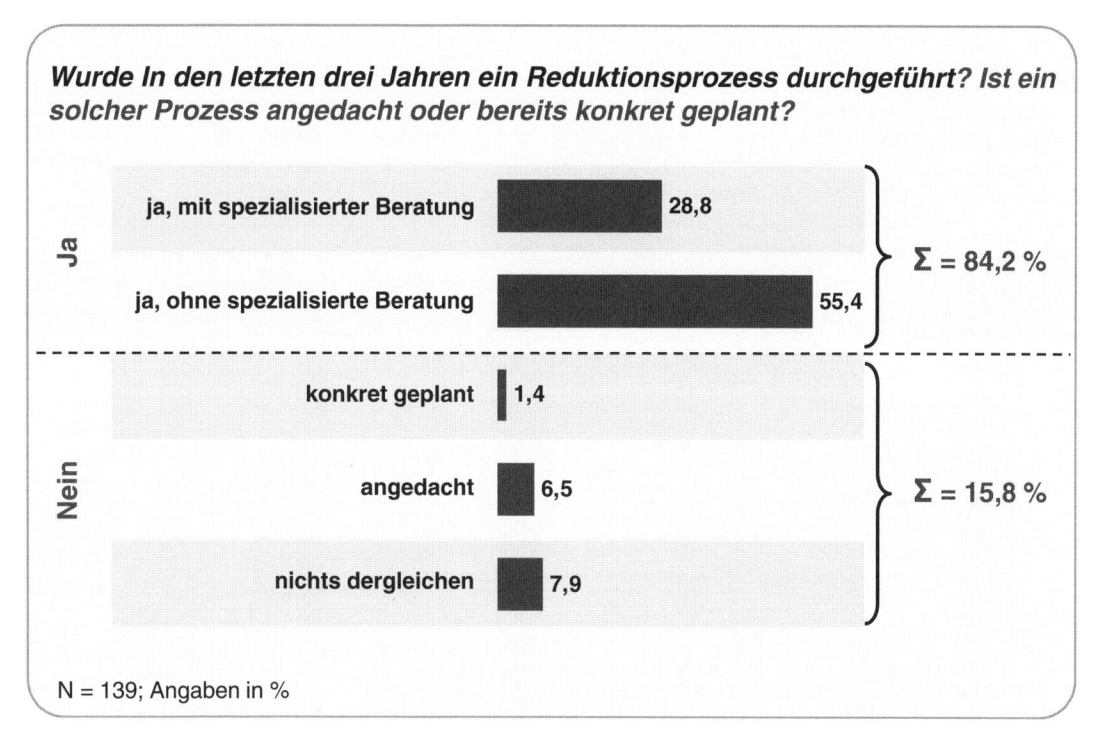

Ja
- ja, mit spezialisierter Beratung: 28,8
- ja, ohne spezialisierte Beratung: 55,4

$\Sigma = 84,2\%$

Nein
- konkret geplant: 1,4
- angedacht: 6,5
- nichts dergleichen: 7,9

$\Sigma = 15,8\%$

N = 139; Angaben in %

Abb. 2: Planung und Durchführung von Reduktionsprozessen in der Praxis

2.3 Auslöser für Gemeinkostenreduktionsprozesse

Es gibt mehrere Gründe dafür, warum Unternehmen Maßnahmen zur Gemeinkostenreduktion durchführen: Die Analyse zeigt, dass die Durchführung von Gemeinkostenreduktionsprozessen zumeist ein direktes Resultat einer Verfehlung der eigenen Ergebnisziele und damit häufig eine Reaktion auf eine Profitabilitätskrise ist. In diesem Zusammenhang werden in rund zwei Dritteln der Unternehmen Optimierungspotenziale in der Gemeinkostenstruktur durch interne Kräfte identifiziert. In 22 % der Fälle wurden nach finanziellen Verlusten Gemeinkostenreduktionsprozesse notwendig. 30 % der Befragten führte die Umsetzungsinitiativen auf Potenziale, die im Rahmen eines externen Benchmarkings ermittelt wurden, zurück (S. auch Kap. 5).

Grundlagen & Konzepte

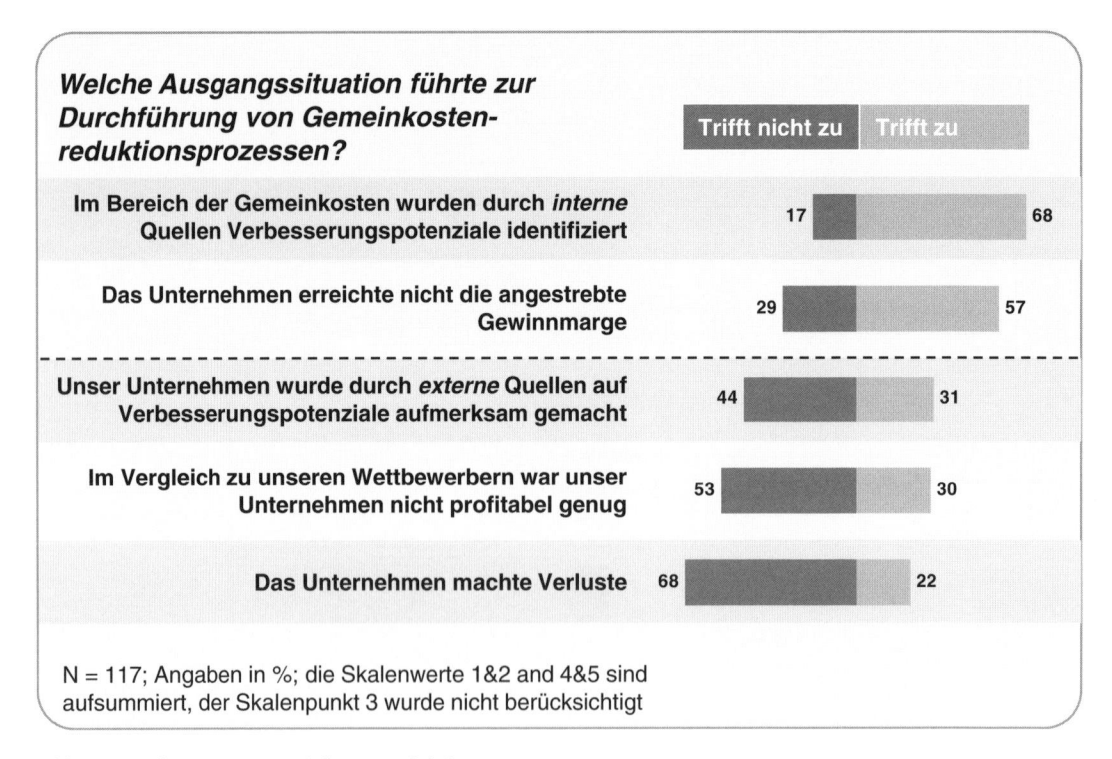

Welche Ausgangssituation führte zur Durchführung von Gemeinkostenreduktionsprozessen?	Trifft nicht zu	Trifft zu
Im Bereich der Gemeinkosten wurden durch *interne* Quellen Verbesserungspotenziale identifiziert	17	68
Das Unternehmen erreichte nicht die angestrebte Gewinnmarge	29	57
Unser Unternehmen wurde durch *externe* Quellen auf Verbesserungspotenziale aufmerksam gemacht	44	31
Im Vergleich zu unseren Wettbewerbern war unser Unternehmen nicht profitabel genug	53	30
Das Unternehmen machte Verluste	68	22

N = 117; Angaben in %; die Skalenwerte 1&2 and 4&5 sind aufsummiert, der Skalenpunkt 3 wurde nicht berücksichtigt

Abb. 3: Ausloser von Gemeinkostenreduktionsprozessen

3 Erfolgreiches Vorgehen in der Praxis

Bisher kaum empirische Ergebnisse verfgbar

In der Managementliteratur existieren umfangreiche Beschreibungen, wie Unternehmen vorgehen können um ihre Gemeinkosten zu reduzieren.[6] Wenige empirische Erkenntnisse wurden bisher jedoch über den Ablauf, die Methoden und Tools, die Erfolgsfaktoren und -barrieren von Gemeinkostenreduktionsprozessen gewonnen. Im Folgenden werden die Forschungsergebnisse komprimiert zusammengefasst.

3.1 Idealtypischer Ablauf

Gemeinkostenreduktionen werden in vier Phasen durchgeführt

Strukturierte Gemeinkostenreduktionen durchlaufen, wie sich empirisch gezeigt hat, üblicherweise vier Phasen:

a) Durchführen einer Ist-Analyse
b) Aufstellen eines Maßnahmenkatalogs

---

[6] Vgl. Held/Kijak-Kolesnik/Uhlenbroch, 2009, S. 2–5.

c) Implementierung der Maßnahmen
d) Erfolgskontrolle

Die Phasen a) und b) dienen dabei zur Vorbereitung der Implementierung, wobei durch die Ist-Analyse Potenziale zur Verbesserung identifiziert und in der folgen Phase Maßnahmen zur Kostenreduktion festgelegt werden. Nach der Implementierungsphase wird im Rahmen der Erfolgskontrolle die Wirkung der ergriffenen Maßnahmen überprüft. Unwirksame oder fehlerhaft angewendete Maßnahmen können so verbessert, oder durch andere ersetzt werden.[7]

Wie wichtig für den Erfolg von Gemeinkostenreduktionsprozessen sind die folgenden Arbeitsschritte?

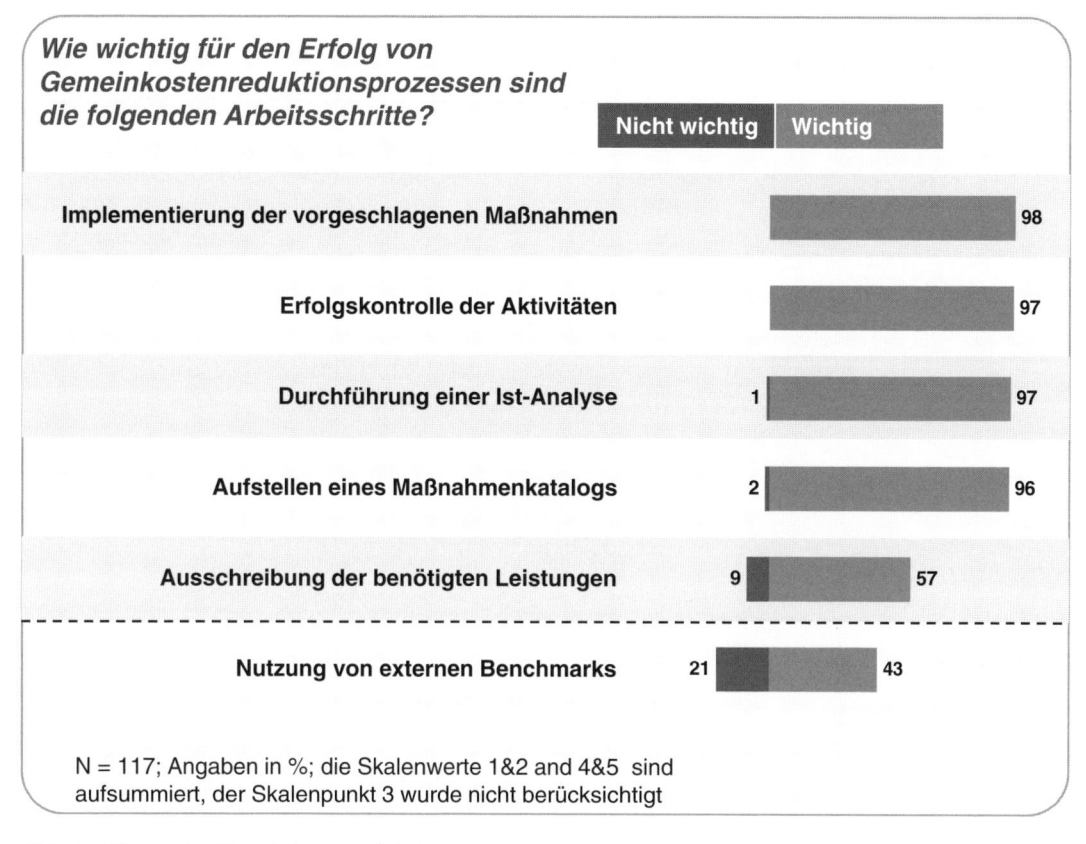

Arbeitsschritt	Nicht wichtig	Wichtig
Implementierung der vorgeschlagenen Maßnahmen		98
Erfolgskontrolle der Aktivitäten		97
Durchführung einer Ist-Analyse	1	97
Aufstellen eines Maßnahmenkatalogs	2	96
Ausschreibung der benötigten Leistungen	9	57
Nutzung von externen Benchmarks	21	43

N = 117; Angaben in %; die Skalenwerte 1&2 and 4&5 sind aufsummiert, der Skalenpunkt 3 wurde nicht berücksichtigt

Abb. 4 : Phasen der Gemeinkostenreduktion

---

[7] Vgl. Fandel et al., 2004 sowie Kremin-Buch, 2007.

3.2 Methoden und Tools

Maßgeschneiderte Lösungen wie die Gemeinkostenwertanalyse werden von Unternehmen kaum genutzt

Die meisten Unternehmen wenden aus der Vielzahl an Kostenmanagement-Tools und -Methoden insbesondere die ihnen aus anderen Bereichen bekannten und standardisierten Methoden an. Vergleichende Methoden wie das Benchmarking oder Einkaufspreisanalysen werden von der Hälfte der Unternehmen eingesetzt. Die Gemeinkostenwertanalyse als maßgeschneidertes Tool für die Optimierung der Gemeinkosten, wird hingegen nur von einer begrenzten Anzahl an Unternehmen genutzt. Mittels dieser spezifischen Analyse werden Kosten und Nutzen von Gemeinkostenbereichen mit dem Ziel untersucht, nicht effiziente Leistungen zu identifizieren und eine rationellere Leistungserbringung zu ermöglichen.[8]

Die Nutzungshäufigkeit der Tools und Methoden scheint jedoch nicht repräsentativ für die Nutzungszufriedenheit: Die wenigen Unternehmen, die eine Gemeinkostenwertanalyse durchgeführt haben, zeigen sich hochzufrieden mit dem Ergebnis. Auch Vertragsmanagement und die Nutzung von Checklisten versprechen überdurchschnittliche Zufriedenheit bei derzeit relativ geringer Nutzungshäufigkeit. Auch wenn man die Prozesszufriedenheit alleine nicht nur auf die genutzten Tools und Methoden zurückführen kann, so können diese Ergebnisse dennoch als Indiz dafür gesehen werden, dass Unternehmen ihre durchgeführten Aktivitäten kritisch unter die Lupe nehmen sollten.

---

[8] Vgl. Huber, 1987 sowie Fandel et al., 2004, S. 438–439.

Erfolgsfaktoren der Gemeinkostensteuerung

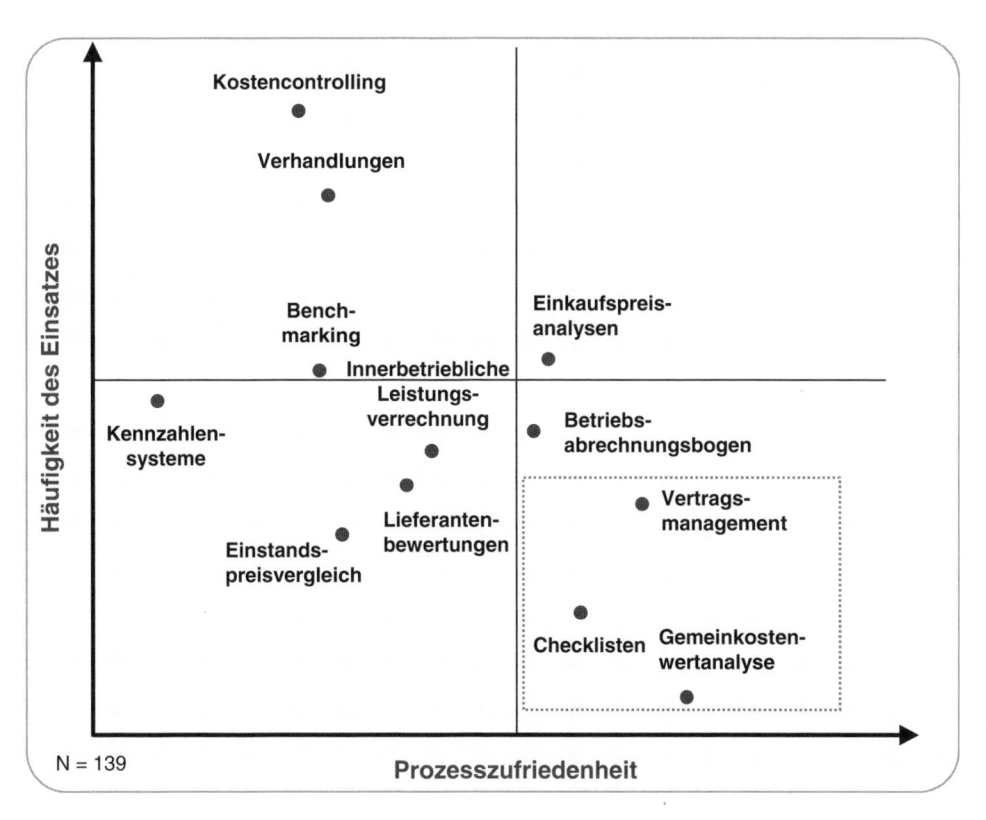

Abb. 5: Instrumente der Gemeinkostensteuerung und Nutzungszufriedenheit

3.3 Erfolgsfaktoren

Bei der Analyse des Erfolges der Reduktionsprozesse wurden mehrere Faktoren als kritisch identifiziert. Die Ergebnisse zeigen, dass eine konsequente Umsetzung der geplanten Maßnahmen von höchster Bedeutung ist. Für mehr als vier aus fünf Unternehmen spielt die Information und aktive Einbindung der Mitarbeiter sowie deren Verständnis für die Notwendigkeit der Maßnahmen eine erfolgskritische Rolle. Auch die Einbeziehung von Lieferanten beeinflusst das Ergebnis von Veränderungsprozessen essentiell. Geteilter Meinung zeigen sich die Unternehmen bezüglich des Umganges mit der Planung der Unternehmensführung entgegenstehenden Einwänden der Mitarbeiter: Rund 40 % bestätigen, dass die Unternehmensführung ihren Plan auch bei Einwänden der Mitarbeiter durchsetzten sollte. Circa 30 % teilen diese Meinung nicht. Neben methodischen Aspekten (Kostenmanagement-

Aktive Mitarbeitereinbindung ist erfolgskritisch

Grundlagen & Konzepte

Instrumente) sind demnach personenbezogenen Elementen von großer Bedeutung.[9]

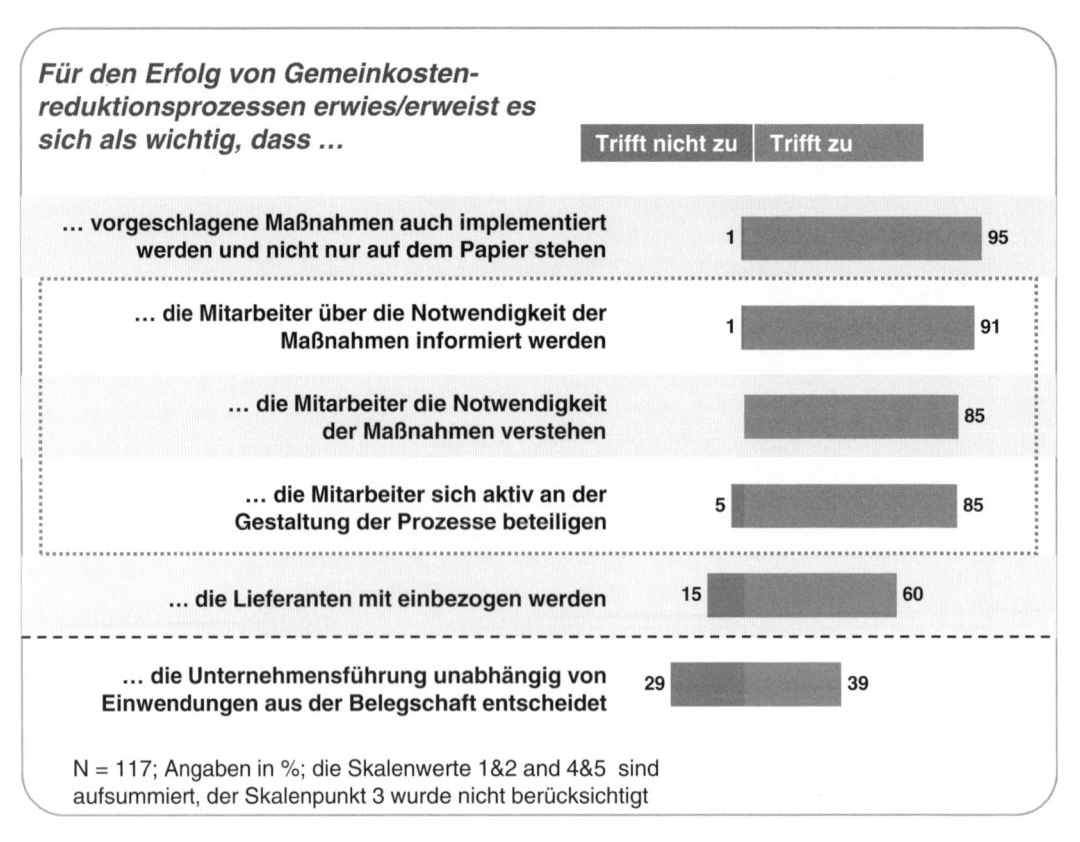

Für den Erfolg von Gemeinkostenreduktionsprozessen erwies/erweist es sich als wichtig, dass ...	Trifft nicht zu	Trifft zu
... vorgeschlagene Maßnahmen auch implementiert werden und nicht nur auf dem Papier stehen	1	95
... die Mitarbeiter über die Notwendigkeit der Maßnahmen informiert werden	1	91
... die Mitarbeiter die Notwendigkeit der Maßnahmen verstehen		85
... die Mitarbeiter sich aktiv an der Gestaltung der Prozesse beteiligen	5	85
... die Lieferanten mit einbezogen werden	15	60
... die Unternehmensführung unabhängig von Einwendungen aus der Belegschaft entscheidet	29	39

N = 117; Angaben in %; die Skalenwerte 1&2 and 4&5 sind aufsummiert, der Skalenpunkt 3 wurde nicht berücksichtigt

Abb. 6: Erfolgsfaktoren von Gemeinkostenreduktionsprozessen

3.4 Erfolgsbarrieren

Auch hinsichtlich der Barrieren zeigt sich, dass die Mitarbeiter eine besonders wichtige Rolle spielen. Demnach wird die Reaktanz (Widerstand) der Mitarbeiter von 43 % der Befragten als Barriere im Rahmen der Implementierung von Gemeinkostenreduktionsprozessen genannt. Darüber hinaus können organisatorische Schwierigkeiten, Schwierigkeiten den Lieferanten zu wechseln und Veränderungen im wirtschaftlichen Umfeld die Kostenreduktionsprozesse erschweren. Es gibt zahlreiche weitere Barrieren, die in der Kategorie „Andere" (45 %) zusammengefasst wurden. Eingeschlossen sind dabei unter anderem

---

[9] Vgl. Himme, 2008, S. 33.

- „unzureichender Einsatz der Geschäftsführung",
- „mangelnde Qualifikation der betreffenden Personen", und
- „falsche Annahmen, die den Reduktionsprozessen zugrunde gelegt worden sind".

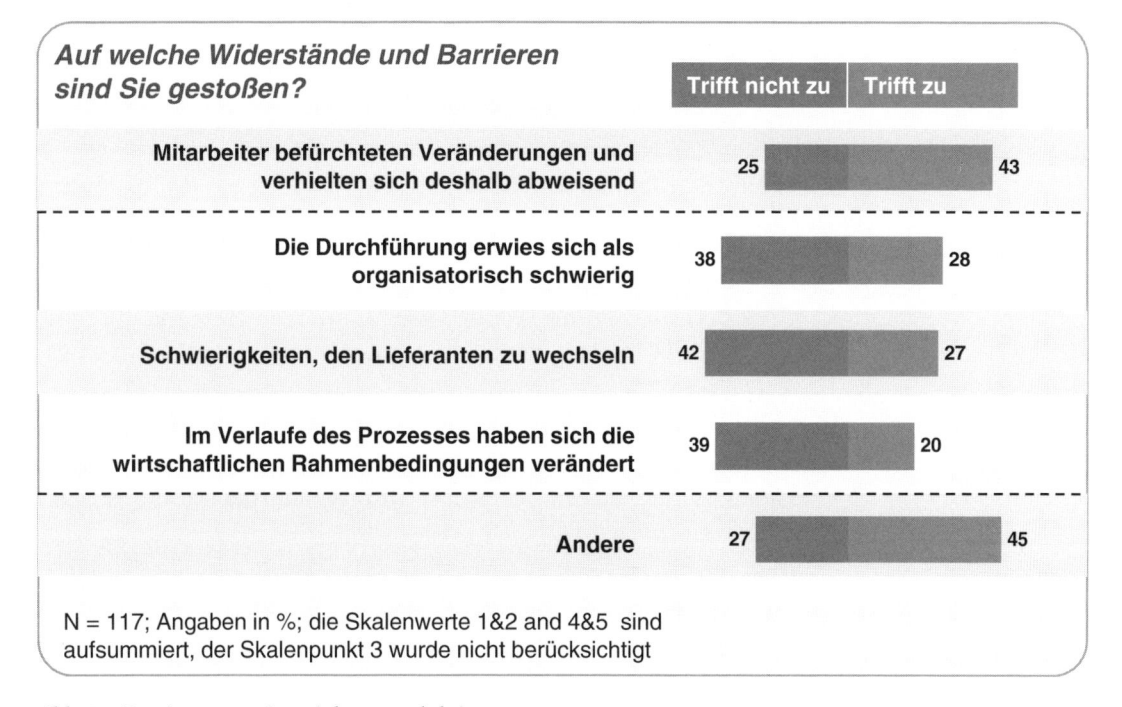

Auf welche Widerstände und Barrieren sind Sie gestoßen?	Trifft nicht zu	Trifft zu
Mitarbeiter befürchteten Veränderungen und verhielten sich deshalb abweisend	25	43
Die Durchführung erwies sich als organisatorisch schwierig	38	28
Schwierigkeiten, den Lieferanten zu wechseln	42	27
Im Verlaufe des Prozesses haben sich die wirtschaftlichen Rahmenbedingungen verändert	39	20
Andere	27	45

N = 117; Angaben in %; die Skalenwerte 1&2 and 4&5 sind aufsummiert, der Skalenpunkt 3 wurde nicht berücksichtigt

Abb. 7: Barrieren von Gemeinkostenreduktionsprozessen

Zusammenfassend zeigt sich, dass insbesondere der Integration der Mitarbeiter in den Reduktionsprozess eine besondere Bedeutung zukommt. Auf der einen Seite können die Prozesse durch Widerstände substantiell abgebremst werden, auf der anderen Seite kann der Erfolg bei gezielter Kommunikation gegenüber – und Einbindung von – den Mitarbeitern katalysiert werden.

4 Nachhaltigkeit der befragten Unternehmen

Da es sich bei Gemeinkosten oft um nicht-strategische Kosten handelt, wurde die Hypothese aufgestellt, dass das Konzept der Nachhaltigkeit von Unternehmen mit dem Umfang von Gemeinkostenreduktionsprozessen eng verknüpft ist.

Grundlagen & Konzepte

Im Sample wurden nachhaltige und weniger nachhaltige Unternehmen identifiziert

Die Unternehmen wurden aufgefordert die eigene Nachhaltigkeit kritisch zu beurteilen. Das in der Studie vorgegebene mehrdimensionale Konstrukt der Nachhaltigkeit wurde dabei in den drei Dimensionen Ökonomie, Ökologie und Gesellschaft gemessen. Darüber hinaus wurden Indikatoren zur Langfristorientierung in den Unternehmenszielen, der Wahrnehmung des Topmanagements hinsichtlich der Nachhaltigkeit des Unternehmens sowie der subjektiven Einschätzung der befragten Person erhoben. Die Ergebnisse dazu sind in Abb. 8 dargestellt. Auf der linken Seite der Abbildung befinden sich die kumulierten Häufigkeiten der Nachhaltigkeitsindikatoren. Besonders ausgeprägt ist die Nachhaltigkeit in den untersuchten Unternehmen auf der ökonomischen Dimension und in Bezug auf die Langfristigkeit der Ziele. Auch in der Wahrnehmung des Führungsteams und der individuellen Einschätzung der befragten Manager werden die jeweiligen Unternehmen von rund ¾ der Befragten als nachhaltig wahrgenommen. Demgegenüber ist die Nachhaltigkeit in den Bereichen Ökologie und Gesellschaft etwas geringer ausgeprägt.

Aus den einzelnen Indikatoren wurde linear additiv ein Nachhaltigkeitsindex von 0 bis 100 gebildet. Aus den observierten Indexwerten konnten Gruppen von Unternehmen mit hoher (22,6 %), mittlerer (55,5 %) und niedriger (21,9 %) Nachhaltigkeit geformt werden.

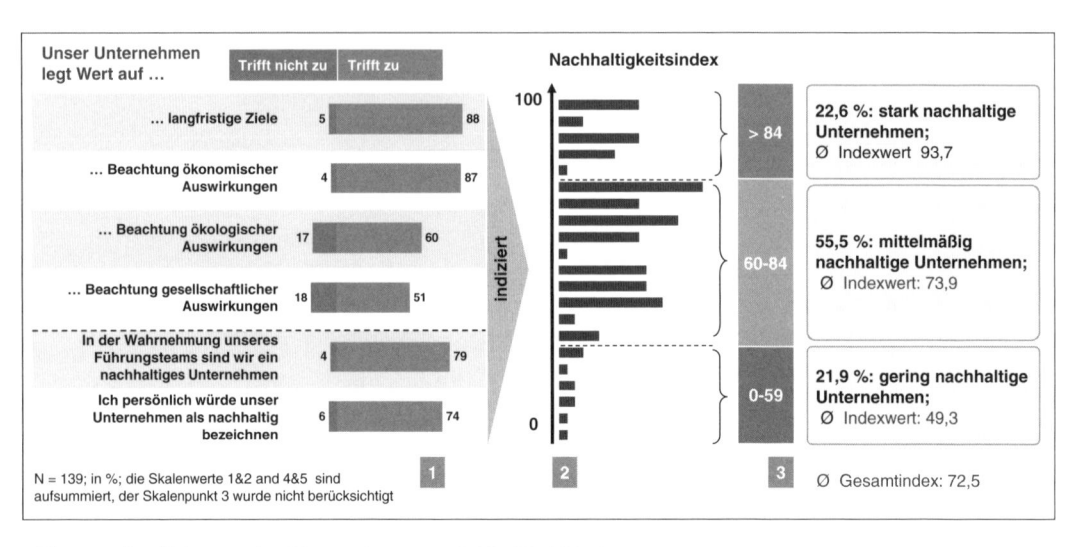

Abb. 8: Klassifizierung der Unternehmen nach Nachhaltigkeit

5 Ergebnis: Nachhaltigkeit beeinflusst den Erfolg

Unter den befragten Unternehmen herrscht eine allgemeine Zufriedenheit mit den Ergebnissen der Gemeinkostenreduktionsprozesse: Knapp drei Viertel der Befragten sind zufrieden und nur etwa 9 % sind unzufrieden.[10] Interessanter Weise zeigt sich, dass die Zufriedenheit mit den Ergebnissen der Prozesse in nachhaltigen Unternehmen deutlich höher ausgeprägt ist, als in weniger nachhaltigen Unternehmen.

Nachhaltige Unternehmen sind zufriedener

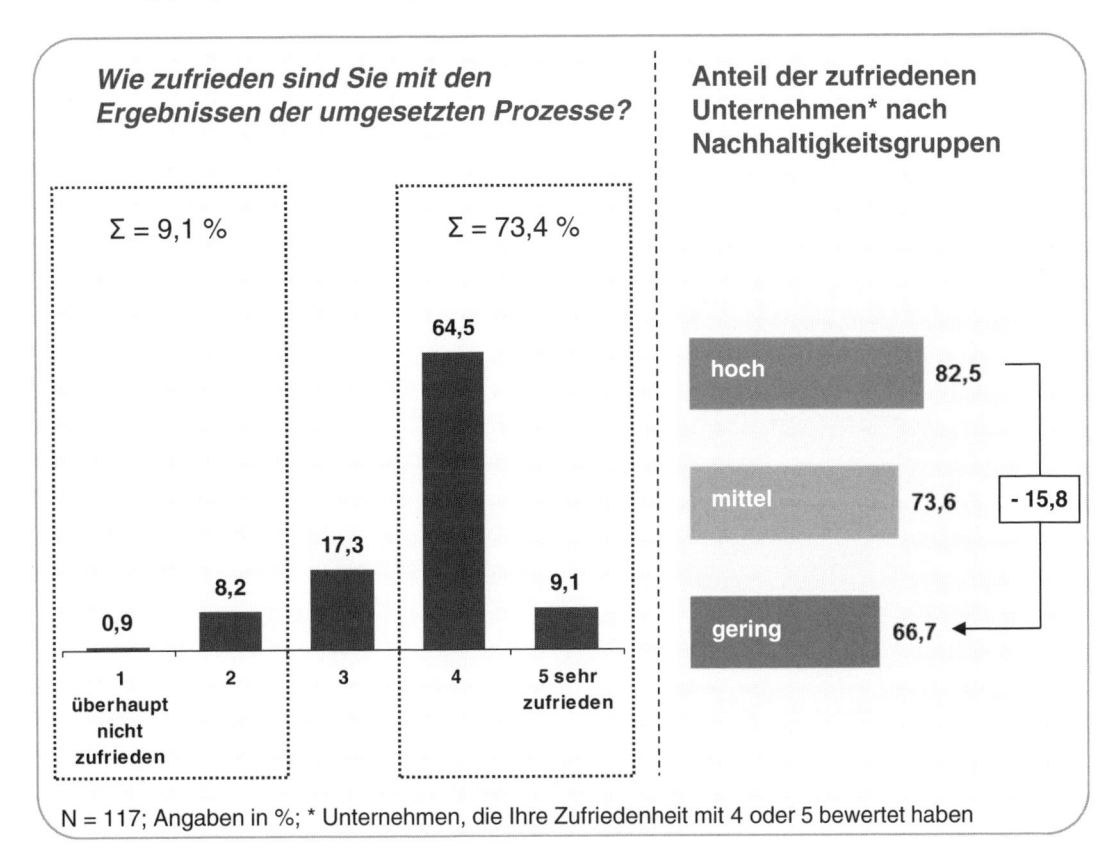

Abb. 9: Zufriedenheit mit Ergebnissen der Kostenreduktionsprozesse

Bei der Untersuchung der Gründe für die Durchführung zeigt sich, dass nachhaltige Unternehmen zum aktiven Management der Gemeinkosten und nicht zu einem rein reaktiven Verhalten tendieren: So nennt ein deutlich höherer Prozentsatz intern identifizierte Potenziale als Auslöser

---

[10] Als „unzufrieden" wurden auf einer 5er-Skala Antworten der Ausprägungen 1 und 2 betrachtet. Antworten der Ausprägungen 3 gelten als „neutral", Antworten der Ausprägungen 4 und 5 als „zufrieden".

Grundlagen & Konzepte

für Veränderungen und erkennt damit an, dass engagierte Mitarbeiter ein Schlüssel zum Erfolg bei Veränderungen sind. Wirtschaftlicher Druck aufgrund verfehlter Gewinnmargen, Verluste oder profitabler Wettbewerber spielt in weniger nachhaltigen Unternehmen, ebenso wie extern identifizierte Potentiale, eine größere Rolle.

Gründe für Reduktionsprozesse nach Nachhaltigkeit der Unternehmen

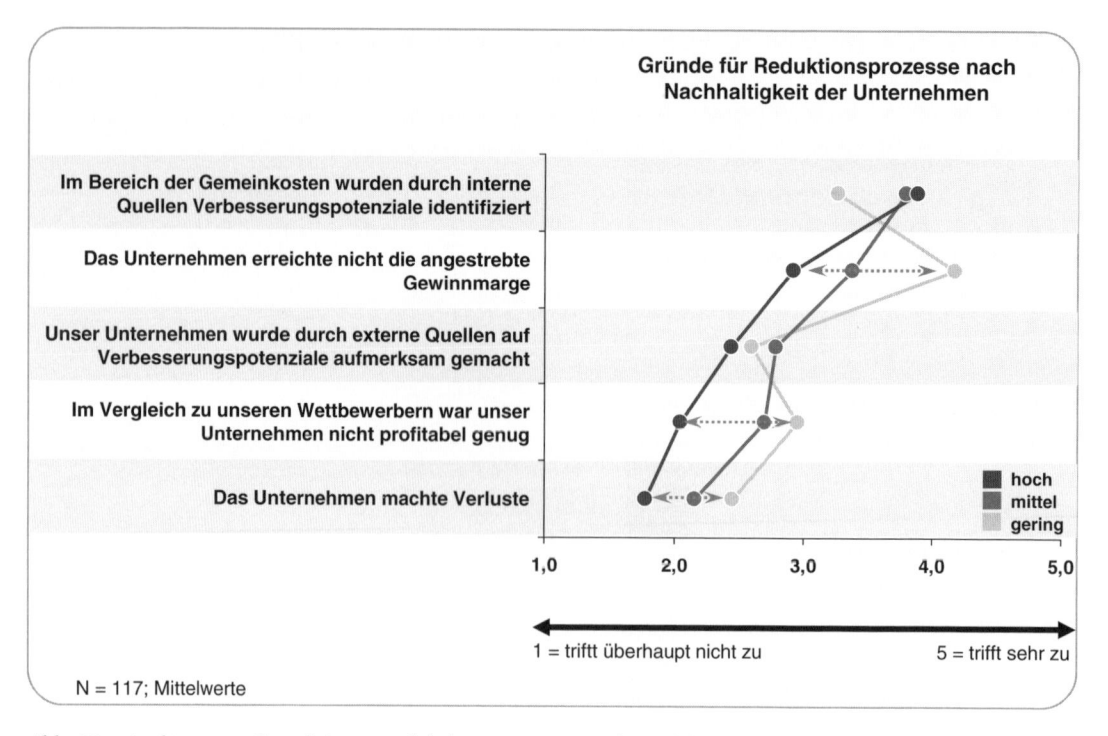

- Im Bereich der Gemeinkosten wurden durch interne Quellen Verbesserungspotenziale identifiziert
- Das Unternehmen erreichte nicht die angestrebte Gewinnmarge
- Unser Unternehmen wurde durch externe Quellen auf Verbesserungspotenziale aufmerksam gemacht
- Im Vergleich zu unseren Wettbewerbern war unser Unternehmen nicht profitabel genug
- Das Unternehmen machte Verluste

■ hoch
■ mittel
■ gering

1 = trifft überhaupt nicht zu   5 = trifft sehr zu

N = 117; Mittelwerte

Abb. 10: Auslöser von Gemeinkostenreduktionsprozessen nach Nachhaltigkeit der Unternehmen

6 Handlungsempfehlungen für die Praxis

Gemeinkostenreduktion sollte aktiv und mittels spezifischer Methoden durchgeführt werden

Die umfangreiche Nutzung von Gemeinkostenreduktionsprozessen in den Krisenjahren 2007 bis 2010 und die hohe Zufriedenheit mit den erzielten Ergebnissen bestätigt, dass die Profitabilität eines Unternehmens mittels der benannten Tools und Methoden positiv beeinflusst werden kann. Unternehmen die nachhaltig agieren wollen, sollten die vorgestellten Prozesse zur Optimierung der Gemeinkosten durchgängig und aktiv nutzen. Eine konsequente Optimierung der Gemeinkosten sollte aufgrund der gewachsenen Bedeutung der Kosten nicht nur reaktiv, d.h. im Zusammenhang mit Unternehmenskrisen, sondern auch aktiv und antizyklisch, d.h. in ertragsstarken Perioden durchgeführt werden.

Als spezifisches Instrument des Gemeinkostenmanagements ist, wie sich gezeigt hat, insbesondere die Gemeinkostenwertanalyse von Bedeutung. Mittels ihr können Unternehmen Kosten und Nutzen von Gemeinkosten untersuchen um bis dato nicht effiziente Leistungen zu identifizieren und eine rationellere Leistungserbringung zu ermöglichen[11]. Die geringe Verbreitung der Methodik in der Praxis lässt darauf schließen, dass die Anwendung der Theorie inhaltlich komplex und/ oder noch nicht hinreichend anschaulich erläutert ist.

Für eine Reduzierung der Gemeinkosten ist neben einer stringenten Umsetzung vor allem die Information, Einbindung und Überzeugung der Mitarbeiter in den Reduktionsprozess erfolgskritisch. Unsicherheiten im Zusammenhang mit anstehenden Veränderungen müssen durch sichere, zielgerichtete Kommunikation beseitigt werden. Ansonsten drohen gute Verbesserungsansätze zu scheitern.

7 Ausblick auf weitere empirischen Forschung

Aufbauend auf den dargestellten Ergebnissen analysieren EBS Business School und Expense Reduction Analysts mit dem „Barometer Kostenmanagement" in den nächsten drei Jahren im Detail, wie Unternehmen das Kostenmanagement operativ umsetzen. Die Konzeption der Studie als Barometer soll deutlich machen, dass diese Erhebung nicht nur einmalig, sondern in den nächsten Jahren kontinuierlich wiederholt wird, um eine Entwicklung im Themenfeld des Kostenmanagements untersuchen und aufzeigen zu können. Insbesondere interessiert uns, inwieweit Unternehmen unser Verständnis eines ganzheitlichen Kostenmanagementansatzes bereits umsetzen und praktizieren. Dazu wird ein Kostenmanagementindex genutzt, der sich aus den Bausteinen Strategie, Organisation, Information, Instrumente und Kultur zusammensetzt. Ziel ist es, für Unternehmen detaillierte Anforderungen eines Kostenmanagements und zukünftige Handlungsempfehlungen abzuleiten.

Barometer Kostenmanagement in Vorbereitung

8 Literaturhinweise

Fandel/Fey/Heuft/Pitz, Kostenrechnung. 2. Aufl., 2004.

Franz/Winkler, Fragestellungen im Gemeinkostenmanagement, in: Gleich/Michel/Stegmüller/Kaemmler-Burrak (Hrsg.): Moderne Kosten- und Ergebnissteuerung, 2010, S. 97–112.

---

[11] Vgl. Fandel et al., 2004, S. 438–439 sowie Huber, 1987.

Held/Kijak-Kolesnik/Uhlenbroch, Strategisches Kostenmanagement – Anwendungsstand bei den 500 umsatzstärksten deutschen Unternehmen, in: Lehrstuhl für Betriebswirtschaftslehre, insb. Umweltwirtschaft und Controlling, Universität Duisburg-Essen, Campus Essen (Hrsg.): Beiträge zur Umweltwirtschaft und zum Controlling, Nr. 35, 2009.

Himme, Erfolgsfaktoren des Kostenmanagements: Ergebnisse einer empirischen Untersuchung, in: Arbeitspapiere des Lehrstuhls für Innovation, Neue Medien und Marketing, online verfügbar unter http://hdl.handle.net/10419/22073, 2008.

Huber, Gemeinkostenwertanalyse – Methoden der Gemeinkostenwertanalyse (GWA) als Element einer Führungsstrategie für die Unternehmensverwaltung, 2. Aufl., 1987.

Kremin-Buch, Strategisches Kostenmanagement – Grundlagen und moderne Instrumente, 2007.

Kellner-Lewandowsky, Gemeinkostenmanagement: Kosten in Verwaltungs- und Servicebereichen steuern, in: Klein (Hrsg.): Kostenmanagement in Krisenzeiten, 2009, S. 105–128.

PricewaterhouseCoopers (PwC), Kostenmanagement in der Schweiz – Eine Studie der Universität Bern und PricewaterhouseCoopers, 2008.

Wald/Schneider/Gleich/Löwer, Zum Potenzial der Gemeinkostenreduktion – Ergebnisse einer empirischen Studie, in: Controlling, 24. Jg., 2012, Heft 7, S. 395–401.

Weber/Hirsch, Kostensenkungsmaßnahmen und die Rolle des Controllings – Empirische Erkenntnisse aus deutschen Unternehmen, in: Zeitschrift für Controlling und Management, 49. Jg, 2005, Sonderheft Nr. 1, S. 11–15.

Kapitel 3: Umsetzung & Praxis

Komplexität aktiv steuern – Variantenkostenbewertung bei der Heidelberger Druckmaschinen AG

- Zunehmende Individualisierung und Differenzierung erzeugen neben zusätzlichem Kundennutzen auch steigende Varianten- und Teilevielfalt sowie zusätzliche Kosten in indirekten Bereichen. Fehlende Transparenz über die Auswirkungen der Komplexität können betroffene Unternehmen in die „Komplexitätsfalle" führen.

- Gemeinkosten in den indirekten, steuernden und planenden Bereichen werden im Rahmen der traditionellen Kostenrechnung über Zuschlagssätze nicht verursachungsgerecht verteilt. Die Quersubventionierung der Exotenvarianten durch die Standardvarianten wird zur Gefahr für die Wettbewerbsfähigkeit.

- Ganzheitliche Entscheidungen erfordern Kostentransparenz. Diese wird bei der Heidelberger Druckmaschinen AG durch eine Variantenkostenbewertung mit faktorenanalytischen Komplexitätstreibern erreicht und zur Entscheidungsunterstützung eingesetzt.

- Der Beitrag soll die praktischen Erfahrungen erläutern und die Anwendbarkeit der Variantenkostenrechnung bei anderen Unternehmen aufzeigen.

Inhalt		Seite
1	Ausgangssituation und Zielsetzung	89
2	Notwendigkeit und Chancen des Komplexitätsmanagements bei der Heidelberger Druckmaschinen AG	91
3	Variantenkostenbewertung mit faktorenanalytischen Komplexitätstreibern	93
3.1	Kostenwirkungen der Komplexität	93
3.2	Anforderungen an die Variantenkostenrechnung	95
3.3	Der neu entwickelte Ansatz	96
3.3.1	Schritt 1: Expertenbefragung	97
3.3.2	Schritt 2: Faktorenanalyse	97
3.3.3	Schritt 3: Variantenkostenanalyse	98
3.3.4	Schritt 4: Variantenkostenbewertung	101
3.3.5	Schritt 5: Organisatorische Einbindung	103

4	Praktische Anwendung der Variantenkostenrechnung ...	103
4.1	Mehrstufige Bewertung bei größeren Projekten	104
4.2	Bewertung kleinerer Änderungen im vereinfachten Tool ..	105
4.3	Variantenkostenbewertung als Grundstein des ganzheitlichen Komplexitätsmanagements	107
5	Fazit	107
6	Literaturhinweise	109

▪ Der Autor

Dr. Tobias Bayer ist Teamleiter Controlling bei der Heidelberger Druckmaschinen AG in Wiesloch. Er ist darüber hinaus stv. Projektleiter Komplexitätsmanagement im Unternehmen.

1 Ausgangssituation und Zielsetzung

Die Gemeinkosten in indirekten, steuernden und planenden Bereichen produzierender Unternehmen werden durch eine hohe Varianten- und Teilevielfalt bedeutsamer. Exotenprodukte verursachen hohe Kosten und werden aufgrund der schwierigen Zuordenbarkeit häufig durch Rennerprodukte quersubventioniert. Die fehlende Transparenz führt häufig zu falschen Entscheidungen. Aufgrund dessen muss versucht werden, diese Gemeinkosten verursachungsgerecht in die wirtschaftliche Bewertung bei der Entscheidungsvorbereitung mit einzubeziehen. Doch woher kommt diese hohe Vielfalt?

Bedeutung der durch Varianten- und Teilevielfalt verursachten Gemeinkosten

Zur langfristigen Sicherung der Wettbewerbsfähigkeit wird insbesondere in technologie- und entwicklungsgetriebenen Branchen vielfach Wachstum durch Kundenorientierung, Innovation und Differenzierung angestrebt[1]. In der Marktforschung wird die zunehmende Individualisierung von Produkten seit Längerem als ein zentraler Verhaltensmegatrend von Unternehmen beobachtet[2]. Die Differenzierung und Besetzung von Marktnischen soll dabei deren Zukunftsfähigkeit sichern. Allerdings kann eine falsch verstandene und übertriebene Orientierung am Kundenwunsch zu einer explodierenden Variantenvielfalt und negativen Erlösauswirkungen führen[3]. Darüber hinaus sind in Unternehmen schleichende Variantengenerierung und fehlendes Bewusstsein der Mitarbeiter in Bezug auf die Auswirkungen von Variantenvielfalt weitere Ursachen für steigende Komplexität.

Zunehmende Individualisierung und Kundenorientierung steigert den Kundennutzen

Einigen Unternehmen werden inzwischen die negativen Wirkungen der Variantenvielfalt und der damit verbundenen Komplexität bewusst. Steigende Kosten und eine erschwerte Bewältigung führen zu einer schleichenden Gefahr für die Wettbewerbsfähigkeit. Die Komplexität, die aus der extrem hohen Variantenvielfalt resultiert, hat dabei die Beherrschbarkeitsgrenze erreicht bzw. häufig schon überschritten[4].

Variantenvielfalt häufig nicht mehr beherrschbar

Da die Komplexität und Individualisierung von Produkten eigentlich nur dann wirtschaftlich vertretbar sind, wenn der Kunde bereit ist, die Kosten der zunehmenden Komplexität zu tragen, ist die Kenntnis dieser Kosten von erheblicher Bedeutung. Die fehlende Transparenz bezüglich dieser Kosten, die meist noch zeitversetzt und sprungfix auftreten, kann die Unternehmen in die „Komplexitätsfalle"[5] führen. Am deutlichsten wird die Entwicklung in 2 Branchen: in der Automobilindustrie und im Maschinenbau. Die Variantenvielfalt geht dort so weit, dass inzwischen

Fehlende Transparenz kann Unternehmen in „Komplexitätsfalle" führen

---

[1] Vgl. Lindstädt, 2006, S. 9.
[2] Vgl. Meffert et al., 2008, S. 852.
[3] Vgl. Boutellier et al., 1997, S. 44 f.
[4] Vgl. Kersten, 2002, S. 1.
[5] Adam/Johannwille, 1998, S. 5.

durch die Individualisierung des Angebots selten ein Auto oder eine Anlage 2-mal in exakt identischer Ausführung verkauft wird – die Fertigung produziert, bezogen auf das Endprodukt, quasi mit Losgröße eins.

Bewusstsein über strategische Bedeutung in Forschung und Unternehmenspraxis

Das Komplexitätsmanagement wird zunehmend als strategischer Erfolgsfaktor erkannt und seine Bedeutung hat in Forschung und Unternehmenspraxis erheblich zugenommen. Dabei umfasst Komplexität die Bereiche Vielzahl, Vielfalt, Vieldeutigkeit und Veränderlichkeit[6]. Zur Reduzierung, Vermeidung und Beherrschung dieser Komplexität wird eine Kombination zahlreich vorhandener Methoden eingesetzt. Zunehmend wird ein ganzheitlicher und bereichsübergreifender Ansatz entlang der gesamten Wertschöpfungskette angewendet.

Zielsetzung des Komplexitätsmanagements

Komplexitäts- und Variantenmanagement als Schnittstelle zwischen externer und interner Komplexität umfasst „die Entwicklung, Gestaltung und Strukturierung von Produkten und Dienstleistungen bzw. Produktsortimenten"[7]. Vor allem durch Komplexitätsbeherrschung wird versucht, eine extern notwendige Angebotsvielfalt an Produkten und Varianten durch eine möglichst geringe interne Vielfalt an Teilen und Prozessen abzubilden.

Variantenkostenbewertung macht Komplexität aktiv steuerbar

Die wirtschaftliche Bewertung der Komplexitätskosten ist ein Grundstein für ein erfolgreiches Komplexitätsmanagement. Die Variantenkostenbewertung soll dabei Transparenz über die Kostenwirkungen der Varianten- und Teilevielfalt schaffen und somit die Entscheidungen im Rahmen des Komplexitätsmanagements unterstützen. Gemeinkosten, die im Rahmen der traditionellen Kostenrechnung über Umlageschlüssel verteilt werden, sollen bei einer ganzheitlichen Entscheidungsfindung ihrem Verursacher zugeordnet werden. Einer schleichenden Erhöhung der Komplexität und der damit verbundenen Kosten wird somit entgegengewirkt.

Variantenkostenbewertung bei der Heidelberger Druckmaschinen AG

In diesem Beitrag wird der Weg zu einer verursachungsgerechten Kostenzuordnung bei der Heidelberger Druckmaschinen AG beschrieben. Der Ansatz zur prozessorientierten Variantenkostenrechnung anhand von faktorenanalytisch erhobenen Komplexitätsfaktoren wurde im Rahmen einer Dissertation entwickelt und in der Praxis angewendet. Weiterhin wird ausgeführt, wie dieses prozessorientierte Konzept eingesetzt wird, um Komplexität aktiv zu steuern sowie zu besseren und ganzheitlichen Entscheidungen zu kommen. Zudem werden die Erfahrungen aus dem inzwischen mehrjährigen erfolgreichen Einsatz des daraus entstandenen Kosten-Tools in diesem Beitrag erläutert. Die

---

[6] Vgl. Reiß, 1993, S. 8.
[7] Schuh/Schwenk, 2001, S. 35.

enormen Potenziale, die im Thema Komplexitätsmanagement verborgen sind, sollen bewertet und nachhaltig umgesetzt werden. Nicht umsonst wird das Variantenmanagement auch als „eine der letzten großen Goldgruben"[8] bezeichnet.

2 Notwendigkeit und Chancen des Komplexitätsmanagements bei der Heidelberger Druckmaschinen AG

Die Heidelberger Druckmaschinen AG, im Folgenden kurz HEIDELBERG genannt, ist der weltweit größte Anbieter von Bogenoffset-Drucklösungen und hat mehr als 200.000 Kunden in 170 Ländern. Das Unternehmen ist der einzige Anbieter in der Printmedienindustrie von durchgängigen Lösungen, beginnend bei der Druckvorstufe bis hin zur Weiterverarbeitung.

HEIDELBERG als Weltmarktführer in der Printmedienindustrie

Der Weltmarktführer ist auch über die Branchengrenzen hinaus „als Anbieter von Produkten, Leistungen und Lösungen, die höchsten Qualitätsansprüchen genügen"[9] bekannt. Im Geschäftsjahr 2010/2011 wurde mit knapp 16.000 Mitarbeitern ein Umsatz von etwa 2,6 Mrd. EUR mit einem Auslandsanteil von 85 % erzielt. Innovative Produkte für die meist mittelständischen Druckereien werden vor allem am Stammsitz in Heidelberg entwickelt und in der weltgrößten Druckmaschinenproduktion im Werk Wiesloch/Walldorf hergestellt. Eine Kooperation im Bereich Digitaldruck vervollständigt seit Kurzem das Portfolio von HEIDELBERG.

HEIDELBERG entwickelte sich in den vergangenen Jahren vom reinen Druckmaschinenhersteller über den Systemanbieter hin zum Lösungsanbieter[10]. Kerngeschäft ist aber weiterhin die Produktion von leistungsstarken Druckmaschinen, häufig hoch automatisiert und für den qualitativ hochwertigen Offsetdruck ausgelegt. Dieser Markt unterliegt derzeitig einer besonderen Entwicklung. Bei Druckmaschinen wurden in den vergangenen Jahren verlängerte Lebensdauern sowie Produktivitätssteigerungen von einer Maschinengeneration zur nächsten von bis zu 30 % erreicht. Dies wirkt sich trotz gleichzeitig leicht ansteigendem Druckvolumen auf die Investitionsquote für Maschinen aus. Darüber hinaus führen Veränderungen in der Druckbranche hin zum Verpackungs- und Digitaldruck sowie eine Umsatzverschiebung in Richtung der Schwellenländer zu zusätzlichen Herausforderungen.

Druckbranche im Umbruch

---

[8] Alders in einer Veröffentlichung o.V., 2006.
[9] Schreier, 2006, S. 287
[10] Vgl. Reichardt/Hausmann, 2003, S. 849 ff.

Umsetzung & Praxis

Entwicklung zum Anbieter maßgeschneiderter Lösungen

Der Wandel vom klassischen Druckmaschinenhersteller zum Anbieter maßgeschneiderter Lösungen hat auch Auswirkungen auf die zunehmend komplexeren und automatisierteren Produkte. Eine Druckmaschine besteht aus bis zu 100.000 Einzelteilen, die in hoher Präzision zusammenspielen müssen, um hochqualitative Druckergebnisse erzielen zu können. Die starke Kundenorientierung führt zu immer individuelleren Lösungen und einer zunehmenden Varianten- und Teilevielfalt bei HEIDELBERG. Hinzu kommen teilweise noch maßgeschneiderte Sonderinhalte, die in der Extremausprägung sogar für einzelne Aufträge entwickelt werden. Der Trend geht damit von der Serienfertigung hin zur Einzelfertigung, wobei dies teilweise auch neue Prozesse und Methoden erfordert.

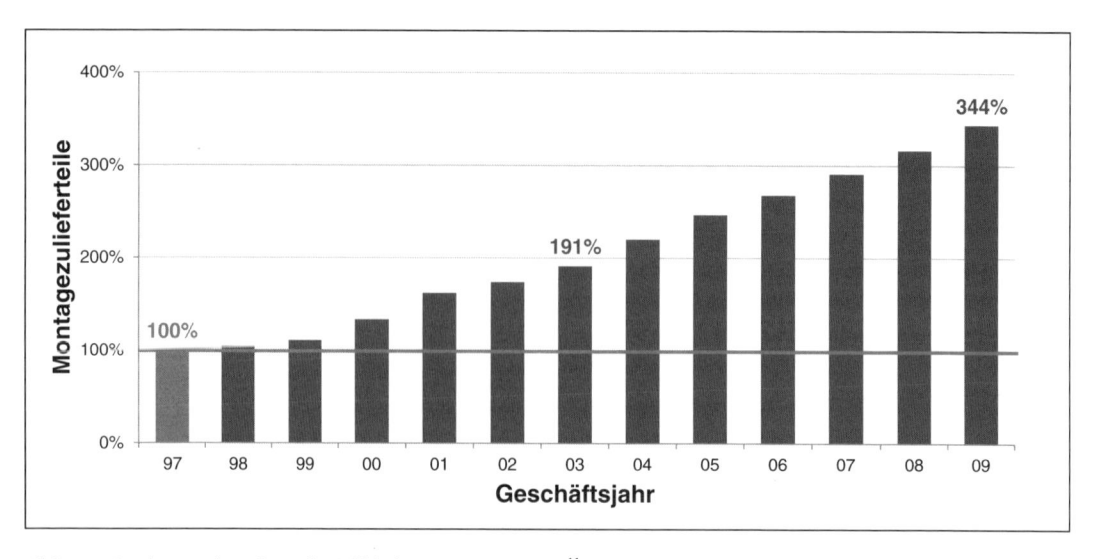

Abb. 1: Stark ansteigende Teilevielfalt bei HEIDELBERG[11]

Entwicklung der Variantenvielfalt bei HEIDELBERG

Die zusätzlichen Anforderungen und ständigen Produktinnovationen steigern die Anzahl möglicher Variantenkombinationen, die zu testen, qualifizieren und produzieren sind. Dies hat erhebliche Auswirkungen auf die Varianten-, Teile- und Prozessvielfalt und somit auf die Komplexität im Unternehmen. Da sich die Stückzahlen auf immer mehr unterschiedliche Varianten verteilen, ergibt sich das Problem sinkender Skaleneffekte. In einigen Bereichen ist man dabei bereits an die Beherrschbarkeitsgrenze der Komplexität gestoßen.

---

[11] Beispielhafte Abbildung von unternehmensspezifischen Daten (Darstellung indexiert).

Die Variantenzahl hat sich durch neue Produktlinien und Variantenausprägungen in Zyklen von jeweils 7 Jahren verdoppelt. Damit verbunden ist ein Anstieg der durch die Systeme und Prozesse zu bewältigenden Teilezahl mit über 10 % jährlich (vgl. Abb. 1).

3 Variantenkostenbewertung mit faktorenanalytischen Komplexitätstreibern

Die zuvor beschriebene Komplexitätserhöhung sowie die fehlende Transparenz der monetären Auswirkungen bei HEIDELBERG erforderten eine detaillierte Analyse der Variantenvielfalt und von deren verursachten Kosten. Nach einer Erläuterung der Kostenwirkungen der Komplexität und Variantenvielfalt wird nachfolgend der entwickelte und bei HEIDELBERG umgesetzte Ansatz zur Variantenkostenbewertung vorgestellt.

3.1 Kostenwirkungen der Komplexität

Eine gewisse Variantenvielfalt ist am Markt notwendig, um nach dem Wandel von Verkäufer- zu Käufermärkten die Wettbewerbsfähigkeit zu sichern oder gar zu steigern. Diese soll die Kundenwünsche durch eine größere und individualisierte Leistungspalette besser befriedigen. Ab einem gewissen Punkt führt zusätzliche Vielfalt allerdings, z.B. aufgrund von Kannibalisierungseffekten, nur noch zu sinkendem Zusatznutzen, weshalb eine Optimierung angestrebt werden muss.

Vielfalt hat Nutzen und soll Wettbewerbsfähigkeit sichern

Neben Nutzeneffekten verursachen die Variantenvielfalt und die damit verbundene Produkt- und Prozesskomplexität auch sog. Komplexitätskosten. *Wildemann* spricht in diesem Zusammenhang vom inversen Erfahrungskurveneffekt, bei dem eine Verdopplung der Variantenzahl zu einem Stückkostenanstieg von 20 % bis 30 % führt[12]. Komplexitäts- oder Variantenkosten hängen im Wesentlichen von der Vielfalt der Produkte und Unternehmensprozesse ab und treten in fast allen Funktionsbereichen auf. Bereichsübergreifend müssen immer mehr Pläne, Grunddaten und Dokumente erstellt, verwaltet und bei Änderungen gepflegt werden. Die Auftragsklärung sowohl extern als auch intern wird aufwendiger, Skaleneffekte gehen bei kleineren Losgrößen verloren, Qualitätsrisiken und Bestände steigen. Vom Vertrieb bis zum Service sind alle Bereiche von unterschiedlichsten Folgen betroffen[13]. Diese

Vielfalt erzeugt Komplexitätskosten von enormer Bedeutung

---
[12] Vgl. Wildemann, 1997, S. 367.
[13] Für eine Übersicht über Auswirkungen der Variantenvielfalt in unterschiedlichen Bereichen vgl. Bayer, 2010, S. 53.

Kosten können unternehmensabhängig einen enormen Anteil der Gesamtkosten ausmachen[14].

Komplexitätskosten sind nicht transparent und wirken zeitversetzt

Verschiedene Kalkulations- und Kosteneffekte erschweren eine möglichst verursachungsgerechte Zuordnung der Kosten mit den Methoden der traditionellen Kostenrechnungssysteme.[15] Die Gemeinkosten sind schwer der einzelnen Variante oder dem einzelnen Teil zuzuordnen und werden daher selten bei komplexitätsverändernden Entscheidungen berücksichtigt. Weiterhin treten Komplexitätskosten häufig sprungfix und zeitversetzt auf. Die einzelne kleine Entscheidung führt noch nicht zu einer Kostenerhöhung, aber über die Vielzahl an zusätzlichen Varianten und Teilen erhöhen sie sich schleichend oder bei Kapazitätsengpässen (z. B. Fläche) sprungfix.

Quersubventionierung der Exoten- durch Rennerprodukte führt in die Komplexitätsfalle

Durch Zuschlagssätze werden einerseits Exotenvarianten mit zu geringen Zuschlägen bedacht und andererseits Standardvarianten zu hohe Kosten zugerechnet. Dies führt dazu, dass Exoten durch Rennerprodukte quersubventioniert werden. Ferner führen ein weiterer Rückgang der Stückzahlen bei Volumenprodukten und mangelnde Kostentransparenz zum Angebot von weiteren Varianten, da diese etwas höhere Preise als Standardprodukte ermöglichen, und somit zu steigender Quersubventionierung (vgl. Abb. 2)[16]. Die Gefahr liegt allerdings nicht nur in einem defizitären Exotenangebot, sondern auch in einem Angriff auf die Rennerprodukte durch einen spezialisierten Wettbewerber, der diesen Standard kostengünstig und ohne hohe Gemeinkostenzuschläge anbieten kann.

---

[14] Wildemann ermittelte in einer empirischen Studie einen Anteil von etwa 15 % bis 20 %, vgl. Wildemann, 2008, S. 226.
[15] Zu den verschiedenen Effekten wie z. B. Allokations-, Degressions- oder Komplexitätseffekt vgl. Huch/Lösch, 2002, S. 26ff.
[16] Vgl. Schuh et al., 1998, S. 79.

Variantenkostenbewertung

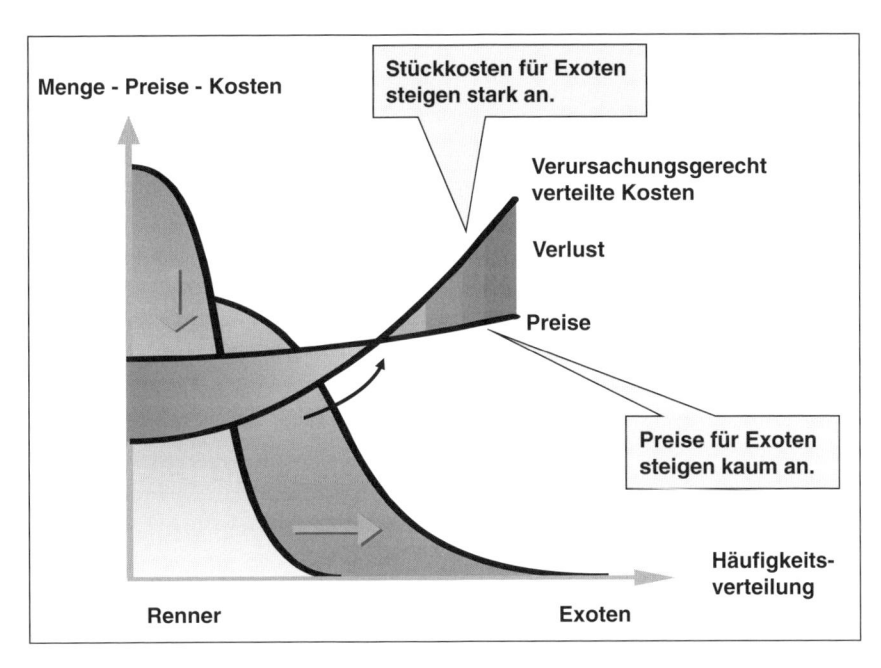

Abb. 2: Dilemma der Exoten-Quersubventionierung[17]

Die Unternehmen geraten durch die Quersubventionierung zunehmend in die „Komplexitätsfalle"[18], welche für viele Unternehmen derartig existenzbedrohend werden kann, dass eine genauere Analyse der Wirkungen der Variantenvielfalt dringend erforderlich ist. Da sich durch die Vielfalt degressive Erlöszuwächse bei überproportionalen Kostensteigerungen ergeben, ist das Ziel des Variantenmanagements die optimale Produktvarianz mit dem maximalen Ergebnis.

3.2 Anforderungen an die Variantenkostenrechnung

Die Variantenkostenrechnung soll aufgrund der Beeinflussbarkeit der Kosten frühzeitig und bereichsübergreifend eine verursachungsgerechte Zuordnung der Gemeinkosten ermöglichen. Entscheidungen im Rahmen verschiedener Methoden der 3 Strategien des Variantenmanagements (Vermeidung, Reduzierung und Beherrschung) erfordern Transparenz über die wirtschaftlichen Auswirkungen. Die traditionellen Systeme der Kostenrechnung berücksichtigen diese allerdings wie bereits beschrieben nur in Form von Gemeinkostenzuschlägen, die aufgrund

Frühzeitige und bereichsübergreifende Variantenkostenbewertung notwendig

---

[17] Konzeptionelle Darstellung, wobei normalerweise 2 Quadranten abgebildet werden, für die Kernaussage aber eigentlich der 1. Quadrant ausreicht und dieser nicht an der Y-Achse gespiegelt werden muss; in Anlehnung an Boutellier et al., 1997, S. 58.
[18] Adam/Johannwille, 1998, S. 5.

zunehmender Vielfalt steigen. Es gehört zur Aufgabe der Variantenkostenrechnung, auf Basis einer Analyse der Kostenstruktur geeignete Zahlen für die Steuerung der Variantenvielfalt sowie die frühzeitige Kostenschätzung bereitzustellen[19].

Verursachungsgerechtere Kosteninformationen durch Anwendung der Prozesskostenrechnung

Verschiedene Varianten der Prozesskostenrechnung versuchen die anfallenden Gemeinkosten verursachungsgerecht zuzuordnen. Die Prozesskostenrechnung soll die Kostentransparenz erhöhen, die Produktkalkulation verbessern und somit richtige strategische Entscheidungen ermöglichen[20]. Sie wird aufgrund des hohen Aufwands jedoch eher selten in der ursprünglichen ganzheitlichen Form eingesetzt, ist aber aktuell das geeignetste Instrument zur Bewerkstelligung der Variantenkostenrechnung. Unternehmensspezifisch ist dabei zu entscheiden, wie groß der Aufwand dieser Kostenrechnungsmethode sein soll. Bei HEIDELBERG hat man sich entschieden, zusätzlich zur herkömmlichen Kostenrechnung die Bewertung der Variantenkosten in einem autarken und skalierbaren Ansatz einzuführen.

3.3 Der neu entwickelte Ansatz

Kostentransparenz für bessere und ganzheitlichere Entscheidungen

Kostentransparenz ist die Voraussetzung für bessere und ganzheitliche Entscheidungen im Rahmen des Komplexitätsmanagements. Die beschriebenen Effekte der Komplexität sowie die Schwierigkeit einer verursachungsgerechten Kostenzuordnung führen häufig zu Entscheidungen unter unvollständigen Informationen. Eine geeignete und frühzeitige Bewertung der bereichsübergreifenden wirtschaftlichen Auswirkungen hingegen ermöglicht optimale Entscheidungen.

Entwicklung und Einführung einer Variantenkostenbewertung

Im Rahmen eines Dissertationsprojekts wurde ein Ansatz zur Variantenkostenrechnung mit faktorenanalytischen Komplexitätstreibern entwickelt und in der Praxis bei HEIDELBERG getestet und eingeführt (vgl. Abb. 3). Zur Analyse und Bewertung von Variantenkosten werden unternehmens- und bereichsspezifische Komplexitätsfaktoren ermittelt und in die Systematik einbezogen.

---

[19] Vgl. Huch/Lösch, 2002, S. 30.
[20] Vgl. Horváth/Mayer, 1989, S. 216.

Variantenkostenbewertung

	Experten-befragung	Faktoren-analyse	Varianten-kosten-analyse	Varianten-kosten-bewertung	Organisa-torische Einbindung
Inhalt	Ermittlung des Einflusses verschiedener Komplexitätstreiber auf die Komplexität des jeweiligen Unternehmens-bereichs	Durchführung einer Faktorenanalyse zur Verdichtung der unternehmens-spezifischen Daten	Analyse der varianten-abhängigen Prozesse in den relevanten Unternehmens-bereichen unter Einbezug der extrahierten Komplexitätsfaktoren	Bewertung der Variantenkosten anhand der in der Prozessanalyse ermittelten Kosten	Organisatorische Einbindung der Variantenkosten-bewertung und eines integrierten Varianten-managements
Kriterien	• Aufstellung der unternehmensspezifischen Komplexitätstreiber • Befragung der von Varianten- und Teilevielfalt betroffenen Bereiche anhand eines Fragebogens	• Explorative Faktorenanalyse anhand Methodik nach BACKHAUS • Extrahierung von übergeordneten Faktoren und inhaltliche Faktor interpretation • Rückrechnung auf die Unternehmens bereiche	Weiterentwicklung der prozessorientierten Kostenrechnung durch: • Einbezug der Faktoren • Auswahl von Clustern und Beispielen • Steuerung von Aufwand und Detaillierung anhand der durch die Faktoren ermittelten Bedeutung/Relevanz	Mehrstufigkeit des Bewertungsprozesses und Detaillierung je nach Bedeutung/Relevanz: • Clusterauswahl • Referenzbeispiele • Ausprägung der Komplexitätsfaktoren • Detaillierung der Haupt- und Teilprozesse	Große Bedeutung für den Umsetzungserfolg haben vor allem: • klare Zuordnung von Verantwortlichkeiten • Einbindung der Unternehmens-bereiche • Bewusstsein der Mitarbeiter • Unterstützung durch das Management
Ergebnis	Einfluss und Bedeutung der Komplexitätstreiber in den unterschiedlichen Unternehmens-bereichen	Übergeordnete Komplexitätsfaktoren und Bedeutung dieser Faktoren in den Unternehmensbereichen	Variantenkosten der unterschiedlichen Bereiche je nach Cluster und Ausprägung der Faktoren gegenüber dem gewählten Referenzbeispiel	Wirtschaftliche Bewertung der Vorteil-haftigkeit der Anwendung der Methoden des Variantenmanagements und Kombination geeigneter Methoden	Implementierung des integrierten Varianten-managements und erfolgreiche Anwendung der Strategien und Methoden

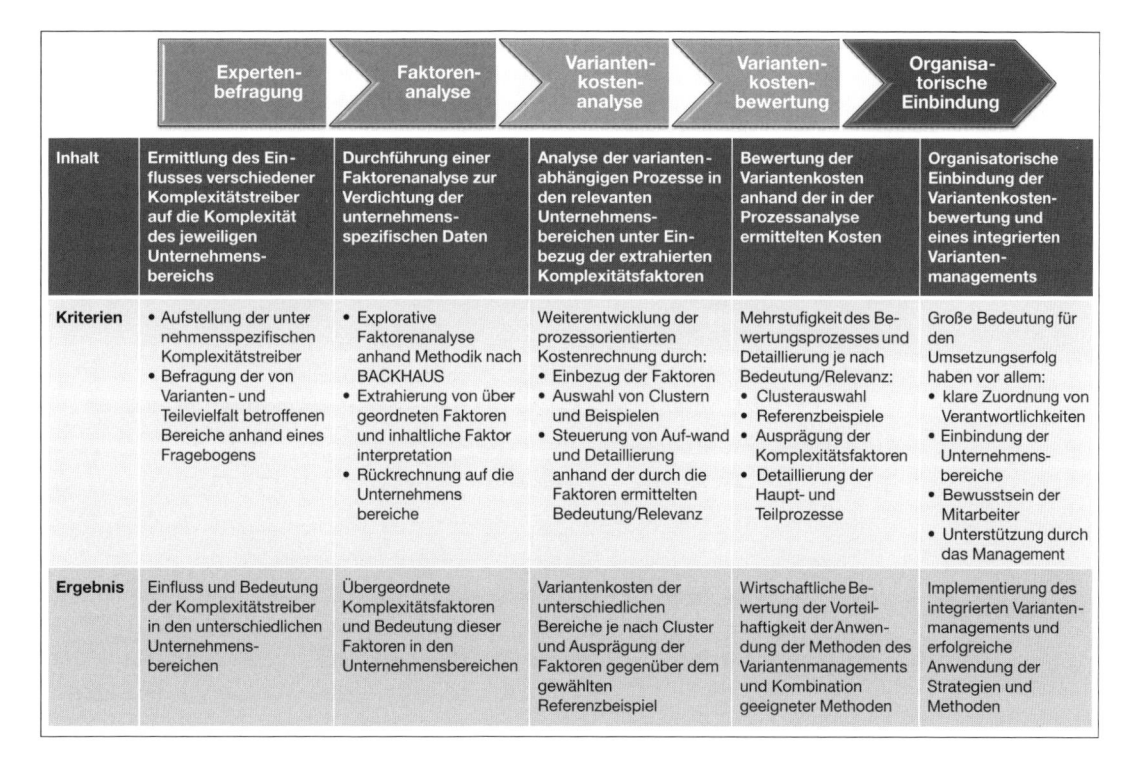

Abb. 3: Vorgehensweise des entwickelten Ansatzes zur Variantenkostenbewertung

3.3.1 Schritt 1: Expertenbefragung

Im 1. Schritt erfolgt eine unternehmensinterne Expertenbefragung in Form eines Fragebogens, um den Einfluss unternehmensspezifischer Komplexitätstreiber auf die Komplexität in den jeweiligen Unternehmensbereichen zu ermitteln. Die abzufragenden Treiber betreffen z. B. den Einfluss von Neuteilen, zu ändernder Arbeitspläne oder Stücklisten, aber auch organisatorische Abhängigkeiten. Die Befragung bei HEIDELBERG erreichte eine hohe Rücklaufquote von 85 % (107 von 125 Fragebögen). Dies ist insbesondere auf personalisierte Fragebögen sowie zahlreiche begleitende Interviews zurückzuführen.

Einfluss verschiedener Komplexitätstreiber durch Expertenbefragung ermitteln

3.3.2 Schritt 2: Faktorenanalyse

Anhand einer Faktorenanalyse sollen Zusammenhänge der abgefragten und durch Experten bewerteten Komplexitätstreiber gefunden werden.

Verdichtung der unternehmens-spezifischen Daten

Die Faktorenanalyse erkennt dabei Muster und Abhängigkeiten der einzelnen Variablen und verdichtet diese zu wenigen übergeordneten Faktoren[21].

Bei HEIDELBERG führte die Faktorenanalyse zu 3 übergeordneten Komplexitätsfaktoren, welche die 15 abgefragten Komplexitätstreiber erklären und anschließend inhaltlich interpretiert sowie folgendermaßen benannt wurden:

- Strukturkomplexität: Elemente der Produkt-, Produktions- und Baugruppenstruktur;
- teileinduzierte Komplexität: Variablen bezüglich neuer oder zu ändernder Teile bzw. Änderungen bei der Herstellung dieser Teile;
- varianteninduzierte Komplexität: Variantenmerkmale an sich sowie impliziert auch die Komplexität der technischen Lösung.

Auch die Rückrechnung der extrahierten Faktoren auf die befragten Unternehmensbereiche führte zu sehr gut interpretierbaren Ergebnissen und Ausprägungen der einzelnen Faktoren in den Bereichen. So ist z. B. die Fertigung hauptsächlich von der teileinduzierten Komplexität geprägt, während die Planung im Montagebereich stark von der Strukturkomplexität der Baugruppen und Stücklisten abhängt. Die 3 extrahierten Faktoren sind somit inhaltlich sehr sinnvoll interpretierbar, obwohl die Faktorenanalyse diese übergeordneten Faktoren rein rechnerisch bildet. Die Faktorenanalyse eignet sich hier also sehr gut zu dieser Verdichtung der unternehmensspezifischen Komplexitätstreiber.

3.3.3 Schritt 3: Variantenkostenanalyse

Analyse der variantenabhängigen Prozesse unter Einbezug der extrahierten Komplexitätsfaktoren

Aus den Ergebnissen der Faktorenanalyse leitet sich die weitere Systematik zur Analyse und Bewertung der Variantenkosten ab. Um verursachungsgerechte Kosteninformationen zu erhalten, ist eine Prozessanalyse notwendig. Der entwickelte Ansatz für die Analyse der Variantenkosten basiert auf der Prozesskostenrechnung nach *Horváth* und *Mayer*[22] und ähnelt einer ressourcenorientierten Prozesskostenrechnung. Im Gegensatz zur eigentlichen Prozesskostenrechnung werden lediglich die variantenabhängigen Prozesse in den von der Variantenvielfalt betroffenen Bereichen analysiert. Außerdem wird, bis auf wenige Ausnahmen, nicht der Anteil der variantenabhängigen Kosten an den Bereichs-Gesamtkosten top down errechnet, sondern es wird bottom up

---

[21] Zur Methodik der Faktorenanalyse an sich vgl. vor allem Backhaus et al., 2006, sowie zur spezifischen Durchführung und den Ergebnissen bei der Heidelberger Druckmaschinen AG vgl. Bayer, 2010, S. 155 ff.
[22] Vgl. Horváth/Mayer, 1989, S. 216.

analysiert, welche variantenabhängigen Prozesse in einem Bereich notwendig sind.

Hierbei wird unterschieden in:

- Einmalaufwand durch neu einzuführende Varianten/Teile,
- laufender Aufwand durch die Gesamtheit aller aktiven Varianten/Teile und
- Aufwand beim Auslauf von Varianten/Teilen.

Der hier entwickelte Ansatz unter Berücksichtigung von Komplexitätsfaktoren zeigt eine neue Methodik zur Analyse von Variantenkosten. Die Systematik der Prozessanalyse und der Detaillierungsgrad sind unternehmensspezifisch in Abhängigkeit von den analysierten Komplexitätsfaktoren und der Bedeutung der Auswirkungen der Variantenvielfalt zu wählen. Der vorgestellte Ansatz kann flexibel auf die speziellen Anforderungen der von der Variantenvielfalt unterschiedlich betroffenen Unternehmen angepasst werden.

Detaillierungsgrad und Vorgehensweise aus der Faktorenanalyse ableiten

Aus der Zuordnung der Unternehmensbereiche zu den 3 Komplexitätsfaktoren ergibt sich eine methodische Vorgehensweise für die ausführliche Expertenbefragung in den relevanten Bereichen. Bei HEIDELBERG kann die Expertenbefragung aufgrund des vorherrschenden Hauptfaktors in die Prozessanalyse für teileabhängige Bereiche und die Analyse für die eher struktur- und variantenabhängigen Bereiche unterteilt werden.

In den teileabhängigen Bereichen wird die Analyse der Aufwände unter Berücksichtigung von unterschiedlichen Teile-Clustern durchgeführt, da ein Ansatz mit lediglich einem Durchschnittsteil zu pauschal und ungenau wäre. Mögliche Cluster sind je nach Unternehmensbereich z. B.:

Analyse in den teileabhängigen Bereichen

- eigengefertigte Teile/zugekaufte Teile,
- mechanische Teile/elektrische Teile/Aggregate,
- einfach/mittel/komplex nach jeweils definierten Kriterien.

Umsetzung & Praxis

Prozessanalyse über Zeiteinheiten pro neues Teil (einmalig) bzw. pro vorhandenes Teil (laufend)						
	einfach		mittel		komplex	
	einmalig	laufend	einmalig	laufend	einmalig	laufend
Hauptprozess A						
Teilprozess A1	5		10		15	
Teilprozess A2	30		40		60	
Teilprozess A3	12		18		30	
Hauptprozess B						
Teilprozess B1		2		5		7
Teilprozess B2		6		10		18
...						
Summe Zeiteinheiten	47	8	68	15	105	25
x 15 EUR je Zeiteinheit	705 EUR	120 EUR	1.020 EUR	225 EUR	1.575 EUR	375 EUR

Plausibilisierung:
Zeiteinheiten x Teile pro Cluster ergibt ermittelte Gesamtkapazität zum Vergleich mit IST-Kapazität

Abb. 4: Beispiel einer Bottom-Up-Ermittlung des Cluster-Aufwands

Prozessanalyse über prozentualen Anteil des Cluster-Aufwands an Gesamtaufwand							
		einfach		mittel		komplex	
		einmalig	laufend	einmalig	laufend	einmalig	laufend
	Anzahl Teile je Cluster	200	3.000	500	20.000	50	2.500
Kostenstelle	Aufwand	Verteilung Gesamtaufwand auf Cluster					
4711	50.000 EUR	10%	0%	70%	0%	20%	0%
4712	70.000 EUR	20%	0%	70%	0%	10%	0%
4713	500.000 EUR	0%	5%	0%	75%	0%	20%
...							
Kostenstelle		Berechnung Aufwand für einzelnes Teil eines Clusters					
4711		25,00 EUR	0,00 EUR	70,00 EUR	0,00 EUR	200,00 EUR	0,00 EUR
4712		70,00 EUR	0,00 EUR	98,00 EUR	0,00 EUR	140,00 EUR	0,00 EUR
4713		0,00 EUR	8,33 EUR	0,00 EUR	18,75 EUR	0,00 EUR	40,00 EUR
...							
Summe Aufwand je Teil		95,00 EUR	8,33 EUR	168,00 EUR	18,75 EUR	340,00 EUR	40,00 EUR

Berechnung einmaliger Aufwand Kostenstelle 4711 für einfaches Cluster:
jährlicher Gesamtaufwand 50.000 EUR, davon 10 % für einfaches Cluster = 5.000 EUR pro Jahr,
verteilt auf 200 Neuteile pro Jahr = 25 EUR pro Neuteil

Abb. 5: Beispiel einer Top-Down-Verteilung des Cluster-Aufwands

Eine Plausibilisierung der Ergebnisse erfolgt über den Vergleich vorhandener Kapazitäten mit den aus dem Tool ermittelten notwendigen Ressourcen oder über den Abgleich mit Erfahrungen aus größeren Projekten. Bei HEIDELBERG ergab sich zum einen eine sehr gute Nachvollziehbarkeit der Analyseergebnisse und zum anderen erhöhte die Tatsache, dass die Ergebnisse aus der Expertenbefragung aus den betroffenen Bereichen stammen, deutlich die Akzeptanz bei der späteren Anwendung.

In manchen Bereichen kann es hingegen vorteilhaft sein, den Aufwand ausgehend von den Gesamtkosten auf einzelne Cluster und letztendlich auf einzelne Teile herunter zu brechen. In diesen Bereichen wird die Kostenanalyse entsprechend top down mit den jeweils zurechenbaren Kostenanteilen durchgeführt (vgl. Abb. 5).

In den eher struktur- und variantenabhängigen Bereichen werden die Aufwände durch eine Prozessanalyse mit realen Referenzbeispielen in verschiedenen Größenordnungen (Modell, Baugruppe, Einzelteil) aufgenommen. Zusätzlich zu den Aufwänden in den variantenabhängigen Teilprozessen wird in der Befragung auch die Abhängigkeit von den 3 Komplexitätsfaktoren analysiert. Es wird also beispielsweise untersucht, wie sich bei einer Steigerung eines Komplexitätsfaktors um 50 % der Aufwand prozentual verändert. Auf diese Weise wird für alle Teilprozesse in den betroffenen Bereichen eine Systematik der prozentualen Anpassung der Referenzbeispiele bei der späteren Bewertung der Variantenkosten festgelegt.

Analyse in den struktur- und variantenabhängigen Bereichen

Eine Besonderheit der unternehmensspezifischen Anpassung der vorgestellten Systematik liegt bei HEIDELBERG in der parallelen Analyse des Aufwands für den normalen Serienprozess und für den bereits im Unternehmen etablierten flexiblen Customizing-Prozess. Für den Serienprozess sind nach hohen Einmalaufwänden zur Serieneinführung für Folgeaufträge nur noch relativ geringe Abwicklungskosten notwendig. Im Customizing-Prozess fallen dagegen die Erstaufwände wesentlich geringer aus, dafür stehen für Wiederholaufträge größere Folgeaufwände an. Um bei der zukünftigen Bewertung eine Grenzstückzahl zu erhalten, ab welcher es sich lohnt, einmalig in die Serienfreigabe zu „investieren", wird bei der Prozessanalyse auch der Aufwand für diese Customizing-Abwicklung ermittelt.

3.3.4 Schritt 4: Variantenkostenbewertung

Auch die Systematik der Variantenkostenbewertung bezieht die unternehmensspezifischen Komplexitätsfaktoren mit ein. Nach Auswahl eines Referenzbeispiels werden die hinterlegten Ausgangswerte mehrstufig angepasst (vgl. Abb. 6).

Variantenkostenbewertung in Abhängigkeit von den Komplexitätsfaktoren

Umsetzung & Praxis

Variantenkostenbewertung

Bewertung der teileabhängigen Bereiche

- Anzahl Teile
  - Cluster-Verteilung über durchschnittliche Ist-Verteilung
  - Cluster-Verteilung über detaillierte Werte für zu bewertendes Beispiel
    - Verteilung der Teileanzahl je Cluster auf mechanisch/ elektrisch+elektronisch/ Aggregate/…

Bewertung der struktur- und variantenabhängigen Bereiche

- Auswahl Referenzbeispiel aus den drei Clustern
  - Anpassung der drei Komplexitätsarten gegenüber gewähltem Referenzbeispiel
    - Zusatzeingaben wie Anzahl Teile, Schulungen, Funktionstestmaschinen
    - Anpassung der Aufwände in den Bereichen auf Haupt- oder Teilprozessebene

Abb. 6: Mehrstufigkeit der Variantenkostenbewertung bei HEIDELBERG

Ganzheitliche und frühzeitige Bewertung der wirtschaftlichen Auswirkungen möglich

Die Detaillierungsstufe hängt dabei von der Relevanz der Kostenaussagen ab. Somit kann anhand der Mehrstufigkeit auch der Bewertungsaufwand entsprechend gesteuert werden. Mit einigen Grundangaben kann relativ schnell eine gute Abschätzung getroffen sowie je nach Relevanz eine Kostenaussage detailliert werden. Da eine möglichst frühzeitige Kostenbewertung aufgrund der Beeinflussbarkeit von großer Bedeutung ist, kann auch mit unvollständigen Informationen eine frühe Bewertung erfolgen, welche dann bei der Weiterverfolgung des Ansatzes nach und nach detailliert wird.

Man erhält somit die einmaligen und laufenden Aufwände z. B. für die Einführung einer neuen Variante, die für ganzheitliche Entscheidungen notwendig sind. Die Variantenkostenbewertung zielt nicht nur auf eine Antwort zur Frage „Variante: ja/nein?" ab, sondern vor allem auch auf das „wie?". Dies bedeutet, dass Fragestellungen der Vermeidung, Reduzierung und Beherrschung von Varianten Gegenstand der Bewertung sind und somit die wirtschaftliche Anwendbarkeit der Methoden des Komplexitätsmanagements.

Umsetzung der Bewertung im Variantenkosten-Tool

Zur Bewertung der Fragestellungen des Komplexitätsmanagements wurden die Ergebnisse der Prozessanalyse in einem Tool auf Excel-Basis zusammengeführt. Das Tool erfüllt dabei die schwierige Anforderung, Aufwände bei Bewertungen in diesem mehrstufigen Prozess zuerst grob abzuschätzen und anschließend tiefergehend detaillieren zu können. Außerdem wurde ein vereinfachtes Tool mit aggregierten Kosteninformationen abgeleitet, das bei kleineren Fragestellungen auch in den Unternehmensbereichen zum Einsatz kommt.

3.3.5 Schritt 5: Organisatorische Einbindung

Das Bewusstsein über die Relevanz des Variantenmanagements muss sowohl bei den Mitarbeitern in den Bereichen als auch beim Management geschaffen werden, um die Implementierung zu fördern. Durch die Bewertung der Methoden des Variantenmanagements werden Beeinflussungsmöglichkeiten aufgezeigt und instrumentelle Unterstützung für die Unternehmensbereiche bereitgestellt. Die Transparenz entstehender Variantenkosten fördert im Unternehmen das Bewusstsein sowohl bei den betroffenen Mitarbeitern als auch den entscheidenden Gremien dafür, dass Variantenentscheidungen und die Methoden des ganzheitlichen und integrierten Variantenmanagements von großer Bedeutung für den Unternehmenserfolg sind.

Organisatorische Einbindung und Bewusstsein bei Mitarbeitern und Management schaffen

4 Praktische Anwendung der Variantenkostenrechnung

Durch die Kombination von prozessorientierter Kostenrechnung mit den analysierten Komplexitätsfaktoren im Bewertungstool wird die verursachungsgerechte Variantenkostenbewertung bei Entscheidungen bei HEIDELBERG gewährleistet. Die Integration in die Unternehmensprozesse sowie die klare Zuordnung von Verantwortlichkeiten haben großen Einfluss auf den Erfolg der praktischen Umsetzung. Die Einbindung aller betroffenen Unternehmensbereiche bei der Expertenbefragung und der Prozessanalyse sowie die Plausibilisierung an einigen praktischen Fragestellungen tragen ferner zur Bewusstseinsbildung bei.

Die Implementierung der Variantenkostenrechnung in die Entscheidungsprozesse bei HEIDELBERG hängt wiederum von der Größe der zu bewertenden Fragestellung ab. Die Variantenkostenbewertung wird hierbei unterteilt in die beiden Größenordnungen Projekt und Kleinänderungen.

Unterscheidung bei der Bewertung größerer und kleinerer Projekte	
größere Projekte	**kleinere Projekte und Änderungen**
Variantenkosten bei Projekten in Wirtschaftlichkeitsrechnungen berücksichtigen	Variantenkosten bei kleinen Änderungen und variantenverändernden Themen berücksichtigen
Mehrstufige Bewertung im großen, ausführlichen Tool über Referenzbeispiele, Cluster, Zusatzeingaben, Teilprozessanpassung	Schnelle Berechnung im einfachen Tool über aggregierte Kostensätze aus dem ausführlichen Tool und grobe Teileclusterung
Bewertungsaufwand folgt aus der für das Projekt notwendigen Detaillierung	Detaillierung über Cluster und Überschreiben der vorgeschlagenen Werte möglich
Bewertung durch Controlling mit Informationen der Teilprojektleiter	Vereinfachtes Tool an Bereiche verteilt und bei Entscheidern geschult
frühzeitige und bereichsübergreifende Bewertung der Variantenkosten / Bewusstsein bei den Entscheidern schaffen	

Abb. 7: Unterscheidung bei der Bewertung größerer und kleinerer Projekte

4.1 Mehrstufige Bewertung bei größeren Projekten

Bei Projekten soll zu einem frühen Zeitpunkt abgeschätzt werden, ob ein Projekt wirtschaftlich sinnvoll ist. Bei der Bewertung werden vom Controlling zu den bereits bisher abgeschätzten Entwicklungskosten, prognostizierten Herstellkosten und den zu erzielenden Erlösen zukünftig auch die Variantenkosten in den betroffenen Unternehmensbereichen berücksichtigt. Für die Bewertung kommt das ausführliche Standard-Tool mit allen Erkenntnissen der detaillierten Kostenanalyse zum Einsatz.

Das Controlling koordiniert die Abschätzung der für die Bewertung notwendigen Eingaben durch das antragstellende Projektteam. Sowohl die Ausprägung der Komplexitätsfaktoren gegenüber dem Referenzbeispiel als auch die Anzahl der neu entstehenden Teile sind wichtige Grundangaben. Die Teile können auf die vorhandenen Teile-Cluster aufgeteilt werden. Sollte jedoch noch keine Aufteilung bekannt sein, wird mit der hinterlegten Cluster-Verteilung gerechnet. So werden die Serienanlaufkosten in den beteiligten Bereichen durch Anpassung bereits vorhandener Erfahrungswerte abgeschätzt.

Mehrstufigkeit steuert Detaillierung und Bewertungsaufwand

Die Mehrstufigkeit der Bewertungssystematik wird fortgesetzt, indem nach der möglichen Detaillierung durch eine bekannte, genauere Verteilung auch die Aufwände auf Hauptprozess- bis hin zur Teilprozessebene angepasst werden können. Für die meisten Bewertungen ist allerdings eine Anpassung auf dieser Stufe nicht notwendig. Es kann somit jeweils ein angemessener Detaillierungsgrad gewählt werden, je nach Zeitpunkt, Größenordnung oder Bedeutung der Bewertung.

Bewertet werden im Rahmen dieser bei HEIDELBERG angewendeten Variantenkostenrechnung hauptsächlich die folgenden Fragestellungen:

Fragestellungen in der Praxis

- Gesamtaufwand zur Einführung einer neuen Variante in den Bereichen, dies kann durch Aufzeigen der Kosten zur Vermeidung unwirtschaftlicher Varianten führen;
- Gegenüberstellung des Aufwands bei Einführung als Standardvariante oder zusätzliche Ausstattungsvariante;
- Gegenüberstellung des Aufwands bei den erläuterten Abwicklungsoptionen des Serienprozesses und der flexiblen Customizing-Abwicklung;
- wirtschaftliche Bewertung verschiedener Methoden der Variantenbeherrschung wie z. B. Funktionsübererfüllung oder Paketbildung;
- Kostenwirkungen von Variantenreduzierungen durch entfallende laufende Kosten.

Die Tauglichkeit des Tools bei allen relevanten Entscheidungen führt zusammen mit den plausiblen Werten und der Einbindung der betroffenen Bereiche zu einer hohen Akzeptanz bei Bewertungen in der Unternehmenspraxis.

4.2 Bewertung kleinerer Änderungen im vereinfachten Tool

Bei kleineren variantenverändernden Entscheidungen z. B. im Rahmen von Standardisierung, Gleichteileverwendung und Funktionsübererfüllung werden die Fragestellungen teilweise auch direkt bei den Entscheidern oder Beeinflussern der Variantenvielfalt bewertet. Hier kommt ein vereinfachtes Tool mit aggregierten Zahlen und weniger Detailinformationen zum Einsatz.

Einfaches Tool mit aggregierten Kostensätzen

Häufig stellt sich hierbei die Frage nach der internen Abwicklung und den damit verbundenen Aufwänden, die vor allem durch Teile erzeugt werden. Es sind daher nur Bereiche aufgeführt, die an dieser internen Abwicklung beteiligt sind. Die aggregierten Kostensätze bieten einen guten Überblick über Aufwände in den einzelnen Unternehmensbereichen, die durch die Entstehung eines zusätzlichen Teils auftreten. Außerdem wird durch den Entfall von laufenden Kosten bei Auslaufentscheidungen gezeigt, welche Effekte eine Varianten- oder Teilereduzierung bringt. Dieser Ausschnitt aus dem ausführlichen Tool hat sich für varianten- oder teilzahlbeeinflussende Entscheidungen dieser Größenordnung als sehr gut geeignet herausgestellt.

Umsetzung & Praxis

Beispiel einer Bewertung im einfachen Variantenkostentool

Bewertete Maßnahme:	Name:	Bereich:	Datum:
Anlauf Baugruppe ABC mit veränderten Werten	Dr. Bayer	CO	20.07.2012

	Eingaben/ Cluster	Kosten einmalig	Kosten laufend/Jahr
Teileabhängige Kosten Einkaufsteile			
Anzahl Sachnummern Einkaufsteile	1		
Teilecluster Einkauf	mechanisch einfach	15	5
daraus abgeleitet Wareneingangsprüfung		7	3
Teileabhängige Kosten Einkaufsteile		22 €	8 €/Jahr
Teileabhängige Kosten Fertigungsteile			
Anzahl Sachnummern Fertigungsteile	1		
Teilecluster Fertigung (nur Durchschnitt - feiner s.u.)	Zahnrad komplex		
Aufwand Fertigungplanung+steuerung einmalig	5,0	50	
Aufwand Serienpflege Fertigungplanung+steuerung jährlich	0,3		3
Flächenerweiterung Lagerfläche Fertigung	2,0 qm		8
Teileabhängige Kosten Fertigungsteile		50 €	11 €/Jahr
Teileabhängige Kosten Logistik			52 €/Jahr
Kosten Montageplanung+steuerung + Produktionsfläche			
Anzahl relevanter Teile Montage ges. (Einkauf+Fertigung)	2,0		
Aufwand Montageplanung+steuerung einmalig	2,8	28	
Aufwand Serienpflege Montageplanung+steuerung jährlich	0,50		5
Flächenerweiterung Lagerfläche Montage	1,0 qm		4
Kosten Montageplanung+steuerung + Fläche		28 €	9 €/Jahr
Kosten Entwicklung		100 €	10 €/Jahr
Bestandskosten			6 €/Jahr
Abschreibung auf Betriebsmittel / Werkzeuge			4 €/Jahr
Gesamt-Variantenkosten		**200 €**	**100 €/Jahr**

Abb. 8. Beispielhafte Bewertung mit dem einfachen Variantenkostentool

Das vereinfachte Variantenkosten-Tool wird an ausgewählte Entscheider wie Teilprojektleiter oder Experten der Technologieberatung als Schnittstelle zwischen Entwicklung und Produktion weitergegeben. Das Controlling führt weiterhin Schulungen durch, um ein bereichsübergreifend einheitliches Verständnis bei der Anwendung sicherzustellen. Außerdem unterstützt das Controlling bei Detailfragen oder direkten Anfragen aus den Bereichen durch die gemeinsame Bewertung.

Einfaches Tool auch an die Bereiche verteilt und geschult

4.3 Variantenkostenbewertung als Grundstein des ganzheitlichen Komplexitätsmanagements

Durch die Variantenkostenbewertung werden ganzheitliche Entscheidungen und eine verursachungsgerechte Zuordnung der Gemeinkosten statt der Verteilung über „Gießkanne" erreicht, woraus sich eine Basis für die Optimierung der Komplexität ergibt. Bei HEIDELBERG hat man erkannt, dass man Themen wie eine marktsegmentgerechte Produktarchitektur mehr in den Vordergrund stellen muss, um eine hohe externe Vielfalt mit geringerer interner Komplexität abzubilden. Die Bewertung unterstützt Analysen der Sortiments- und Teilevielfalt und ermöglicht Entscheidungen zur Sortimentsbewirtschaftung.

Variantenkostenbewertung führt zu ganzheitlichen Entscheidungen

Durch ein ganzheitliches Komplexitätsmanagement mit den Schwerpunkten Markt- und Produktkomplexität führt HEIDELBERG ein Optimierungsprogramm durch, um in den nächsten Jahren ein großes Ergebnispotenzial zu erlangen. Durch die Berücksichtigung der durch die Vielfalt beeinflussten Gemeinkosten werden die Potenziale des Komplexitätsmanagements erst transparent. Der Erfolg soll über festgelegte, auch nicht-finanzielle Kennzahlen veranschaulicht werden, die sowohl die externe als auch die interne Komplexität messbar machen[23]. Schließlich ist für den Umsetzungserfolg ein geeignetes Controlling von Bedeutung, um die Nachhaltigkeit entsprechend sicherzustellen.

Potenziale eines ganzheitlichen Komplexitätsmanagements

5 Fazit

Auch wenn zunehmend viele Unternehmen das Komplexitätsmanagement als strategischen Erfolgsfaktor für die Wettbewerbsfähigkeit anerkennen, führt die Dynamik der Entwicklung auch in Zukunft zu weiteren offenen Fragen. Der Trend geht in vielen Branchen hin zu individualisierten Produkten, wodurch intelligente Ansätze der Variantenbeherrschung zur Entkopplung der externen Angebotsvielfalt von der internen Komplexität der Unternehmen weiterhin an Bedeutung

Komplexitätsmanagement als strategischer Erfolgsfaktor und zukünftige Schwerpunkte

---

[23] Vgl. Horváth/Gleich, 1998, S. 183ff.

gewinnen werden. Deshalb werden Wissenschaft und Praxis an weiteren Methoden und Werkzeugen arbeiten, um die Risiken der Komplexität in Chancen der Vielfalt wandeln zu können.

Gewählte Lösungsansätze für mögliche Schwachpunkte eines solchen Ansatzes

Bei dem hier vorgestellten Ansatz wurde durch eine breite Basis an Experten die hohe Relevanz des Themas bei der Variantenkostenanalyse abgebildet. Dadurch sinkt die Gefahr von einzelnen Extrembewertungen und die Datenqualität und Akzeptanz bei zukünftigen Bewertungen steigen. Allerdings nimmt der Erhebungsaufwand mit zunehmenden Anforderungen an die Transparenz zu. Hier muss jedes Unternehmen entscheiden, wie hoch der zu erwartende Nutzen der Prozessanalyse ist und wie detailliert die verursachungsgerechte Kostenzuordnung sein soll. Die bei HEIDELBERG gewählte Detaillierungsstufe eignet sich sicher für Unternehmen in variantenreichen Branchen, bei denen das Thema eine strategische Relevanz hat. Bei geringeren Anforderungen kann die entwickelte Systematik angepasst werden, wobei die Ausprägung der Komplexitätsfaktoren dazu genutzt werden kann, die richtigen Schwerpunkte bezüglich der zu analysierenden Bereiche zu setzen.

Anwendbarkeit des entwickelten Ansatzes hat sich in der Praxis bestätigt

Der Einsatz des entwickelten Ansatzes zur Variantenkostenbewertung bei HEIDELBERG ist vielversprechend und lässt auf die Eignung der erläuterten Systematik schließen. Die Anwendbarkeit der Faktorenanalyse für die Variantenkostenbewertung hat sich mit sinnvoll interpretierbaren Faktoren im Praxistest bestätigt. Die Bewertung führte bei HEIDELBERG bereits zu vielen bei Mitarbeitern und Management akzeptierten und plausiblen Entscheidungsvorlagen, wobei die Akzeptanz auch aus der Beteiligung der Bereiche bei der Erhebung der Aufwände folgt.

Mehrstufigkeit ermöglicht Entscheidungen mit sinnvoller Detaillierung zum richtigen Zeitpunkt

Als große Stärke des entwickelten Ansatzes hat sich die Mehrstufigkeit im Bewertungsprozess herausgestellt. Die Kostenbewertung kann ausgehend von einer groben Richtung zu einem frühen Zeitpunkt detailliert werden. Entscheidend bei vielen Fragestellungen ist nicht die letzte Stelle hinter dem Komma, sondern die Größenordnung der bisher meist komplett unberücksichtigten Variantenkosten. Wichtig ist insbesondere, dass sich alle Beteiligten über die Plausibilität der Größenordnung einig sind und das Ergebnis vertreten.

Transparenz und Bewusstsein als Grundsteine des Komplexitätsmanagements

Die gewonnene Transparenz ermöglicht faktenbasierte Diskussionen zur aktiven Steuerung der Komplexität und fördert das Bewusstsein bei betroffenen Mitarbeitern und Management auch über Auswirkungen in den anderen Unternehmensbereichen. Ohne das Bewusstsein bei den Verantwortlichen in den verschiedenen Bereichen nützt auch eine geeignete Methodik nichts. Dies ist deshalb ein wichtiger Grundstein für den weiteren zukünftigen Umsetzungserfolg der Variantenkostenrechnung und auch des ganzheitlichen Komplexitätsmanagements.

Für den ganzheitlichen Ansatz des Komplexitätsmanagements sowie für die hier vorgestellte Systematik der Variantenkostenbewertung mit Komplexitätsfaktoren wurde die Heidelberger Druckmaschinen AG im Rahmen einer Befragung zum Thema „Managing Complexity" im Frühjahr 2012 durch die Universität St. Gallen aus 175 Unternehmen ausgewählt und als eines von 5 Successful-Practice-Unternehmen ausgezeichnet. Auch bei branchenübergreifenden Benchmarks erhielt diese Art der Variantenkostenbewertung große Anerkennung durch Experten anderer Unternehmen.

Auszeichnung für ganzheitlichen Ansatz und Variantenkostenbewertung

6 Literaturhinweise

Adam/Johannwille, Die Komplexitätsfalle, in Adam (Hrsg.), Komplexitätsmanagement, 1998, S. 5–28.

Backhaus/Erichson/Plinke/Weiber, Multivariate Analysemethoden: eine anwendungsorientierte Einführung, 11. Aufl. 2006.

Bayer, Integriertes Variantenmanagement – Variantenkostenbewertung mit faktorenanalytischen Komplexitätstreibern, 2010.

Boutellier/Schuh/Seghezzi, Industrielle Produktion und Kundennähe – ein Widerspruch?, in Schuh/Wiendahl (Hrsg.), Komplexität und Agilität: Steckt die Produktion in der Sackgasse?, 1997, S. 37–63.

Horváth/Gleich, Komplexitätsmanagement mit Prozess-Benchmarking und Performance Measurement, in VDI-Bericht 1434 Effektive Entwicklung und Auftragsabwicklung variantenreicher Produkte, 1998, S. 175–195.

Horváth/Mayer, Prozesskostenrechnung – Der neue Weg zu mehr Kostentransparenz und wirkungsvolleren Unternehmensstrategien, Controlling, Jg. 1, H. 4/1989, S. 214–219.

Huch/Lösch, Methoden der Variantenkostenrechnung, in: Franke/Hesselbach/Huch/Firchau (Hrsg.), Variantenmanagement in der Einzel- und Kleinserienfertigung, 2002, S. 26–51.

Kersten, Vielfaltsmanagement: Integrative Lösungsansätze zur Optimierung und Beherrschung der Produkte- und Teilevielfalt, 2002.

Lindstädt, Wachstum: Die drei Strategien, Managementkompass, 1/2006, S. 8–10.

Meffert/Burmann/Kirchgeorg, Marketing: Grundlagen marktorientierter Unternehmensführung: Konzepte – Instrumente – Praxisbeispiele, 10. Aufl. 2008.

o. V., Kongress: Varianten als „letzte große Goldgrube" der Automobilindustrie, Auto Information, Nr. 1811, 2006.

Reichardt/Hausmann, Kundenbeziehungsmanagement in der Druck- und Verlagsindustrie: Das Beispiel Heidelberger Druckmaschinen, in Bruhn/Homburg (Hrsg.), Kundenbindungsmanagement: Strategien und Instrumente für ein erfolgreiches CRM, 4. Aufl. 2003, S. 847–862.

Reiß, Komplexität beherrschen durch „Orga-Tuning", in Reiß/Gassert/Horváth (Hrsg.), Komplexität meistern – Wettbewerbsvorteile sichern, 1993, S. 1–41.

Schreier, Total Quality Management als Schlüssel zur Kundenzufriedenheit, in Homburg (Hrsg.), Kundenzufriedenheit: Konzepte – Methoden – Erfahrungen, 6. Aufl. 2006, S. 285–296.

Schuh/Schwenk, Produktkomplexität managen: Strategien – Methoden – Tools, 2001.

Schuh/Schwenk/Speth, Komplexitätsmanagement im St. Galler Management-Konzept, io, Jg. 67, H. 3/1998, S. 78–85.

Wildemann, Fertigungsstrategien: Reorganisationskonzepte für eine schlanke Produktion und Zulieferung, 3. Aufl. 1997.

Wildemann, Variantenmanagement: Leitfaden zur Komplexitätsreduzierung, -beherrschung und -vermeidung in Produkt und Prozess, 16. Aufl. 2008.

Leistungsorientierte Gemeinkostenverrechnung im Service Center Lieferantenverkehr der Otto Group

- Die Position des Service Centers „Lieferantenverkehr" als leistungsstarker interner Dienstleister sollte gestärkt und ausgebaut werden. Zur Steuerung und zum Monitoring der Prozesse in der Rechnungsprüfung wurde eine aussagekräftige Prozesskostenrechnung entwickelt und ein dezidiertes Kennzahlensystem eingeführt.

- Das sich daraus ergebende neue leistungsorientierte und verursachungsgerechte Preismodell bietet den Kunden des Service Centers eine deutlich höhere Transparenz. Auf dieser Basis können die Kosten aus der Dienstleistung aktiv beeinflusst und gesteuert werden. Somit wird ein aktiver Beitrag zum Unternehmenserfolg geleistet.

- Der Beitrag erläutert die Einführung der Prozesskostenrechnung in mehreren Phasen und stellt den Zeit- und Ressourcenbedarf bis hin zur Erstellung des neuen Preismodells und der Anwendung in der Praxis dar.

- Das Projekt wurde mit dem ControllerPreis 2012 des Internationalen Controller Vereins ICV) als herausragende Controller-Leistung ausgezeichnet.

Inhalt		Seite
1	Ausgangssituation	113
1.1	Kurzvorstellung der Otto Group	113
1.2	Service Center Lieferantenverkehr (SC LV)	113
1.3	Wettbewerbssituation und -fähigkeit	114
1.4	Altes Produktmodell	114
2	Einführung der Prozesskostenrechnung (PKR)	116
2.1	Ziele	116
2.2	Projektplanung und -ablauf	116
2.2.1	Prozessaufnahme	117
2.2.2	Erste Erhebungsphase – Aufschreibphase	118
2.2.3	Zweite Erhebungsphase – Messung	119
2.3	Besondere Herausforderungen	122
3	Kalkulation und Produktpreis	122
3.1	Findung der neuen Produkte	122
3.2	Produktkosten	123
3.3	Strukturkosten	124

4	Neues Produkt- und Preismodell	124
5	Anwendung in der Praxis – Steuerung	126
5.1	Basis für einen kontinuierlichen Verbesserungsprozess (KVP)	126
5.2	Kennzahlen zur operativen Steuerung des SC LV	127
5.3	Analyse der Produktmengen	128
5.4	Berichte für konzerninterne Kunden	129
5.5	Fortlaufende Analyse der nicht messbaren Tätigkeiten	130
6	Rückblick auf die Einführung – Kundenfeedback	131
7	Fazit	132

- **Die Autoren**

Kerstin Jurkeit, Senior Manager Controlling im Service Center Lieferantenverkehr der Otto Group in Hamburg.

Michael Felix, Leiter Service Center Lieferantenverkchr der Otto Group in Hamburg.

1 Ausgangssituation

1.1 Kurzvorstellung der Otto Group

1949 in Deutschland gegründet, ist die Otto Group eine weltweit agierende Handels- und Dienstleistungsgruppe mit ca. 53.000 Mitarbeitern. Die Gruppe ist mit 123 wesentlichen Unternehmen in 20 Ländern Europas, Nordamerikas und Asiens präsent. Ihre Geschäftstätigkeit erstreckt sich auf die 3 Segmente Multichannel-Einzelhandel, Finanzdienstleistungen und Service. Im Geschäftsjahr 2011/12 erwirtschaftete die Otto Group einen Umsatz von 11,597 Mrd. EUR. Sie ist weltweit der größte Online-Händler für Fashion und Lifestyle, insgesamt die Nummer 2 hinter Amazon und in Deutschland Marktführer. Kataloggeschäft, E-Commerce und der stationäre Einzelhandel bilden die 3 Säulen des Multichannel-Einzelhandels der Otto Group.

Steckbrief

1.2 Service Center Lieferantenverkehr (SC LV)

Das SC LV bietet für inländische Unternehmen der Otto Group die Durchführung der Nebenbuchhaltung Kreditoren an. Wesentliches Element dieser Dienstleistung ist die Prüfung von Rechnungen in den beiden Hauptprozessen „Handelsware" und „Nicht-Handelsware".

Abwicklung der Rechnungsprüfung für inländische Konzerngesellschaften

- Bei den Handelswaren (HaWa) handelt es sich dabei um die Waren, die im Segment Multichannel-Einzelhandel dem Endverbraucher zum Kauf angeboten werden.
- Lieferungen und Leistungen, die die Gesellschaften im Rahmen ihrer unternehmerischen Tätigkeit beziehen, werden hier als Nicht-Handelswaren (Non-HaWa) bezeichnet.

Kunden des SC LV sind Konzernfirmen innerhalb der Otto Group. Ein Kontrahierungszwang zur Nutzung des SC LV ist nicht vorhanden, daher können die Konzernfirmen frei wählen, ob sie die Dienstleistung der Rechnungsprüfung selbst vornehmen, das SC LV oder einen Dritten beauftragen.

Kein Kontrahierungszwang

Die strukturelle Ausrichtung als ein Shared Service Center bringt für das SC LV mit sich, dass die Standardisierung und Automatisierung der logistischen Rechnungsprüfung die wesentliche Zielsetzung ist, um Kostenvorteile für die Kunden und somit für die Otto Group zu erzielen. Hauptbestandteil einer optimierten logistischen Rechnungsprüfung ist der systemgestützte Abgleich der Datenbestände aus Bestellungen – Leistungserbringung Lieferung – Rechnungen (klassischer 3-Wege-Match).

1.3 Wettbewerbssituation und -fähigkeit

Forderung nach marktgerechten Preisen

Der nicht vorhandene Kontrahierungszwang bringt für das SC LV eine Wettbewerbssituation in 2 Dimensionen mit sich.

1. In der Wettbewerbssituation gegenüber der Konzerngesellschaft gilt es, die Dienstleistung kostengünstiger als eine Eigenabwicklung darstellen und anbieten zu können.
2. Auch gegenüber dritten Dienstleistungsunternehmen, die im Rahmen eines Business Process Outsourcing (BPO) durch die Konzerngesellschaft beauftragt werden können, müssen die Preise des SC LV einem Vergleich standhalten können.

Um bestehende Kunden halten und neue Kunden gewinnen zu können, muss also ein drittvergleichsfähiges Produkt- und Preismodell gefunden werden, welches etwas über die Leistungsfähigkeit des SC LV aussagen kann.

Zudem forderten viele Kunden eine differenzierte Preisbetrachtung, mit der sie später in der Lage sind, aus ihrer Sicht Kostentreiber selber zu identifizieren und ihre Prozesse so zu ändern, dass es zu Kosteneinsparungen kommt. Es bestand ferner der Wunsch, für die einzelnen Leistungen Einzelaufrisse der dahinter stehenden Vorgänge zu erhalten und eigene Recherchen auf Vorgangsebene durchführen zu können.

1.4 Altes Produktmodell

Starre Strukturen im alten Produktmodell

Das alte Produkt- und Preismodell folgte grob den beiden Hauptprozessen der zu erbringenden Dienstleistung. Dabei wurde sowohl HaWa als auch Non-HaWa in die Produktgruppen[1] Rechnungseingangsbearbeitung und Rechnungsprüfung aufgeteilt. Die Produkte im Rechnungseingang wurden getrennt nach elektronischem und papiergebundenem Eingang und damit nach dem zu betreibenden Aufwand zur Erzeugung eines digitalen Rechnungsdatenbestands. Die Rechnungsprüfung differenzierte in beiden Fällen grundsätzlich nur nach Rechnungen, die automatisch gebucht wurden ("no-touch") und manuellem Klärungsbedarf.

---

[1] Obwohl die Rechnungsprüfung ein Leistungserstellungsprozess ist, werden die unterschiedlichen Arten der Rechnungsprüfung im Folgenden als „Produkte" bezeichnet.

Handelswaren-Rechnungen	Nicht-Handelswaren-Rechnungen
Manuelle Wareneingangszuordnung	Rechnungseingangsbearbeitung
Rechnungseingangsbearbeitung	EDI-Rechnung
EDI-Rechnung	OCR-Scannung
Einkaufsorganisation	OCR-Scannung mit WF-Vorbereitung
OCR-Rechnung	Direkterfasssung FiBu
FiBu-Direkt	Rechnungsprüfung
Rechnungsprüfung	Rechnungsprüfung mit Workflow
Automatische Rechnungsprüfung	Rechnungsprüfung ohne Workflow
Manuelle Rechnungsprüfung	
Warenrücksendung	
Warenrücksendung (automatisch/manuell)	

Abb. 1: Das alte Produktmodell – reguläre Leistungen

Der zu zahlende Preis für eine Rechnungsbearbeitung wurde nachträglich ermittelt. Nach Abschluss der Bearbeitung einer Rechnung (Prüfung und Klärung, Buchung und Zahlung) wurde geprüft, welcher Eingangskanal genutzt wurde und ob ein manuelles Eingreifen erforderlich war. Dabei war unbedeutend, welcher Art und Umfang das manuelle Eingreifen war. Gerade aber der Aufwand zur manuellen Bearbeitung von Unklarheiten unterscheidet sich maßgeblich voneinander, wie die Prozesskostenrechnung später deutlich gemacht hat.

Preisfestsetzung im Nachhinein

> **Beispiel: Unterschiedlicher Workflow bei Preis- und Mengendifferenzen**
> Bei der Klärung einer Preisdifferenz zulasten des Kunden kommt ein elektronischer Workflow zum Einsatz, der je nach Entscheidung durch den Einkäufer systemseitig die entsprechenden Kontokorrentbuchungen und Belastungsanzeigen vorbereitet und erstellt. Dagegen erfolgen bei der Bearbeitung einer Rechnung mit Mengendifferenz die einzelnen Prozessschritte manuell und erzeugen dadurch einen erheblich höheren Aufwand.

Weitere zusätzlich anfallende Tätigkeiten, wie z.B. schriftliche und fernmündliche Kommunikation oder Anforderungen von Belegen und Saldenabstimmungen, die nicht direkt im dargestellten Leistungskatalog enthalten waren, wurden pauschal auf alle Produkte gleichermaßen verteilt und aufgeschlagen. Dabei war unbedeutend, ob die Dienstleistung mit dieser Tätigkeit in Verbindung stand oder nicht und wie hoch der Anteil der jeweiligen Dienstleistung am Gesamtaufwand war.

Nebentätigkeiten pauschal verrechnet

Kostentreiber nicht erkennbar	Das Produkt- und Preismodell war relativ starr aufgebaut und für die Kunden hinsichtlich Optimierung der Leistungsverrechnung schwer zu beeinflussen. Das alte Produkt „manuelle Rechnungsprüfung" zum Beispiel differenzierte nicht nach den unterschiedlichen Gründen für den manuellen Eingriffsbedarf. So war es weder dem Kunden noch dem SC LV auf Anhieb ersichtlich, woran der Prozess krankt und was zu dessen Optimierung gemacht werden kann.

2 Einführung der Prozesskostenrechnung (PKR)

2.1 Ziele

Erlangung von Kostentransparenz als vorrangiges Ziel	Als vorrangiges Ziel der PKR galt es, genaue Kenntnis über die vorherrschenden Kostentreiber und Transparenz über die darin gebundenen Ressourcen zu erlangen sowie den Anteil an messbaren Tätigkeiten von vornherein so hoch als möglich abzubilden und zu erheben, um eine geeignete Steuerungsmethode der Prozesse und damit der Kosten zu erhalten.
Kontinuierliche Verbesserung durch PKR	Der inhaltliche Aufbau der Prozesskostenrechnung sollte die Hauptprozesse identifizieren und zu einer aussagefähigen Darstellung in Teil- und Detailprozessen führen. Schwachstellen und Ineffizienzen sollen daraus ableitbar sein und zu gezielten Optimierungsmaßnahmen führen. Insgesamt soll die Prozessdokumentation die Basis für den kontinuierlichen Verbesserungsprozess darstellen.
Kunden profitieren von Optimierungen	Die angestrebte aussagekräftige Prozesskostenrechnung soll im SC LV die Basis sein, auf der das neue Produktmodell entwickelt wird und die einzelnen Preise kalkuliert werden können. Dabei ist so granular vorzugehen, dass Produktpreise bei Optimierung von Prozessen sofort und einfach neu kalkuliert und die monetären Vorteile direkt an die Kunden weitergegeben werden können. Durch die Transparenz der Prozesse und deren Optimierung wird eine Kostensenkung erwartet.

2.2 Projektplanung und -ablauf

Das Projekt teilte sich in mehrere Phasen auf und dauerte ca. 9 Monate (s. Abb. 2).

Gemeinkostenverrechnung

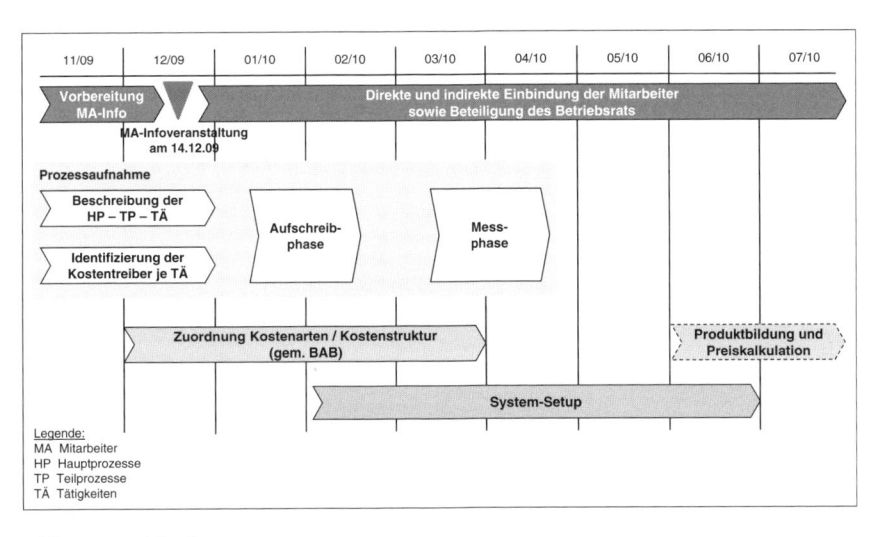

Abb. 2: Projektplan

2.2.1 Prozessaufnahme

Im ersten Schritt wurden die Hauptprozesse ermittelt und daraus die Teil-/Detailprozesse abgeleitet. Durch eine gezielte Befragung der Führungskräfte und Mitarbeiter zu ihren Tätigkeiten konnten die einzelnen Prozesse inklusive kurzer Beschreibung in einer Matrix dargestellt werden:

Detaillierte Prozessaufnahme ist Voraussetzung für die PKR

Hauptprozess	Teilprozess	Detailprozess	Leistungsbeschreibung
2			**Rechnungsprüfung Handelsware**
	2.5		**Preisdifferenz**
		2.5.1	**Preisdifferenz zu unseren Lasten**
			Rechnung wird automatisch mit Preissperre versehen
			automatischer Preisabweichungsworkflow zum Einkauf
			Belastung prüfen und buchen
			Preisdifferenzen manuell klären *(für andere Konzerngesellschaften als Otto)*
			Ggf. Versenden der externen Gutschriften/Belastungen an Lieferanten
		2.5.2	**Preisdifferenz zu unseren Gunsten**
			Prüfung des vorerfassten Beleges und Buchung oder
			automatische Buchung der Preisgutschrift

Abb. 3: Auszug der Prozessmatrix im Detail am Beispiel Preisdifferenz

117

Umsetzung & Praxis

Bereits während der Aufnahme der Prozesse und Befragung unterschiedlicher Führungskräfte und Mitarbeiter konnten einige Prozessschwachstellen festgestellt werden. Um später die Prozesse so zu bewerten, wie sie tatsächlich anfallen und um eine mögliche Standardisierung der Prozesse zu erreichen, wurden bereits in dieser Phase einige Prozessoptimierungen durchgeführt.

2.2.2 Erste Erhebungsphase – Aufschreibphase

	Tätigkeit	Montag, 1.2.10	Dienstag, 2.2.10	Mittwoch, 3.2.10	Donnerstag, 4.2.09	Freitag, 5.2.10
	Handelsware — Name: — Aufwand in Stunden/Minuten pro Tag					
	reguläre Rechnungsbearbeitung					
1.	**Bearbeitung ZWEER** Fehlerhafte Wareneingänge der Bestellung zuordnen					
2.	**Bearbeitung Invoice Center** Komplementierung der validierten Rechnungen, Korrektur fehlerhafter Angaben, sonstige Klärungen, ...					
3.	**Erstellte Belege buchen** (nur Belege, die bereits in den Bereichen erstellt wurden - Belege auf Sachkontenebene) Buchen und Bearbeiten von Musterrechnungen, QS-Belastungen, Penalty, ...					
4.	**Bearbeitung der WE-/RE-Liste im System** Zuordnen offener Wareneingänge, Bearbeitung von Preis- und Mengendifferenzen, Buchen von Differenzen, ...					
5.	**Kommunikation**					
5.1	eigene Anfragen an interne Bereiche Abstimmnung mit Lager/Einkauf, ...					
5.2	eigene Anfragen an Lieferanten Anforderungen von Rechnungen und Ablieferungsnachweisen, Klärungen von Prüfvorgängen, Reklamationen, Fragen zur Bebuchung der Konten, ...					
5.3	Beantwortung von Fragen von Kunden und Lieferanten Zahlungsavis-Klärungen (Abzug/Verrechnung), Beleganforderung, Ablieferungsnachweise für WRS, Skontoreklamationen, ...					
6.	**Bearbeitung debitorischer Kreditoren** Prüfung offene Posten-Liste, Klärungen mit Lieferanten und Einkauf, Erstellung Schriftstücke, sonstige Klärungen mit CC, ...					
	Sonderabwicklung (Nur der Anteil, der über die normale Rechnungsbearbeitung hinaus geht. Reguläre Rechnungsbearbeitung bitte oben notieren)					
7.	**Hagebau-Bearbeitung** Reklamationsbearbeitung, Erstellung Belege, Bearbeitung Gutschriften/Belastungen, Auszifferung, Abgleich mit Verrechnungsposten, ...					
8.	**Intersport** Abstimmung, Auszifferung, Abgleich Zahlung mit Verrechnungsposten, ...					
9.	**Ware bei Dritten (Abschlussarbeiten)** Bestandslisten pflegen und abgleichen, Zwischenbuchungen vornehmen, Klärung mit Einkauf, buchen, ...					
	Sonstiges					
10.	**Sonstige Tätigkeiten** Organisatorisches, Teilnahme an Börsen, Personalgespräche, Eintragung Zeitkarte, Veranstaltungen, ...					

Abb. 4: Erhebungsbogen zur Grobauflistung der Tätigkeiten über eine Woche

Selbsterfassung durch Mitarbeiter

In dieser Phase waren die Mitarbeiter selbst aufgerufen, über einen Zeitraum von 4 Wochen ihre Tätigkeiten „grob" aufzuschreiben. Eine Vorlage auf Wochenbasis mit der Auflistung der wesentlichen Tätigkeiten diente als Hilfsmittel und sollte täglich ausgefüllt werden (s. Abb. 4). Dabei sollte die Zeit so verteilt werden, dass die Aufsummierung der einzelnen Zeitwerte je Tätigkeit der täglichen Arbeitszeit entspricht. Neben den wertschöpfenden Tätigkeiten (s. Abb. 4, Punkte 1 bis 4, sowie 7 bis 9), wie Belege buchen und Bearbeitung von debitorischen

Kreditoren (Forderungen gegenüber Lieferanten z. B. aus Warenretouren), war der Punkt „Kommunikation" aufgeführt – unterteilt in „eigene Anfragen intern/extern" und „Anfragen von Kunden und Lieferanten". Zeiten, die nicht in die vorab genannten Kategorien fallen, z. B. Teilnahme an Mitarbeiterinformationsveranstaltungen sollten in den Punkt „Sonstiges" geschrieben werden. Diese beiden Komplexe wurden zunächst als „nicht messbare Tätigkeit" definiert. Sie sollen später einen Anhaltspunkt darüber geben, welchen Anteil der sog. Strukturkostenblock hat.

Die Auswertung der Aufschreibphase bestand zunächst in der Zusammenführung der zahlreichen durch die Mitarbeiter erstellten Erhebungsbögen. Dabei wurden zum einen die Auswertungen auf Wochenbasis kumuliert, zum anderen nach Tätigkeiten. Diese Ergebnisse stellten eine Grobdarstellung der Zeiten dar und dienten zum späteren Abgleich mit den in Phase Zwei aufgenommenen Prozesszeiten. Neben der Darstellung der Zeiten aus den Grobprozessen gibt diese Phase Aufschluss darüber, wie hoch der Anteil an nicht messbaren Tätigkeiten ist. Das war möglich, weil der Anteil an Kommunikation und sonstigen Tätigkeiten in dieser Phase stundengenau aufgenommen wurde. Die Erkenntnis über den Anteil an nicht messbaren Tätigkeiten sollte sich später als besonders bedeutsam erweisen.

Erkenntnisse der ersten Erhebung

2.2.3 Zweite Erhebungsphase – Messung

Diese Phase soll detaillierte Erkenntnisse darüber bringen, welche Ressourcen in den einzelnen Prozessen gebunden sind. Dazu wurden die Detailprozesse zusammengefasst, auf einen Erhebungsbogen übertragen und mit einer kurzen Erläuterung versehen – inklusive Start- und Endzeitpunkt (s. Abb. 5). Die Mitarbeiter, die im Tagesgeschäft mit diesen Prozessen betraut sind, sollten nun eine festgelegte Anzahl an Vorgängen bearbeiten, während die dafür aufgewandte Zeit dokumentiert wird.

Erhebung der Zeiten in den vorab identifizierten Prozessen

Umsetzung & Praxis

```
Zeitaufnahmebogen

  Prozess:           Preisdifferenz zu unseren Lasten
  Prozess-Nr.:       2.5.1.

  Unterprozesse:     manuelle Bearbeitung:
                     - Belastungen prüfen und buchen
                     - Preisdifferenzen manuell klären (nicht Otto)
                     - ggf. Versenden der externen Gutschriften/Belastungen an
                       Lieferanten

  Erhebungsart/-vorgang:   Zeitmessung für Musterstapel
  Einheit:                 Anzahl Preisdifferenzen
  Anzahl:                  mind. 10 Vorgänge pro Durchgang
  Häufigkeit:              zwei mal pro Mitarbeiter pro Team

  Messergebnisse:                        Messung durchgeführt von:

     Team:        [      ]     Mitarbeiter:  [      ]
     Datum:       [      ]     Zeit (von...bis): [   ]
     Anzahl:      [      ]
     Zeitdauer:   [      ]
     Bemerkungen: [             ]
```

Abb. 5: Beispiel eines Erhebungsbogens für eine Messung

Messung durch die Teamleiter

Das Besondere an dieser Vorgehensweise war, dass die Teamleiter der 5 Teams mit der Durchführung der Messungen betraut wurden und nicht Personen, die „prozessfremd" sind. Darüber hinaus wurde vorgegeben, dass jeder Teamleiter die Einzelvorgänge bei mind. 2 unterschiedlichen Mitarbeitern, möglichst nicht aus seinem Team, aufnehmen muss. Dadurch ergibt sich eine Anzahl von mindestens 8 verschiedenen Mitarbeitern (2 Mitarbeiter, 4 Teams), bei denen ein und die gleiche Tätigkeit zu erheben war.

Weitergehende Spielregeln zur Durchführung waren z.B.:

- Jeder Mitarbeiter muss an mindestens einer Messung teilgenommen haben.
- Während der Messung darf nicht eingegriffen werden, d.h. jeder Mitarbeiter führt seine Tätigkeit so durch, wie er es gewohnt ist.

- Die Messungen sollten frei von Störungen sein, d.h. keine Ablenkung durch Telefonate etc.
- Die für die Messung zu bearbeitenden Vorgänge sollten nicht „vor-ausgewählt" werden, d.h. sie sollten so bearbeitet werden, wie sie regulär anfallen, unabhängig vom Schwierigkeitsgrad.

Um jederzeit Auskunft über den aktuellen Status sowie die Vollständigkeit der Messungen über alle Prozesse und Mitarbeiter sicherzustellen, wurde ein Messprotokoll geführt. Dort waren alle Prozesse aufgelistet und die Teamleiter sollten vorab eintragen, bei welchem Mitarbeiter an welchem Tag welche Messung stattfindet. Für jede Messung wurde der Status festgehalten, von „offen" bis „erledigt" oder „ausstehend" mit Begründung (z.B. Erkrankung des für die Messung vorgesehenen Mitarbeiters).

Monitoring der Messphase

Hauptprozess	Teilprozess	Detailprozess	Leistungsbeschreibung	EDV-System	Anzahl pro Tag	Dauer in Minuten	Dauer pro Prozess in Minuten	Dauer pro Gesamt-prozess in Minuten	Gesamtprozess in Stunden	Anzahl Manntage pro Prozess
2			**Rechnungsprüfung Handelsware**							
	2.5		**Preisdifferenz**							
		2.5.1	**Preisdifferenz zu unseren Lasten**							
			Rechnung wird automatisch mit Preissperre versehen	SAP-MM/OCR	x	x	x			
			automatischer Preisabweichungsworkflow zum Einkauf	SAP-MM	x	x	x			
			Belastung prüfen und buchen	SAP-MM	x	x	x			
			Preisdifferenzen manuell klären *(für andere Konzerngesellschaften als Otto)*		x	x	x			
			Ggf. Versenden der externen Gutschriften/Belastungen an Lieferanten		x	x	x			
								x	x	x
		2.5.2	**Preisdifferenz zu unseren Gunsten**							
			Prüfung des vorerfassten Beleges und Buchung oder	SAP-MM	x	x	x			
			automatische Buchung der Preisgutschrift	SAP-MM	x	x	x			
								x	x	x

Abb. 6: Beispielprozess inkl. Prozesszeiten und -mengen

Nach Abschluss der einzelnen Messungen aus Phase 2 wurden die Erhebungsbögen so ausgewertet, dass für die einzelnen Prozesse durchschnittliche Bearbeitungszeiten berechnet werden konnten. Zusätzlich wurden die Häufigkeiten der anfallenden Tätigkeiten ergänzt, z.B.

Anzahl der geprüften Rechnungen mit Mengenabweichung pro Tag. Aus diesen beiden Punkten, „durchschnittliche Bearbeitungsdauer pro Vorgang" und „Anzahl der Vorgänge", kann genau errechnet werden, welchen Aufwand der Prozess erfordert und wie viele Mitarbeiter dafür pro Tag eingesetzt werden müssen.

2.3 Besondere Herausforderungen

Einbindung des Betriebsrats

Unmittelbar nach der Entscheidung zur Einführung einer Prozesskostenrechnung wurde der Dialog mit dem Betriebsrat aufgenommen. Im Wissen um die Wettbewerbssituation des SC LV hat der Betriebsrat auch zur Sicherung der Arbeitsplätze im SC LV das berechtigte Interesse daran, dass sich der Bereich im Sinne der Kunden weiterentwickelt und die Kundenzufriedenheit steigt. Somit konzentrierte er sich ausschließlich darauf, sicherzustellen, dass die Prozesskostenrechnung nicht zu einer systemgestützten Leistungsmessung und -beurteilung der Mitarbeiter führt. Hierzu wurde vereinbart, dass sämtliche mit Mitarbeitern erhobene Leistungsdaten ausschließlich auf Sach- und Organisationsebenen (Tätigkeiten, Arbeitsteams) verdichtet, analysiert und ausgewertet werden dürfen und nicht auf Einzelebene eines Mitarbeiters.

Offenheit gegenüber den Mitarbeitern

Auf Basis dieser Abstimmung mit dem Betriebsrat wurden alle Mitarbeiter des SC LV vor Projektstart in einer Kick-off-Veranstaltung detailliert über das geplante Vorhaben sowie über das Vorgehen informiert. In dieser Veranstaltung kam es im Wesentlichen darauf an, den Mitarbeitern die Prozesskostenrechnung als ein für die Weiterentwicklung und die Wettbewerbsfähigkeit des SC LV zielgerichtetes Instrument darzustellen. Die zu erwartenden Bedenken der Mitarbeiter, das Projekt solle auch zur Leistungsmessung und -beurteilung dienen, konnten ausgeräumt werden, indem der Betriebsrat zur Teilnahme an der Kick-off-Veranstaltung eingeladen wurde und gemeinsam die getroffenen Vereinbarungen dargestellt wurden.

3 Kalkulation und Produktpreis

3.1 Findung der neuen Produkte

Hohe Anzahl an möglichen Prozessvarianten

In einer ersten Idee wurden sämtliche Prozessvarianten, die eine Rechnung durchlaufen kann, gelistet. Beispiele:

Typ A: elektronischer Belegeingang, Bestellbezug, keinerlei manuelle Eingriffe

Typ B: Belegeingang in Papier, Bestellbezug, keinerlei manuelle Eingriffe

Typ C: Belegeingang in Papier, kein Bestellbezug, keine Preisdifferenz, Mengendifferenz

Typ D: ….

Diese Liste wurde schnell unübersichtlich und war somit nicht geeignet, als ein neues Produktmodell zu dienen.

Daher wurde entschieden, dass eine Betrachtung in 4 Produktgruppen zielführender ist und somit beibehalten werden soll:

Bildung von Produktgruppen

1. Belegeingang
2. Rechnungsprüfung Handelsware
3. Rechnungsprüfung Nicht-Handelsware
4. Sonderprozesse Handelsware

Bei der Ausprägung der Produktgruppen wurde darauf geachtet, nur solche Produkte festzulegen, die systemseitig ihrer Anzahl nach zu erheben und zu zählen sind.

Die Produkte im Belegeingang ergaben sich dann im Wesentlichen nach dem Aufwand zur Digitalisierung der Belegdaten. Die Produktgruppe Rechnungsprüfung Handelsware ergab sich aus den manuellen Eingriffsvarianten, die einem Beleg unmittelbar zuzuordnen und der Häufigkeit des Auftretens nach signifikant sind.

Grundsätzlich aufwandsorientiert waren auch die Überlegungen bei der Findung der Produkte in der Gruppe Rechnungsprüfung Nicht-Handelsware. Hier galt es darüber hinaus zu berücksichtigen, die Produkte hinsichtlich ihrer digitalen Bearbeitung über ein elektronisches Workflowsystem zu unterscheiden.

Für einen bestimmten Kunden des SC LV sahen wir für 2 Sonderprozesse keine andere Möglichkeit, als diese in der vierten Produktgruppe darzustellen.

3.2 Produktkosten

Die Kosten der neu definierten Produkte ergeben sich aus den in Geld bewerteten Zeitaufwänden für die unmittelbar dafür erforderlichen

Tätigkeiten. Die Kosten je Zeiteinheit wurden aus dem in der Budgetplanung errechneten Mitarbeiterstundensatz zu Vollkosten abgeleitet.

3.3 Strukturkosten

Strukturkosten des Produkts

Während der Zuordnung der Tätigkeiten aus der Prozesserhebung wurde festgestellt, dass nicht alle Tätigkeiten nur einem, sondern teilweise auch mehreren neuen Produkten zuzuordnen sind.

Beispiel: Mehrmalige Tätigkeitszuordnung bei Bearbeitung der Archivfehlerliste

Beim Einsatz eines elektronischen Archivs kommt es zu 2 Fehlertypen, die bearbeitet werden müssen:

a) digitales Rechnungsbild (tif-Datei) ohne Rechnungsdatensatz
b) Rechnungsdatensatz ohne digitales Rechnungsbild

Da diese Fehlertypen sowohl bei der digital als auch in Papierform eingegangenen Rechnung auftreten können, ist diese Tätigkeit mehreren Produkten zugeordnet worden. Die Verteilung auf mehrere Produkte wird über einen prozentualen Aufschlag vorgenommen.

Da der Prozess Kommunikation von uns im Rahmen der Prozesskostenrechnung nicht in seinen Teil- und Detailprozessen aufgegliedert und erhoben worden ist, haben wir den darin gebundenen Aufwand durch einen Aufschlag „Strukturkosten Kommunikation" auf die Produkte umgelegt, die einen Kommunikationsaufwand erfordern.

Strukturkosten des Bereichs

Bisher unberücksichtigt sind die Kosten für die Abteilung Service- und Prozessmanagement sowie für die Stabsfunktion Controlling. Um die einzelnen Elemente der Preiskalkulation der neuen Produkte nicht zu verwässern, haben wir entschieden, hierfür einen separaten Strukturkostenaufschlag vorzunehmen. So ist es zukünftig möglich, die Veränderungen und Entwicklungen der einzelnen Kostenblöcke transparent nachzuvollziehen und zu analysieren.

4 Neues Produkt- und Preismodell

Wesentlich mehr Produkte als vorher

Im Ergebnis ist das neue Produktmodell nun wesentlich detaillierter, d.h. es wurden bestehende Produkte weiter aufgeteilt und neue Produkte sind hinzugekommen. Das Produktmodell spiegelt den gesamten Aufwand im Service Center Lieferantenverkehr wieder, sodass sämtliche Tätigkeiten darin abgebildet sind (s. Abb. 7).

Neben dem sachlogischen inhaltlichen Zusammenhang der neuen Produkte war eine weitere Anforderung deren Messbarkeit in den im SC LV eingesetzten EDV-Systemen. Die geleisteten Produktmengen lassen sich durch die Erweiterung des bestehenden Business-Warehouse-Systems periodengerecht ermitteln (s.a. Kapitel 5.2), sodass der Gesamtaufwand exakt dargestellt werden kann.

```
bisheriges Preismodell              neues Preismodell
                                    Rechnung nur Invoice Center
automatische Rechnungsprüfung  →    Rechnung ohne Differenz – automatisch
                                    Rechnung nur Mengendifferenz
manuelle Rechnungsprüfung      →    Rechnung nur Preisdifferenz
                                    Rechnung Preis- und Mengendifferenz
```

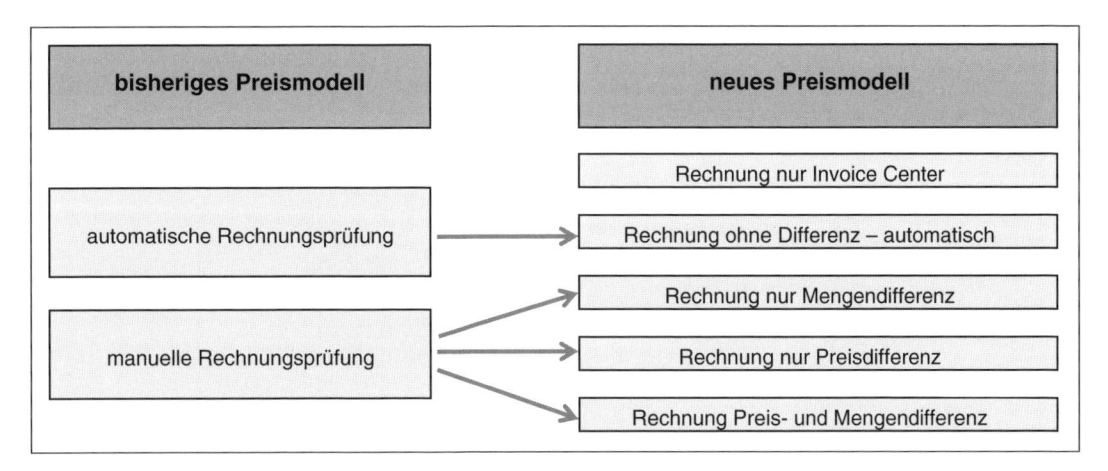

Abb. 7: Vergleich neues und altes Preismodell am Beispiel automatische und manuelle Rechnungsprüfung

Aus den beiden bisherigen Produkten „automatische Rechnungsprüfung" und „manuelle Rechnungsprüfung" sind insgesamt 5 neue Produkte entstanden, die einen unterschiedlichen Bearbeitungsaufwand aufzeigen. Dabei wurden die bisherigen Produkte detaillierter dargestellt und zusätzlich entstanden neue Produkte, wie z.B. die Bearbeitung einer Rechnung im Invoice Center, die vorher nicht separat ausgewiesen wurde. Abb. 8 zeigt das komplette Produktmodell inkl. aller aus der Prozesskostenrechnung ermittelten Produkte.

Belegeingang
Elektronische Belege
EDI Belege von Lieferanten
Gutschriften an Lieferanten für Konsi-/Durchlaufware
elektr. übermittelte Warenrücksendungs-Belege
elektr. Belege über asiatische Einkaufsorganisation
manuelle Belege
Belegerfassung mittels OCR
SAP Direkterfassung
Stammdatenpflege bei CPD Buchungen
Buchung von Belegen für Endkunden
Küchenabrechnung
Abrechnung Reifenscheck

Rechnungsprüfung Handelsware
Manuelle Verknüpfung Wareneingang/Bestellung
Kontakte im Invoice Center
Belege ohne Differenzen im 3 Wege Match
Belege mit Preis- und/oder Mengendifferenzen
Preisdifferenzen
Mengendifferenzen
Preis- und Mengendifferenzen
Aufschlag für Intersportabwicklung (Zentralregulierer)
Aufschlag für Hagebau Abwicklung (Zentralfakturierer)
Aufschlag für Sonderverfahren Bosch/Siemens
Anspruchsprüfung Pauschalvergütung
Bearbeitung von Warenrücksendungen
95´ Kundenretouren
97´ Retouren aus Qualitätsprüfung
Gutschriftsverfahren One Stop Shopping - NEXT

Rechnungsprüfung Nicht-Handelsware
Rechnungen mit Bestellbezug und Workflowverarbeitung
Rechnungen ohne Bestellbezug und Workflowverarbeitung
Manuelle Rechnungsprüfung ohne Workflowverarbeitung
Anlage und Pflege von Ciscon Verträgen

Abb. 8: Das neue Produktmodell

5 Anwendung in der Praxis – Steuerung

5.1 Basis für einen kontinuierlichen Verbesserungsprozess (KVP)

Um das Produkt- und Preismodell immer aktuell zu halten, wurde ein Verfahren etabliert, das zur Aufgabe hat, neue und sich ändernde Prozesse ständig aufzunehmen und Auswirkungen auf die Preisgestaltung zu überprüfen. Dabei werden neu entstandene Prozesse unverzüglich in die Prozessmatrix aufgenommen, gemessen und mit dem entsprechenden Zeitwert versehen. Anschließend wird überprüft, wie oft dieser Prozess stattfindet und ob es notwendig ist, den Aufwand in das neue Preismodell zu übertragen und weiter zu berechnen. Bei sich ändernden Prozessen wird ebenfalls eine neue Messung vorgenommen und die Einzelschritte werden in die Prozessmatrix übertragen.

Erst der fortlaufende Aufwand stellt die Nachhaltigkeit sicher

5.2 Kennzahlen zur operativen Steuerung des SC LV

Zum Zeitpunkt der Festlegung der neuen Produkte wurde damit begonnen, das vorhandene, auf SAP BI abgebildete Kennzahlensystem zu erweitern, um das Aufkommen der einzelnen neuen Produkte exakt abbilden zu können.

Grundlage zur Mengenermittlung ist ein BI-System

Neben der Abbildung der Werte für das Produktmodell ist das Controllingsystem zudem in der Lage, Kennzahlen zur internen Steuerung, z. B. für die Messung von Durchlaufzeiten, bereitzustellen (s. Tab. 1). Auch ein detaillierter Aufriss der Einzelbelege, z. B. nach Lieferant, Belegnummer, Kundenfirma und Einkaufsbereich, ist problemlos möglich. Neben den Werten zum Preismodell und zur internen Steuerung können auch Kennzahlen bzgl. der Zahlungsmodalitäten abgerufen werden. So gibt z. B. die Kennzahl „Skontoquote" Aufschluss über erlittenen Skontoverlust. In Einzelaufrissen kann genau recherchiert werden, wodurch der Skontoverlust bei der jeweiligen Rechnung entstanden ist.

Bezeichnung	Inhalt / Ermittlung
Skonto-Quote in %	%-Anteil der tatsächlich realisierten Skontoerträge im Verhältnis zu den vertraglich möglichen
Flitzerquote in %	Quote der automatisch gebuchten Rechnungen. Abgleich von Rechnungsdaten mit den Bestell- und Wareneingangsdaten im 3-Wege-Match ohne Differenzen (Preis- u./o. Mengendifferenzen)
Produktivität	Anzahl manuell bearbeiteter Vorgänge pro rechnerischer FTE (Full-Time-Equivalent)-Stunden im Ist
Kosten pro Beleg	Herstellkosten der Rechnungsprüfung pro Stück. Kostensatz zur Bearbeitung eines Vorganges aus operativen Kosten einer Periode im Verhältnis zur Anzahl der Vorgänge

Bezeichnung	Inhalt / Ermittlung
Anzahl geprüfter Rechnungen	Anzahl aller geprüften Rechnungen nach Buchung am Ende einer Periode für: • Handelswaren (Waren zum Verkauf an den Kunden) • Nicht-Handelswaren (Waren und Dienstleistungen für den unternehmerischen Betrieb)
EDI-Quote in %	Quote der elektronisch eingegangenen Rechnungen über Electronic Data Interface
Workflow-Quote in %	Quote der Rechnungen, die über einen elektronischen Rechnungsworkflow verarbeitet werden
Durchlaufzeit in Tagen	Erhebung der durchschnittlichen Bearbeitungszeit eines Vorgangs insgesamt als auch in einzelnen Prozessschritten, wie z. B. sachliche Prüfung im Fachbereich

Tab. 1: Operative Kennzahlen des Service-Centers Lieferantenverkehr

5.3 Analyse der Produktmengen

Schnelles Reagieren auf Ausreißer

Die permanente Analyse der unterschiedlichen Produkte auf Einzelbelegebene ermöglicht bereits bei Erstellung der Verrechnung ein schnelles Erkennen von Ausreißern. So können signifikante Veränderungen in den Produktmengen schnell nach Lieferant, Einkaufsbereich oder Team aufgerissen werden, wodurch die Ursachen von Abweichungen schnell gefunden werden können. Anhand dieser Werte lassen sich Prozessungereimtheiten feststellen und gegebenenfalls abstellen.

> **Beispiel: Analyse von Warenrücksendungen führt zu deutlicher Kostensenkung**
> Bei einem einzelnen Kunden stieg die Anzahl der Warenrücksendungen in den letzten Perioden um ca. 75 % an. Eine Recherche auf Einzelbelegebene zeigte, dass dieser Anstieg nur von einem einzelnen Lieferanten hervorgerufen wurde und zudem saisonal bedingt ist. Bei weiterer Betrachtung wurde deutlich, dass die bisher manuelle Bearbeitung dieser Warenrücksendungen auf eine automatische Verarbeitung umgestellt werden kann. Der Kunde profitiert mit einer Halbierung des Preises um 6 EUR pro Stück deutlich davon.

5.4 Berichte für konzerninterne Kunden

Für die einzelnen Kunden bietet das Controllingsystem besonders hinsichtlich Aufwandsrecherche einen erheblichen Vorteil. So können bestimmte Positionen in unserer Leistungsverrechnung genauer aufgerissen und analysiert werden. Es ist möglich, alle Belege mit einem bestimmten Fehlertyp, z.B. Preisdifferenz, anzuzeigen und diese nach Lieferant und Art des Fehlers auszuwerten. Der Kunde hat somit selbst die Möglichkeit, an der Behebung der Fehler mitzuwirken und beispielsweise Lieferanten auf die nicht korrekte Rechnungsstellung hinzuweisen oder gemeinsam Verbesserungsmöglichkeiten zu erarbeiten. Schafft es der Kunde, so auf die Lieferanten einzuwirken, dass fortan mehr „fehlerfreie" Rechnungen eintreffen, macht sich dies in seiner nächsten Leistungsverrechnung bemerkbar.

Interne Kunden können aktiv zur Steuerung beitragen

Zusätzlich wird dem Kunden ein Kennzahlencockpit zur Verfügung gestellt, in dem unter anderem zu erkennen ist, wie viele Rechnungen über welchen Eingangsweg gekommen sind oder wie hoch die Preise pro Rechnung pro Monat sind. Diese Darstellungen werden monatlich zur Verfügung gestellt, jeweils mit dem Rückblick auf den Vormonat, im Vergleich zum Vorjahr und im Vergleich zu den Planwerten.

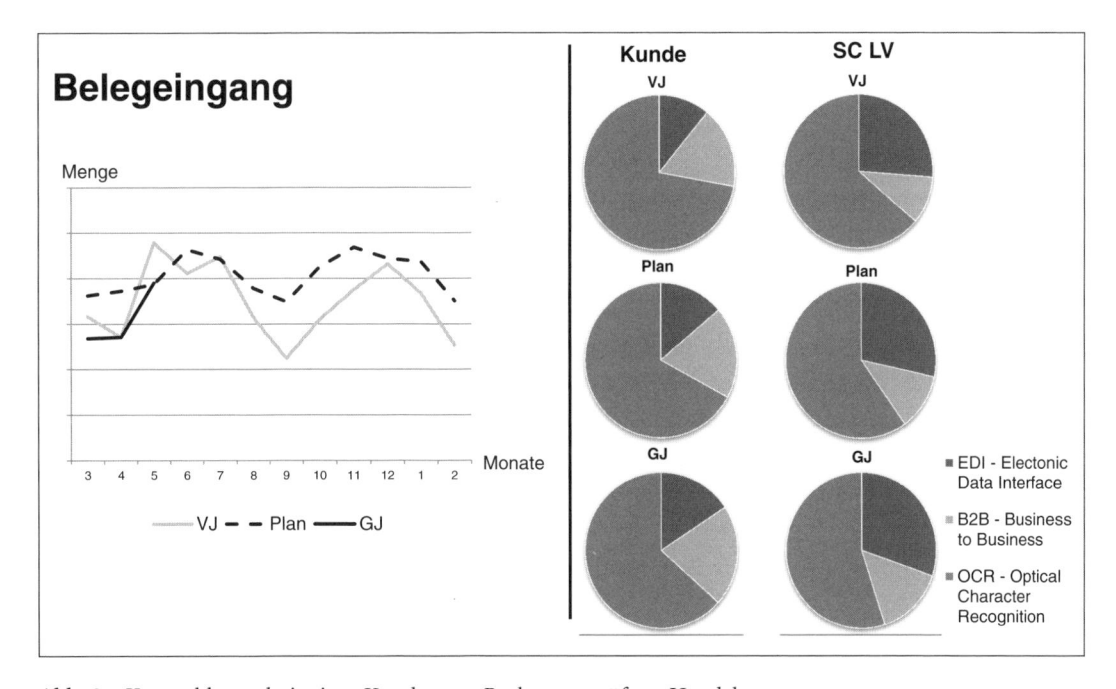

Abb. 9: Kennzahlencockpit eines Kunden zur Rechnungsprüfung Handelsware

Umsetzung & Praxis

5.5 Fortlaufende Analyse der nicht messbaren Tätigkeiten

Schwankender Anteil an nicht-messbaren Tätigkeiten

Nachdem das neue Produktmodell einige Zeit angewandt wurde, ließen sich zahlreiche Rückschlüsse über die „nicht messbaren Tätigkeiten" ziehen. Da sämtliche Tätigkeiten minutiös auf die abgerechneten Produkte verteilt wurden, muss die Summe aller verrechneten Produkte multipliziert mit ihrem jeweiligen Mengenwert den in Zeit messbaren Gesamtaufwand darstellen. Betrachtet man nun die gesamte Ist-Arbeitszeit aller Mitarbeiter und subtrahiert den verrechneten Aufwand, erhält man den Anteil der „nicht messbaren Tätigkeiten".

Istzeit − Produktaufwand (messbare Tätigkeiten) = nicht messbare Tätigkeiten

Betrachtet man die einzelnen Monate genauer, stellt man fest, dass die Monate mit hoher Produktivität der Mitarbeiter in der Regel einen niedrigen Anteil an nicht messbaren Tätigkeiten aufweisen und umgekehrt.

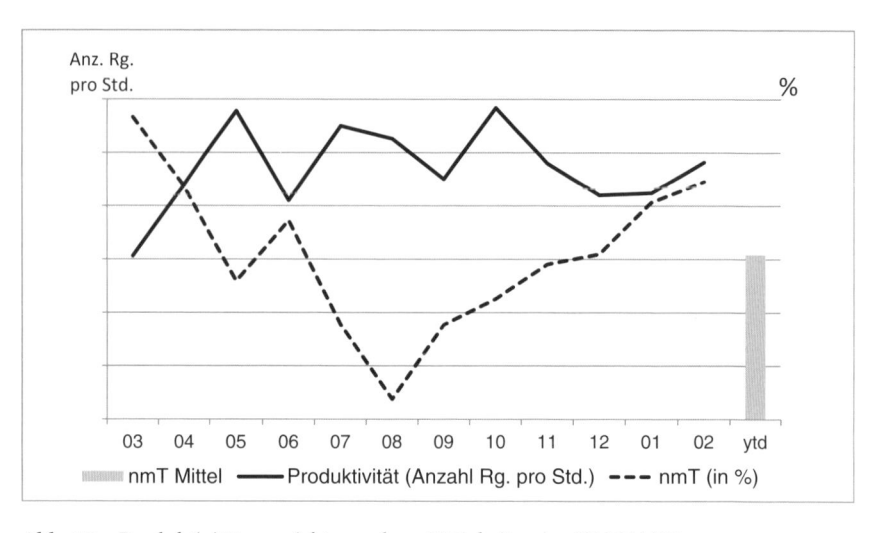

Abb. 10: Produktivität vs. nicht messbare Tätigkeiten im GJ 2011/12

Weiterer Umgang mit den nicht-messbaren Tätigkeiten – Folgeprojekt

Die Erkenntnisse aus der Beobachtung des Anteils an nicht messbaren Tätigkeiten gaben Anlass, ein Pilotprojekt zu initiieren, um mehr Transparenz über diese Tätigkeiten zu erhalten. In diesem ging es im Wesentlichen darum, in einem Team die Sachbearbeitung in ein sogenanntes Front- und Back-Office aufzuteilen. Grundgedanke war, das Front-Office neben der Bearbeitung sämtlich eingehender Kommunikation (unabhängig vom Eingangskanal, wie z.B. Telefon, Brief oder E-Mail) mit der Bearbeitung einfacher und zusammenhängend zu bearbeitenden Sachverhalten zu betrauen (z.B. Anfragen zu erfolgten

Zahlungen). Erfordert ein Sachverhalt aber eine kritische Würdigung und Prüfung umfangreicher oder auch externer Daten, so lag die Abarbeitung der Anfrage in der Zuständigkeit des Back-Office.

Durch den Einsatz eines sogenannten Ticketing-Tools ist es nun möglich, die eingehende Kommunikation mengenmäßig und strukturell zu erheben. Durch die Typisierung der Anfragen sowie der Erhebung der zur Erledigung erforderlichen Aufwände veränderte sich der Themenkomplex „Kommunikation" von einer nicht-messbaren zu einer messbaren Tätigkeit.

Ein weiteres Ziel der Aufteilung der Sachbearbeitung war festzustellen, ob eine derartige Spezialisierung geeignet ist, die Gesamtproduktivität des Teams zu erhöhen. Das Pilotprojekt ist noch nicht abgeschlossen. Bei Eintreten der erwarteten positiven Entwicklung der Leistungskennzahlen ist der Aufgabensplit für das gesamte SC LV vorgesehen.

6 Rückblick auf die Einführung – Kundenfeedback

Ein halbes Jahr nach Einführung und Anwendung des neuen Preismodells wurden die Kunden erstmalig anhand eines Fragebogens bezüglich der angebotenen Dienstleistung befragt. Neben Fragen zur Qualität der Leistungserbringung, zum Preis-Leistungsverhältnis und zur Dienstleistungsorientierung wurde auch um eine Bewertung des neuen Produktmodells gebeten. Dieses wurde von ausnahmslos allen Kunden mit einer hohen Zufriedenheit bewertet. Das hohe Maß an Transparenz, das die detaillierte Darstellung der Leistungsverrechnung nach Produkten und deren Mengen lieferte, wurde als positiv angesehen.

Hohe Kundenzufriedenheit durch Transparenz

Durch den Direktor Controlling und Rechnungswesen des größten Kunden wurde uns bestätigt: „*Seitdem die Leistungsverrechnung des Service Center Lieferantenverkehr einen exakten Aufriss über die Aufwandstreiber widergibt, können wir die Kosten viel besser steuern. Der zusätzliche Aufriss nach Lieferanten hinsichtlich der Rechnungseingangswege und der Anzahl der produzierten Fehlerfälle gibt uns nun die Möglichkeit, auf spezielle Lieferanten zuzugehen und mit ihnen gemeinsam an einer Verbesserung der Zusammenarbeit zu arbeiten. Dadurch ergeben sich für uns zukünftig deutliche Kostenvorteile*".

Das Feedback eines kaufmännischen Leiters eines weiteren Kunden: „*Die höhere Detaillierung des Produktmodells führt in der Tat zu einer zielgerichteten Optimierung einzelner Prozesse. Ein für uns bisher nach Zeitaufwand abgerechneter Sonderprozess stellt nun ein eigenes Produkt dar, welches wir zusammen mit dem Prozessmanagement des Service Center kürzlich einer kritischen Prüfung unterzogen haben. Gemeinsam haben wir festgestellt, dass sich Teilschritte statt manuell auch technisch abwickeln lassen. Schlussendlich wurde uns das überarbeitete Produkt zu einem um 30 % reduzierten Stückpreis angeboten."*

7 Fazit

Die Prozesskostenrechnung ist das erwartet geeignete und probate Instrument, ein verursachungsgerechtes und insbesondere aus Kundensicht leistungsorientiertes Produkt- und Preismodell zu entwickeln. Das fortlaufende Betreiben dieser Prozesskostenrechnung hat darüber hinaus positive Auswirkungen auf den etablierten KPI-Prozess, der an Dynamik und Wirkung gewonnen hat.

Commerzbank-Arena: Mit nachhaltigen Konzepten Energiekosten um 300.000 EUR jährlich gesenkt

- Im Rahmen eines Energiekostenprojekts konnten die Energiekosten der Commerzbank-Arena in Frankfurt/Main in verschiedenen Bereichen um insgesamt 300.000 EUR pro Jahr gesenkt werden.
- Die Preise für Strom und Gas konnten im laufenden Vertrag mit dem Anbieter erheblich gesenkt werden. Darüber hinaus wurde die Beschaffung weitgehend auf regenerative Energien umgestellt. Nachhaltige Energiekonzepte sollen auch in Zukunft ein Alleinstellungsmerkmal für die Commerzbank-Arena sein.
- Im Rahmen der Sekundärlastoptimierung speisen Notstromaggregate Strom ins Stromnetz der Stadt Frankfurt.
- Die Commerzbank-Arena plant zukünftig noch den Bau eines eigenen Blockheizkraftwerks und weitere Projekte zur Optimierung der Energiekosten.

Inhalt		Seite
1	Kurzportrait der Commerzbank-Arena und energetische Ausgangssituation	135
2	Ein Energiekostenprojekt – Umsetzung in mehreren Etappen	136
2.1	Stromeinkauf	136
2.2	Gaseinkauf	138
2.3	Sekundärlastoptimierung/Regelleistungsmarkt	139
2.4	Die „grüne" Option: Blockheizkraftwerk	140
3	Nachhaltigkeitskonzepte ergänzen die Einsparungen im Energiekostenbereich	143
4	Erfahrungen und „Lessons Learned"	143

■ **Der Autor**

Christopher Fiori ist stellvertretender Geschäftsführer der Stadion Frankfurt Management GmbH, der Betreibergesellschaft der Commerzbank-Arena in Frankfurt/Main.

1 Kurzportrait der Commerzbank-Arena und energetische Ausgangssituation

Im Sommer 2005 wurde an der Stelle des alten Waldstadions die neue Commerzbank-Arena in Frankfurt am Main fertiggestellt. Durch den Neubau des Stadions stehen dort insgesamt rund 50.000 Sitzplätze für sportliche und gesellschaftliche Großereignisse zur Verfügung. Die Arena bietet einen exklusiven, weitläufigen Veranstaltungsbereich mit Logen, Präsentationsflächen und umfangreichen Catering-Bereichen. Ferner liegen unter den Rängen Büros, Küchen, Feuerwehr- und Verkehrsleitstand, die Stadionwache und weitere Funktionsbereiche. Die insgesamt 37.500 qm Dachfläche bilden das größte Stahlseil-Membran-Dach der Welt. Das 9.000 qm große Innendach kann bei Bedarf geöffnet und geschlossen werden. Eine Besonderheit ist auch der Videowürfel in der Mitte der Arena. Auf 4 jeweils ca. 33 qm großen LED-Leinwänden kann jedes Event ideal verfolgt werden. Hauptnutzer der Commerzbank-Arena ist der Fußball-Bundesligist Eintracht Frankfurt.

Commerzbank-Arena: „Neues" Wahrzeichen Frankfurts

Abb. 1: Commerzbank-Arena

Umsetzung & Praxis

Der Plan: Energiekostenoptimierung bei gleicher Qualität und hervorragendem Service

Aufgrund des Zeitdrucks vor der Fußballweltmeisterschaft in Deutschland 2006 war die Commerzbank-Arena nicht vollständig energetisch optimiert worden, zudem wurden unterschiedliche Abnahmestellen von verschiedenen Lieferanten bedient. Die Energiekosten lagen deutlich über den ursprünglich geplanten Ausgaben. Nachdem die Geschäftsführung der Stadion Frankfurt Management (SFM) GmbH, Betreibergesellschaft der Commerzbank-Arena, schon mehrere Monate in Kontakt mit Expense Reduction Analysts stand, bestand dann Handlungsbedarf: Der aktuelle Stromvertrag lief wenige Monate später aus, neue Entscheidungen zum Thema Energie mussten daher getroffen werden. Die SFM GmbH beauftragte Expense Reduction Analysts im Frühjahr 2011 damit, die Ausgaben für Energie zu untersuchen und festzustellen, ob in diesem Kostenbereich Einsparungspotenziale ohne Einbußen von Qualität und Service bestehen. Die Kosten zur Deckung des Energiebedarfs für die Liegenschaft beliefen sich für die Commerzbank-Arena zu diesem Zeitpunkt auf mehr als 1 Mio. EUR.

2 Ein Energiekostenprojekt – Umsetzung in mehreren Etappen

Die Analyse der Energiekostensituation bei der Commerzbank-Arena zeigte, dass in folgenden Bereichen eine Senkung der Energiekosten möglich war:

1. Stromeinkauf
2. Gaseinkauf
3. Sekundärlastoptimierung/Regelleistungsmarkt
4. Energetik

Die Berater analysierten die einzelnen Bereiche in mehreren Etappen, stellten die Ist-Situation und das Optimierungspotenzial vor und setzten die Änderungen im weiteren Verlauf des Projekts gemeinsam mit der SFM GmbH um.

Im Folgenden werden die Vorgehensweise sowie die erreichten Kostenoptimierungen in den einzelnen Bereichen des Energiekostenprojekts beschrieben.

2.1 Stromeinkauf

Liberalisierung des Energiemarkts

Der liberalisierte Energiemarkt beschreibt den Markt der leitungsgebundenen Energieversorgung durch die Energieversorgungsunternehmen mit Strom und Erdgas. Dabei sollen möglichst viele Teile der Lieferkette dem freien Wettbewerb unterliegen. Über den Wettbewerb sollen die Verbraucher zu den günstigsten Konditionen marktgerecht versorgt werden.

Energiekosten senken

Die für die Versorgung benötigten Versorgungsnetze können allerdings nicht sinnvoll dem Wettbewerb unterzogen werden. Hier hat der jeweilige Netzbetreiber eine Monopolstellung. Damit der Netzbetreiber seine Monopolstellung nicht zu seinen Gunsten ausnutzt, werden die Entgelte für die Nutzung der Netze (Netznutzungsentgelte) staatlich reguliert. Die zuständige Behörde ist die Bundesnetzagentur (BNetzA). Die Preise für die eigentliche Lieferung der verschiedenen Energiearten unterliegen dem Wettbewerb.

Während durch die Liberalisierung die Großhandelsstrompreise sanken, blieben die technischen Systeme praktisch unberührt. Für Privatkunden sanken die Preise zu Beginn der Liberalisierung erheblich, sind jedoch wieder gestiegen und haben mittlerweile das Niveau von vor der Liberalisierung überschritten.

Der Wettbewerb im Strommarkt findet in den Segmenten Erzeugung, Handel und Vertrieb statt, während die Wertschöpfungsstufen Transport und Verteilung als natürliche Monopole reguliert sind. Die staatlich regulierten Übertragungs- und Verteilnetzentgelte machen rund 1/3 der Strompreise aus. In Abhängigkeit von der Kundengröße ist der Wettbewerb im Strommarkt sehr unterschiedlich ausgeprägt. Im Bereich der Großkunden, Industriekunden und Gemeinden ist ein intensiver Wettbewerb am Strommarkt zu beobachten. Hier erfolgt die Vergabe aufgrund von Angebotsvergleichen oder Versteigerungen im Internet.

Übertragungs- und Verteilnetzentgelte betragen 1/3 des Strompreises

Vor diesem Hintergrund wurden zunächst die Einkaufskonditionen für Strom mit dem Bestandslieferanten, einem regionalen Energieversorger, der gleichzeitig ein wichtiger Sponsor ist, untersucht.

Dabei betrachteten die Experten alle Kostenbereiche und -verursacher, bestehend aus den folgenden Komponenten:

- Preis
  - Energielieferung
  - Netznutzung
- Steuern und Abgaben
  - Konzessionsabgabe
  - Kraft-Wärme-Kopplungsgesetz (KWK-G)
  - Erneuerbare-Energien-Gesetz (EEG)
  - Ökosteuer
  - Mehrwertsteuer

Bei der Ermittlung des Stromgesamtverbrauchs der vergangenen Jahre und der angefallenen Kosten kamen die Analysten zu dem Ergebnis, dass sich die jährlichen Ausgaben für Strom auf über 800.000 EUR beliefen. Rund 480.000 EUR davon waren verhandelbare Kosten.

Umsetzung & Praxis

Das Auslaufen des Stromvertrags mit dem Bestandslieferanten wenige Monate später war der Anlass, neue Konditionen mit diesem Lieferanten zu verhandeln. Zuvor formulierte die Commerzbank-Arena die Schlüsselanforderungen für einen Stromvertrag:

- Weiterhin stabile Versorgung im Bereich Strom.
- Erreichbarer Kundenservice im Falle einer Störung.
- Transparente Preise und übersichtliche Rechnungslegung.

Expense Reduction Analysts führte nach detaillierter Spezifizierung der Produkte und Leistungen Preisvergleiche im Markt durch und verhandelte auf der Grundlage dieser Ergebnisse direkt mit dem bestehenden Energielieferanten über einen neuen Vertrag. Die Stromkosten konnten so um über 100.000 EUR pro Jahr gesenkt werden.

Senkung der Stromkosten im laufenden Vertrag sowie Kostenoptimierung durch verlängertes Zahlungsziel

Darüber hinaus empfahl Expense Reduction Analysts aufgrund der anbieterseitigen Kündigung des laufenden Vertrags einen neuen Vertrag mit einer längeren Laufzeit. Für eine zusätzliche Kostenoptimierung sorgte ein verändertes Zahlungsziel: Die SFM GmbH muss den Strom nun erst nach 90 Tagen, statt wie bisher monatlich zahlen.

Im Bereich Steuern und Abgaben konnten die Netzentgelte um 24.000 EUR im Jahr reduziert werden. Grund für die Senkung war die Tatsache, dass bei der Commerzbank-Arena ein atypischer Stromverbrauch vorliegt: Der höchste Energieverbrauch findet nicht zu den üblichen Spitzenzeiten von Unternehmen – tagsüber – statt, sondern am Abend. Eine Rückvergütung der bereits gezahlten Netzentgelte wurde bei der Bundesnetzagentur beantragt; diese Summe soll Ende 2012 zurückgezahlt werden.

Nicht reduzierbar waren die anderen Bestandteile des Kostenbereichs Steuern und Abgaben, da die Commerzbank-Arena nicht die Befreiungs- bzw. Reduzierungstatbestände des Energie- bzw. Stromsteuergesetzes erfüllte.

2.2 Gaseinkauf

Festpreise beim Gaseinkauf bieten Budgetsicherheit

Auch im Bereich Gas wurde die Commerzbank-Arena vom langjährigen regionalen Energieversorger beliefert. Der Gaseinkauf wurde nach den gleichen Kriterien untersucht, wie der Stromeinkauf:

- Preis
  - Energielieferung
  - Netznutzung
- Steuern und Abgaben

Für die SFM GmbH galten beim Gas die gleichen Bedingungen wie beim Strom: Einsparungen nur unter Beibehaltung der hochwertigen Serviceleistung bei gleichbleibender Qualität und Stabilität.

Nach direkten Verhandlungen von Expense Reduction Analysts mit dem Bestandslieferanten konnte auch hier eine Einsparung von etwa 50.000 EUR jährlich im Gashandel (bis Ende 2014) erzielt werden.

Energieeffizienz hatte dabei oberste Priorität, zusätzlich wurden Konditionen im Vertrag geändert. Durch die vom Energielieferanten angebotenen Festpreise bis Ende 2014 hat die Commerzbank-Arena darüber hinaus eine Budgetsicherheit, die für den Bereich Gaseinkauf aufgrund der Ölpreisbindung unüblich ist.

2.3 Sekundärlastoptimierung/Regelleistungsmarkt

Nachdem bereits Einsparungen im Stromeinkauf erzielt werden konnten, richtete man Ende 2011 das Augenmerk auf die weitere Reduzierung der Stromausgaben. Eine der identifizierten Methoden war der Verkauf der Leistung der vorhandenen Notstromaggregate am Regelleistungsmarkt.

Der Strommarkt in Deutschland ist liberalisiert, Strom wird an der European Energy Exchange (EEX) in Leipzig gehandelt. Die verschiedenen Stromprodukte unterscheiden sich durch die Laufzeit und die Kaufzeitpunkte. Der langfristige Verbrauch großer Einrichtungen wie der Commerzbank-Arena wird durch Produkte mit langen Laufzeiten, i.d.R. ein Jahr, gedeckt. Es gibt aber im Tagesverlauf teilweise große Schwankungen des Verhältnisses von Stromverbrauch zu Stromproduktion, bedingt z.B. durch Ausfall von Kraftwerken oder durch eine hohe Stromproduktion durch Windkraft an windigen Tagen. Ist der Verbrauch im Minutenbereich höher als die Produktion, muss dieser Unterschied ausgeglichen werden. Sonst droht ein Stromausfall.

Hierzu betreiben die 4 Übertragungsnetzbetreiber in Deutschland nach Vorgaben der Bundesnetzagentur Auktionen. Auf diesen Auktionen wird Regelleistung, also die Leistung, die die Betreiber benötigen, um die oben erläuterten Schwankungen auszugleichen, verkauft. Dabei gibt es 3 Arten von Regelleistung:

- Minutenreserveleistung
- Sekundärregelleistung
- Primärregelleistung

Voraussetzung für die Teilnahme an diesem Markt ist, dass der Strom schnell zur Verfügung gestellt werden kann – die benötigte Geschwindigkeit hängt davon ab, welche Art von Reserveleistung zur Verfügung gestellt werden soll. Notstromaggregate erfüllen meist die Voraussetzungen zur Teilnahme am Minutenreservemarkt, manchmal auch die Voraussetzungen für die Teilnahme am Sekundärregeleistungsmarkt. Die bereitzustellende Mindestmenge beträgt 15 MW.

Umsetzung & Praxis

Automatische Stromeinspeisung aus Notstromaggregaten ins Stromnetz

Bisher wurden die 4 Notstromaggregate der Commerzbank-Arena lediglich für den Eigenbedarf verwendet. Nun untersuchten Expense Reduction Analysts die mögliche Teilnahme am Regelleistungsmarkt, d.h. eine automatische Einspeisung von Strom aus den Notstromaggregaten der Commerzbank-Arena ins Stromnetz.

Das Ergebnis war, dass die von den Notstromaggregaten der Commerzbank-Arena allein produzierten Mengen zu gering waren, um am Markt teilzunehmen. Doch die Aggregate erfüllten die technischen Voraussetzungen, z.B. Netzparallelfähigkeit, um an einem gemeinsamen Pool mehrerer Notstromaggregate teilzunehmen.

Nach erfolgter Einbindung der Aggregate ins Stromnetz sieht der Ablauf folgendermaßen aus: Nach dem Aktivierungssignal des Pools fahren die Aggregate der Arena geregelt hoch. Der gesamte Stromabruf dauert i.d.R. 15–120 Minuten und findet etwa 2-mal im Monat statt. Die Aktivierung findet dann statt, wenn Netzengpässe entstehen, also zu wenig Strom im Netz vorhanden ist. Durch die Aktivierung zieht die Commerzbank-Arena weniger Strom aus dem Netz und erzeugt so positive Regelenergie, die nicht aufwendig ins Netz eingespeist werden muss.

Bereitschaftsvergütung für Bereitstellung der Aggregate

Allein für die Bereitstellung der Notstromaggregate für das allgemeine Stromnetz erhält die SFM GmbH eine Bereitschaftsvergütung in Höhe von 70.000 EUR. Bei einem tatsächlichen Abruf erhält sie einen zusätzlichen Arbeitspreis, der je nach Menge berechnet wird.

Ein derartiger Verkauf der Notstromaggregat-Leistung wird bereits in anderen Fußballstadien erfolgreich durchgeführt; es handelt sich also um ein bewährtes Konzept. Die Notstromaggregate können auch weiterhin bei Veranstaltungen flexibel berücksichtigt werden, sodass die Aggregate zu diesen Zeitpunkten nicht abgerufen werden. Derzeit werden die Aggregate durch die Arena selbst etwa 100 Stunden pro Jahr genutzt.

2.4 Die „grüne" Option: Blockheizkraftwerk

Nachdem die Themen Strom- und Gaseinkauf sowie Sekundärlastoptimierung abgeschlossen waren, wurde abschließend das Thema Energetik untersucht: Wo konnte der aktuelle Energieverbrauch gesenkt werden, wo gab es sonstiges Optimierungspotenzial?

In unmittelbarer Nähe der Commerzbank-Arena befindet sich ein großes, beheiztes Freibad. Die Idee: Eine gemeinsame Wärmeerzeugung und -nutzung würde beiden Einrichtungen zugute kommen – finanziell und ökologisch. Realisieren ließe sich dieses Konzept mit einem Blockheizkraftwerk.

Ein Blockheizkraftwerk (BHKW) ist eine modular aufgebaute Anlage zur Gewinnung elektrischer Energie und Wärme, die vorzugsweise am Ort des Wärmeverbrauchs betrieben wird, aber auch Nutzwärme in ein Nahwärmenetz einspeisen kann. Sie setzt dazu das Prinzip der Kraft-Wärme-Kopplung ein. Normalerweise werden Strom und Wärme getrennt gewonnen. Dies ist mit einem hohen Gesamtenergieverlust verbunden. Bei einem Blockheizkraftwerk werden Strom und Wärme gemeinsam gewonnen und am Ort der Entstehung genutzt. Dadurch steigt der Nutzungsgrad der Energie enorm.

Blockheizkraftwerk zur Verbesserung des Energienutzungsgrads

Der Wirkungsgrad der Stromerzeugung liegt dabei, abhängig von der Anlagengröße, zwischen 25 % und 50 %. Durch die ortsnahe Nutzung der Abwärme wird die eingesetzte Primärenergie aber zu 80 % bis über 90 % genutzt. Blockheizkraftwerke können so bis zu 40 % Primärenergie einsparen.

Der 2. Vorteil des geplanten Blockheizkraftwerks: Die Anlage sollte mit Biogas betrieben werden. Die Wärmeproduktion wäre somit annähernd CO_2-neutral. Ein gemeinsames BHKW würde für eine Reduzierung der CO_2-Produktion von 351 Tonnen pro Jahr sorgen. Um diese Menge CO_2 zu speichern, wären 27 ha Wald nötig.

Da die Commerzbank-Arena im Winter für das Heizen des Stadions Energie benötigt und das daneben liegende Stadtbad in der Sommersaison Energie braucht, um das Wasser zu beheizen, ergänzen sich die Verbräuche der beiden Objekte nahezu perfekt. Für beide gemeinsam ließe sich ein BHKW am wirtschaftlichsten realisieren. Durch das BHKW würde sich zudem eine deutliche Reduzierung der Wärmekosten verwirklichen lassen, da die Commerzbank-Arena aufgrund ihres Verbrauchs Gas zu günstigeren Konditionen kaufen und Wärme an das Stadionbad weitergeben kann.

Die Option eines gemeinsamen BHKW konnte leider bisher nicht umgesetzt werden, weshalb das Projekt zunächst für die Commerzbank-Arena allein umgesetzt wird. Dabei wird die Durchführung so erfolgen, dass das im Folgenden beschriebene kleiner dimensionierte BHKW in einem 2. Umsetzungsschritt erweitert werden kann, damit weitere Abnehmer die Wärme nutzen können.

Bau des Blockheizkraftwerks in 2 Umsetzungsschritten – Erweiterung eingeplant

Im 1. Umsetzungsschritt wird die entstandene Wärme im Sommer einer Wärme-Kälte-Wandlung zugeführt – einer sog. Absorptions-Kältemaschine. Bei Absorptions-Kältemaschinen wird Energie, die dem System als Wärme zugeführt wird, in Kälte umgewandelt.

Umsetzung & Praxis

Der technische Prozess der Kälteabsorption läuft folgendermaßen ab (vgl. Abb. 2):

1. Das flüssige Kältemittel wird im Verdampfer verdampft. Dabei wird Kälte an ein anderes, warmes Medium abgegeben.
2. Das Kältemittel wird im Absorber an eine Salzlösung gebunden. Anschließend wird diese Lösung mithilfe einer Pumpe auf Hochdruck gepumpt. Nachdem die Lösung auf Hochdruck gebracht wurde, wird diese im Generator erhitzt und so wieder gasförmiges Kältemittel erzeugt. Bei der Commerzbank-Arena wird hierzu die Wärme des BHKW verwendet.
3. Dem gasförmigen und verdichteten Kältemittel wird im Kondensator so viel Wärme entzogen, bis sich dieses verflüssigt.
4. Das flüssige Kondensat wird auf Niederdruck entspannt und anschließend in den Verdampfer geleitet, um dort erneut zu verdampfen.

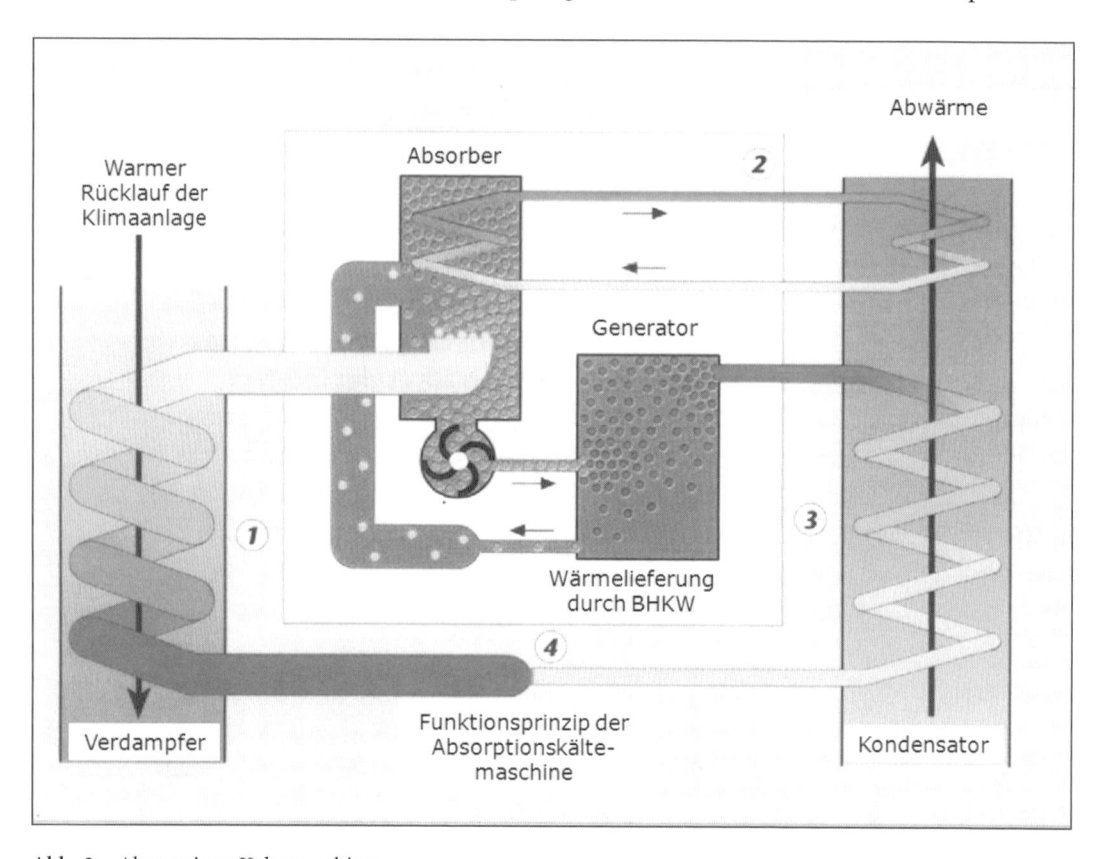

Abb. 2: Absorptions-Kältemaschine

Mit dieser Kälte lassen sich dann stadionweit die Kühlhäuser der Catering-Stände betreiben. Das Einsparungspotenzial beträgt 84.000 EUR pro Jahr. Geplanter Baubeginn für das BHKW ist noch in 2012.

3 Nachhaltigkeitskonzepte ergänzen die Einsparungen im Energiekostenbereich

Neben den erzielten Einsparungen bei den Energiekosten konnte die SFM GmbH in Zusammenarbeit mit Expense Reduction Analysts eine Reihe von Maßnahmen zur Verbesserung der Nachhaltigkeitsleistung abschließen:

- In Zusammenarbeit mit dem Energieanbieter stellte man von herkömmlichem Strom auf Ökostrom und CO_2-freies Gas um.
- In der Tiefgarage der Commerzbank-Arena wurden E-Tankstellen installiert.
- Geplant ist darüber hinaus eine Umstellung auf Wasserkraft aus dem Main.

4 Erfahrungen und „Lessons Learned"

Die Zusammenarbeit zwischen der SFM GmbH und Expense Reduction Analysts ist noch nicht beendet. Weitere Projekte zum Thema Energiekostenoptimierung laufen und sind noch geplant. Bisher konnten folgende Einsparungen erzielt werden:

Kategorie		Einsparung/Jahr
Strom	Strompreis	100.000 EUR
Strom	Netzentgelte	24.000 EUR
Gas	Gaspreis	50.000 EUR
Sekundärlastoptimierung	Bereitschaftsvergütung	70.000 EUR
Energetik	Einsparung durch Einsatz eines BHKW	84.000 EUR
Summe (vorläufig)		328.000 EUR

Abb. 3: Erreichte Einsparungen im Rahmen des Energiekostenprojekts

Die bisherigen Ergebnisse und Erfahrungen können jedoch bereits jetzt zu folgenden allgemeinen Fragestellungen zusammengefasst und für ähnliche Projekte angewandt werden:

- Analyse der bestehenden Verträge mit Energielieferanten
  - Welche Teile der Energiekosten sind flexibel und verhandelbar? Wie kann die Liberalisierung des Strommarktes konkret genutzt werden? Gibt es passendere Tarife für mein Unternehmen?
  - Werden Befreiungs- bzw. Reduzierungstatbestände des Energie- bzw. Stromsteuergesetzes erfüllt und können so Steuern und Abgaben gesenkt werden?
  - Welche Art des Verbrauchs liegt vor – typisch oder atypisch? Wird Energie hauptsächlich zu Spitzenzeiten oder zu Nebenzeiten verbraucht?
  - Gibt es Verhandlungsspielräume bei den Einkaufskonditionen?
- Ist eine Teilnahme am Regelleistungsmarkt möglich? Kann mein Unternehmen selbst produzierte Energie „verkaufen"?
- Welche Möglichkeiten der Energiegewinnung gibt es – ggf. mit Partnerunternehmen?

Optimierung von kleinen und mittleren Reisebudgets im Travel Management

- Ein Travel Management umfasst die Analyse, Steuerung und Optimierung von Prozessen und Leistungen, die in Zusammenhang mit Planung, Organisation, Durchführung sowie Abrechnung und Kontrolle von Geschäftsreisen notwendig sind. Am Beispiel eines mittelständischen Dienstleistungsunternehmens wird im Beitrag die Restrukturierung eines Travel Managements exemplarisch dargestellt.
- Der Beitrag stellt die strukturierte Vorgehensweise für kleine und mittlere Reisekostenbudgets dar. Analyse, Definition der Aufgabenstellung, Projektplanung, Umsetzung und nachhaltige Steuerung sind die Kernbestandteile des dargestellten Restrukturierungsprojekts.
- Ziel des Projekts ist die Vereinfachung von internen Prozessen bei gleichzeitiger Nutzung von Einkaufsvorteilen zur Effizienzsteigerung.

Inhalt		Seite
1	Projektbericht aus dem Mittelstand	147
2	Daten- und Informationssammlung	149
3	Status und Projektanforderung	150
3.1	Status	150
3.2	Projektanforderungen	151
4	Statusbericht	152
5	Ausschreibungsprozess	153
6	Angebotsauswertung und Projektbericht	153
6.1	Flug	154
6.2	Übernachtungskosten	155
6.3	Mietwagen	155
6.4	Bahnreisen	156
6.5	Reisebüro	156
6.6	Exkurs: Bargeldloser Zahlungsverkehr im Bereich Übernachtungen	157
7	Dienstleistergespräche	157
8	Implementierung	159
9	Fixierung einer vertraglichen Vereinbarung	159

10	Änderung der Arbeitsanweisung	160
11	Regelmäßige Reviewgespräche	161
12	Zusammenfassung	161

▪ Der Autor

Markus Frieling ist Senior Partner bei Expense Reduction Analysts in Münster und berät als Consultant insbesondere im Bereich Travel Management.

1 Projektbericht aus dem Mittelstand

Mit Travel Management oder auch Business Travel Management bezeichnen Unternehmen neben der Buchung und Organisation von Geschäftsreisen den kompletten Verlauf des Reisebuchungs- und Abrechnungsprozesses. Somit ist Travel Management die Analyse, Steuerung und Optimierung von Prozessen und Leistungen, die im Zusammenhang mit Planung, Organisation, Durchführung sowie Abrechnung und Kontrolle von Geschäftsreisen notwendig sind.

Aufgaben eines Travel Managements

Am Beispiel eines mittelständischen Unternehmens (Beratung, Verkauf und Montage für Aufzüge und Lifte) wurde in einem mehr als 1-jährigen Projekt eine Restrukturierung des Travel Managements durchgeführt.

Schwerpunkt der Reisetätigkeiten des Unternehmens liegen im nationalen und europäischen Flugverkehr sowie in Übernachtungen im weitestgehend ländlich geprägten Umfeld sowie im innerdeutschen Mietwagengeschäft. Weiterhin wurden Servicedienstleistungen im stationären Vertrieb eingekauft.

Das Travel Management ist ein Spannungsfeld zwischen sehr hohem internem und externem Involvement (Mitarbeiter, Reisekomfort, Richtlinien und langjährigen Geschäftsbeziehungen, …), hohen Ausgaben und Kostendruck. Dieser Bereich muss strukturiert bzw. darüber hinausgehend strategisch bearbeitet werden. Allerdings steht der zu erwartende Aufwand für die Erreichung von kontinuierlicher Marktkenntnis vielfach in keiner Relation zum Ergebnis.

Spannungsfeld zwischen hohem internem und externem Involvement

Grundvoraussetzung ist die Sammlung, Sichtung und Überprüfung aller vertraglich vorliegenden Vereinbarungen in den Bereichen Flug (Firmenförderprogramme, Corporate Rates), Hotel (Firmenvereinbarungen), Bahnreisen (Großkundenrabatte), Mietwagen (letztlich gültige Vereinbarung) sowie Servicegebühren für das beauftragte Reisebüro.

Neben den inhaltlichen und prozessualen Fragen sind im Hinblick auf den Aufwand folgende Fragestellungen von zentraler Bedeutung:

- Welche Gesamtausgaben stehen dem zu erwartenden Einsparpotenzial durch Verbesserung des Einkaufs als auch der internen Prozesskosten gegenüber?
- Wann ist ein „professionelles" Travel Management sinnvoll?

Folgender Projektverlauf liegt dem dargestellten Fallbeispiel zugrunde:

Projektablauf

1. Daten- und Informationssammlung
2. Status und Projektanforderungen
3. Statusbericht
4. Recherche des Einsparpotenzials

Umsetzung & Praxis

5. Ermittlung von Ausschreibungsergebnissen
6. Anpassung an interne Vorgaben (z.B. Richtlinie)
7. Auswahl der für die Umsetzung der internen Vorgaben und Kostenrahmen passenden Anbieter
8. Umsetzung
9. Reporting und Nachbesserung
10. Ergebnisberichte für nachhaltiges Controlling

Bestandteil des Projekts sind wöchentliche Projektberichte für das Unternehmen, um den aktuellen Status und auch evtl. Abweichungen nachvollziehen zu können (vgl. Abb. 1).

Prozessschritt	Tätigkeitsbeschreibung	Projektplanung KW	Status
Audit	Status und Qualitätsanforderungen definieren	1	erledigt
Audit	Prozesse und Budgets definieren	1	erledigt
Audit	Datenaufnahme	2	erledigt
Audit	Statusbericht erstellen	4	Abweichung 1 Woche mit Begründung
Audit	Statusbericht bestätigen	6	
Ausschreibung	Ausschreibungsbeginn	7	
Ausschreibung	Auswertung aller vorliegenden Angebote	10	
Ausschreibung	Gespräche mit potenziellen Dienstleistern zur Auswahl für den Kunden	12	
Optionsphase	Darstellung Projektergebnisse	13	
Optionsphase	Präsentationstermin der infrage kommenden Angebote/Dienstleister	15	
Optionsphase	Nachverhandlung	17	
Optionsphase	Vertragsabschlüsse	18	
Implementierung	Erarbeitung und Abstimmung Implementierungsplan	20	
Umsetzung	Vorbereitung aller erarbeiteten Maßnahmen in den jeweiligen Fachabteilungen	22	
Umsetzung	Erstellung interne Projektplanung unter Berücksichtigung des Implementierungsplans	24	
Umsetzung	Testphase	25	
Umsetzung	Interne Kommunikation	28	
Umsetzung	Abschluss Implementierung und Start	30	
Umsetzung	Review 1-3 Tage, 2 Wochen, 4 Wochen, 3 Monate	42	

Abb. 1: Matrix Projektverlauf

2 Daten- und Informationssammlung

Die zur Verfügung gestellten und erfassten Daten im Segment Übernachtungen ergeben Ausgaben in Höhe von rund 185.000 EUR netto jährlich, wobei sich der Zeitraum – sofern nicht anders erwähnt – auf Ganzjahreszeiträume bezieht. In die Betrachtung aufgenommen werden zudem die unter Reisekosten gebuchten Segmente wie Kilometer-Pauschalen oder Bewirtungskosten, um ein vollständiges Bild des gesamten Reisekostenaufkommens zu erhalten. Der Zeitraum umfasst i.d.R. die letzten 12 Monate.

Analyse der Ausgangssituation

Im Bereich der übrigen Segmente (Flug-, Bahn- und Mietwagenkosten) ergibt sich ein Budget in Höhe von rund 150.000 EUR.

Datenquellen:

- Reisekostenabrechnungen
- Auswertungen Reisebüro
- Auswertungen Airlines
- Auswertungen Hotels
- Auswertungen Mietwagenfirmen
- Kreditkartenabrechnungen
- Rechnungsbelege
- Reise- bzw. Reisekostenrichtline

Datenherkunft	Dienstleister	Rechnungsbelege	Controlling	Sonstiges	Rahmenverträge
Flug	Auswertung Airline/Reisbüro	Kreditorenrechnungen/ Kreditkartenabrechnungen	Sachkontenauszug, Kreditorenliste	Einkaufsrichtlinie, Reiserichtlinie	Airline-Verträge, Firmenförderprogramme
Übernachtung	Auswertung Hotel/Reisebüro				Rahmenvereinbarungen Hotels bzw. Hotelketten
Mietwagen	Auswertung Mietwagenfirma/Reisebüro				Verträge, aktuellste Konditionenblätter
Bahn	Auswertung Bahn/Reisebüro				Vereinbarung über Großkundenrabatt
Servicegebühren	Auswertung Reisebüro				Vertrag, aktuellste Konditionenblätter
Sonstiges	Vorjahresauswertungen				Rahmenvereinbarung Kreditkarten

Abb. 2: Beispiel einer Datenerhebungsmatrix

Zu beachten ist in diesem Zusammenhang die klare Zuordnung der Daten. Im betrachteten Projekt werden die Daten aus dem Bereich Flottenmanagement bzw. Mietwagen separiert. Langzeitanmietungen werden als Flottenmanagement definiert. Kurzzeitanmietungen bis 4 Wochen Mietzeit werden als Reisekosten ausgewiesen.

Umsetzung & Praxis

Segment	Gesellschaft	Vertragspartner	Vertragsbeginn	Vertragsende	Bemerkung
Flug		Airline 1	01.01.2012	31.12.2012	
Flug		Airline 2	01.01.2012	31.12.2012	
Hotel		Hotel 1	01.01.2012	31.12.2012	
Mietwagen		Mietwagenfirma 1	01.01.2012	31.12.2012	
Reisebüro		Reisebüro 1	01.01.2011	ohne	keine Kündigungsfrist

Abb. 3: Vertragsmatrix-Übersicht

3 Status und Projektanforderung

3.1 Status

Wesentliche Ergebnisse der Ist-Analyse

Das grundlegende Ziel besteht darin, einen bestmöglichen Gegenwert für Ausgaben im Bereich Reisekosten zu erreichen sowie die intern verursachten Prozesskosten bei gleichzeitig bestmöglichen Marktpreisen zu reduzieren. Folgender Status wurde im Rahmen des Audits ermittelt:

- Grundsätzlich ist der Kunde mit den derzeitigen Lieferanten und Dienstleistungen zufrieden. Ein Wechsel einzelner oder mehrerer Lieferanten kann erfolgen, ist aber nicht zwingend erforderlich.
- Eine Reisekostenrichtlinie ist nicht existent; Reiseantragsunterlagen sind nicht existent.
- Für Reisen der Geschäftsleitung wird bei Hotels durchschnittlich eine 4-Sterne-Qualität gebucht.
- Bei Hotelbuchungen werden derzeit Vorrecherchen über einige Hotelbroker durchgeführt. Die Buchungen werden dann direkt im Hotel vorgenommen.
- Bei Flugbuchungen werden gängige Onlineportale zur Recherche genutzt. Die Buchung selbst wird sodann direkt bei der Fluggesellschaft vorgenommen.
- Die Flugbuchungen werden über eine interne MasterCard gebucht; Reisestellenkarten sind nicht vorhanden.
- Das Flugverhalten beschränkt sich zu 90 % auf innerdeutsche Flüge. Vereinzelt werden Flüge auch europäisch bzw. interkontinental genutzt.
- Bei Bahnreisen werden für Geschäftsleitung und vereinzelte leitende Angestellte Bahnreisen 1. Klasse gebucht. Für weitere Bahnreisen wird ausschließlich die 2. Klasse genutzt.
- Das Buchungsverhalten ist eher kurzfristig (1–2 Wochen vor dem Reisetermin). Die Anforderung der leitenden Angestellten wird an das Sekretariat gemeldet. Dort werden die Reiserecherche und die Buchung vorgenommen.
- Im Außendienst werden die Unterkünfte individuell ausgewählt, gebucht und ebenso bezahlt (private Kreditkarten; private EC-Karten;

private Barvorkasse) sowie anschließend über die Spesenabrechnung rückerstattet. Die Belegführung und Abrechnung sind aufgrund der Qualitätsunterschiede sehr aufwendig.

3.2 Projektanforderungen

Nach interner Abstimmung in den Abteilungen und Fachbereichen des Unternehmens wurden die nachfolgend dargestellten Projektanforderungen definiert:

Formulierung der Projektanforderungen

- Nach interner Rücksprache ist im Hotelbuchungsbereich auf eine gute Erreichbarkeit der Hotels, Orientierung an größeren Ketten sowie angemessene Qualitätsstandards zu achten.
- Aus dem kaufmännischen Bereich werden neben etwaigen Preisreduzierungen in erster Linie die Reduzierung des Verwaltungsaufwands und die Reduzierung des Buchungsaufwands gewünscht. Vor allem die Tätigkeiten im Zuge der Reiseorganisation (Vergleichsabfragen zu Hotel- und Flugkosten) und die umfangreiche Belegverwaltung aufgrund vorliegender Einzelrechnungen sind möglichst zu reduzieren.
- Es wird eine Bewertung möglicher Direktbuchungen der Mitarbeiter bei einem zentralen externen Ansprechpartner (Agentur) gewünscht, um die größtmögliche Entlastung des eigenen Personals zu erreichen.
- Im Zuge der Neugestaltung der Reisebuchungen ist die derzeit praktizierte private Vorauslage der Außendienstler zu vermeiden.
- Es werden Hilfestellungen für die Gestaltung einer Reisekostenrichtlinie gewünscht.
- Feste Ansprechpartner während der Geschäftszeiten und ein Notfallservice mit durchgängiger Erreichbarkeit (7 Tage, 24 Std) sowie ein Ansprechpartner für den Kunden sind Anforderungen an das Reisebüro.
- Weiterhin soll das Reisebüro jährlich Verhandlungen mit Leistungsträgern (Fluggesellschaften, Hotels, …) bezüglich der Vereinbarungen führen und umsetzen.
- Je Buchungsanfrage des Kunden soll das Reisebüro mindestens 3 Reiseverbindungen anbieten, bei Reisezeiten < 5 Stunden zusätzlich als Alternative eine Bahnreise.
- Bestandteil des Angebots ist zudem die Erstellung von Reports zur nachhaltigen Steuerung der Reisekostenbudgets und zu Controllingzwecken als Anforderung an ein Reisebüro.
- Weiterhin sollten alle Optimierungsmaßnahmen an die Reiserichtlinie angepasst und die nachhaltige Umsetzung eingefordert werden.

4 Statusbericht

Der Statusbericht beinhaltet alle an das Projekt definierten Anforderungen, wie unter Tz. 3 dargestellt.

Verbrauchsdaten und Ausgabenmuster im Statusbericht zusammentragen

Um die Kostenstruktur richtig zu verstehen und um eine sachliche Grundlage zur Bewertung zu schaffen, werden die Verbrauchsdaten und Ausgabenmuster zusammengetragen, die sich in einem Statusbericht auf Ganzjahreszeiträume beziehen.

Als Informationsgrundlage für die Datenerhebung dienen bereitgestellte Kopien von Lieferantenrechnungen sowie Auswertungen und Informationen von Lieferanten, Vertragsunterlagen sowie eine Vielzahl weiterer Informationen, wie bereits unter Tz. 2 „Daten- und Informationssammlung" dargestellt.

Zur Ermittlung von Budgets und Reiseverhalten können die im Folgenden aufgeführten Informationen ausgewertet werden:

- Flug
  - Aufstellung aller geflogenen Strecken unter Angabe von Vorausbuchungsfristen und Buchungsklassen
  - Aufstellung der am häufigsten geflogenen Airlines
- Hotel
  - Aufstellung nach gebuchten Städten
  - Aufstellung nach Hotels bzw. Hotelketten
- Mietwagen
  - Aufstellung nach Fahrzeugklassen, Anmietorten und gefahrenen Kilometern
  - Zusatzleistungen wie Navigationsgeräte, Winterreifen
  - Versicherungsbedingungen
- Bahnreisen
  - Streckenauswertungen
  - Tarifklassen, Vergünstigungen, In Anspruch genommen Rabatte
- Reisebüro
  - Anzahl Transaktionen nach Segmenten
  - Zusatzleistungen
  - Kosten für Kundenmanagement
  - Kosten für Online-Buchungstool
- Sonstige Informationsquellen
  - Kreditkartenabrechnungen
  - Reisekostenabrechnungen Mitarbeiter
  - Sachkonten zur Verifizierung der Daten

Aus diesen Informationen wird ein umfassendes Bild unter Berücksichtigung aller Qualitätsanforderungen, Servicelevel und der vollständigen Kostenstruktur geschaffen. Die Inhalte des Berichts werden mit dem Unternehmen – insbesondere unter Einbeziehung aller beteiligten Fachbereiche (in diesem Fall Controlling, Buchhaltung, Travel Management und Vertrieb) – abgestimmt. Der Bericht wird bestätigt und ist somit die detaillierte Grundlage für den weiteren Projektverlauf.

5 Ausschreibungsprozess

Ziel der Ausschreibung ist die Überprüfung und Optimierung der Reisekosten, um die Prozesse und Ausgabenstruktur in diesem Bereich zu verbessern.

Vorbereitung und Durchführung von Ausschreibungen

Das derzeitige Reisekostenvolumen in den Segmenten Flug, Übernachtungen, Mietwagen, Bahnreisen und Reisebürogebühren beläuft sich auf rund 335.000 EUR pro Jahr.

Es werden alle für die Ausschreibung notwendigen Daten des Kunden in einer Analyse ermittelt. Die Ausschreibung erfolgt auf Basis der untersuchten Daten i.d.R. der letzten 12 Monate.

Wesentlichster Bestandteil der Ausschreibung sind die unter Tz. 3 „Status- und Projektanforderung" dargestellten Punkte, auf deren Grundlage jeder der an der Ausschreibung beteiligten Anbieter ein Angebot erstellt.

Die Anbieter werden gebeten, ein Angebot entweder für das gesamte Volumen oder auch nur für Teile davon abzugeben. Weiterhin individuell darstellbar ist die Laufzeit künftiger Vereinbarungen, die sich vorteilhaft auf die Angebotspreise auswirkt.

Individuell darstellbare Ausschreibungen

Der nächste Schritt ist die Auswertung der Angebote nach qualitativen und ökonomischen Kriterien, die für den Kunden aufbereitet werden, um ein vollständiges, objektives und nicht zuletzt transparentes Bild zu erhalten.

6 Angebotsauswertung und Projektbericht

Die Auswertung der vorliegenden Angebote erfolgt unter Berücksichtigung der internen Vorgaben, weshalb zur Erreichung des Projektziels nicht alle Angebote infrage kommen. Eine Auswertung erfolgt zunächst nach qualitativen Kriterien, wie in der nachfolgenden Matrix beispielhaft dargestellt (vgl. Abb. 4):

Auswertung der Angebote nach vorher definierten qualitativen Kriterien

Umsetzung & Praxis

Bewertungskriterium		Untergruppen zu Bewertungskriterien			Bieter 1 (Segment A)		Bieter 2 (Segment A)		Bieter 3 (Segment B)		Bieter 4 (Segment B)	
Art	Gewichtung	Bezeichnung	Gewichtung		Punkte	gew. Punkte	Punkte	gew. Punkte	Punkte	gew. Punkte	Punkte	gew. Punkte
Preis	10 / 19%	Angebotspreise	10	200%	4	0,0	5	0,0	5	0,0	10	0,0
		Rückvergütungen, Zahlungskonditionen	2	40%	8	0,0	4	0,0	1	0,0	10	0,0
		Garantierte Preisbindung	3	60%	5	0,0	5	0,0	5	0,0	5	0,0
		Allg. Vertragsbedingungen	2	40%	5	0,0	5	0,0	10	0,0	10	0,0
Firma	3 / 6%	Umsatz des Unternehmens	1	3%	8	0,0	8	0,0	10	0,0	10	0,0
		Anzahl Mitarbeiter	1	3%	8	0,0	8	0,0	10	0,0	10	0,0
		Referenzen	1	3%	5	0,0	5	0,0	10	0,0	10	0,0
		Standorte/Räumliche Nähe	3	10%	10	0,0	10	0,0	10	0,0	10	0,0
		Angebotsbewertung	3	10%	10	0,0	8	0,0	5	0,0	10	0,0
Service	10 / 19%	Kontinuierliche/nachhaltige Verhandlung und Implementierung mit Leistungsträgern	10	53%	10	0,0	10	0,0	1	0,0	1	0,0
		Erreichbarkeit	10	53%	10	0,0	10	0,0	10	0,0	10	0,0
		best-buy-Versprechen mit Erstattungsanspruch	5	26%	10	0,0	10	0,0	10	0,0	10	0,0
		Proaktive Optimierungsvorschläge und Umsetzung von „lost opportunities" inkl. Berechnung von Zusatzkosten im Rahmen des Account Managements	5	26%	10	0,0	10	0,0	1	0,0	1	0,0
		Je Buchungsanfrage des Kunden mindestens 3 Reiseverbindungen anbieten, bei Reisezeiten < 5 Stunden zusätzlich als Alternative eine Bahnreise	5	26%	10	0,0	10	0,0	1	0,0	1	0,0
Technik	4 / 7%	Online-Buchungstool	5	38%	10	0,0	8	0,0	10	0,0	10	0,0
		Kosten Online-Buchungstool	3	23%	10	0,0	8	0,0	10	0,0	10	0,0
		Proaktives matching + global fare bei Interkontinentalflügen incl. proaktiver Umsetzung seitens des Anbieters	1	8%	10	0,0	10	0,0	6	0,0	6	0,0
		Online-Rechnungsversand durch Reisebüro mit Anpassung an firmeninterne Abläufe	2	15%	10	0,0	10	0,0	1	0,0	1	0,0
		Kontinuierliches Update Reisendenprofile, Newsletter, spezielle Abwicklung von Buchungen über die Reisestellenkarte	2	15%	10	0,0	10	0,0	1	0,0	1	0,0
Sonstiges	5 / 9%	Anpassung aller Optimierungsmaßnahmen an die Reiserichtlinie	3	3%	10	0,0	10	0,0	10	0,0	10	0,0
		Regelmäßige (z.B. 1/2-jährliche) Gespräche mit Verbesserungsvorschlägen und proaktiver Umsetzung	3	3%	10	0,0	10	0,0	10	0,0	10	0,0
		Proaktive Ticketrücknahme	3	3%	10	0,0	10	0,0	1	0,0	1	0,0
		Reportingvorgaben ohne Zusatzkosten erfüllt, Reportingqualität	5	5%	10	0,0	10	0,0	10	0,0	10	0,0
		Bonus-Malus-Regelung bei Erreichen vordefinierter Einsparziele	3	3%	10	0,0	10	0,0	1	0,0	1	0,0
	32	Gesamtpunkte	91	100%		0,0		0,0		0,0		0,0

Die Gewichtung erfolgt jeweils auf einer Skala von 1 (weniger wichtig) bis 10 (sehr wichtig)

Abb. 4: Beispielhafte Bewertungsmatrix[1]

Im Anschluss erfolgt die wirtschaftliche Betrachtung nach Segmenten (Flug, Hotel, Mietwagen, Bahn, Reisebüro).

6.1 Flug

Einsparpotenzial für Flugreisen durch Ratenverhandlung

Der Kunde ist auf einigen innerdeutschen Strecken zu einem durchschnittlichen Nettoflugpreis von 101 EUR pro einfache Strecke geflogen. Vom Gesamtvolumen wurden 17 % aller innerdeutschen Flüge in der vollflexiblen Klasse für 150 EUR pro einfache Strecke gebucht. Vorliegend ein Angebot für

---

[1] Die im Beitrag dargestellten Zahlen wurden abweichend vom realen Fallbeispiel modifiziert.

die Strecken 1 und 2 mit 180 EUR und 160 EUR für den Hin- und Rückflug. Unter Berücksichtigung eines zunächst gleichbleibenden Reiseverhaltens auf diesen viel geflogenen Strecken ergibt sich folgende Berechnung:

Von	Nach	Anzahl Flüge	Ausgaben bisher	Angebot neu	Ersparnis hieraus
X	Y	69	20.700 EUR	12.420 EUR	8.280 EUR
A	B	54	16.200 EUR	8.640 EUR	7.560 EUR
Summe					15.840 EUR

Abb. 5: Matrix Einsparung Flug (Auszug)

Künftige Ratenverhandlungen für Jahresverträge sollten künftig über das Reisebüro abgewickelt werden. Diese Leistung wurde in der Ausschreibung mit den Reisebüros verhandelt und stellt so sicher, dass alle Potenziale marktgerecht ausgeschöpft werden.

6.2 Übernachtungskosten

Im Bereich Hotel sind Verbesserungen im Einkaufsbereich sinnvoll – bei Nutzung eines einheitlichen Buchungsweges über einen Hotelbroker bzw. über das Reisebüro.

Einheitlicher Buchungsweg bei Hotelbuchungen

Es wird ein Benchmark für die verhandelten Hotelraten des Unternehmens ermittelt und bei allen infrage kommenden Dienstleistern sowie direkt bei den Hotels/Hotelketten werden Firmenraten angefragt.

Die Zusammenfassung der Ergebnisse erfolgt beispielhaft in der in Abb. 6 dargestellten Form.

Anbieter	Vertragsrate	neue Rate	Anzahl Übernachtungen	Anzahl Buchungen	Einsparung in EUR	abzügl. Servicegebühren	Gesamt Einsparung p.a.
1	85	80	263	88	1.315 EUR	440 EUR	875 EUR
2	120	112	337	112	2.696 EUR	560 EUR	2.136 EUR
Summe			600	200	4.011 EUR	1.000 EUR	3.011 EUR

Abb. 6: Matrix Auswertung Hotelraten (Auszug)

Es werden zudem die anfallenden Kosten für die Nutzung eines Buchungstools bzw. anfallende Servicegebühren beim Reisebüro gegen die möglichen Einsparungen gerechnet.

6.3 Mietwagen

Hier sind Leistungskriterien wie Verfügbarkeit, ein flächendeckendes Stationsnetz in Deutschland (z.B. an Flughäfen), aber auch die persönliche Betreuung am eigenen Standort entscheidende Kriterien für

Einheitlicher Buchungsweg bei Hotelbuchungen

Umsetzung & Praxis

die Wahl des richtigen Anbieters. Die Tarife werden anhand der vorliegenden Informationen sowie gängiger Buchungsklassen und Zusatzleistungen wie Winterreifen, Navigationsgeräte, Zustellung und Abholung weitestmöglich vergleichbar gemacht. Das Ergebnis stellt sich beispielhaft wie folgt dar (vgl. Abb. 7):

Land bzw. Zusatzleistung	Fahrzeugklasse	Anzahl	Bieter 1	Summe	Bieter 2	Summe
Deutschland	Economy (Anmietung 1 Tag)	50	48 EUR	2.400 EUR	47 EUR	2.350 EUR
Deutschland	Compact (1 Tag)	80	51 EUR	4.080 EUR	50 EUR	4.000 EUR
Deutschland	Mittelklasse (1 Tag)	80	54 EUR	4.320 EUR	53 EUR	4.240 EUR
Deutschland	Compact (20 Tage)	10	45 EUR	450 EUR	44 EUR	440 EUR
Navigationsgerät (Quote: 40 %)		220	5 EUR	1.100 EUR	5 EUR	1.100 EUR
Winterreifen/Tag (Quote: 40 %)		220	6 EUR	1.320 EUR	6 EUR	1.320 EUR
Standortzuschlag (Flughafen)		20		0 EUR		0 EUR
Bestellung und Abholung		75	10 EUR	750 EUR	10 EUR	750 EUR
Selbstbeteiligung				0 EUR		0 EUR
Summe				14.420 EUR		14.200 EUR

Abb. 7: Matrix Auswertung Mietwagen (Auszug)

6.4 Bahnreisen

Im Rahmen des Audits erfolgt aufgrund des geringen Volumens eine Prüfung der in Anspruch genommenen Großkundenrabatte sowie der Nutzung von Bahnsondertarifen. Weiterhin wird das Reisebüro künftig angewiesen, bei Reisen < 5 Stunden alternativ eine Bahnreise anzubieten.

6.5 Reisebüro

Zentrale Rolle des Reisebüros

Das Reisebüro spielt im Hinblick auf die speziellen Anforderungen dieses Projekts im Bereich Hotelkosten eine zentrale Rolle. Zunächst werden hier die tatsächlich in Rechnung gestellten Services verglichen (vgl. Abb. 8).

Beschreibung	Anzahl Buchungen (Online-Quote 50 %)	Referenzpreis	Summe	Bieter 1			Bieter 2		
				Angebotspreis offline	Angebotspreis online	Gesamt	Angebotspreis offline	Angebotspreis online	Gesamt
Flug Inland	10	28 EUR	284 EUR	15 EUR	14 EUR	125 EUR	14 EUR	13 EUR	135 EUR
Flug Europa	10	31 EUR	311 EUR	14 EUR	13 EUR	120 EUR	13 EUR	12 EUR	125 EUR
Flug interkontinental	10	44 EUR	441 EUR	13 EUR	12 EUR	115 EUR	12 EUR	11 EUR	115 EUR
Flug low cost	10	0 EUR	0 EUR	12 EUR	11 EUR	110 EUR	11 EUR	10 EUR	105 EUR
Erstattung/Umbuchung Flug	10	12 EUR	120 EUR	11 EUR	10 EUR	105 EUR	10 EUR	9 EUR	95 EUR
	10	10 EUR	99 EUR	10 EUR	9 EUR	100 EUR	9 EUR	8 EUR	85 EUR
Hotel	10	9 EUR	90 EUR	9 EUR	8 EUR	95 EUR	8 EUR	7 EUR	75 EUR
Mietwagen	10	9 EUR	90 EUR	8 EUR	7 EUR	90 EUR	7 EUR	6 EUR	65 EUR
ErstattungBahn/Hotel/Mietwagen	10	7 EUR	70 EUR	7 EUR	6 EUR	85 EUR	6 EUR	5 EUR	55 EUR
Visa-Beschaffung	10	21 EUR	210 EUR	6 EUR	5 EUR	80 EUR	5 EUR	4 EUR	45 EUR
24-Stunden-Notfall-Service	10	21 EUR	210 EUR	5 EUR	4 EUR	75 EUR	4 EUR	3 EUR	35 EUR
Sonstiges Servicegebühren	10	0 EUR	0 EUR	4 EUR	3 EUR	70 EUR	3 EUR	2 EUR	25 EUR
Kosten Online-Buchungsmaschine	10	0 EUR	0 EUR	3 EUR	2 EUR	65 EUR	2 EUR	1 EUR	15 EUR
Kosten Managementfee	10	0 EUR	0 EUR	2 EUR	1 EUR	60 EUR	1 EUR	0 EUR	5 EUR
Sonstiges	10	0 EUR	0 EUR	1 EUR	0 EUR	55 EUR	0 EUR	0 EUR	0 EUR
Summe			1.924 EUR			1.350 EUR			980 EUR

Abb. 8: Matrix Auswertung Reisebüro (Auszug)

In der weitergehenden Bewertung werden die Leistungen gesondert betrachtet. In der Prozesskostenbetrachtung spielt der nachfolgende Exkurs eine maßgebliche Rolle.

6.6 Exkurs: Bargeldloser Zahlungsverkehr im Bereich Übernachtungen

Hotelreservierungen werden vom Kunden über ein Hotelbuchungssystem oder das Service-Center eines Reisebüros gebucht. Pro Vorgang kann selektiv entschieden werden, ob das Hotel mittels Reisestellenkarte zahlt oder der Reisende klassisch vor Ort zahlen soll. Zusätzlich zur Buchung wird eine Zahlungsinformation in Form einer Kostenübernahme an das entsprechende Hotel übermittelt. Der Kunde hat die Möglichkeit, den durch die Firma zu tragenden Kostenumfang detailliert zu definieren.

Umfassende Lösung für Buchung und Zahlungsabwicklung

Nach der Abreise erhält das Reisebüro die Rechnung vom Hotel, kontrolliert diese auf Plausibilität und gibt selbige zur Faktura frei. Bei Unstimmigkeiten übernimmt das Reisebüro die Kommunikation zur Klärung mit Hotel und Kunden. Der Kunde erhält eine konsolidierte vorsteuerabzugsfähige Rechnung.

So wird eine umfassende Lösung für das professionelle Buchen und Bezahlen von Einzelübernachtungen, Gruppenbuchungen und Tagungen durch das Reisebüro angeboten. Weiterhin werden relevante Informationen über Reiseausgaben im Management-Informationssystem erfasst. Es erfolgt weiterhin eine Qualitätssteigerung der Rechnungsdaten und Zuordnung zu firmenindividuellen Kennziffern sowie eine Reduzierung von Prozesskosten und -zeiten.

7 Dienstleistergespräche

Wesentliche Bestandteile der Gespräche sind die angebotenen Maßnahmen zur Prozessoptimierung sowie zu Umfang und Leistung des Kunden- und Qualitätsmanagements, die operative Buchungsabwicklung/Services und die Vereinheitlichung von Buchungs- und Zahlungswegen. Die Dienstleister stellen dar, wie Mitarbeiter buchen – insbesondere im Bereich Übernachtungen –, wie die damit verbundene Abwicklung von Buchungs- und Zahlungswegen praktisch umgesetzt wird und wie die buchhalterische Abwicklung vereinfacht wird – mit dem Ziel einer monatlichen Abrechnung.

Umfassende Lösung für Buchung und Zahlungsabwicklung

Im Anschluss erfolgt eine Lieferantenbewertung seitens des Kunden, die auszugsweise wie in Abb. 9 dargestellt aussehen kann:

Umsetzung & Praxis

Name Dienstleister	D 1	D 2	D 3
Allgemein			
Standort			
Öffnungszeiten			
Zahl der Mitarbeiter im Büro bzw. des zuständigen Teams			
Qualifikation dieser Mitarbeiter (Ausbildung, Berufserfahrung)			
durchschnittliche Firmenzugehörigkeit der Mitarbeiter			
Umsatz bei Geschäftsreisen			
Zahl der Mitarbeiter gesamtes Unternehmen			
Position im Vergleich mit Mitbewerbern			
Angaben über Leistungen			
telefonischer 24-Std.-/7-Tage-Service oder Call Center mit Zugriff auf die Reisendenprofile?			
Wie sieht ein Reiseplan aus --> Muster eines Reiseplans?			
Wie sieht eine e-invoice-Rechnung aus? --> Musterrechnung			
Wie ist sichergestellt, dass die Reiserichtlinie eingehalten wird?			
Welche Hotelreservierungsprogramme werden genutzt?			
Beschwerdemanagement: Wie wird mit Beschwerden umgegangen?			
Operative Buchungsabwicklung und Services			
Feste Ansprechpartner während der Geschäftszeiten und Notfallservice mit durchgängiger Erreichbarkeit (7 Tage, 24 Std) sowie ein Ansprechpartner für den Travel Manager			
Anbahnung, Verhandlung und Implementierung von Vereinbarungen mit Leistungsträgern (Fluggesellschaften, Hotels,...) jährlich			
Kontinuierliches Update der Reisendenprofile			
Spezielle Abwicklung von Buchungen über die Reisestellenkarte			
Je Buchungsanfrage des Kunden mindestens 3 Reiseverbindungen anbieten, bei Reisezeiten < 5 Stunden zusätzlich als Alternative eine Bahnreise			
Anpassung aller Optimierungsmaßnahmen an die Reiserichtlinie und nachhaltige Umsetzung			
System-, Lizenz- oder Schulungsgebühren und Support für Online-Buchungstool			
Online-Rechnungsversand durch Reisebüro mit Anpassung an firmeninterne Abläufe			
Erstellung von Reports zur nachhaltigen Steuerung der Reisekostenbudgets und zu Controllingzwecken			
Vereinheitlichung von Buchungs- und Zahlungswegen			
Darstellung, wie alle Mitarbeiter zentralisiert buchen – insbesondere im Bereich Übernachtungen			
Darstellung eines einheitlichen Zahlungsweges für alle Mitarbeiter – auch zur Vereinfachung der buchhalterischen Abwicklung – mit dem Ziel, z.B. einer monatlichen Abrechnung			
Sonstiges			

Abb. 9: Bewertung Dienstleister (Auszug)

Nach der Entscheidung für einen Dienstleister wird eine Testphase zunächst über 8 Wochen vereinbart.

8 Implementierung

Grundlage der Implementierung ist die Erstellung eines Implementierungsplans mit Festlegung einer Zeitplanung, die sich unternehmensseitig am „Machbaren" orientiert und auch eingehalten wird. Der Implementierungsplan dient ebenfalls als Arbeitsanweisung für die an der Umsetzung beteiligten Mitarbeiter des Unternehmens.

Orientierung am unternehmensseitig „Machbaren"

Seitens der Dienstleister und auch kundenseitig werden Ansprechpartner festgelegt. Weiterhin werden in der Implementierungsphase fortlaufende Reviewgespräche vereinbart.

Nach Abschluss der Test- und Implementierungsphase findet ein Resümee-Gespräch statt, wo noch offene Punkte besprochen und die abschließende Beseitigung der noch offenen Themen vereinbart wird. Die letzten offenen Punkte wurden einvernehmlich geklärt bzw. die noch offenen To dos formuliert – konkret in diesem Projekt: die Abwicklung von Hotelbuchungen über eine 24h-Hotline, die Übermittlung von Belegdaten und die Einspielung als csv-Datei.

Weiterhin wird für die Pilotphase ein Test mit 4 Probanden des Kunden vereinbart. Die Beurteilung fällt grundsätzlich positiv aus, so dass das Projekt nun auf weitere Mitarbeiter des Innen- und Außendienstes ausgeweitet werden kann.

9 Fixierung einer vertraglichen Vereinbarung

Im Vertrag – ggf. inkl. detaillierter Definition eines Servicelevel Agreement – werden der Gegenstand der Vereinbarung und der Leistungsumfang definiert. Dies umfasst beispielsweise die Buchung von Flugreisen, Übernachtungen, Mietwagen, Bahnreisen und auch Tagungen und Incentives.

Definition und Festlegung eines Servicelevels

Weiterhin wird das komplette Leistungsportfolio des Reisebüros definiert. Mögliche Ansatzpunkte sind neben der operativen Buchungstätigkeit auch die strategische Steuerung des Reisekostenbudgets, wie z.B. die Unterstützung bei Vertragsverhandlungen mit Flug-, Hotel- und Mietwagenpartnern durch das Reisebüro. Auch ist die Laufzeit zu definieren, die nicht zwangsläufig auf ein Jahr begrenzt sein muss.

Der Kunde erhält einen Zugang zum Onlineportal des Reisebüros mit entsprechenden Travel-Arranger-Rechten für die buchenden Mitarbeiter, die es ermöglichen, Standardflüge bzw. Standardhotels sowie auch außerhalb der Öffnungszeiten ein Hotel oder einen Flug buchen zu können.

Nach Beendigung der Testphase erhält der Kunde ein gemäß Ausschreibung vordefiniertes Reporting – quartalsweise, halbjährlich oder jährlich – zur nachhaltigen Steuerung des Reisekostenbudgets.

10 Änderung der Arbeitsanweisung

Ausarbeitung klar definierter Reisekostenrichtlinien

Nach Festlegung der vertraglichen Vereinbarungen ergeben sich beispielhaft folgende Änderungen in der Arbeitsanweisung:

Die Abwicklung der einzelnen Hotelbuchungen und Tagungen erfolgt über eine Gruppen- und Incentiveabteilung des Reisebüros. Es wird ein Kostenlimit für eine Hotelübernachtung im Einzelzimmer ohne Frühstück ab sofort auf 80 EUR inkl. MwSt. festgelegt. Es werden keine Hot-Deals-Hotelangebote gebucht. Der Hotelpreis-Tarif muss bis 18:00 Uhr kostenlos stornierbar sein.

Die Einzelhotelübernachtungen werden als Sammelrechnung am Monatsende mit den jeweiligen Lieferscheinen/Gutschriften der einzelnen Hotelübernachtungen und mit Vermerk der dazugehörigen Kostenstelle gesendet.

Es wird bei allen Einzelhotelübernachtungen genau definiert, welche Kosten der Kunde für seine Mitarbeiter generell übernimmt. Dieser Vordruck wird bei jeder Hotelbuchung an das Hotel mitgeschickt und vermerkt, dass nur die Kosten wie aufgeführt übernommen werden; alle anderen zusätzlichen Kosten muss der Mitarbeiter direkt vor Ort zahlen.

Das Reisebüro tritt in Vorleistung. Die jeweiligen Lieferscheine werden mit dem Vermerk der Kostenstelle pro Hotelrechnung zu einer Sammelrechnung zusammengefasst.

Eigene Hotelverträge, die bereits mit abgeschlossen wurden, werden gebucht und sind in der Datenbank hinterlegt.

Alle Rechnungen für Tagungen unter 2.500 EUR erhält der Kunde als Sammelrechnung zuzüglich der Servicegebühr am Monatsende. Rechnungen für Tagungen über 2.500 EUR werden zuzüglich der Servicegebühr direkt weiterbelastet.

Codierungen für Leistungsbelege, wie z.B. Frühstück, Parkbelege, Codierungsplan für die Tagungen, wie Flipchart, Getränke etc. werden umgehend geprüft. Damit wird eine übersichtliche und bessere Zuordnung der Daten und Belege erreicht. Sämtliche Belegprüfungen werden damit entfallen. Die Belege werden im PDF-Format zugestellt.

Aus den geänderten Arbeitsabläufen ergeben sich dementsprechend Vereinfachungen in den Arbeitsabläufen des Kunden.

11 Regelmäßige Reviewgespräche

Kunde und Dienstleister vereinbaren zunächst quartalsmäßige und nach dem 1. Jahr der Zusammenarbeit halbjährliche Reviewgespräche.

Kontinuierliche Reviewgespräche zur Qualitätssicherung

Für die Gespräche werden die folgenden Inhalte definiert:

- Überprüfung der vertraglich vereinbarten Bedingungen
- Entwicklung des Budgets Reisekosten
- Überprüfung der Nachhaltigkeit von geänderten/verbesserten Arbeitsabläufen und Prozessen
- Erarbeitung von Verbesserungsmöglichkeiten im Buchungsprozess sowie in der strategischen Ausrichtung.

12 Zusammenfassung

Zusammenfassend lässt sich feststellen, dass bei kleinen und mittleren Reisekostenbudgets zunächst keine standardisierte Anwendung von Einkaufs- und Prozessoptimierung möglich ist. Eine Vielzahl von Maßnahmen sind als „Handwerkszeug" sicher nutzbringend – nicht zuletzt auch, um den weiteren Entwicklungen im Travel Management (Beispiel: Mobile Travel) Rechnung zu tragen und den Reisekomfort für die erheblichen Belastungen ausgesetzten Reisenden nachhaltig zu verbessern.

Keine standardisierte Einkaufs-/Prozessoptimierung möglich

Sicher lässt sich nach einem Audit eine Größenordnungen definieren, wo ein externes Travel Management Einkaufs- und/oder Prozessvorteile sichert, z. B. durch den Einsatz eines Reisebürodienstleisters für die Segmente Flug, Übernachtung/Tagungen/Incentives, Mietwagen, Bahnreisen.

Es können Teile eines solchen Prozesses – je nach Unternehmensstruktur und vorhandenen Ressourcen – intern besetzt werden – abhängig von der Buchungsstruktur sowie dem Antrags- und Abrechnungsprozess.

Durch Nutzung von Online-Buchungsmaschinen können einfache Buchungen direkt erfolgen. Durch das Datentracking und deren sinnhafter Auswertung lassen sich i. d. R. interessante Einkaufsvorteile nutzen.

Im vorliegenden Projektbeispiel entsteht hier eine Mischform: Einkaufsvorteile und Prozesskostenverbesserungen im Bereich Übernachtungen, Reisebüro und durch Online-Buchungen sowie eine Verbesserung der Abwicklung der internen Rechnungsabwicklung und bargeldloses Reisen im Außendienst des Unternehmens. Weiterhin wurde eine nachhaltige Steuerung des Reisekostenbudgets in den Bereichen Flug, Bahn und Mietwagen mit dem Reisbüropartner vereinbart. Vorteil: Fehlende interne Kapazitäten lassen sich so ausgleichen und eine kontinuierliche Markttransparenz wird sichergestellt.

Individuell angepasster Mix an Maßnahmen sichert Einsparungen

Umsetzung & Praxis

Intralogistik: Gesamtkosten des innerbetrieblichen Materialflusses optimieren

- Die bekannten Kosten des innerbetrieblichen Materialflusses sind häufig beschränkt auf die Finanzierungs- und Unterhaltskosten der eingesetzten Betriebsmittel, zumeist Flurförderfahrzeuge wie Niederhubwagen oder Gabelstapler.
- Die wesentlichen Prozesskosten der jeweiligen Intralogistikaufgabe, insbesondere der zeitliche und personelle Aufwand für den innerbetrieblichen Warentransport, sind oft unbekannt und es fehlen konzeptionelle Ansätze für eine grundlegende Kostenoptimierung.
- Neuanschaffungen von Flurförderfahrzeugen orientieren sich sehr häufig an bereits eingesetzten Fahrzeugen und beschränken sich auf den Ersatz von baugleichen Altgeräten oder eine Duplizierung bei wachsendem Produktionsvolumen.
- Im Schnittstellenbereich zwischen Produktion, Instandhaltung, Prozessmanagement und Fertigungsplanung sowie Einkauf gibt es selten eine ausgeprägte innerbetriebliche Expertise zu konzeptionellen und technischen Entwicklungen in der Intralogistik.
- Der Beitrag zeigt, wie aus unterschiedlichen Informationsquellen der innerbetriebliche Materialfluss statistisch beschrieben und sowohl mit den aktuell eingesetzten Betriebsmitteln als auch mit dem Stand der Technik in der Intralogistik verglichen werden kann.
- Durch die Optimierung des Nutzungsgrads einer reduzierten Flurförderfahrzeugflotte wird eine Senkung der Finanzierungs- und Unterhaltskosten erreicht. Andere Fahrzeugbauarten verringern die Prozesskosten durch Steigerung des Warenumschlags.

Inhalt		Seite
1	Ausgangsituation und Zielsetzung	165
2	Materialfluss im Misch- und Abfüllwerk	166
2.1	Materialfluss im Bereich Abfüllung	167
2.2	Materialfluss in den 3 Mischereien	171
2.3	Materialfluss in den sonstigen Bereichen	174
2.4	Zusammenfassung und Optimierungen	175
3	Materialfluss im Logistik-Center	178
4	Fazit	183

■ Der Autor

Dr. Harald Lampey ist Partner bei Expense Reduction Analysts und Berater für die Beschaffung von technischen Produkten sowie Experte für die Optimierung technischer und organisatorischer Prozesse einschließlich intralogistischer Fragestellungen.

1 Ausgangsituation und Zielsetzung

Das hier beispielhaft betrachtete Unternehmen ist ein Produktionswerk in der Produktsparte Beauty Care, eingebunden in einen der weltweit führenden Konzerne für die Herstellung von Haarpflege-, Kosmetik- und Haushaltsprodukten. Ein im Rahmen des innerbetrieblichen Materialflusses ebenfalls zu berücksichtigendes Logistik-Center liegt an einem zweiten, nur wenige hundert Meter vom produzierenden Misch- und Abfüllwerk entfernten Standort und ist über einen Lkw-Pendelverkehr an dieses angebunden.

Ausgehend von anfänglichen Überlegungen, die Wartungskosten im Bereich der Flurförderfahrzeuge zu reduzieren, wurde im Rahmen eines weitergehenden Controllings die Aufgabenstellung formuliert, die Kosten der Intralogistik gesamthaft zu betrachten. Eine Bewertung von Anzahl und Art der eingesetzten Fahrzeuge soll Potenziale in den Finanzierungs- und Unterhaltskosten sowie insbesondere in den Prozesskosten aufzeigen.

Den grundsätzlichen Materialfluss zwischen den beiden Standorten sowie die extralogistischen Schnittstellen zeigt Abb. 1. Visualisierungen dieser Art im bestmöglichen Kompromiss aus Detaillierungsgrad und Übersichtlichkeit sind ein wesentliches Werkzeug für die Analyse der Warenströme.

Visualisierungen der Warenströme als wichtiges Analysetool

Nicht dargestellt sind weitere Bereiche wie die innerbetriebliche Entsorgung oder eine interne Wasseraufbereitungsanlage. Die hier zusätzlich eingesetzten Flurförderfahrzeuge waren ebenfalls Gegenstand einer Untersuchung mit dem auf Empfehlungen für Ausstattungsdetails zukünftiger Ersatzbeschaffungen beschränkten Ergebnis unter Beibehaltung der heute eingesetzten Fahrzeugbauarten.

Nachfolgend werden für beide Standorte die Materialströme näher beschrieben, die mit Flurförderfahrzeugen bewegt werden. Die Anlieferung von Tankwagen ist als Schnittstelle zum nicht betrachteten parallelen Materialfluss über Verrohrungen im obigen Schema nur der Vollständigkeit halber gezeigt.

Umsetzung & Praxis

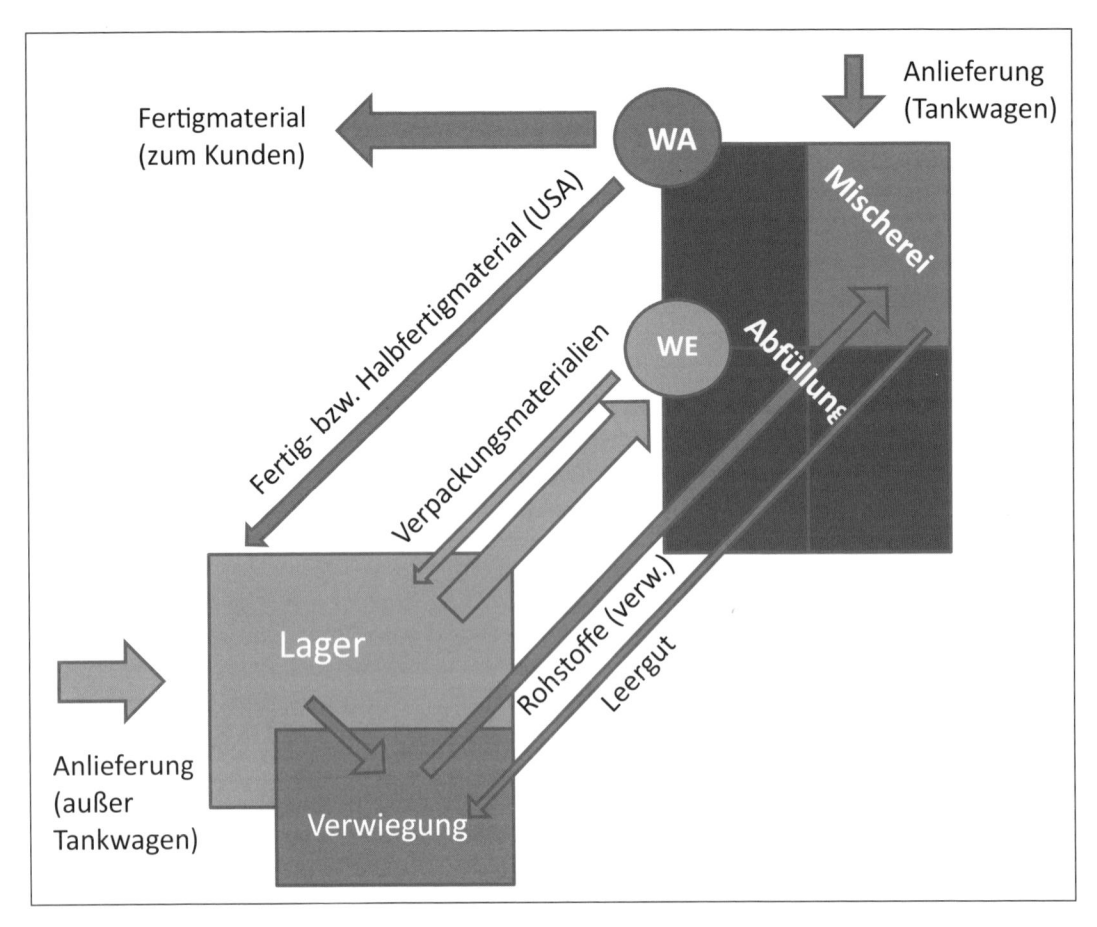

Abb. 1: Standortübergreifender Materialfluss (WE/WA = Warenein-/-ausgang)

2 Materialfluss im Misch- und Abfüllwerk

In analoger Darstellung zur Gesamtsituation werden für die Analyse dieses Standorts zunächst die einzelnen Bereiche visualisiert und modellhaft in Abb. 2 dargestellt. Nachfolgend wird zuerst der Bereich Abfüllung betrachtet, da dort die beiden grundsätzlichen Materialströme des eigentlichen fluiden Produkts (Shampoo, Dauerwelle, Haarfarbe usw.) und aller Verpackungsmaterialien (Flaschen, Tuben, Behälter, Verschlusskappen, Kartons, Etiketten etc.) zusammengeführt werden. Anschließend erfolgt die sukzessive Analyse der zufließenden Komponenten.

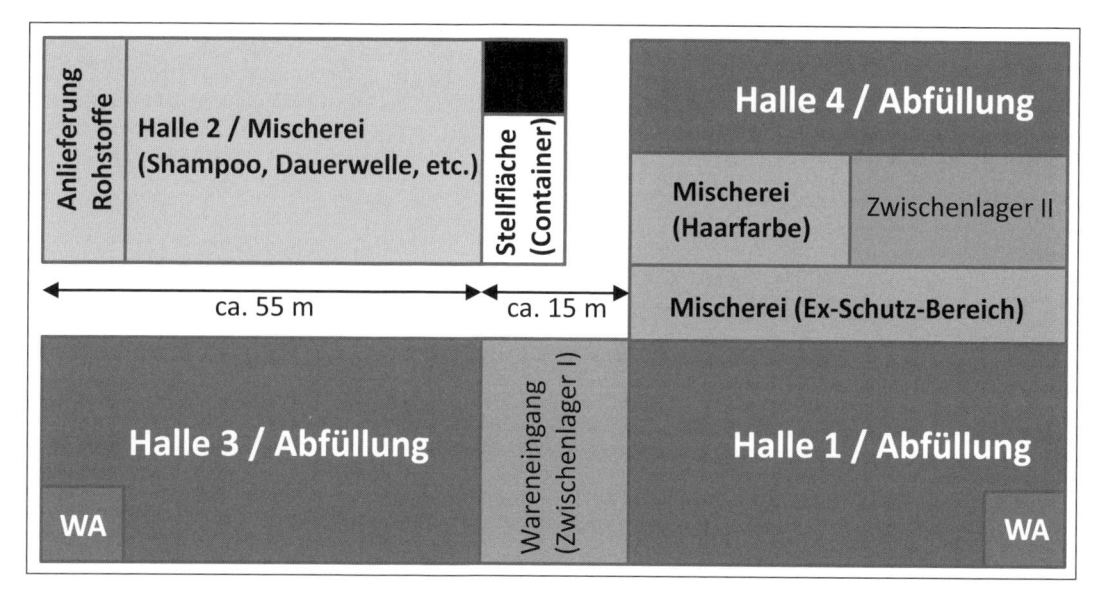

Abb. 2: Struktur des Misch- und Abfüllwerks

2.1 Materialfluss im Bereich Abfüllung

Um den Durchsatz in den einzelnen Bereichen der Abfüllung zu bewerten, wird zunächst eine Auswertung über einen Zeitraum von 6 Monaten anhand der im ERP-System gespeicherten Daten durchgeführt. Entscheidend ist es an dieser Stelle, die für die Abbildung des innerbetrieblichen Materialflusses richtigen Daten ausfindig zu machen. Diese sind häufig nicht mit direktem Bezug auf die intralogistische Fragestellung hinterlegt, sondern müssen über entsprechende Korrelationen, beispielsweise aus Stücklisten, identifiziert und für die Auswertung aufbereitet werden.

Daten eines ERP-Systems als wichtige Informationsquelle

Im vorliegenden Fall konnte über die Datenfelder zum Druck eines Warenetiketts eine Zuordnung aller Fertigpaletten der abgefüllten Produkte zu den einzelnen Hallen und Abfülllinien gefunden werden. Als zeitliche Auflösung für weitere Schlussfolgerungen wurde die Kalenderwoche gewählt als bester Kompromiss aus einer guten Übersichtlichkeit der Daten sowie einer geeigneten Abbildung der jeweiligen zeitlichen Produktionsschwankungen.

Die nachfolgende Tabelle in Abb. 3 zeigt einen beispielhaft auf die Halle 1 beschränkten Auszug der so ermittelten Fertigpaletten, die innerhalb von 6 Monaten an den einzelnen Abfülllinien und damit mit bekannter räumlicher Zuordnung produziert wurden.

Umsetzung & Praxis

Abfüll-Linien (Auszug)	Anz. Fertigpaletten (6 Monate)	Anteil (Gesamt)	Anteil (Halle)	Kumuliert (Halle)
Halle 1	14.847	51,08 %	100,00 %	100,00 %
Linie 101	4.419	15,20 %	29,76 %	29,76 %
Linie 102	2.767	9,52 %	18,64 %	48,40 %
Linie 103	1.947	6,70 %	13,11 %	61,51 %
Linie 104	1.528	5,26 %	10,29 %	71,81 %
Linie 105	1.252	4,31 %	8,43 %	80,24 %
Linie 106	1.121	3,86 %	7,55 %	
Linie 107	831	2,86 %	5,60 %	
Linie 108	246	0,85 %	1,66 %	
Linie 109	183	0,63 %	1,23 %	
Linie 110	170	0,58 %	1,15 %	
Linie 111	152	0,52 %	1,02 %	
Linie 112	119	0,41 %	0,80 %	
Linie 113	98	0,34 %	0,66 %	
Linie 114	14	0,05 %	0,09 %	

Abb. 3: Verteilung der Produktionsmengen in einem ausgewählten Bereich

In weitergehenden Analysen wurden wöchentliche Schwankungen, Zuordnungen zu Fertigungstagen bzw. zu einzelnen Schichten sowie die jeweiligen Spitzenwerte, auch in Korrelation mit analogen Auswertungen zu den anderen Bereichen, ermittelt. Ergänzend konnte auch über Stücklisten und Daten aus der Logistik des Verpackungsmaterials ermittelt werden, wie viele Paletten an Waren, hier Container mit den abzufüllenden Ansätzen, und Verpackungsmaterialien parallel an die Abfülllinien herangeführt werden mussten. Auch die abzutransportierenden Überstände bei Fertigungsauftragsende wurden quantifiziert.

Abschätzung der notwendigen Gesamtbewegungen

In der Summe aller Effekte konnte als Abschätzung auf der sehr sicheren Seite eine Gesamt-Bewegung von 30 Paletten pro Stunde (An- und Ablieferung) in der Halle 1 für den Bedarf an Flurförderfahrzeugen ermittelt werden.

Dies geschieht zum Zeitpunkt der Untersuchung in einer Arbeitsteilung zwischen den produktionsversorgenden Staplerfahrern (Schubmast-Stapler), dem Linienpersonal sowie dem Personal des Warenausgangs, welches i.d.R. die Fertigpaletten von den Abfülllinien abholt.

Vor dem Hintergrund der vorgestellten Auswertung kann die Anzahl der eingesetzten Flurförderfahrzeuge belegbar als überdimensioniert bewertet werden.

Neben den gesondert betrachteten Schubmast-Staplern für die Anlieferung an die Linien sind dem Bereich Abfüllung (ohne Warenausgang) als Ist- bzw. Ausgangssituation insgesamt 11 weitere elektrisch betriebene Flurförderfahrzeugen (Mitgängergeräte) zugeordnet. 2 dieser Geräte sind motorisch hebende und manuell fahrende Scheren-Gabelhubwagen, die durch Anheben und sukzessives Absenken der zur füllenden Fertigpalette für eine ergonomische Entlastung des Linienpersonals sorgen sollen.

2 der in der hier beispielhaft dargestellten Halle 1 eingesetzten Fahrzeuge sind in der nachfolgenden Abb. 4 gezeigt. Zusätzlich sind hier 2 bauartähnliche Fahrzeuge dauerhaft sowie ein weiteres Mitgängergerät zumindest temporär im Einsatz.

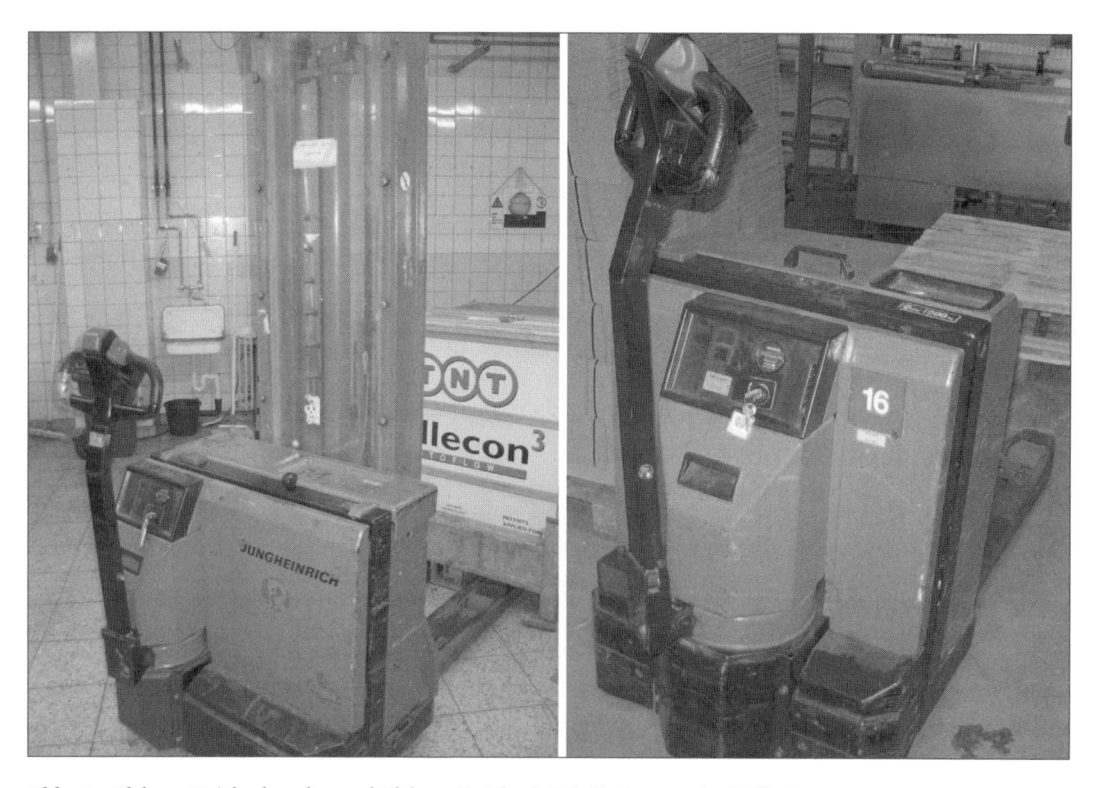

Abb. 4: Elektro-Deichselstapler und Elektro-Deichsel-Gabelhubwagen in Halle 1

Übereinstimmend mit der festgestellten Produktionsleistung in Halle 1 mit einem Anteil von rund 50 % der insgesamt produzierten Fertigpaletten sind auch 4–5 der genannten 9 elektrisch angetriebenen Flur-

Umsetzung & Praxis

förderfahrzeuge der Abfüllung (ohne Scheren-Gabelhubwagen) in diesem Bereich eingesetzt.

Identifizierung von Überkapazitäten

Um die (maximal) 30 geschätzten Paletten zu bewegen, sind 1–2 dieser Fahrzeuge völlig ausreichend, zumal hier nur der halleninterne Transport zu berücksichtigen ist. Die Anlieferung in die Halle hinein übernehmen die schon erwähnten Schubmast-Stapler, vergleichbar mit der Übergabe am Warenausgang (s. Abb. 4).

Ein Durchschreiten der Halle(n) in Längsrichtung als längster (gerader) Weg von rund 50 m (Wand zu Wand: ca. 55 m) benötigt mit einem Mitgängergerät ca. 45 Sekunden. Eine warenausgangsferne Lage einer Abfülllinie kompensiert sich ein stückweit durch die dann gegebene Nähe zum Wareneingang.

Abb. 5: Betriebliche Praxis in der Abfüllung

Die als Ansätze bezeichneten abzufüllenden Mischungen bilden mit den Edelstahl-Containern (maximal 1.400 kg) bzw. mit den TNT-Containern (maximal 1.100 kg) die schwersten Transporteinheiten. Alle anderen Paletten liegen – zum Teil sehr deutlich – unter 1.000 kg. Dies gilt insbesondere für die Verpackungsmaterialien; die meisten Paletten lassen sich hier sogar von Hand anheben und liegen in einem Gewichtsbereich von 100–300 kg.

Dementsprechend hoch ist der Einsatz der zahlreichen zusätzlichen Handgabelhubwagen, wie Abb. 5 in einer Zusammenfassung der verschiedenen Abfüllhallen zeigt. Dies führt zu einem noch geringeren Nutzungsgrad der vorhandenen elektrischen Flurförderfahrzeuge.

Konkrete Vorschläge für eine Reduzierung erfordern zunächst eine bereichsübergreifende Betrachtung des Standorts mit den Schnittstellen zu den anderen Bereichen wie Mischerei und Warenausgang.

2.2 Materialfluss in den 3 Mischereien

Die Mischereien bestehen aus den Teilbereichen „Herstellung Shampoo/Kuren" und „Herstellung Fixierung" (Dauerwelle) – beide räumlich zusammengefasst in Halle 2, des Weiteren aus dem Teilbereich „Herstellung Farbe" in Halle 4 und einem „Ex-Bereich" – in dem alkoholhaltige Mixturen hergestellt werden. Hier gelten entsprechende Anforderungen des Explosionsschutzes für die eingesetzten Betriebsmittel einschließlich der eingesetzten Flurförderfahrzeuge.

Nutzungsgrade von Flurförderfahrzeugen werden häufig stark überschätzt

Die für die jeweiligen Ansätze (Mischchargen) vorkonfektionierten Rohstoffe werden von dem 2. Standort zu etwa 2/3 in speziellen Aluminium-Gitterboxen und zu 1/3 auf Europaletten angeliefert. Eine typische Situation hierzu zeigt Abb. 6. Bezüglich der jeweiligen Mengen ist in der Tabelle in Abb. 7 eine Abschätzung „auf der sicheren Seite" wiederum aus dem Datenbestand des ERP-Systems wie Stücklisten und Belegen zum standortübergreifenden Pendelverkehr abgeleitet.

Umsetzung & Praxis

Abb. 6: Abgeladene Rohstoffe vor einem der Mischereibereiche

Teilbereich	Anzahl der Ansätze pro Tag	Paletten je Ansatz	Durchschnitt (geschätzt)	Summe (Teilbereich)
Shampoo/Kuren	12	1 bis 6	4	48
Fixierung	4	1		4
Farbe	10	1		10
Ex-Schutz	4	2		8
Summe	30			70

Abb. 7: Abschätzung des Materialflusses bei der Rohstoffanlieferung

Neben den Rohstoffpaletten sind die fertigen Ansätze die 2. wichtige Komponente des Materialflusses in den Mischereien. Im Bereich „Shampoo/Kuren" werden hier die TNT-Container verwendet, wobei rund 75 % der Ansätze aus 5 Containern und etwa 25 % der Ansätze aus 3 Containern bestehen. In Ausnahmefällen bei stark schäumenden

Produkten können auch 6 Container einen Ansatz bilden. In Summe ist somit von etwa 55 Containern auszugehen. Im Bereich „Fixierung" wird häufig über Verrohrungen und Tanksysteme gearbeitet, ansonsten ist hier von etwa 12–15 Containern (typ. IBCs) pro Tag auszugehen.

Einschließlich der Rohstoffpaletten ergeben sich damit in Summe weniger als 120 Bewegungen von Paletten- bzw. äquivalenten Einheiten pro Tag für die beiden Mischereibereiche in Halle 2. Hinzu kommen aufgrund der räumlichen Enge Rangier- bzw. Sortierfahrten. Dennoch wirkt ein Fuhrpark von 4 Elektro-Deichselstaplern in diesem Bereich überdimensioniert (s. Abb. 8). Die während paralleler Rundgänge häufig beobachtete Nichtnutzung der Fahrzeuge bestätigt diesen Eindruck.

Abb. 8: Elektro-Deichselstapler im Bereich der Mischereien (Halle 2)

In Mischereibereich „Farbe" in der benachbarten Halle 4 sind 2 weitere Elektro-Deichselstapler im Einsatz, was unter dem Gesichtspunkt der Verfügbarkeit (Redundanz) durchaus Sinn macht. Der aber auch hier gleichermaßen gegebene geringe Nutzungsgrad lässt den Schluss zu, dass eines dieser beiden Geräte auch als Reservegerät für andere Bereiche gesehen werden kann.

Im Ex-Schutz-Bereich der Mischereien sind ebenfalls 2 Elektro-Deichselstapler im Einsatz, hier entsprechend der Umgebungsbedingung in Ex-Schutz-Ausführung. Für die eigentlichen Transportaufgaben genügt unzweifelhaft ein Fahrzeug. Aufgrund der für die Aufrechterhaltung der

Umsetzung & Praxis

Produktion zwingend notwendigen Verfügbarkeit ist die redundante Lösung mit 2 Fahrzeugen jedoch unverzichtbar.

Ein Ansatz besteht jedoch dahingehend, dass ein Reservefahrzeug einfacher ausgeführt sein kann.

2.3 Materialfluss in den sonstigen Bereichen

Arbeitssicherheit als wichtiges Kriterium für die Fahrzeugwahl

Zusätzlich untersucht wurden weitere Bereiche wie Containerspüle, Wareneingang, Warenausgang und innerbetrieblicher Transport (inkl. Entsorgung und sonstige Arbeiten im Außenbereich).

Wichtig sind hier ergänzende Überlegungen zur Arbeitssicherheit. Der innerbetriebliche Transport, hier insbesondere die Materialversorgung an den Abfülllinien, erfolgt in der Ausgangssituation mit Schubmast-Staplern, die im Vergleich zu Deichsel-Staplern deutlich größer bauen (s. hierzu den Vergleich in Abb. 9 mit einer Gegenüberstellung zur räumlichen Situation in der Fertigung).

Abb. 9: Fahrzeuge im Größenvergleich und räumliche Situation

Von mehreren Interviewpartnern wurde ein Unwohlsein angesichts der Unfallgefahr geäußert, auch verknüpft mit dem Ansatz, die erlaubte Fahrgeschwindigkeit für die Schubmast-Stapler im Bereich der Abfüllung deutlich herabzusetzen.

Diese Maßnahme würde jedoch selbsterklärend an dieser Stelle zu einer Reduzierung des intralogistischen Durchsatzes führen. Dieser ist angesichts des häufig niedrigen Palettengewichts ohnehin gering oder muss aus Sicherheitsgründen limitiert werden. So werden die Ansatz-Container zwar i.d.R. doppelstöckig gelagert, aber nur einzeln aus den Mischereien an die Linien in der Abfüllung gefahren. Auch Verpackungsmaterial muss trotz des geringen Gewichts als einzelne Palette gefahren werden, wenn die Paletten mit gleichen Artikeln nicht stabil aufeinander stehen oder von verschiedenen Artikeln pro Fertigungsauftrag nur einzelne Paletten benötigt werden.

Beispielhaft zu nennen sind auch die Behälter zur Entsorgung, die ebenfalls für den Fahrbetrieb nicht sicher stapelbar sind und damit einzeln transportiert werden müssen.

Anzumerken ist auch, dass angesichts der räumlichen Enge trotz zahlreicher Schutzeinrichtungen Anfahrschäden an den Maschinen heute kaum vermeidbar sind.

Abschließend sei auf eine weitere bereichsübergreifende Aufgabenstellung verwiesen, die sich aus zusätzlich verwendeten Einmalpaletten ergibt, die für Exporte nach England und in die USA verwendet werden. Für diese Paletten ist ein vorhandener Wickler mit einer bodenintegrierten Platte zu klein. Die Ausführung des 2. Wicklers mit erhabenem Drehteller und Einfahrkanälen kann bei diesen Paletten nicht mit den vorhandenen Elektro-Deichsel-Gabelhubwagen oder Elektro-Deichsel-Staplern bedient werden, sodass in beiden Fällen eine zusätzliche Europalette untergelegt werden muss. Dies bedeutet eine zusätzliche Belastung des Personals an den Abfülllinien sowie ein ablaufstörendes Separieren der Paletten beim Verladen im Warenausgang.

2.4 Zusammenfassung und Optimierungen

Zusammenfassend ist festzustellen, dass an diesem Standort, insbesondere in der Abfüllung, aber auch in der Mischerei, eine augenscheinliche Überdimensionierung in der Anzahl der Elektro-Deichselstapler, aber auch der Elektro-Deichsel-Gabelhubwagen gegeben ist, nicht zuletzt vor dem Hintergrund der zahlreichen zusätzlichen Handhubwagen, zum Teil mit Wiege-Einheiten, die hier für zahlreiche Intralogistikaufgaben völlig genügen. Weitere Erkenntnisse sind:

Herstellerseitige Modifikationen von Standardfahrzeugen nutzen

- Im Rahmen eines einzelnen Fertigungsauftrags müssen häufig mehrere Paletten von Verpackungsmaterial oder mehrere TNT-Container (typ. 3 oder 5) zu einem Ansatz verbracht werden, i.d.R. können aber

nur einzelne Paletten gefahren werden. (Ausnahme: stabil aufeinanderstehende Paletten gleichen Verpackungsmaterials).
- Hier ist zudem auffällig, dass trotz der eher niedrigen Transportleistung beim innerbetrieblichen Transport mit den verwendeten Schubmast-Staplern angesichts der räumlichen Situation (sehr) groß dimensionierte Fahrzeuge eingesetzt werden.
- Innerhalb der Hallen gibt es keine Möglichkeit, die zu wickelnden Einmalpaletten (England, USA) ohne das Unterlegen einer zusätzlichen Euro-Palette zu transportieren.
- Im Ex-Schutz-Bereich ist ein sehr geringer Nutzungsgrad der beiden eingesetzten Deichselstapler bei allerdings gleichzeitig notwendiger Redundanz festzustellen.
- Für die ineinandergreifenden und zudem räumlich eng verbundenen Bereiche Abfüllung und Warenausgang wird als neu einzusetzende Fahrzeugbauart ein freitragender Deichselstapler identifiziert. Ein derartiges Fahrzeug kann einschließlich der Aufgabenstellung zu den Einmalpaletten letztlich alle Fahrtätigkeiten ausführen, für die ein elektrisches Flurförderfahrzeug notwendig ist, die Separierung der aufeinandergestellten TNT-Container eingeschlossen.
- Neben wenigen aufeinandergestellten Paletten mit Verpackungsmaterialien beschränken sich sonstige Materialbewegungen auf den Niederhubbereich, hier in den meisten Fällen in einem Gewichtsbereich, der sich problemlos, wie auch die heutige Praxis zeigt, mit Handgabelhubwagen bewegen lässt.
- Für ein in Ausnahmefällen möglicherweise vorkommendes Zusammenfallen von hohen Gewichten und extremer räumlicher Enge oder zum Abfangen besonderer Bedarfsspitzen ist es durchaus sinnvoll, je Halle einen zusätzlichen Elektro-Deichsel-Gabelhubwagen einzusetzen.
- Ungeachtet der 4 Schubmast-Stapler im Warenausgang und in der Abfüllung können damit 10 Elektro-Deichsel-Gabelhubwagen und Elektro-Deichselstapler in der Ausgangssituation auf 4 Fahrzeuge im Soll-Konzept reduziert werden.
- Falls es der damit zu erwartende deutlich höhere Nutzungsgrad dieser Fahrzeuge erfordert, können Wechselbatterien oder Ladegeräte mit Hochfrequenztechnik eingesetzt werden.
- Neben einem identifizierten Ringtausch von Fahrzeugen wird im Bereich des Wareneingangs und der nachfolgenden Verbringung des Materials an die Abfülllinien als Alternative zu den bislang eingesetzten Schubmast-Staplern ein Elektro-Deichselhubwagen/-stapler vorgeschlagen. Neben einer höheren Transportleistung ist so auch eine der räumlich engen Situationen besser angepasste Lösung mit einer Reduzierung des Unfallrisikos zur erreichen. Typische Standard-

ausführungen dieser Fahrzeuge bieten eine Hubhöhe von rund 2,50 m und eine Maximallast von 2 × 1,0 t im Doppelstockbetrieb oder 2,0 t bei Einfachbeladung.

- Entscheidend ist an dieser Stelle eine Gegenüberstellung mit den betriebsinternen Erfordernissen. Im vorliegenden Fall muss das Fahrzeug auch eine Last von 2 × 1,1 t aufnehmen können, sodass dann – als schwerste Last – auch 2 TNT-Container gleichzeitig sicher gefahren werden können, ebenso wie die ansonsten nicht sicher aufeinanderstehenden Paletten mit Verpackungsmaterialien und die nicht stapelbaren Behälter zur Entsorgung.
- Weiterhin ist es notwendig, dass die Hubhöhe auf 2,80 m erweitert werden kann, sodass hier auch die 3. Ebene selbst sehr hoher aufeinandergestapelter Verpackungsmaterial-Paletten (max. 2,70 m) erreicht werden kann. Hier muss geprüft werden, welche Hersteller derartige Modifikationen von Standardfahrzeugen anbieten können. Eine Lösung konnte im vorliegenden Fall gefunden werden.
- Ein sehr ähnliches Fahrzeug ist ebenfalls für die Mischereien (ohne den Ex-Schutz-Bereich) eine gute Alternative. Auch hier können Prozesskosten gesenkt werden, wenn 2 TNT-Container gleichzeitig sicher transportiert werden können. Zudem können dann auch 2 Rohstoffpaletten, die laut Abb. 6 häufig nicht stapelbar sind, von dem entsprechenden Lagerplatz mit nur einer Fahrt zu den Mischanlagen gefahren werden. Aufgrund der räumlichen Enge wird hier ein in der Bauart schlankeres Fahrzeug vorgeschlagen, das ausschließlich mit einer Deichselführung angeboten wird. Dieses Fahrzeug sollte mindestens 2 der heute vorhandenen Elektro-Deichselstapler ersetzen können. Die in diesem Fall verbleibenden 4 Elektro-Deichselstapler stellen in jedem Fall noch eine Reserve für die anderen Bereiche dar.
- Für den Ex-Schutz-Bereich konnte eine Lösung mit einer Reduzierung auf einen elektrisch angetriebenen Deichselstapler gefunden werden. Die notwendige Redundanz wird durch ein geeignetes handbedientes Gerät erreicht. Notwendige Lasten und Hubhöhen können problemlos realisiert werden.
- Der notwendige Aufwand für den Ex-Schutz ist bei einem nicht elektrisch betriebenen Gerät selbsterklärend erheblich geringer. Eine auch hier notwendige Ex-Schutz-Zulassung reduziert sich auf Themen wie beispielsweise die Funkenvermeidung bei mechanischem Anschlagen oder (zumindest) einem Rad aus leitfähigem Material zum Ableiten elektrostatischer Aufladungen.

Umsetzung & Praxis

3 Materialfluss im Logistik-Center

Analog zur Betrachtung des Misch- und Abfüllwerks wird auch hier zunächst eine schematische Darstellung des Standorts vorangestellt (Abb. 10). Die nachfolgenden Ausführungen beschränken sich auf den Materialfluss des Verpackungsmaterials, da in diesem Bereich die wesentlichen Potenziale der Intralogistikkosten an diesem Standort liegen.

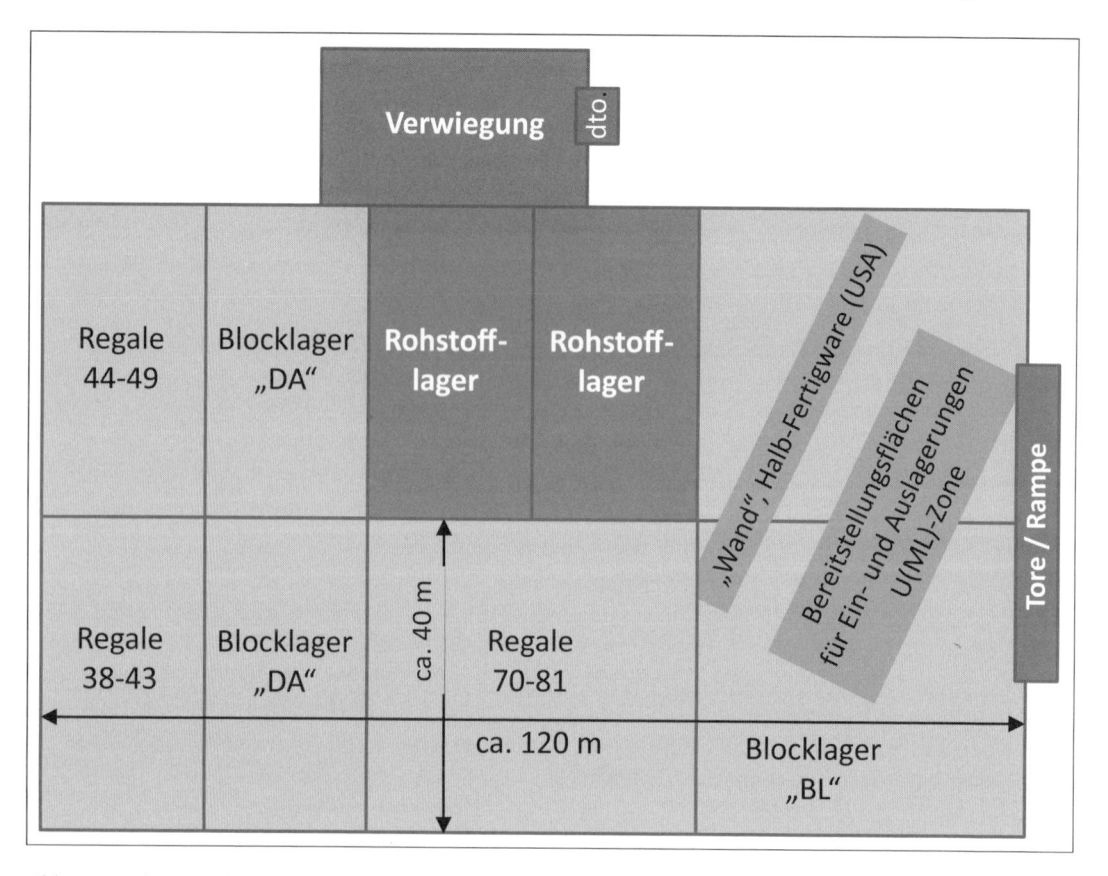

Abb. 10: Schematische Darstellung des Logistik-Centers

Über eine Auswertung der Buchungen im ERP-System zur Ein-, Aus- und Umlagerung werden zunächst die wesentlichen Warenströme quantifiziert. Bezugszeitraum ist wiederum ein Halbjahr, das zu diesen Bewegungen ca. 79.000 Datensätze umfasst.

Das in Abb. 11 tabellarisch gezeigte Ergebnis lässt eine Reihe von interessanten Schlussfolgerungen zu.

Innerbetrieblicher Materialfluss

Nach: Von:	Lager „BL"	Lager „DA"	Regale 38–43	Regale 44–49	Regale 70–81	Schrott	Tore/Rampe	U(ML)-Zone	Wand	Gesamt
Aufnahme		109	102	47	119					377
Lager „BL"			8	3	3		4	1.872		1.890
Lager „DA"			24	3	39	20	368	13.769	41	14.264
Regale 38–43		18	20		62	7	311	8.199	4	8.621
Regale 44–49		7	6		13	11	337	6.400		6.774
Regale 70–81		2	103	32	196	30	1.189	4.250	25	5.827
Tore/Rampe	1.874	13.145	6.535	5.267	1.629				1.062	29.512
U(ML)-Zone	12	145	1.741	863	3.404				92	6.257
Wand	101				77	24	8	943		1.153
Gesamt	1.987	13.426	8.539	6.215	5.542	92	2.217	35.433	1.224	74.675

Abb. 11: Tabellarische Darstellung der Anzahl von Palettenbewegungen

Umsetzung & Praxis

Die 8 hellgrau unterlegten Felder stellen 80 % (genauer: 81,65 %) aller Palettenbewegungen dar, zusammen mit den 4 weiteren dunkelgrau unterlegten Feldern werden 90 % (genauer: 91,18 %) aller Palettenbewegungen abgebildet.

Für die weiteren Auswertungen werden die benachbarten Blöcke eines unterflurigen Verschieberegals, bestehend aus den Regalen 38–43 und 44–49, zusammengefasst. Es fällt an dieser Stelle auf, dass rund 57 % der Palettenbewegungen auf die Regale 38–43 entfallen (etwas günstigere Anfahrt in Hauptgangverlängerung). Eine verlängerte Aufnahme für die Paletten im Übergabebereich ist jedoch vor dem weniger genutzten Teil mit den Regalen 44–49 installiert (s. Abb. 12).

Abb. 12: Palettenbahnen am unterflurigen Verschieberegal (links: 38–43, rechts: 44–49)

Ergänzend zu der Tabelle in Abb. 11 mit den markierten Hauptströmen der Palettenbewegungen werden in Abb. 13 mit der Zusammenfassung der unterflurigen Regale die Bewegungen tabelliert, die besonders weite Wege bedeuten, hier auch mit der zusätzlichen Berechnung eines Tagesdurchschnittswerts aus den ausgewerteten 122 Arbeitstagen.

Mit 57.080 Palettenbewegungen (von insgesamt 74.675) bilden diese Teilmengen zwischen den Bereitstellungsflächen im Bereich der Tore und den beiden am weitesten entfernten Lagerbereichen etwa 75 % des gesamten Materialflusses ab (Tagesdurchschnittswerte: 468 von 612 Gesamtbewegungen). Angesichts der Fahrwege kann sicherlich von einem „Arbeitsanteil" von über 80 % ausgegangen werden.

Nach: Von:	Lager „DA"	Regale 38–49	Tore/Rampe U(ML)-Zone	Summe (01–06/2011)	Durchschnitt (je Tag)
Tore/Rampe U(ML)-Zone	13.290	14.406		27.696	227
Lager „DA"			14.137	14.137	
Regale 38–49			15.247	15.247	
Summe (6 Monate)	13.290	14.406	29.384	57.080	468
Durchschnitt (je Tag)			241		

Abb. 13: Zusammenfassung der Palettenbewegungen im Logistik-Center

Hier ist ein wesentlicher Ansatzpunkt für eine Verbesserung der flurförderfahrzeuggestüzten Intralogistik zu sehen, zumal mit den in der Ausgangssituation vorhandenen Fahrzeugen nur Einzelpaletten transportiert werden, abgesehen von leichten und sicher aufeinanderstehenden Paletten des Verpackungsmaterials. Die Abbildungen 14 und 15 geben einen Eindruck von den räumlichen Verhältnissen und der heute praktizierten Verbringung der Paletten.

Abb. 14: Bereitstellungsflächen mit angeliefertem Verpackungsmaterial

Umsetzung & Praxis

Abb. 15: Beispielhafte Verbringung des in Abb. 14 bereitgestellten Verpackungsmaterials

Im Vergleich zu diesem augenscheinlich hohen Verbesserungspotenzial sind Optimierungen in den sonstigen Bereichen der Logistik eher in untergeordneten Details zu sehen.

Zu nennen ist hier beispielsweise die zu prüfende Laufrichtungsumschaltung der Palettenbahnen in Abb. 12, die sowohl beim Ein- als auch beim Auslagern die Stellkapazitäten durch dann paralleles Benutzen beider Bahnen erhöhen würde und unterschiedliche Arbeitsgeschwindigkeiten beim An- oder Abfahren bzw. beim Handling im unterflurigen Verschieberegal besser ausgleichen könnte.

Das zuvor aufgezeigte Verbesserungspotenzial führt zu der Aufgabenstellung, mit einzelnen Fahrten über die langen Wege zwischen den Bereitstellungsflächen in der Nähe der Tore/Rampen und den entferntesten, aber gleichzeitig auch materialumschlagintensivsten Lagerbereichen „DA" und „Regale 38–49" (Übergabe Rollbahnen) mehr Paletten zu transportieren. Angesichts des höheren Anteils der ohnehin sicher aufeinanderstehenden Paletten mit Verpackungsmaterialien ist der Einsatz von Doppelstock-Hubwagen, wie für das Misch- und Abfüllwerk vorgeschlagen, hier zwar denkbar, andere Lösungen versprechen aber eine höhere Effizienzsteigerung.

Hierzu wurden am Markt verfügbare Flurförderfahrzeuge vorgeschlagen, mit denen zwei Paletten hintereinander und/oder nebeneinander transportiert werden können, ungeachtet des doppellagigen Transportes, bei dem dann je Einzelfahrt eine Steigerung auf 4 oder sogar 8 Paletten möglich ist.

4 Fazit

Wesentliches Ergebnis der Untersuchungen ist ein Abgleich der Materialbewegungen mit dem gegebenen Park der Flurförderfahrzeuge als Basis für den Vergleich zum heutigen Stand der Technik in dieser Sparte.

Ergebnisse der Bewegungsaufnahmen in den einzelnen Bereichen sowie der sonstigen Datenerhebung wurden unter Nutzung von statistischen Verfahren in ihrer Aussagesicherheit quantifiziert.

Zusammenfassend konnte folgende Potenzialabschätzung zur Kostenoptimierung in der flurförderfahrzeuggebundenen Intralogistik abgeleitet werden:

Wesentliche Optimierungspotenziale aufgedeckt

- Reduzierung von 10 auf 4 Elektro-Fahrzeuge in der Abfüllung und im Warenausgang bei verbesserter Einsatzmöglichkeit der Fahrzeuge (Paletten-Handling)
- Vorstellung eines umschlagstärkeren und unfallrisikominimierenden alternativen Konzepts für den innerbetrieblichen Transport
- Vorstellung eines umschlagstärkeren Fahrzeugs für die Mischerei mit mindestens möglicher Reduzierung um ein weiteres Fahrzeug
- Vorschlag für eine kostengünstige Redundanz der Fahrzeuge im Ex-Schutz-Bereich
- Vorstellung eines deutlich umschlagstärkeren Konzepts für das Logistik-Center mit hohem Prozesskosten-Senkungspotenzial

Umsetzung & Praxis

Prozessorientierte Gemeinkosten-Planung und -Steuerung in Versicherungsunternehmen

- Die Planung und Steuerung von Gemeinkosten ist oft unzureichend, weil Kostentransparenz und Outputorientierung fehlen – in Versicherungsunternehmen wie auch in Unternehmen anderer Branchen.

- Die Prozesskostenrechnung analysiert die betrieblichen Abläufe auf Unternehmensebene (Geschäfts- und Hauptprozesse) sowie auf Kostenstellenebene (Teilprozesse) und ordnet ihnen Kapazitäten und Kosten zu. Über diese Prozessstruktur können die Gemeinkosten in einem durchgehenden Planungsablauf ausgehend vom vorgesehenen Leistungsoutput transparent und objektiv geplant werden. Zusätzlich ermöglichen Plan-Ist-Vergleiche der Prozessmengen, -kosten und -kostensätze eine effektive Wirtschaftlichkeitskontrolle der Gemeinkostenbereiche.

- Alle angesprochenen Methoden werden an konkreten Beispielen aus dem Versicherungsbereich erläutert, lassen sich aber sehr leicht auch auf andere Branchen übertragen.

Inhalt		Seite
1	Gemeinkostenmanagement im Versicherungsunternehmen	187
2	Prozesskostenrechnung im Versicherungsunternehmen	188
2.1	Prozessmodell	189
2.2	Ermittlung der Prozesskosten	193
3	Gemeinkosten-Planung und -Steuerung	194
3.1	Ablauf der Planung im Versicherungsunternehmen	194
3.2	Prozessorientierte Gemeinkosten-Planung	195
3.3	Wirtschaftlichkeitskontrolle	198
4	Ausblick: Vom Prozesskostenmanagement zum Prozessmanagement	200
5	Literaturhinweise	201

■ **Der Autor**

Prof. Dr. Jürgen Bischof ist Professor für Controlling an der Hochschule Aalen.

1 Gemeinkostenmanagement im Versicherungsunternehmen

Schon seit vielen Jahren sehen sich Versicherungsunternehmen einem verschärften Wettbewerb gegenüber. Er zwingt sie dazu, gleichzeitig die Servicequalität für die Kunden zu steigern und die Kosten zu senken. Hierbei kommt dem Gemeinkostenmanagement eine große Bedeutung zu, da die Gemeinkosten eine starke Wirkung auf das Ergebnis eines Versicherungsunternehmens besitzen und am ehesten aktiv beeinflusst werden können. Auch ist zu erwarten, dass der Anteil der Gemeinkosten an den gesamten Kosten des Versicherungsunternehmens weiter zunehmen wird.[1]

Gemeinkosten sind von großer Bedeutung

Die in der Praxis verwendeten Verfahren des Kostenmanagements entsprechen allerdings nicht immer dieser Bedeutung der Gemeinkosten, sondern weisen zum Teil deutliche Defizite auf. Insbesondere fehlen oftmals eine verursachungsgerechte Kostenzuordnung und damit die eigentlich so wichtige kostenwirtschaftliche Transparenz.[2] Dies betrifft insbesondere kleine und mittlere Versicherungsunternehmen, die die entsprechenden Möglichkeiten moderner Workflow-Management-Systeme nicht (voll) nutzen.[3]

Defizite in der Praxis

Auch bei der Budgetierung der Gemeinkosten treten sowohl bei Versicherern als auch bei anderen Unternehmen häufig Probleme auf.

In einem Budget werden für eine Kostenstelle die Kosten geplant, die in einem bestimmten Zeitraum – meist ein Jahr – anfallen werden. Die Budgets werden mit den Kostenstellenverantwortlichen vereinbart, wobei im Allgemeinen ein Gegenstromverfahren angewendet wird. Das bedeutet, dass die Vorgaben der Geschäftsführung (Top-Down) mit den Planungen des Kostenstellenleiters (Bottom-Up) auf einander abgestimmt werden. Der Leiter der Kostenstelle kann dann eigenverantwortlich im Rahmen dieses Budgets handeln.[4]

Gegenstromverfahren der Budgetierung

Statt allerdings bei der Planung der Leistungen (dem Output) einer Kostenstelle anzusetzen, stellen die Budgets oft nur eine inputorientierte Fortschreibung der in der letzten Periode entstandenen Kosten dar

Fehlende Orientierung am Output

---

[1] Vgl. beispielsweise Arthur D. Little, 2008, mit einem Vergleich der Abschluss- und Verwaltungskostenquote von 50 großen Schaden- und Unfallversicherungsgesellschaften in Europa. Die Kostenquoten reichen dabei von 14,2 % bis zu 35,8 % (Abschluss- und Verwaltungskosten im Verhältnis zu den netto vereinnahmten Beiträgen).

[2] Vgl. beispielsweise Franz/Winkler, 2010, S. 103 f., sowie die Ergebnisse der Experteninterviews von Kämmler-Burrak/Wieland, 2010, S. 115–119.

[3] Vgl. Gensch, 2011, S. 440 f.

[4] Für grundlegende Hinweise zur Budgetierung vgl. beispielsweise Bleiber, 2011, oder Fischer/Möller/Schultze, 2012, S. 421–445.

(beispielsweise nach dem Prinzip „Vorjahr plus Inflation"). Es werden also reine Kostenbudgets aufgestellt, die keine Leistungsmengenvorgaben beinhalten. Solche Budgets können einfach dadurch eingehalten werden, dass das Leistungsvolumen oder -niveau abgesenkt wird.

Keine Gemeinkostensteuerung möglich

Damit sind Budgets für die Steuerung der Gemeinkosten unbrauchbar. Eine effektive Wirtschaftlichkeitskontrolle ist nicht möglich, da die Produktivitätsrelation der Vergangenheit in die Budgetperiode übertragen wird. Stattdessen wird ein Etatdenken gefördert, d.h. Budgets werden – spätestens am Jahresende – vollständig ausgeschöpft, um eine Kürzung im nächsten Jahr zu vermeiden. Zudem bemühen sich die Kostenstellenverantwortlichen, bereits im Budgetierungsprozess durch überhöhte Planungen Spielräume in ihre Budgets einzubauen, während auf der anderen Seite die Geschäftsführung mit pauschalen Kürzungen dem entgegenzuwirken versucht.

Fortschreibung der Kosten verhindert effektive Planung

Insgesamt handelt es sich bei solch einer Budgetierung auch gar nicht um eine Kostenplanung, sondern nur um eine Prognoserechnung. Der bestehende Ablauf der Produktionsprozesse wird als gegeben akzeptiert, und die Entwicklung der Kosten wird prognostiziert.

2 Prozesskostenrechnung im Versicherungsunternehmen

Prozesskostenrechnung als Lösungsansatz

Um diese Defizite im Gemeinkostenmanagement zu überwinden, bietet sich die Prozesskostenrechnung an; denn diese verfolgt gerade das Ziel, für eine Transparenz in den Gemeinkostenbereichen zu sorgen. Dabei wird von der Erkenntnis ausgegangen, dass die betrieblichen Aktivitäten (Prozesse) die Haupteinflussfaktoren für die Gemeinkosten sind. Die Prozesskostenrechnung analysiert diese Prozesse und ermittelt die von ihnen in Anspruch genommenen Kosten. Diese Prozesskosten werden wiederum entsprechend der Inanspruchnahme von Prozessen durch die Endkostenträger auf diese verrechnet.[5]

---

[5] Vgl. hierzu und zum Folgenden sowie für eine ausführliche Beschreibung des Vorgehens bei der Prozesskostenrechnung Bischof, 1997, S. 49–78, und die dort angegebene Literatur. Vgl. auch den Beitrag zur Prozesskostenrechnung von Rieg in diesem Buch mit der dort angegebenen Literatur sowie Franz/Winkler, 2010, S. 104–106, und Fischer/Möller/Schultze, 2012, S. 238–261, mit 2 konkreten Beispielen zum Prozesskostenmanagement.

2.1 Prozessmodell

Das Fundament der Prozesskostenrechnung bildet ein Prozessmodell, das sich in die Ebenen der Geschäfts-, Haupt- und Teilprozesse gliedern lässt.

Unter einem Geschäftsprozess versteht man dabei ein wesentliches Aufgabenfeld eines Versicherungsunternehmens. Die Geschäftsprozesse orientieren sich an der Wertschöpfungskette und stimmen in etwa für alle Versicherungsunternehmen überein.[6] An einem Geschäftsprozess sind im Allgemeinen mehrere – in manchen Fällen sogar alle – Abteilungen bzw. Kostenstellen beteiligt. Eine beispielhafte und schematische Übersicht gibt Abb. 1, wobei die genaue Festlegung der Geschäftsprozesse unternehmensindividuell erfolgen muss.

Geschäftsprozesse

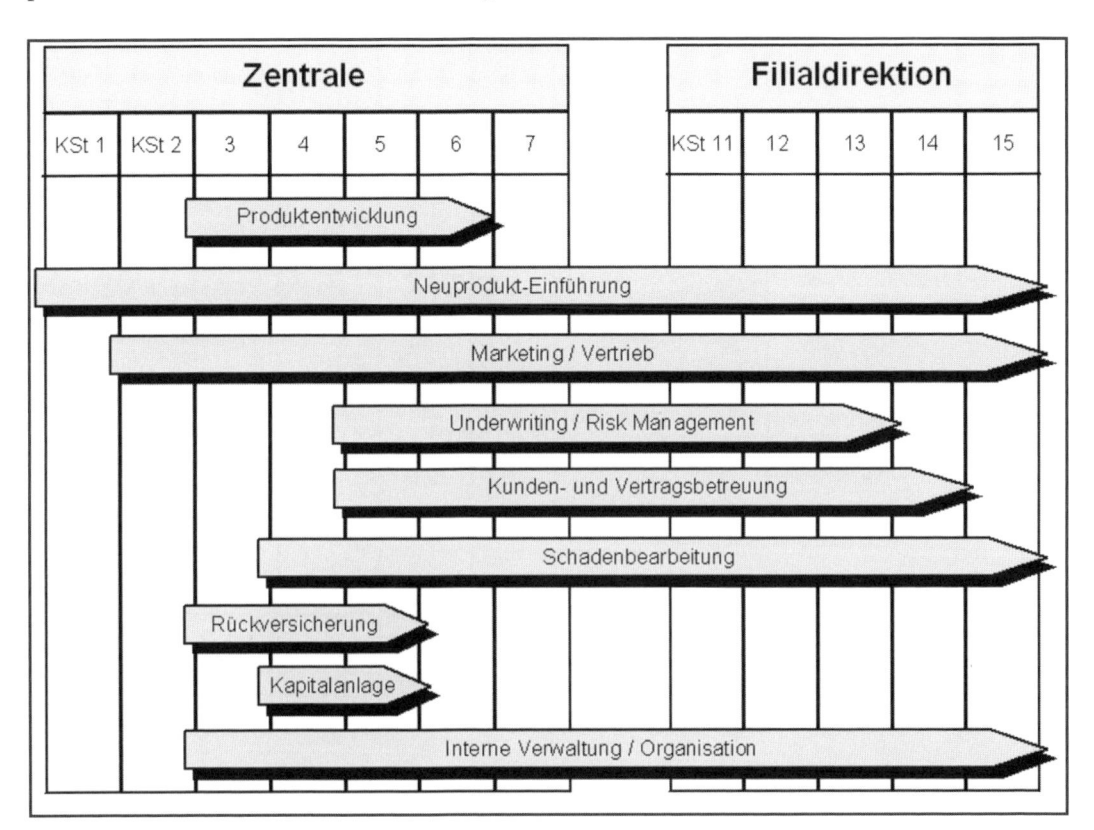

Abb. 1: Beispiele für Geschäftsprozesse in einem Versicherungsunternehmen[7]

---

[6] Zur marktorientierten Leistungserstellung und den Kern-, Unterstützungs- und Führungsprozessen in Versicherungsunternehmen vgl. beispielsweise Bartsch, 2002, S. 78–91 und 140–152.

[7] Bischof, 1997, S. 56, in Anlehnung an Horváth & Partner GmbH, 1995, S. 9.

Hauptprozess		Cost Driver	Kapazität (MJ)		Prozesskosten (EUR)		Prozesskostensatz (EUR)	
Nr.	Bezeichnung	Bezeichnung (Anzahl der...)	Menge	gesamt	lmi	gesamt	lmi	gesamt
1	Risikoprüfung und Angeboterstellung KGrp. A	Angebote KGrp. A	3.000	0,6	60.000	65.000	20	22
2	Risikoprüfung und Angeboterstellung KGrp. B	Angebote KGrp. B	7.000	2,3	240.000	260.000	34	37
3	Antragsbearbeitung und Policierung KGrp. A	Anträge KGrp. A	40.000	6,2	610.000	650.000	15	16
4	Antragsbearbeitung und Policierung KGrp. B	Anträge KGrp. B	15.000	6,0	580.000	630.000	39	42
5	Vertragsänderung/ Stornierung	Änderungen/ Stornierungen	60.000	17,8	1.700.000	1.800.000	28	30
6	Vertragsbetreuung	Verträge	350.000	19,0	1.850.000	1.980.000	5	6
7	Bearbeitung Zahlschaden FD	Zahlschäden FD	11.000	4,3	450.000	505.000	41	46
8	Bearbeitung Zahlschaden Dir.	Zahlschäden Dir.	4.000	2,4	250.000	270.000	63	68
9	Bearbeitung Korrespondenzschaden FD	Korrespondenzschäden FD	8.500	9,0	890.000	950.000	105	112
10	Bearbeitung Korrespondenzschaden Dir.	Korrespondenzschäden Dir.	5.000	6,3	630.000	690.000	126	138
11	Bearbeitung Reguliererschäden FD	Reguliererschäden FD	1.500	6,4	620.000	690.000	413	460
12	Bearbeitung Reguliererschäden Dir.	Reguliererschäden Dir.	1.000	4,0	370.000	430.000	370	430
13	Betreuung der Filialdirektionen			4,6	510.000	530.000		
14	Vertriebsbetreuung			2,7	280.000	305.000		
15	Produkt(weiter)entwicklung			4,1	435.000	460.000		
16	Controlling			2,4	275.000	300.000		
17	EDV-Projekt			5,2	560.000	595.000		
...								
Summe (Kostenvolumen des Untersuchungsbereichs)				103,3	10.310.000	11.110.000		

KGrp. = Kundengruppe   FD = Filialdirektion   Dir. = Direktion

Abb. 2: Hauptprozessübersicht[8]

Hauptprozesse   Die in einem Geschäftsprozess enthaltenen Aktivitäten können sehr heterogen sein, d.h. sie unterscheiden sich in Struktur, Ablauf, Arbeitsaufwand und der damit verbundenen Ressourceninanspruchnahme. Für die Prozesskostenanalyse müssen deshalb die Geschäftsprozesse in

---

[8] Bischof, 1997, S. 71, in Anlehnung an Martin, 1995, S. 25.

homogene Hauptprozesse untergliedert werden. Diese Hauptprozess-Differenzierung kann in 2 Richtungen erfolgen.

Für einen Geschäftsprozess gibt es oftmals unterschiedlich aufwendige Abwicklungsformen, für die die Prozesskosten auch gesondert ausgewiesen werden sollen (horizontale Differenzierung). So kann es z. B. sinnvoll sein, bei der Schadenbearbeitung zu unterscheiden zwischen

Horizontale Differenzierung bei unterschiedlichem Abwicklungsaufwand

- Schadenmeldungen, die sofort abschließend bearbeitet werden können („Zahlschäden"),
- solchen, die weiterer Korrespondenz mit dem Versicherungsnehmer bedürfen („Korrespondenzschäden"), und
- solchen, die den Einsatz eines Außendienstmitarbeiters erforderlich machen („Reguliererschäden").

Wenn sich zusätzlich der Bearbeitungsaufwand in der Zentrale von dem in einer Filialdirektion unterscheidet, müssen auch dafür getrennte Hauptprozesse gebildet werden (vgl. Abb. 2, Hauptprozesse 7 bis 12).

Die Prozesskette eines Geschäftsprozesses kann auch aus mehreren Gliedern bestehen, die unterschiedlichen Kosteneinflussfaktoren unterliegen. Auch dann ist eine Aufgliederung in entsprechende Hauptprozesse erforderlich (vertikale Differenzierung). Ein Kosteneinflussfaktor ist dabei eine Bezugsgröße, von der die Häufigkeit der Prozessdurchführung abhängt. Man spricht deshalb auch von Kostentreiber oder Cost Driver (CD).

Vertikale Differenzierung bei unterschiedlichen Kosteneinflussfaktoren

Auch dies soll an einem Beispiel verdeutlicht werden: Im Firmengeschäft eines Sachversicherers (z. B. Feuer- oder Einbruch- / Diebstahlversicherung) werden

- Risiken geprüft und Angebote erstellt,
- Versicherungsanträge bearbeitet,
- Vertragsänderungen oder Stornierungen durchgeführt sowie
- allgemein die Verträge und Kunden betreut.

Diese Aktivitäten können aber nicht in einem Hauptprozess „Vertragsabwicklung" zusammengefasst werden, weil sich die Durchführungshäufigkeit unterscheidet. So ist im Allgemeinen die Anzahl der Angebote größer als die der zu bearbeitenden Anträge. Ebenso bedarf zwar jeder Vertrag einer gewissen Grundbetreuung, aber nur bei einem Teil erfolgen Änderungen oder Stornierungen. Deshalb werden einzelne Hauptprozesse gebildet, die von unterschiedlichen Cost Drivern bestimmt werden (vgl. Abb. 2, Hauptprozesse 1 bis 6).

Die Hauptprozesse müssen ihrerseits wiederum in Teilprozesse untergliedert werden, die nicht kostenstellenübergreifend sind, weil die

Teilprozesse

Prozesskostenrechnung auf der Kostenstellenrechnung aufbaut und auch die Planung, Steuerung und Kontrolle der Kosten wieder in den Kostenstellen erfolgt.

Viele Hauptprozesse bestehen nämlich aus einem ganzen Bündel von Aktivitäten, die in den unterschiedlichsten Abteilungen bzw. Kostenstellen durchgeführt werden. Für die beiden Beispiele einer Erstbearbeitung und einer Schadenbearbeitung bei einer Kraftfahrtversicherung sind mögliche Teilprozesse in Abb. 3 dargestellt.

```
┌─────────────────────────────────────┬─────────────────────────────────────┐
│ Hauptprozess                        │ Hauptprozess                        │
│ Erstbearbeitung Kraftfahrt          │ Schadenbearbeitung Kraftfahrt       │
│                                     │                                     │
│ ➢ Aufnahme des Versicherungsantrags │ ➢ Erstellung der Schadenanzeige     │
│ ➢ Versand der Deckungskarte         │ ➢ Schadenerfassung                  │
│ ➢ Antragserfassung                  │    ➢ Anlage Schadenakte             │
│    (Kunden-, Vertragsdaten)         │    ➢ Schadenerstaufnahme            │
│ ➢ Antragsprüfung und -policierung   │ ➢ Schadenprüfung                    │
│ ➢ Vorversichereranfrage             │    ➢ Deckungsprüfung                │
│ ➢ Beitragserhebung und Provisionierung │ ➢ Sachverhaltsermittlung         │
│    ➢ Ausstellen der Beitragsrechnung│    ➢ Bestimmung Schadenausmaß       │
│    ➢ Verbuchung                     │ ➢ Schadenregulierung                │
│    ➢ Provisionierung                │    ➢ Zahlungsanweisung              │
│    ➢ Benachrichtigung               │    ➢ Verbuchung                     │
│       Versicherungsnehmer           │    ➢ Benachrichtigung               │
│    ➢ Benachrichtigung Vermittler    │       Versicherungsnehmer           │
│                                     │    ➢ Benachrichtigung Vermittler    │
│                                     │ ➢ Durchführen von Regressen         │
└─────────────────────────────────────┴─────────────────────────────────────┘
```

Abb. 3: Beispiele für Hauptprozesse mit ihren Teilprozessen[9]

Teilprozesse sind Hauptprozessen zugeordnet

Die meisten Teilprozesse sind nur je einem Hauptprozess zugeordnet, manche aber auch mehreren. Beispielsweise fällt der Teilprozess „Anlage der Schadenakte" bei allen Arten von Schäden an. Seine Kosten werden dann den Schadenbearbeitung-Hauptprozessen entsprechend den jeweiligen Mengen zugerechnet.

Cost Driver und Maßgröße

Dem Cost Driver auf Hauptprozessebene entspricht die sogenannte Maßgröße auf der Ebene der Teilprozesse. Sie gibt die Häufigkeit der Durchführung eines Teilprozesses an. Dem oben erwähnten Teilprozess „Anlage der Schadenakte" kann z.B. die Maßgröße „Anzahl Neuschäden" zugeordnet werden.

---

[9] Bischof, 1997, S. 59, in Anlehnung an Fischer, 1996, S. 98.

2.2 Ermittlung der Prozesskosten

Die Analyse der Prozesse und die Ermittlung der Prozesskosten bilden den Kern der Prozesskostenrechnung. Dabei wird in Schritten vorgegangen:

1. Zunächst wird eine vorläufige Hauptprozessstruktur erarbeitet.
2. Anschließend werden die Tätigkeiten in den Kostenstellen analysiert und die Teilprozesse ermittelt. Dabei wird zwischen leistungsmengeninduzierten und leistungsmengenneutralen Teilprozessen unterschieden.
3. Den Teilprozessen werden die von ihnen in Anspruch genommenen Mitarbeiterkapazitäten zugeordnet. Auf dieser Basis erfolgt im Allgemeinen auch die Zuordnung der Kostenstellen-Kosten auf die Teilprozesse.
4. Um eine Weiterverrechnung der Kosten zu ermöglichen, werden die Kosten der leistungsmengenneutralen Teilprozesse auf die anderen Teilprozesse umgelegt – aber im Weiteren getrennt geführt. Für die leistungsmengeninduzierten Teilprozesse können Prozesskostensätze ermittelt werden, die die durchschnittlichen Kosten für die Durchführung eines Prozesses darstellen.
5. Im letzten Schritt der Prozesskostenrechnung werden die in den Kostenstellen ermittelten Prozesskosten der leistungsmengeninduzierten Teilprozesse auf die Hauptprozesse zugeordnet. Lässt sich für einen Hauptprozess ein Cost Driver bestimmen, so kann auch für diesen Hauptprozess ein Prozesskostensatz ermittelt werden.

Das Prinzip der Prozesskostenermittlung ist in Abb. 4 zusammenfassend dargestellt.

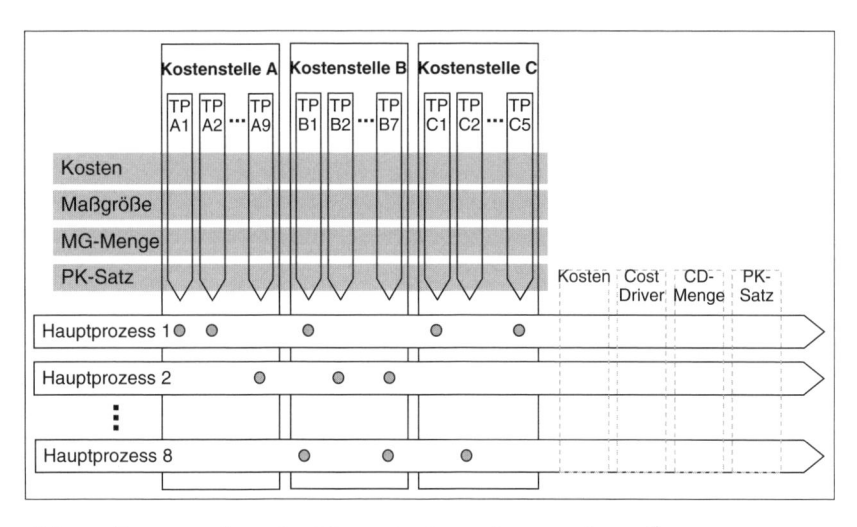

Abb. 4: Zusammenfassendes Schema der Prozesskostenrechnung[10]

---
[10] Bischof, 1997, S. 72.

3 Gemeinkosten-Planung und -Steuerung

Die Prozesskostenrechnung kann das Gemeinkostenmanagement im Versicherungsunternehmen vor allem in 5 Einsatzbereichen unterstützen:

- Kalkulation,
- Erfolgsrechnung,
- Innerbetriebliche Leistungsverrechnung,
- Optimierung der betrieblichen Abläufe sowie
- Gemeinkosten-Planung, -Steuerung und -Kontrolle.

Der Einsatz der Prozesskostenrechnung in diesen Bereichen wird auch unter dem Begriff Prozesskostenmanagement zusammengefasst.

Wie die Gemeinkosten mithilfe der Prozesskostenrechnung besser geplant, gesteuert und kontrolliert werden können, wird im Folgenden dargestellt.[11]

3.1 Ablauf der Planung im Versicherungsunternehmen

Eine outputorientierte Planung der Gemeinkosten im Versicherungsunternehmen ist erst durch die Prozesskostenrechnung möglich, wie der in Abb. 5 dargestellte Ablauf zeigt.

Engpassorientierte Planung

Dabei plant das Versicherungsunternehmen unter Berücksichtigung der internen und externen Daten zunächst seine Unternehmensziele. Im nächsten Schritt erfolgt die Planung der zur Zielerfüllung geeigneten Mittel. Diese sind vor allem

- das Produktprogramm (Welche Versicherungsprodukte und Leistungen werden angeboten?) und
- die Produktionsverfahren (Wie werden die Produkte und Leistungen erzeugt?).

Die weitere Planung muss sich nach dem Engpassbereich ausrichten, also dem Absatzbereich. Der vorhandene Versicherungsbestand, die Zugänge durch Neugeschäft sowie die Abgänge durch Stornierungen bestimmen alle weiteren Aktivitäten im Unternehmen.[12]

---

[11] Vgl. hierzu und zum Folgenden sowie für eine ausführliche Beschreibung der anderen Einsatzbereiche Bischof, 1997, S. 79–130, und die dort angegebene Literatur. Eine alternative Vorgehensweise beschreiben Wiesehahn/Olthues/Steller, 1997.

[12] Bei der Absatzplanung sollten nicht nur die Erlöse geplant werden (Wertplanung), sondern es sollte wegen des größeren Informationsgehalts eine getrennte Mengen- und Preisplanung erfolgen.

Gemeinkostencontrolling in Versicherungen

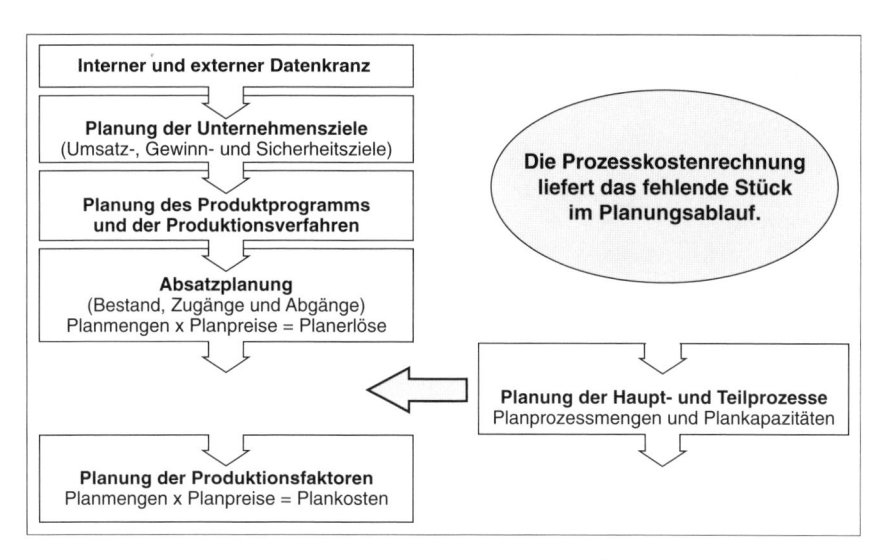

Abb. 5: Ablauf der Planung im Versicherungsunternehmen[13]

Schließlich soll von den geplanten Absatzmengen über die dafür erforderlichen Aktivitäten auf die notwendigen Produktionsfaktoreinsätze geschlossen werden. Dies ist aber in der Regel gar nicht möglich, weil keine Informationen über die mengenmäßigen Input-Output-Beziehungen in den Gemeinkostenbereichen des Versicherungsunternehmens vorliegen.

Genau an dieser Stelle kann die Prozesskostenrechnung eingesetzt werden. Aus der Absatzplanung werden die Hauptprozess-Mengen abgeleitet, die zur Erstellung der geplanten Absatzmengen erforderlich sind. Daraus ergibt sich die Planung der Teilprozesse mit ihren Planmengen und Plankapazitäten. In den Kostenstellen können schließlich aus der Teilprozess-Planung die erforderlichen Produktionsfaktoreinsätze ermittelt werden.

Die Prozesskostenrechnung liefert das fehlende Stück im Planungsablauf

3.2 Prozessorientierte Gemeinkosten-Planung

Das Vorgehen bei der prozessorientierten Gemeinkosten-Planung soll im Folgenden am Beispiel einer Schadenbearbeitung-Kostenstelle genauer beschrieben werden.[14] Dieses Beispiel ist in Abb. 6 dargestellt.

---

[13] Bischof, 1997, S. 113.
[14] Vgl. Horváth/Mayer, 1993, S. 23 f., sowie Mayer, 1996, S. 64–66, wobei allerdings in diesen Veröffentlichungen ein teilweise abweichendes Vorgehen vorgeschlagen wird. Detaillierte Beschreibungen der Prozessabläufe in der Schadenbearbeitung mit und ohne Workflow-Management-System finden sich in Köster, 2004, S. 213–222.

Absatzplanung

- Zugänge = Abgänge
- Annahme: Anzahl der Schäden bleibt gleich

Neue Schadensdeckungsrichtlinie:
Korrespondenzschaden -> Zahlschaden
Reguliererschaden -> Korrespondenzschaden

Hauptprozess-Planung

	Prozess		CD-Menge		Imi-Prozesskosten		Imi-Prozesskostensatz	
Nr.	Bezeichnung		Vorjahr	Plan	Vorjahr	Plan	Vorjahr	Plan
	...							
8	Bearbeitung Zahlschaden		4.000	5.000	250.000	250.000	63	50
10	Bearbeitung Korr.-Schaden		5.000	4.100	630.000	520.000	126	127
12	Bearbeitung Reg.-Schaden		1.000	900	370.000	350.000	370	389
	...							

Teilprozess-Planung

	Teilprozess	Maßgrößen-Menge		Kapazität (MJ)		Imi-Prozesskosten		Imi-Prozesskostensatz	
Nr.	Bezeichnung	Vorjahr	Plan	Vorjahr	Plan	Vorjahr	Plan	Vorjahr	Plan
1	Anlage Schadenakte	10.000	10.000	1,0	0,8	100.000	80.000	10	8
2	Bearbeit. Zahlschaden	4.000	5.000	2,0	2,0	200.000	200.000	50	40
3	Bearbeit. Korr.-Schaden	5.000	4.100	5,0	4,1	500.000	410.000	100	100
4	Bearbeit. Reg.-Schaden	1.000	900	1,5	1,4	150.000	140.000	150	156
	...								

Kostenarten-Planung

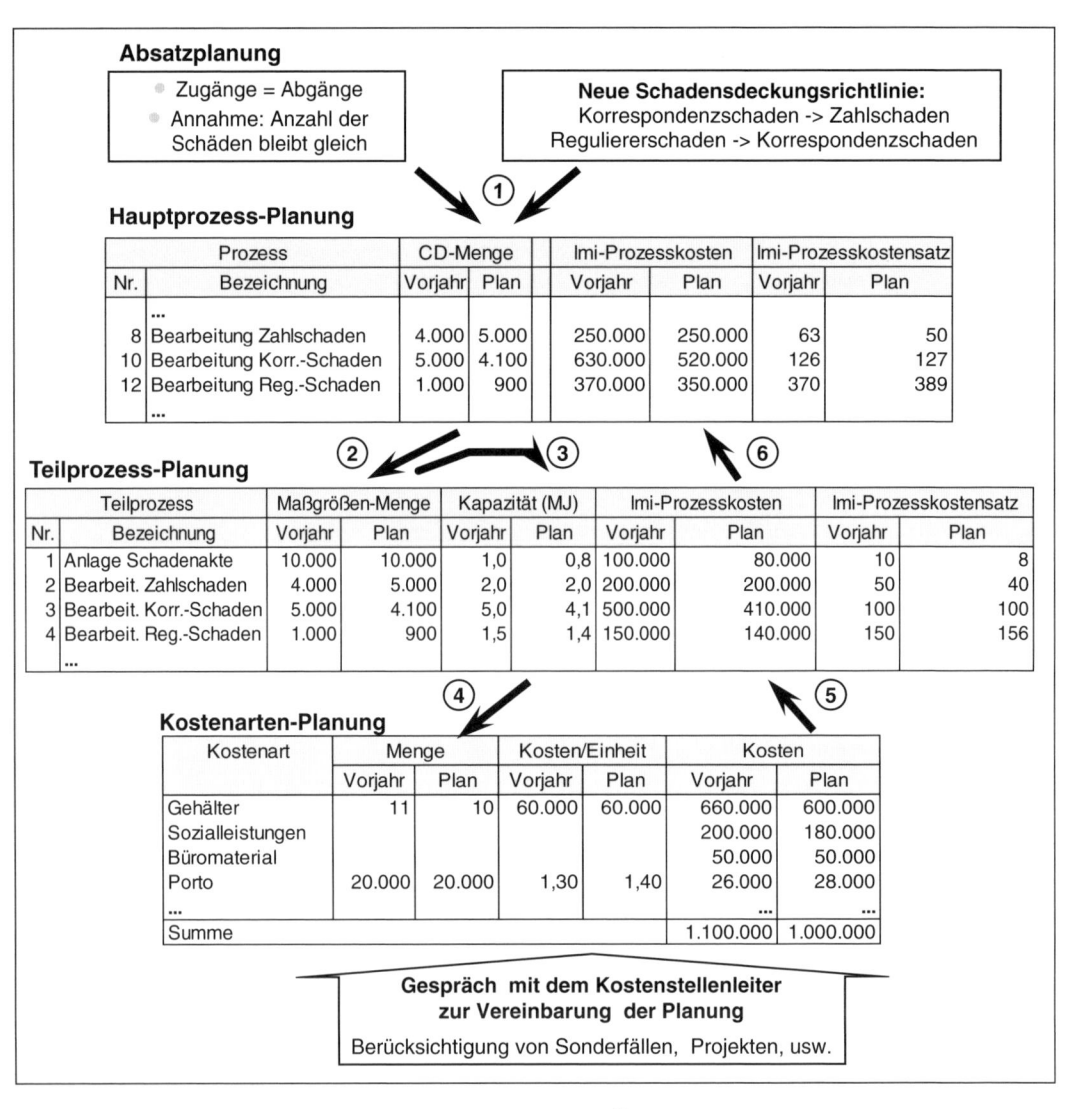

Kostenart	Menge		Kosten/Einheit		Kosten	
	Vorjahr	Plan	Vorjahr	Plan	Vorjahr	Plan
Gehälter	11	10	60.000	60.000	660.000	600.000
Sozialleistungen					200.000	180.000
Büromaterial					50.000	50.000
Porto	20.000	20.000	1,30	1,40	26.000	28.000
...					...	...
Summe					1.100.000	1.000.000

Gespräch mit dem Kostenstellenleiter zur Vereinbarung der Planung
Berücksichtigung von Sonderfällen, Projekten, usw.

Abb. 6: Ablauf der prozessorientierten Gemeinkosten-Planung[15]

- **Annahmen zur Absatzplanung als Ausgangspunkt**

    Wie erwähnt, bildet die Absatzplanung den Ausgangspunkt. Dabei wird im Beispiel davon ausgegangen, dass sich die Zu- und Abgänge im Planjahr ausgleichen, so dass der Versicherungsbestand gleichbleibt, und dass auch die Anzahl der Schäden derjenigen des Vorjahres entspricht.

---

[15] In Anlehnung an Bischof, 1997, S. 117.

- **Änderungen in der Prozessstruktur berücksichtigen**

  Die Cost Driver-Mengen der Schadenbearbeitung-Hauptprozesse werden aber nicht allein durch die Anzahl der Schäden bestimmt. Sie können auch durch Veränderungen in der Prozessstruktur beeinflusst werden. So sollen im Beispiel im Planjahr neue Schadenbearbeitungsrichtlinien dazu führen, dass 100 Schäden nicht mehr als Reguliererschaden, sondern als Korrespondenzschaden bearbeitet werden können.[16] Entsprechend sollen 1.000 Korrespondenzschäden zu Zahlschäden gemacht werden. Daraus ergeben sich nun im ersten Schritt der Kostenplanung die Cost Driver-Mengen der Hauptprozesse (vgl. Abb. 6, Schritt 1).

- **Mengen der Cost Driver und Maßgrößen ableiten**

  Aus den Mengen der Cost Driver lassen sich nun leicht die Maßgrößen-Mengen der Teilprozesse in der Kostenstelle „Schadenbearbeitung" ableiten, wenn man berücksichtigt, dass für jeden Schaden eine Schadenakte angelegt werden muss (vgl. Abb. 6, Schritt 2).

- **Kapazitätsplanung ableiten – Rationalisierungsziele berücksichtigen**

  Die anschließende Festlegung der Mitarbeiterkapazitäten für die einzelnen Teilprozesse stellt ein zentrales Element im Ablauf der Kostenplanung dar; denn hier gehen die Rationalisierungsziele für das Planjahr ein. So soll im Beispiel die Anlage der Schadenakten nur noch 0,8 Mitarbeiterjahre (MJ) statt 1,0 MJ (Vorjahr) in Anspruch nehmen, obwohl die Zahl der anzulegenden Schadenakten gleichbleibt. Auch die Bearbeitung der gestiegenen Anzahl an Zahlschäden soll mit dem bisherigen Personalbestand von 2,0 MJ erfolgen. Schließlich wird geplant, dass die erforderlichen Kapazitäten für die Bearbeitung der Korrespondenz- und Reguliererschäden entsprechend der verringerten Schadenanzahl sinken (vgl. Abb. 6, Schritt 3). Diese Kapazitätsplanung muss in enger Abstimmung mit dem Kostenstellenleiter erfolgen.

- **Kostenartenplanung ableiten – Preisentwicklung berücksichtigen**

  Aus den Planmengen und -kapazitäten der Teilprozesse wird im vierten Schritt die Kostenarten-Planung abgeleitet. Im Beispiel soll ein Mitarbeiter weniger eingesetzt werden, wodurch die Personalkosten sinken. Daneben wird z.B. mit höheren Portokosten gerechnet, weil die Gebühren steigen (vgl. Abb. 6, Schritt 4). Allgemein formuliert, müssen erwartete Faktorpreissteigerungen in die Kostenplanung eingehen.

---

[16] Zu den Begriffen „Reguliererschaden", „Korrespondenzschaden" und „Zahlschaden" siehe Kapitel 2.1.

- **Kostenplanung mit Kostenstellenleiter vereinbaren**
  Die Kostenplanung wird in einem Gespräch mit dem Kostenstellenleiter vereinbart, wobei beispielsweise Sonderfälle oder Projekte berücksichtigt werden müssen. Damit soll auch sichergestellt werden, dass der Kostenstellenverantwortliche die Zielvorgaben akzeptiert.
- **Plan-Prozesskosten und Plan-Prozesskostensätze ermitteln**
  Dieser Kostenstellenplan bildet nun wieder die Grundlage für die Ermittlung der Plan-Prozesskosten und der Plan-Prozesskostensätze der Teil- und Hauptprozesse (vgl. Abb. 6, Schritte 5 und 6). Dabei wird genauso vorgegangen wie bei der Ist-Prozesskostenermittlung.

Erste Analyse der Plankosten

Insbesondere der Vergleich der Plan-Prozesskostensätze mit denen des Vorjahres zeigt, wo Rationalisierungen erzielt werden sollen. So kostet z.B. die Bearbeitung eines Zahlschadens nach Plan nur noch 50 EUR, also 13 EUR weniger als im Vorjahr. Bei einem Blick auf die absoluten Prozesskosten wird aber deutlich, dass die geplanten Einsparungen vor allem auf die neuen Schadenbearbeitungsrichtlinien zurückzuführen sind.

Outputorientierte Planung ist transparent und objektiv

Damit wird bereits ein wichtiger Vorteil der prozessorientierten Gemeinkosten-Planung deutlich: Rationalisierungsziele, Veränderungen der Leistungsmengen und Änderungen der betrieblichen Prozessstruktur können sauber auseinandergehalten und ihre Kostenkonsequenzen aufgezeigt werden.[17] Die gesamte Planung ist an den Leistungen ausgerichtet, d.h. sie ist outputorientiert. Statt subjektiver Verhandlungen stellen die Leistungsmengen eine objektive Grundlage der Gemeinkosten-Planung dar.

3.3 Wirtschaftlichkeitskontrolle

Kostenkontrolle mit Abweichungsanalyse

Um zu einer wirksamen Steuerung der Gemeinkosten zu gelangen, bedarf es neben der Kostenplanung mit Zielvorgaben auch einer Kostenkontrolle. Bei dieser werden die tatsächlich angefallenen Ist-Kosten einer Periode mit den entsprechenden Planwerten verglichen und die auftretenden Differenzen (Abweichungen) hinsichtlich ihrer Ursachen analysiert. Diese Abweichungsanalyse kann dann Verbesserungspotenziale aufzeigen.

Geringe Aussagekraft wegen fehlender Input-Output-Beziehung und hohem Fixkostenanteil

Wie bei der Planung fehlt ohne eine Prozessbetrachtung auch hier die Verbindung zwischen den Ist-Kosten und der erbrachten Leistung. Somit ist immer dann kein sinnvoller Vergleich möglich, wenn die Ist-Leistung von der Plan-Leistung abweicht. Zusätzlich ist die besondere Situation im Gemeinkostenbereich eines Versicherungsunternehmens zu

---

[17] Vgl. Horváth/Mayer, 1993, S. 24.

beachten. Der größte Teil der Gemeinkosten einer Kostenstelle ist durch die Gehälter der Mitarbeiter und weitere Kosten (z.B. Abschreibungen, IT-Kosten, Kapitalkosten) festgelegt. Nur ein sehr kleiner Teil der Betriebskosten (z.B. Porto, Büromaterial) ist variabel, d.h. ändert sich mit der Leistungsmenge einer Kostenstelle. Weil damit die Ist-Kosten oft weitgehend den Plan-Kosten entsprechen, bringt ein reiner Plan-Ist-Vergleich auf Kostenstellen-Ebene keinen großen Nutzen.

Statt einer solchen „Kostenkontrolle" ermöglicht die prozessorientierte Kostenplanung nun aber eine „Wirtschaftlichkeitskontrolle" auf der Ebene der Hauptprozesse. Dabei werden nicht nur die Plan- und Ist-Werte der Prozesskosten verglichen, sondern auch die entsprechenden Wertepaare der Prozessmengen und Prozesskostensätze. Dadurch können Antworten auf 3 zentrale Fragestellungen bei der Steuerung der Gemeinkosten gegeben werden:

Wirtschaftlichkeitskontrolle auf Hauptprozess-Ebene

- Anhand der Plan-Ist-Abweichung der Prozesskostensätze kann die Effizienz der betrieblichen Leistungserstellung beurteilt werden.
- Unterschiedliche Plan-Ist-Abweichungen bei den Prozessmengen und -kosten zeigen auf, wo Über- oder Unterkapazitäten vorliegen.
- Plan-Ist-Abweichungen bei den Prozessmengen und den Preisen für Produktionsfaktoren signalisieren, wo die Kostenplanung überarbeitet werden muss.

Typische Kombinationen von Plan-Ist-Abweichungen und ihre mögliche Interpretation sind in Abb. 7 zusammengestellt, wobei die einzelnen Kombinationen hier nicht noch einmal erläutert werden sollen. Stattdessen wird kurz auf die 3 oben genannten Beurteilungskriterien eingegangen.

Effizienzbeurteilung durch Vergleich der Prozesskostensätze

Stimmen Plan- und Ist-Prozesskostensatz überein, so entspricht die Effizienz der Planung. Liegt der Ist-Prozesskostensatz unter (über) dem Plansatz, hat sich die Effizienz verbessert (verschlechtert).

Kapazitätsbeurteilung durch Vergleich der Prozessmengen und -kosten

Stimmen die Plan-Ist-Abweichungen der Prozessmengen und der Prozesskosten nicht überein, so liegen im allgemeinen Unter- oder Überkapazitäten vor, die möglicherweise einer Anpassung bedürfen. So blieben z.B. bei Kombination 6 trotz eines Rückgangs der Prozessmenge die Prozesskosten auf dem geplanten Niveau (vgl. Abb. 7). Hier liegt eine Überkapazität vor, die zu niedrigerer Effizienz führt und deshalb abgebaut werden muss.

Umsetzung & Praxis

■ **Planungsqualitätsbeurteilung durch Vergleich der Prozessmengen**

Weichen die Ist-Prozessmengen von den geplanten Werten ab, so haben sich möglicherweise grundlegende Annahmen für die Kostenplanung verändert. In diesem Fall muss die Planung überarbeitet werden. Dies kann auch erforderlich werden, wenn sich in den Kostenstellenplänen Plan-Ist-Abweichungen bei den Preisen der Produktionsfaktoren ergeben.

Nr	Prozessmenge	Prozesskosten	Prozesskostensatz	Interpretation
1	→	→	→	"Im Plan"
2	→	↘	↘	Effizienz wurde verbessert.
3	↗	↗	→	Kapazität wurde gestiegener Menge angepasst. Effizienz wurde gehalten. Planung überarbeiten!
4	↗	→	↘	Mengensteigerung wurde durch höhere Effizienz kompensiert. Möglicherweise Unterkapazität. Planung überarbeiten!
5	↘	↘	→	Kapazität wurde gesunkener Menge angepasst. Effizienz wurde gehalten. Planung überarbeiten!
6	↘	→	↗	Mengenrückgang wurde durch niedrigere Effizienz kompensiert. Überkapazität abbauen! Planung überarbeiten!

⇩ Beurteilung der Qualität der Planung
⇩ Beurteilung des Bedarfs für Kapazitätsanpassung
⇩ Beurteilung der Effizienz

→ Plan = Ist
↗ Plan < Ist
↘ Plan > Ist

Abb. 7: Typische Kombinationen bei der Wirtschaftlichkeitskontrolle[18]

4 Ausblick: Vom Prozesskostenmanagement zum Prozessmanagement

Prozesskostenmanagement verbessert Gemeinkosten-Planung und -Steuerung

Die vorgestellten Beispiele machen deutlich, dass die Prozesskostenrechnung einen wertvollen Beitrag zur Verbesserung der Gemeinkosten-Planung und -Steuerung leisten kann. Insbesondere können die Gemeinkosten outputorientiert geplant werden, und durch Plan-Ist-Vergleiche auf Hauptprozess-Ebene ist eine effektive Wirtschaftlichkeitskontrolle möglich. Somit ist das Prozesskostenmanagement geeignet, die

---
[18] Bischof, 1997, S. 120.

Anforderungen an ein modernes Management der Gemeinkosten im Versicherungsunternehmen zu erfüllen.[19]

Die Orientierung an den betrieblichen Prozessen muss allerdings nicht auf die Kostenrechnung und das Kostenmanagement beschränkt bleiben. Vielmehr kann sich die Prozessstruktur auch in der Aufbauorganisation widerspiegeln, indem sogenannten Prozessverantwortlichen (oder Process Owners) die Gesamtverantwortung für funktions- und abteilungsübergreifende Prozesse übertragen wird.[20] Ein solcher Prozessverantwortlicher hat dann die Aufgabe, für einen optimalen Prozessablauf zu sorgen, wobei er neben den Kosten insbesondere auch die Prozessqualität und die Durchlaufzeit berücksichtigen muss.

Ausbau zum umfassenden Prozessmanagement

Durch eine solche konsequente Prozessorientierung kann das Prozesskostenmanagement zu einem umfassenden Prozessmanagement im Versicherungsunternehmen ausgebaut werden.[21]

5 Literaturhinweise

Arthur D. Little (Hrsg.), Sleeker by Design – Achieving Cost-efficiency in the European Insurance Market, 2008.

Bartsch, Prozessorientierte Unternehmensführung für Versicherungsunternehmen, 2002.

Bischof, Prozesskostenmanagement im Versicherungsunternehmen: Der Einsatz der Prozesskostenrechnung im Gemeinkostenmanagement, 1997.

Bleiber, Gemeinkosten – Budgetierung, Kostenverantwortung und Kostenüberwachung, in: Bilanz & Buchhaltung, 57. Jg., H. 4, 2011, S. 14–16.

Fischer, Prozesskostenrechnung und Prozessoptimierung für Dienstleistungen – Das Beispiel eines Versicherungsunternehmens, in: Controlling, 8. Jg., H. 2, 1996, S. 90–101.

Fischer/Möller/Schultze, Controlling – Grundlagen, Instrumente und Entwicklungsperspektiven, 2012.

---

[19] Sind in einem Unternehmen Workflow-Management-Systeme im Einsatz, können diese wichtige Daten für das Prozesskostenmanagement liefern (vgl. Köster, 2004, S. 191-233).
[20] Zur Einführung einer prozessorientierten Aufbauorganisation in Versicherungsunternehmen vgl. Bartsch, 2002, S. 153-167.
[21] Vgl. Bartsch, 2002, und Gensch, 2011, der anhand von Studienergebnissen aufzeigt, dass sich viele Versicherungsunternehmen bereits auf dem Weg zum Prozessmanagement befinden.

Franz/Winkler, Fragestellungen im Gemeinkostenmanagement, in: Gleich et al. (Hrsg.), Moderne Kosten- und Ergebnissteuerung, 2010, S. 97–112.

Gensch, Prozessorientierte Versicherungen entstehen – langsam, aber sicher, in: Zeitschrift für Versicherungswesen, 62. Jg., H. 12, 2011, S. 439–441.

Horváth/Mayer, Prozesskostenrechnung – Konzeption und Entwicklungen, in: KRP, o. Jg., Sonderheft 2, 1993, S. 15–28.

Horváth & Partner GmbH (Hrsg.), Prozessmanagement bei Versicherungen – Konzeption, 1995.

Kämmler-Burrak/Wieland, Brancheneinblicke in das Gemeinkostenmanagement, in: Gleich et al. (Hrsg.), Moderne Kosten- und Ergebnissteuerung, 2010, S. 113–124.

Köster, Kosten- und Prozesscontrolling in der Versicherungswirtschaft – Eine Analyse neuer Möglichkeiten zur Senkung und Verrechnung von Gemeinkosten im Verwaltungsbereich von Kompositversicherern, 2004.

Martin, Prozessoptimierung bei einem Versicherungsunternehmen – Pilotprojekt im Bereich Unfallversicherung bei der R+V Versicherung, in: Horváth & Partner GmbH (Hrsg.), Fachkonferenz Prozesskostenmanagement, 1995.

Mayer, Prozesskostenrechnung und Prozess(kosten)optimierung als integrierter Ansatz – Methodik und Anwendungsempfehlungen, in: Berkau/Hirschmann (Hrsg.), Kostenorientiertes Geschäftsprozessmanagement, 1996, S. 43–67.

Wiesehahn/Olthues/Steller, Prozessorientierte Personalbedarfsrechnung in Versicherungsunternehmen, in: Versicherungswirtschaft, 52. Jg., H. 14, 1997, S. 1007.

Kapitel 4: Organisation & IT

Fixkostenvorverteilung in SAP® – Alternative zum Fixkostenverrechnungssatz?

- Die Fixkostenverrechnung ist einerseits im Hinblick auf die Integration des operativen und strategischen Controllings und andererseits für die Ableitung der bilanziellen/steuerlichen Bewertung von Halb- und Fertigfabrikaten aus Kostenrechnungsdaten bedeutsam. Die Frage der „richtigen" Einbeziehung von Fixkosten in innerbetriebliche Verrechnungen allerdings wird seit Jahrzehnten in Theorie und Praxis kontrovers diskutiert und unterschiedlich gehandhabt.

- Die SAP®-Software bietet im CO-Modul standardmäßig verschiedene Optionen der Fixkostenverrechnung an, die für den Anwender mitunter zu nur schwer nachvollziehbaren und erklärungsbedürftigen Werten führen.

- Dem Leser wird der – ebenfalls in der SAP®-Software abgebildete – bisher eher wenig diskutierte Ansatz der Fixkostenvorverteilung als Alternative zum Fixkostenverrechnungssatz vorgestellt. Dieser erlaubt es, die Fixkosten entsprechend ihrem Charakter zu verrechnen.

- Mithilfe eines zunächst theoretisch erläuterten und dann in der SAP®-Software umgesetzten einfachen Beispiels sollen die unterschiedlichen Vorgehensweisen gut nachvollziehbar dargestellt und deren Anwendungsmöglichkeiten und -grenzen aufgezeigt werden.

Inhalt		Seite
1	Einordnung im Gemeinkostencontrolling	207
2	Ablauf der Parallelrechnung von Fixkosten	209
2.1	Ansatz der Fixkostenvorverteilung	209
2.2	Fixkostenvorverteilung versus Fixkostenverrechnungssatz	210
2.2.1	Vorgehen bei Planung und Ist-Verrechnung	210
2.2.2	Beispieldaten: Planung und Ist-Verrechnung	210
2.2.3	Beispieldaten: Sender-Empfänger-Beziehung	212
3	Umsetzung der Fixkostenverrechnung in der SAP®-Software	215
3.1	Stammdaten des Beispiels	215
3.2	Planung der innerbetrieblichen Verrechnung	218
3.3	Ist-Daten der innerbetrieblichen Verrechnung	221
3.3.1	Ist-Daten der Fixkostenvorverteilung	221

3.3.2	Ist-Daten des Fixkostenverrechnungssatzes	223
3.3.3	Soll-Kostenermittlung beim Fixkostenverrechnungssatz ...	224
4	Wertung der Optionen der Parallelrechnung	225
5	Anmerkung	227
6	Literaturhinweise	227

▪ Der Autor

Professor Dr. Uwe Szyszka ist Programmverantwortlicher des Studienschwerpunkts Controlling im Fachbereich Wirtschaft der Fachhochschule Flensburg.

1 Einordnung im Gemeinkostencontrolling

Die Behandlung von Fixkosten in der innerbetrieblichen Leistungsverrechnung ist ein seit Jahrzehnten im Rahmen der Diskussion über Teil- und/oder Vollkostenrechnung kontrovers erörtertes Thema[1]. Einerseits geht es um die Frage, ob sie überhaupt einzubeziehen sind, und andererseits darum, wie diese Einbeziehung ggf. auszugestalten ist.

Teil- und Vollkostenrechnung in der KLR

Die Kostenrechnung war in der Vergangenheit häufig als reine Teilkostenrechnung ausgelegt, bei der auf innerbetriebliche Verrechnungen von Fixkosten verzichtet wurde. Stattdessen gingen sie entsprechend ihrem Charakter als ein Betrag pro Periode in die Ergebnisrechnung ein. Dieses methodologisch saubere und einfach durchzuführende Vorgehen birgt das Problem in sich, dass auf Kostenträgerebene keine Vollkostenkalkulationen erzeugt werden können.

Nicht zuletzt dank der Möglichkeiten moderner IT ist die **Parallelrechnung** (Teil- **und** Vollkostenrechnung nebeneinander) seit den 80er Jahren in den Fokus der Fachdiskussion und der praktischen Anwendung gerückt[2]. Einerseits begnügt man sich im Controlling nicht mehr damit, die Kostenrechnung auf rein operative Zwecke zu reduzieren. Vollkosteninformationen bieten wichtige Informationen für mittel- und langfristige Marktanalysen, Benchmarking, die Bildung von konzerninternen Transferpreisen, …, auf die man nicht verzichten möchte[3]. Andererseits führt die zunehmende Integration des Internen und Externen Rechnungswesens dazu, dass aus Daten der Kostenrechnung handels- und/oder steuerrechtliche Bewertungen von Halb- und Fertigerzeugnissen abgeleitet werden.

Parallelrechnung als Lösung

Bei der Parallelrechnung werden die variablen und fixen Gemeinkosten separat innerbetrieblich verrechnet, was die parallele Erzeugung von Voll- und Teilkostenkalkulationen nebeneinander ermöglicht. Die Parallelrechnung ist bei Auslegung des Gemeinkostencontrollings im System der flexiblen Plankostenrechnung[4] standardmäßig in der SAP®-Software hinterlegt.

Merkmal der flexiblen Plankostenrechnung ist das Arbeiten mit beschäftigungsabhängigen Gemeinkostenbudgets und deren beschäftigungsabhängige Verrechnung. Die Maßgröße, mit deren Hilfe die Beschäftigung der Kostenstelle gemessen wird, heißt in der Plankostenrechnung allgemein **Bezugsgröße** – in der SAP®-Software wird sie **Leistungsart** genannt.

Flexible PKR in der SAP®-Software

---

[1] Vgl. Plaut 1953, S. 403ff. oder Kilger/Pampel/Vikas 2007, S. 96f.
[2] Vgl. Assmann/Herzog 1993, S. 13 oder Müller 1983, S. 256f.
[3] Vgl. Plaut 1992, S. 213f. oder Szyszka 2011, S. 212ff.
[4] Vgl. Kilger/Pampel/Vikas 2007 oder Plaut 1992, S. 203ff.

Das 1. Ziel des Gemeinkostencontrollings ist die Steuerung des Kostenanfalls. Es lässt sich erreichen, indem die richtige Budgetierung der fixen Gemeinkosten als Betrag pro Periode beschäftigungsunabhängig und die der variablen Gemeinkosten als Betrag pro Leistungseinheit beschäftigungsabhängig erfolgt.

Verursachungsgerechte Gemeinkostenverrechnung

Die im Fokus dieser Ausführungen stehende verursachungsgerechte Gemeinkostenverrechnung auf Zielobjekte ist die 2. Hauptaufgabe des Gemeinkostencontrollings. Jedem Empfänger sind die Kosten in Rechnung zu stellen, die durch die erhaltenen Leistungen bei den Sendern verursacht wurden. Hier kann nur auf Verrechnungen zwischen Kostenstellen und von Kostenstellen an Kostenträger eingegangen werden[5].

Genau wie bei der Kostenbudgetierung ist auch bei der Kostenverrechnung zwischen den variablen und den fixen Gemeinkosten zu unterscheiden.

Die verursachungsgerechte Verrechnung der variablen Gemeinkosten ist absolut unproblematisch. Sie werden als Kosten pro Leistungseinheit budgetiert und dann gemäß der Menge der abgenommenen Leistungseinheiten den Empfängern zugerechnet.

Funktionsweise Fixkostenverrechnungssatz

Die verursachungsgerechte Fixkostenverrechnung hingegen birgt Probleme in sich. Bei der Parallelrechnung erfolgt die Verrechnung der fixen Gemeinkosten typischerweise unter Anwendung des **Fixkostenverrechnungssatzes** (k_F) analog zur Verrechnung der variablen Gemeinkosten beschäftigungsabhängig. Bei der Bestimmung des Fixkostenverrechnungssatzes werden die fixen Gemeinkosten gedanklich proportionalisiert. Er errechnet sich aus der Division der Plan-Fixkosten durch die Plan-Beschäftigung.

In der Planung erhält jeder Empfänger die Fixkosten des Senders zugerechnet, die dem geplanten Anteil seiner Abnahmemenge entsprechen. Analog ergeben sich die den Empfängern im Ist tatsächlich zugerechneten Fixkosten aus der Ist-Abnahmemenge multipliziert mit dem Fixkostenverrechnungssatz.

Problem der Beschäftigungsabweichung

Der Fixkostenverrechnungssatz ist bezüglich seiner Verursachungsgerechtigkeit mit einer grundsätzlichen Problematik behaftet. Die Logik der Fixkostenvorgabe (Betrag pro Periode) und die der Fixkostenverrechnung (Betrag pro Beschäftigungseinheit) fallen auseinander. Dies hat zur Folge, dass beim Sender immer dann eine Differenz zwischen den budgetierten Fixkosten und den an Empfänger verrechneten Fixkosten auftritt, wenn die Ist-Abnahmemenge sämtlicher Empfänger von deren

---

[5] Die Behandlung von Abrechnungszielen wie Aufträge oder Prozesse würde den Rahmen sprengen. Die getroffenen Aussagen sind jedoch grundsätzlich übertragbar.

Plan-Abnahmemenge abweicht. Diese Differenz ist die **Beschäftigungsabweichung**[6]. Das Dilemma lässt sich in folgender Frage zugespitzt darstellen:

„Ist es überhaupt zweckmäßig, zeitabhängig verursachte Kosten leistungsabhängig Zielobjekten zuzurechnen?"

Für die Fixkostenverrechnung bietet die SAP®-Software alternativ zum Fixkostenverrechnungssatz die auf *Plaut* zurückgehende Option der **Fixkostenvorverteilung**[7] (Plan-Fixkostenverrechnung) an. Dieser in der Theorie bislang wenig behandelte Ansatz wird nachfolgend im Vergleich mit dem Fixkostenverrechnungssatz dargestellt und dahingehend analysiert, ob er die Problematik einer verursachungsgerechten Fixkostenverrechnung ganz oder teilweise löst.

Alternative Fixkostenvorverteilung

2 Ablauf der Parallelrechnung von Fixkosten

2.1 Ansatz der Fixkostenvorverteilung

Die Fixkostenvorverteilung zielt auf eine dem Fixkostencharakter entsprechende innerbetriebliche Fixkostenverrechnung ab. Ihr liegt der Gedanke zugrunde, dass Fixkosten die Kosten der Kapazitätsvorhaltung in der Periode sind.

Die endgültige Festlegung der Kapazitäten erfolgt spätestens am Ende der Planung, wenn der Bedarf aller Leistungsempfänger bekannt ist. Mit der Planung melden die Leistungsempfänger vor der Periode Abnahmemengen an. Die benötigte Senderkapazität der Periode ermittelt sich aus der Summe der Abnahmemengen der Empfänger. Deshalb ist es zweckmäßig, die Empfänger in der Periode mit den Fixkosten zu belasten, die für die Vorhaltung des von ihnen angeforderten Kapazitätsanteils entstanden sind[8]. Somit sind die Plan-Abnahmemengen die richtige Zurechnungsbasis. Eine Beziehung zwischen den Fixkosten des Senders und den Ist-Abnahmemengen der jeweiligen Leistungsempfänger hingegen besteht nicht.

Planbasierte Fixkostenzurechnung

Die Fixkostenvorverteilung sieht die Verursachung für den Fixkostenanfall des Senders in der Plananmeldung des Leistungsempfängers. Sie zielt also auf eine Sender-Empfänger-Beziehung ab, bei der Empfänger für ihre Plan-Anmeldung verantwortlich gemacht werden können. Dies ist typischerweise dann der Fall, wenn die Leistungsempfänger Kostenstellen mit einem entsprechenden Kostenstellenverantwortlichen sind.

Verantwortung der Plananmeldung

---

[6] Vgl. Kilger/Pampel/Vikas 2007, S. 377f.
[7] Vgl. Plaut 1955, S. 38.
[8] Vgl. Liening/Scherleithner 2001, S. 233ff.

Das prädestinierte Anwendungsgebiet der Fixkostenvorverteilung ist folglich die Sekundärverrechnung zwischen Kostenstellen. Dabei kann es sich um innerbetriebliche Verrechnungen von Sekundär- an Primärkostenstellen oder zwischen Sekundärkostenstellen handeln.

2.2 Fixkostenvorverteilung versus Fixkostenverrechnungssatz

2.2.1 Vorgehen bei Planung und Ist-Verrechnung

Identisches Vorgehen bei Planung

Bei der Planung sind die Vorgehensweisen des Fixkostenverrechnungssatzes und der Fixkostenvorverteilung identisch. Die Fixkosten des Senders werden den Empfängern unter Anwendung des Fixkostenverrechnungssatzes auf Basis der geplanten Abnahmemenge in Rechnung gestellt. Somit erhält jeder Empfänger genau die Fixkosten zugerechnet, die dem von ihm geplanten Abnahmemengenanteil des Senders entspricht.

Unterschied bei Ist-Verrechnung

Der Unterschied liegt bei der Ist-Verrechnung:

- Bei der Fixkostenvorverteilung wird die Ist-Verrechnung der Fixkosten auf Basis der geplanten Abnahmemengen durchgeführt. Jeder Empfänger erhält den Fixkostenanteil für die von ihm bei der Planung angemeldeten Mengen/Kapazitäten zugerechnet. Er verfügt somit bereits vor der Periode über die Information der Fixkosten, die ihm in der Periode tatsächlich belastet werden (→ Vorverteilung). Bei der Fixkostenvorverteilung werden folglich immer 100 % der geplanten Fixkosten innerbetrieblich verrechnet und es tritt keine Beschäftigungsabweichung auf.

- Beim Fixkostenverrechnungssatz hingegen erfolgt die Ist-Verrechnung über die Multiplikation des Verrechnungssatzes mit der Ist-Abnahmemenge. Dies führt bei vom Plan abweichender Leistungsmenge zu Beschäftigungsabweichungen.

2.2.2 Beispieldaten: Planung und Ist-Verrechnung

Die Vorgehensweisen von Fixkostenvorverteilung und Fixkostenverrechnungssatz sollen mit einem einfachen Zahlenbeispiel veranschaulicht werden:

Fixkostenvorverteilung

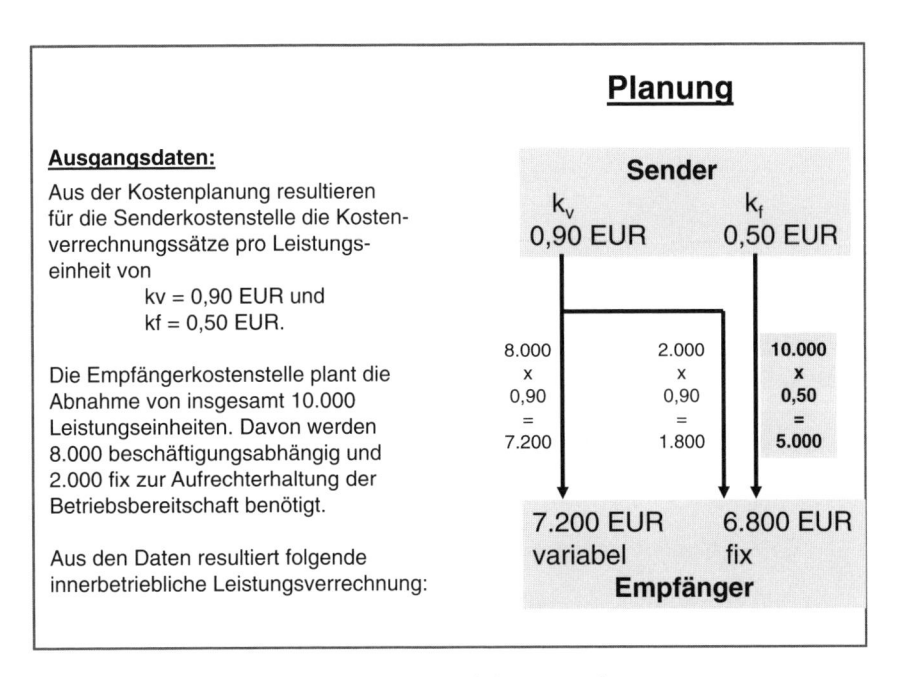

```
                                    Planung

Ausgangsdaten:                       Sender
Aus der Kostenplanung resultieren    k_v              k_f
für die Senderkostenstelle die Kosten-
verrechnungssätze pro Leistungs-     0,90 EUR         0,50 EUR
einheit von
        kv = 0,90 EUR und
        kf = 0,50 EUR.
                                 8.000     2.000      10.000
Die Empfängerkostenstelle plant die  x         x          x
Abnahme von insgesamt 10.000      0,90      0,90       0,50
Leistungseinheiten. Davon werden    =         =          =
8.000 beschäftigungsabhängig und  7.200     1.800      5.000
2.000 fix zur Aufrechterhaltung der
Betriebsbereitschaft benötigt.
                                  7.200 EUR        6.800 EUR
Aus den Daten resultiert folgende variabel         fix
innerbetriebliche Leistungsverrechnung:       Empfänger
```

Abb. 1: Struktur des Ablaufs der innerbetrieblichen Verrechnung

Der Empfänger erhält 5.000 EUR Fixkosten des Senders zugerechnet. Da der Empfänger 2.000 Leistungseinheiten (LE) des Senders fix benötigt, werden die entsprechenden variablen Kosten des Senders (2.000 × 0,90 EUR = 1.800 EUR) zusätzlich zu Fixkosten des Empfängers. Bei der Kostenplanung führen die Vorgehensweisen der Fixkostenvorverteilung und des Fixkostenverrechnungssatzes zu identischen Werten.

Kostenzurechnung der Planung

Die Ist-Verrechnung hingegen führt im vorliegenden Beispiel bei der Annahme, dass der Empfänger im Ist insgesamt 13.000 LE abgenommen hat, zu folgenden Daten:

Organisation & IT

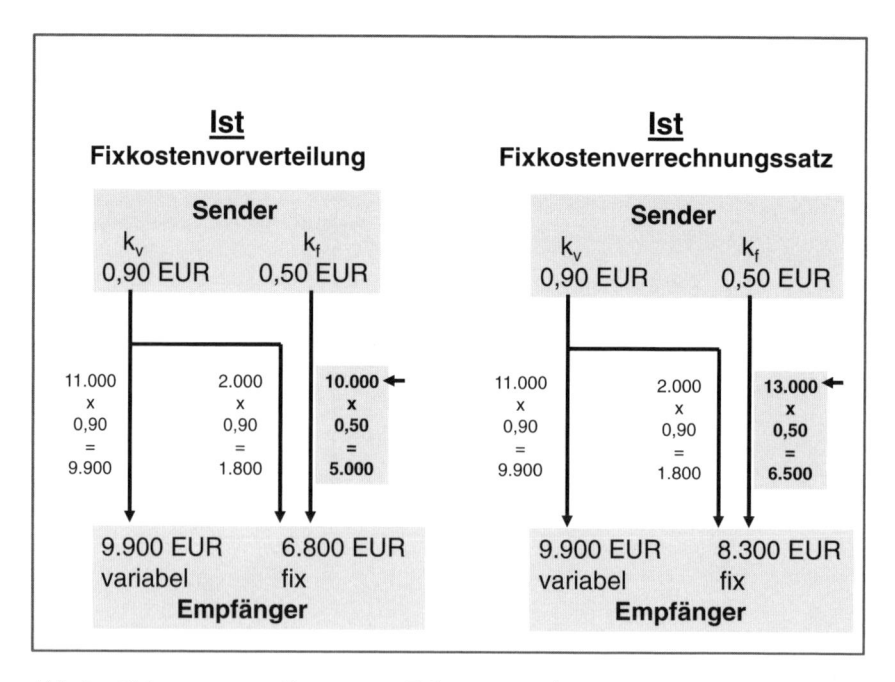

Abb. 2: Fixkostenvorverteilung versus Fixkostenverrechnungssatz

Kostenzurechnung der Ist-Verrechnung

Abb. 2 illustriert, dass die Verrechnung der variablen Kosten des Senders bei Fixkostenvorverteilung und Fixkostenverrechnungssatz identisch ist. Bei der Fixkostenverrechnung treten jedoch Differenzen auf:

- Bei der Fixkostenvorverteilung wird diese nach wie vor auf Basis der geplanten Abnahmemenge von insgesamt 10.000 LE durchgeführt und dem Empfänger werden die geplanten 5.000 EUR Fixkosten des Senders zugerechnet.
- Beim Fixkostenverrechnungssatz hingegen wird die Ist-Abnahmemenge von 13.000 LE zugrunde gelegt und der Empfänger erhält 6.500 EUR Fixkosten des Senders, also 1.500 EUR mehr als geplant. Diese Koppelung der Fixkostenverrechnung an die Ist-Abnahmemenge ist auch bei der Ermittlung der Soll-Kosten der Sekundärkosten der Empfängerkostenstellen zu berücksichtigen. Dies führt mitunter zu schwer nachvollziehbaren Werten, die unter Tz. 3.3 erläutert werden.

2.2.3 Beispieldaten: Sender-Empfänger-Beziehung

Um die Auswirkungen der Fixkostenverrechnung auf den Sender darzustellen, wird das Beispiel um eine 2. Empfängerkostenstelle mit folgenden Daten erweitert:

- Plan-Abnahmemenge 13.000 LE; davon 12.000 LE variabel und 1.000 LE fix.
- Ist-Abnahmemenge insgesamt 12.500 LE.

Die innerbetriebliche Leistungsverrechnung zwischen dem Sender und der Empfängerkostenstelle 2 verläuft analog zu der in den Abb. 1 und 2 dargestellten Vorgehensweise. Bei Anwendung der Fixkostenvorverteilung ergibt sich die in Abb. 3 dargestellte Kostenverrechnung:

Struktur der IBL bei Fixkostenvorverteilung

Senderkostenstelle		
- Planbeschäftigung = 23.000 LE		
- Istbeschäftigung = 25.500 LE		
	Variabel	Fix
Plan	20.700	11.500
Soll	22.950	11.500
Ist	Finanzbuchhaltung	

Empfängerkostenstelle 1		
Variabel	Fix	
7.200	6.800	Plan
Sollkostenfunktion		Soll
9.900	6.800	Ist

Empfängerkostenstelle 2		
Variabel	Fix	
10.800	7.400	Plan
Sollkostenfunktion		Soll
10.350	7.400	Ist

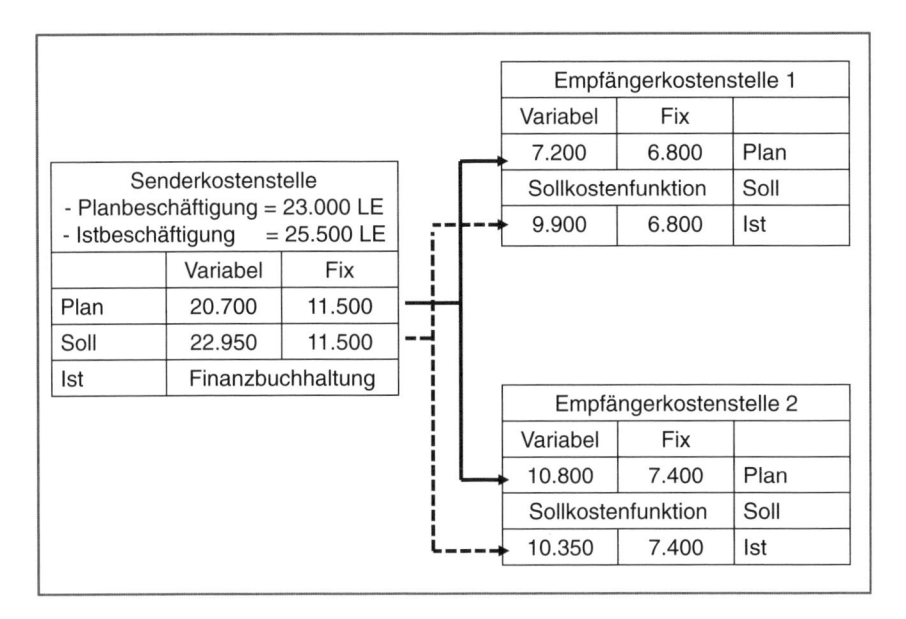

Abb. 3: Sender-Empfänger-Beziehung bei Fixkostenvorverteilung

Erläuterungen:
- Die Ist-Beschäftigung der Senderkostenstelle resultiert aus der Summe der Ist-Abnahmemengen der Empfänger.
- Die Soll-Kosten des Senders ermitteln sich durch Einsetzen der Ist-Beschäftigung in seine Soll-Kostenfunktion.
- Die Ist-Kosten des Senders ergeben sich aus den in der Finanzbuchhaltung tatsächlich gebuchten Beträgen plus ggf. über BDE-Systeme gemessene Sekundärkosten.
- Die Empfängerkostenstellen erhalten die Leistungen des Senders auf Basis des geplanten Verrechnungssatzes der variablen Kosten bzw. gemäß der Fixkostenvorverteilung. Folglich korrespondieren deren Ist-Kosten mit den Soll-Kosten des Senders.
- Die Soll-Kosten der Empfänger lassen sich durch Einsetzen von deren Ist-Beschäftigung in die jeweilige Soll-Kostenfunktion für die Senderleistung ermitteln.

Organisation & IT

- Die den Empfängern zugerechneten Fixkosten ergeben sich aus der Summe des Fixkostenverrechnungssatzes multipliziert mit der Planabnahmemenge und der fixen Abnahmemenge multipliziert mit dem Verrechnungssatz der variablen Kosten.

Bei Anwendung der Fixkostenvorverteilung entsprechen die beim Sender vorgegebenen Soll-Kosten den an die Empfänger tatsächlich verrechneten Ist-Kosten.

Struktur der IBL bei Fixkostenverrechnungssatz

Anders sieht dies beim Fixkostenverrechnungssatz aus. Hier besitzt die Verrechnung folgendes Aussehen:

Senderkostenstelle				Empfängerkostenstelle 1		
-Planbeschäftigung = 23.000 LE				Variabel	Fix	
- Istbeschäftigung = 25.500 LE				7.200	6.800	Plan
	Variabel	Fix		Sollkostenfunktion		Soll
Plan	20.700	11.500		9.900	8.300	Ist
Soll	22.950	11.500				
Ist	Finanzbuchhaltung					
				Empfängerkostenstelle 2		
				Variabel	Fix	
Beschäftigungsabweichung				10.800	7.400	Plan
1.250 EUR				Sollkostenfunktion		Soll
				10.350	7.150	Ist

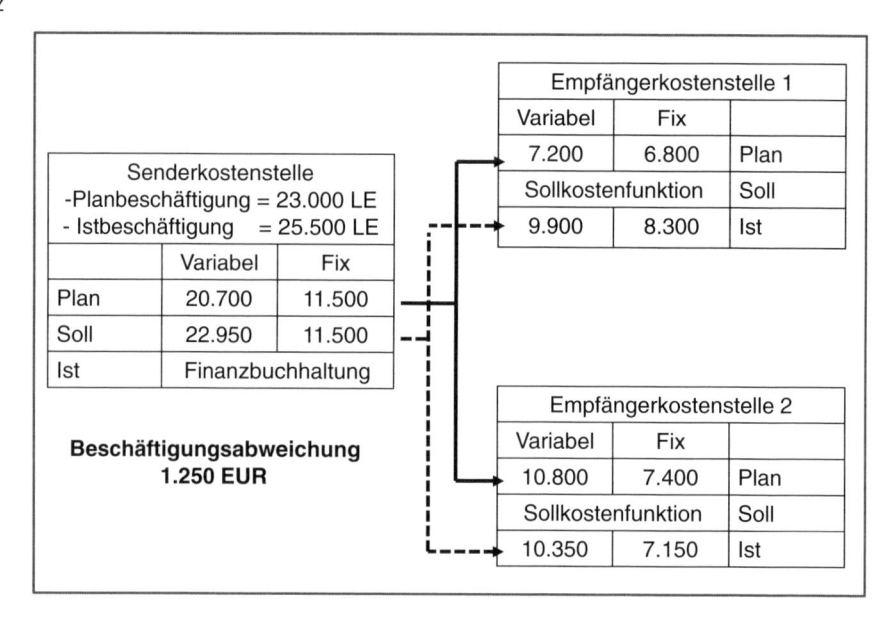

Abb. 4: Sender-Empfänger-Beziehung bei Fixkostenverrechnungssatz

Beschäftigungsabweichung von 1.250 EUR

Jetzt entsprechen die 34.450 EUR Soll-Kosten des Senders nicht den an die Empfänger insgesamt verrechneten Kosten von 35.700 EUR. Die Ursache liegt in der bei der Verrechnung erfolgten Proportionalisierung der Fixkosten, die zu einer Beschäftigungsabweichung in Höhe von 1.250 EUR führt. Sie ermittelt sich aus der Differenz zwischen der Ist- und Plan-Beschäftigung (2.500 LE) multipliziert mit dem Fixkostenverrechnungssatz (0,50 EUR).

Zusammenfassend wird dieser Zusammenhang in Abb. 5 dargestellt.

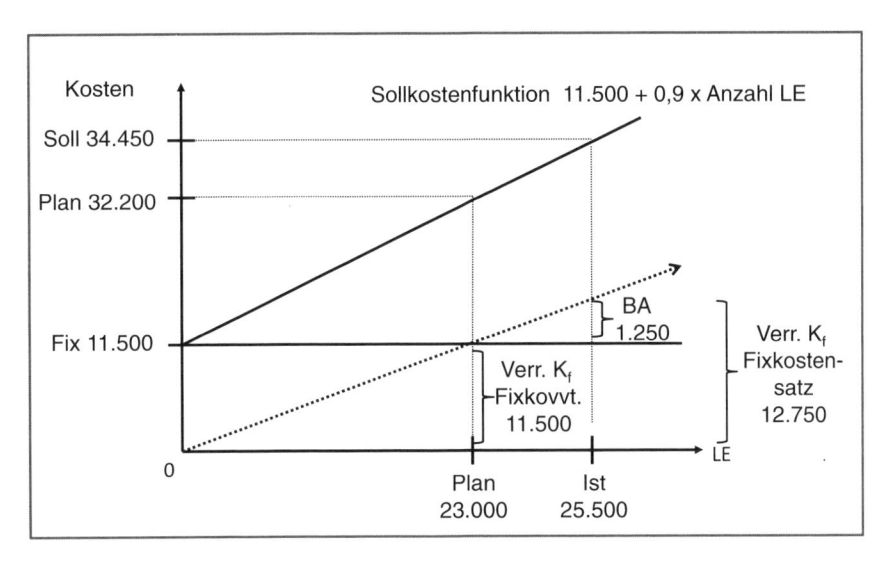

```
Kosten          Sollkostenfunktion 11.500 + 0,9 x Anzahl LE
Soll 34.450
Plan 32.200
                                          BA
                                          1.250    Verr. K_f
Fix 11.500                                         Fixkosten-
                              Verr. K_f            satz
                              Fixkovvt.            12.750
                              11.500
                                                LE
      0
                           Plan      Ist
                           23.000    25.500
```

Abb. 5: Zusammenfassende Darstellung des Senders

3 Umsetzung der Fixkostenverrechnung in der SAP®-Software

Nachfolgend wird die Fixkostenverrechnung anhand der Daten des Beispiels in der SAP®-Software abgebildet. Dabei wurden ausschließlich die das Beispiel betreffenden Daten eingepflegt. Voraussetzung für die Durchführung des Gemeinkostencontrollings im System der Flexiblen Plankostenrechnung ist, dass bei Definition des Kostenrechnungskreises die Komponente „Kostenstellenrechnung" und die „Kontierung der Leistungsart" aktiv gesetzt werden.

3.1 Stammdaten des Beispiels

Für das Beispiel wird eine recht überschaubare Anzahl an Stammdaten benötigt.

- Eine Primärkostenart „400000 – Primärkostenarten" als „Dummy" (Stellvertreter) für sämtliche Primärkostenarten.
- Die Stammsätze der 3 Kostenstellen.
- Die Leistungsarten mit den dazugehörigen Sekundärkostenarten.

Organisation & IT

Leistungsartenstammsatz steuert die Kostenverrechnung

In der SAP®-Software werden die Verrechnungsparameter bei der Leistungsart und nicht bei den Kostenstellen hinterlegt[9]. Die Verrechnungsmodalitäten von Kostenstellen werden durch die Zuordnung von Leistungsarten auf Kostenstellen definiert. Dies erfolgt, indem für die entsprechende Leistungsart in der Kostenstelle eine Beschäftigung (Planleistung) geplant wird. Dabei ist es möglich, einer Kostenstelle mehrere Leistungsarten mit unterschiedlichen Verrechnungsparametern zuzuordnen, was bezüglich des mit der Abrechnung verfolgten Zwecks (z. B. im Hinblick auf eine ggf. erforderliche Aktivierung innerbetrieblicher Leistungen) von Vorteil ist. Nachfolgend ist deshalb nur der Leistungsartenstammsatz detailliert zu erläutern.

Für die Primärkostenart und die Kostenstellen wurden einfache Standardeinstellungen getroffen, auf deren detaillierte Beschreibung verzichtet wird. Bei der Primärkostenart wurde der Kostenartentyp 1 hinterlegt und bei den Kostenstellen wurden neben den geforderten Informationen über Verantwortliche die Kostenstellenart „7 – Servicekostenstelle" der Senderkostenstelle und „1 – Fertigungskostenstelle" den Empfängerkostenstellen zugeordnet.

Detailbetrachtung Leistungsartenstammsatz

Der Leistungsartenstammsatz der Senderkostenstelle bedarf jetzt einer genauen Betrachtung. Die Leistungsart „L-VVT" wird zur Veranschaulichung „Senderleistung" benannt, in „LE-Leistungseinheiten" gemessen und ist bei Servicekostenstellen (Kostenstellenart „7" wie die Senderkostenstelle!) zulässig.

---

[9] Vgl. Szyszka 2011, S. 154ff.

Fixkostenvorverteilung

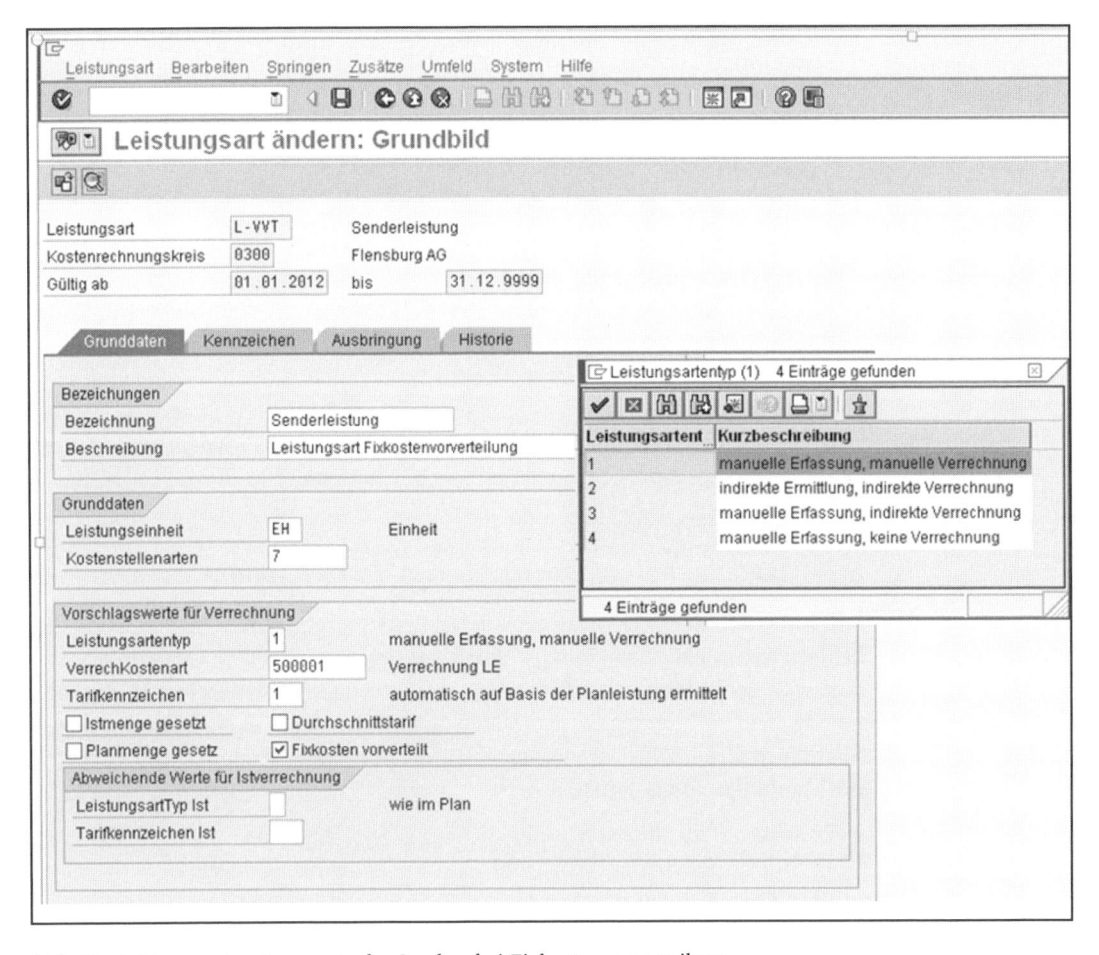

Abb. 6: Leistungsartenstammsatz des Senders bei Fixkostenvorverteilung

Erläuterungen der Verrechnungsparameter:

- Sofern eine Fixkostenverrechnung erfolgen soll, ist ein verrechenbarer Leistungsartentyp anzugeben. Leistungsartentyp 4 scheidet somit als Option aus. Es wird LA-Typ 1 gewählt, weil die mit den Typen 2 und 3 verbundene Problematik der indirekten Verrechnung den Rahmen sprengen würde. LA-Typ 1 erfordert in der Praxis eine leistungsfähige BDE zur Erfassung der Ist-Leistungsflüsse.
- Da ein verrechenbarer LA-Typ gewählt wurde, ist eine entsprechende Verrechnungskostenart (Sekundärkostenart) zu definieren, mit der die unter dieser LA geplanten Kosten innerbetrieblich verrechnet werden. Hierfür wurde unter der Nummer 500001 die Sekundärkostenart „Verrechnung LE – Vorverteilung" mit dem Kostenartentyp 43 (Verrechnung Leistungen/Prozesse) angelegt.

Organisation & IT

Vorgehen entsprechend flexibler PKR
- Tarifkennzeichen 1 besagt, dass die Ermittlung der Kostenverrechnungssätze analog zur Vorgehensweise der flexiblen Plankostenrechnung durch Division der geplanten fixen bzw. variablen Kosten durch die Plan-Beschäftigung im Rahmen der „Tarifermittlung" durch das System erfolgt.

Steuerung der Fixkostenverrechnung
- Von den weiteren Optionen sind die Felder „Durchschnittstarif" und „Fixkosten vorverteilt" für dieses Thema von zentraler Bedeutung. Hier wird eingestellt, ob die Fixkostenverrechnung mit dem Fixkostenverrechnungssatz oder der Fixkostenvorverteilung erfolgt. Bei dieser Leistungsart ist die Fixkostenvorverteilung eingestellt (neben der in der Abb. gezeigten Leistungsart der Vorverteilung ist eine 2. Leistungsart Verrechnungssatz „L-VSTZ" angelegt worden, bei der der Fixkostenverrechnungssatz eingestellt wurde; aAnsonsten unterscheidet sich dieser Stammsatz nur bei seiner Benennung von Abb. 6).

3.2 Planung der innerbetrieblichen Verrechnung

Jahresplanung und Monatswerte
Im Rahmen der Planung ist zu berücksichtigen, dass Jahreswerte zu hinterlegen sind, die übliche Abrechnungsperiode des Gemeinkostencontrollings jedoch der Monat ist. Als Verteilungsschlüssel über das Jahr wurde die „1" angegeben (Gleichverteilung des Jahreswertes auf die Monate mit je 1/12). Es wurden Daten geplant, die den Monatswerten des Zahlenbeispiels entsprechen:

- Summe Primärkosten der Kostenstelle „Sender" in Höhe von 11.500 EUR/Monat fix und 20.700 EUR/Monat variabel
- Eine Planleistung des Senders von 23.000 LE/Monat
- Die Leistungsbeziehungen zwischen dem Sender und den Empfängern mit

  Sender → Empfänger 1: 2.000 LE/Monat fix und 8.000 LE/Monat variabel

  Sender → Empfänger 2: 1.000 LE/Monat fix und 12.000 LE/Monat variabel

Tarifermittlung und Bewertung
Nach der Durchführung der Tarifermittlung, bei der die Option „mit Fixkostenvorverteilung" zu aktivieren ist, ergeben sich für den Tarif des Senders und die Bewertung der Leistungsflüsse an die Empfänger folgende Monatswerte, die den unter Tz. 2.2 erläuterten Daten entsprechen.

Fixkostenvorverteilung

Planung Leistungen/Tarife ändern: Übersichtsbild

Version	0			Plan/Ist - Version									
Periode	8	bis	8										
Geschäftsjahr	2012												
Kostenstelle	3100000			Sender der Fixkostenvorverteilung									

LstArt	Planleistung	VS	Kapazität	VS	EH	Tarif fix	Tarif var	Tar.EH	P...	P.. D..	VKostenart	T Ä-Ziff	Disp.Leistung	L..
L-VVT	23.000	1	25.000	1	EH	0,50	0,90	00001	1		500001	1 1	23.000	

Planung Kostenarten/Leistungsaufnahmen ändern: Übersichtsbild

Version	0		Plan/Ist - Version	
Periode	8	bis	8	
Geschäftsjahr	2012			
Kostenstelle	3100001		Empfänger 1 - Fixkostenvorverteilung	

E-LArt	Send.-KoSt	S-LArt	Planverbr. fix	VS	Planverbr. var	VS	EH	Plankosten fix	Plankosten var	VKostenart	L
LE1	3100000	L-VVT	2.000	1	8.000	1	EH	6.800,00	7.200,00	500001	
Kostenstelle		3100002			Empfänger 2 Fixkostenvorverteilung						

E-LArt	Send.-KoSt	S-LArt	Planverbr. fix	VS	Planverbr. var	VS	EH	Plankosten fix	Plankosten var	VKostenart	L
LE2	3100000	L-VVT	1.000	1	12.000	1	EH	7.400,00	10.800,00	500001	
LE1 Leistungsart Empfänger 1					100 LE			100- LE	100,00-		

Abb. 7: Bewertete Plan-Daten (Monat August) des Senders und der Empfänger

Da die Plan-Werte des Fixkostenverrechnungssatzes identisch sind, kann auf deren separate Darstellung verzichtet werden.

Mit dem Ende der Planung trennen sich die Wege der Fixkostenvorverteilung und des Fixkostenverrechnungssatzes. Bei der Fixkostenvorverteilung wird der Sender im Moment des Planungsabschlusses von seinen Plan-Fixkosten entlastet und diese werden den Empfängern vorab als Ist-Kosten in alle Teilperioden der Planung belastet. Im Planungszeitraum erfolgt bei der Fixkostenvorverteilung nur noch die Verrechnung der variablen Kosten[10].

Vorabverrechnung der Ist-Fixkosten

Ein Blick auf die (in der Zukunft liegenden) Planungsberichte des Januar 2013 verdeutlicht dies[11]. Der Sender hat bereits vor Periodenbeginn all seine Fixkosten verrechnet und beim Empfänger 1 sind vorab Ist-Kosten (Senderfixkosten) verbucht worden.

---

[10] Vgl. Liening/Scherleithner 2001, S. 234.
[11] Für 2013 wurden die gleichen Planwerte wie für 2012 unterstellt.

Kostenstellen: Ist/Plan/Abweichung		Stand 22.08.2012		Seite:	2 / 3
				Spalte:	1 / 2
Kostenstelle/Gruppe	3100000		Sender		
Verantwortlicher:	L. Christiansen				
Berichtszeitraum:	1 bis 1 2013				

Kostenarten	Istkosten	Plankosten	Abw (abs)	Abw (%)
400000 Primärkostenarten		32.200,00	32.200,00-	100,00-
* Belastung		32.200,00	32.200,00-	100,00-
500001 Verrechnung LE	11.500,00-	32.200,00-	20.700,00	64,29-
* Entlastung	11.500,00-	32.200,00-	20.700,00	64,29-
** Über-/Unterdeckung	11.500,00-		11.500,00-	

Leistungsarten	Iststg	Planlstg	Abw (abs)	Abw (%)
L-VVT Senderleistung		23.000 EH	23.000- EH	100,00-

Kostenstellen: Ist/Plan/Abweichung		Stand 22.08.2012		Seite:	2 / 3
				Spalte:	1 / 2
Kostenstelle/Gruppe	3100001		Empfänger 1		
Verantwortlicher:	S. Hansen				
Berichtszeitraum:	1 bis 1 2013				

Kostenarten	Istkosten	Plankosten	Abw (abs)	Abw (%)
500001 Verrechnung LE	5.000,00	14.000,00	9.000,00-	64,29-
* Belastung	5.000,00	14.000,00	9.000,00-	64,29-

Leistungsarten	Iststg	Planlstg	Abw (abs)	Abw (%)
LE1 Leistungsart Empfänger 1		100 LE	100- LE	100,00-

Abb. 8: Plan-Ist-Vergleich Januar 2013 des Senders und Empfängers 1

Bei Anwendung des Fixkostenverrechnungssatzes hingegen werden alle Kosten des Senders erst mit den Ist-Leistungsmengen in den entsprechenden Perioden verrechnet.

3.3 Ist-Daten der innerbetrieblichen Verrechnung

Die Ist-Daten werden exemplarisch für den Betrachtungsmonat „August 2012" dargestellt. Folgende Ist-Mengen wurden im Beispiel von den Empfängern im August abgenommen:

- Sender → Empfänger 1: 13.000 LE
- Sender → Empfänger 2: 12.500 LE

3.3.1 Ist-Daten der Fixkostenvorverteilung

Die Fixkosten sind bereits mit Abschluss der Planung verrechnet worden. Bei der Fixkostenvorverteilung werden mit den entsprechenden Verrechnungen nur noch die variablen Kosten mit dem Verrechnungssatz $k_v = 0{,}90$ EUR den Empfängern belastet. Dies geht auch aus dem zugehörigen Buchungsbeleg hervor.

Verrechnung ausschließlich der variablen Kosten

Direkte Leistungsverrechnung anzeigen

Positionen

PosNr	SendStelle	SLstArt	EmpfStelle	Menge gesamt	ME	Betrag	Währg	Kostenart
0001	3100000	L-WT	3100001	13.000	EH	11.700,00	EUR	500001
0002	3100000	L-WT	3100002	12.500	EH	11.250,00	EUR	500001

Abb. 9: Ist-Buchung der Leistungsverrechnung bei Fixkostenvorverteilung

Für Empfänger 1 (2) bedeutet dies, dass er neben den 5.000 EUR (6.500 EUR) Fixkosten, die ihm vorab berechnet wurden, nun nur noch mit zusätzlichen 11.700 EUR (11.250 EUR) an variablen Kosten belastet wird. Er erhält somit insgesamt 16.700 EUR (17.750 EUR) Kosten des Senders.

Organisation & IT

Kostenstellen:Ist/Soll/Abweichung	Stand:
Kostenstelle/gruppe: 3100001 Empfänger 1	
Verantwortlicher: S. Hansen	
Berichtszeitraum: 8 bis 8 2012	

Kostenarten	Istkosten
500001 Verrechnung LE	16.700,00
* Belastung	16.700,00

Kostenstellen:Ist/Soll/Abweichung	Stand:
Kostenstelle/gruppe: 3100002 Empfänger 2	
Verantwortlicher: C. Nielson	
Berichtszeitraum: 8 bis 8 2012	

Kostenarten	Istkosten
500001 Verrechnung LE	17.750,00
* Belastung	17.750,00

Abb. 10:   Ist-Kosten der Empfänger Fixkostenvorverteilung

Soll-Kosten entsprechen Ist-Verrechnung

Der in Abb. 11 dargestellte Kostenstellen-Soll-Ist-Vergleich des Senders spiegelt exakt die in Abb. 3 dargestellten Werte wider. Die Soll-Kosten und die verrechneten Kosten des Senders entsprechen mit 34.450 EUR der Summe der den Empfängern in Abb. 9 belasteten Kosten.

Kostenstellen:Ist/Soll/Abweichung   Stand: 22.08.2012   Seiten: 2 / 3
Kostenstelle/gruppe: 3100000   Sender   Spalte: 1 / 6
Verantwortlicher: L. Christiansen
Berichtszeitraum: 8 bis   8 2012

Kostenarten	Istkosten	Sollkosten	Abw (abs)	Abw (%)
400000 Primärkostenarten		34.450,00	34.450,00-	100,00-
* Belastung		34.450,00	34.450,00-	100,00-
500001 Verrechnung LE	34.450,00-	34.450,00-		
* Entlastung	34.450,00-	34.450,00-		
** Über-/Unterdeckung	34.450,00-		34.450,00-	

Leistungsarten	Iststg.	Planlstg.	Abw (abs)	Abw (%)
L-VVT Senderleistung	25.500 EH	23.000 EH	2.500 EH	10,87

Abb. 11:   Soll-Ist-Vergleich des Senders bei Fixkostenvorverteilung

3.3.2 Ist-Daten des Fixkostenverrechnungssatzes

Die Anwendung des Fixkostenverrechnungssatzes hingegen führt jetzt zu ganz anderen Daten. Nun wird jede Leistungseinheit den Empfängern mit $k_v = 0{,}90$ EUR und $k_f = 0{,}50$ EUR (also insgesamt 1,40 EUR) belastet.

Verrechnung von variablen und fixen Kosten

Direkte Leistungsverrechnung anzeigen

Positionen

PosNr	SendStelle	SLstArt	EmpfStelle	Menge gesamt	ME	Betrag	Währg	Kostenart
0001	3200000	L-VSTZ	3200001	13.000	EH	18.200,00	EUR	500001
0002	3200000	L-VSTZ	3200002	12.500	EH	17.500,00	EUR	500001

Abb. 12: Ist-Bewertung der Leistungsverrechnung beim Fixkostenverrechnungssatz

Die 18.200 EUR und 17.500 EUR der Empfänger entsprechen den Daten, die ihnen im Kostenstellen-Soll-Ist-Vergleich insgesamt als Ist-Kosten zugerechnet werden. Deshalb wird hier auf deren Darstellung verzichtet.

Beim Kostenstellen-Soll-Ist-Vergleich des Senders jedoch tritt nun eine Differenz zwischen den vorgegebenen und den verrechneten Kosten in Höhe von 1.250 EUR auf. Dies ist die bereits zuvor erläuterte und in Abb. 5 grafisch dargestellte Beschäftigungsabweichung.

Beschäftigungsabweichung von 1.250 EUR

```
Kostenstellen:Ist/Soll/Abweichung    Stand:       20.08.2012      Seiten:   2 / 3
Kostenstelle/gruppe:  3200000         Sender                      Spalte:   1 / 6
Verantwortlicher:     L. Christiansen
Berichtszeitraum:     8 bis   8 2012
```

Kostenarten	Istkosten	Sollkosten	Abw (abs)	Abw (%)
400000 Primärkostenarten		34.450,00	34.450,00-	100,00-
* Belastung		34.450,00	34.450,00-	100,00-
500001 Verrechnung LE	35.700,00-	35.700,00-		
* Entlastung	35.700,00-	35.700,00-		
** Über-/Unterdeckung	35.700,00-	1.250,00-	34.450,00-	2.756,00

Leistungsarten	Istlstg.	Planlstg.	Abw (abs)	Abw (%)
L-VSTZ Senderleistung	25.500 EH	23.000 EH	2.500 EH	10,87

Abb. 13: Soll-Ist-Vergleich des Senders beim Fixkostenverrechnungssatz

3.3.3 Soll-Kostenermittlung beim Fixkostenverrechnungssatz

Problematik schwer nachvollziehbarer Soll-Kosten

Auf Basis der Beispieldaten soll für Empfänger 1 noch kurz auf ein Problem eingegangen werden, dass beim Fixkostenverrechnungssatz häufig für Irritationen sorgt. Dies sind die nicht immer einfach nachvollziehbaren Soll-Kostenvorgaben der Leistungsempfänger. Empfänger 1 benötigt die Senderleistung sowohl zur Aufrechterhaltung seiner Betriebsbereitschaft als auch beschäftigungsabhängig.

Bei der Planbeschäftigung von 100 LE im August betrugen die Plan-Kosten für die Senderleistung 14.000 EUR. Eine jetzt angenommene Ist-Beschäftigung von 120 LE führt zu einer auf den ersten Blick zumindest erklärungsbedürftigen Soll-Kostenvorgabe von 16.240 EUR.

Kostenstellen:Ist/Soll/Abweichung	Stand:	20.08.2012	Seiten:	2 / 3
Kostenstelle/gruppe: 3200001	Empfänger 1		Spalte:	1 / 6
Verantwortlicher: S. Hansen				
Berichtszeitraum: 8 bis 8 2012				

Kostenarten	Istkosten	Sollkosten	Abw (abs)	Abw (%)
500001 Verrechnung LE	18.200,00	16.240,00	1.960,00	12,07
* Belastung	18.200,00	16.240,00	1.960,00	12,07

Leistungsarten	Istlstg.	Planlstg.	Abw (abs)	Abw (%)
LE1 Leistungsart Empfänger 1	120 LE	100 LE	20 LE	20,00

Abb. 14: Soll-Ist-Vergleich des Empfängers 1 beim Fixkostenverrechnungssatz

Der Soll-Kostenbetrag lässt sich folgendermaßen erklären:

- Fixer Bedarf des Senders sind 2.000 LE, die durch Multiplikation mit k_v und k_f zu insgesamt 2.800 EUR Kosten führen.
- Der beschäftigungsabhängige Bedarf bei der Plan-Beschäftigung war 8.000 LE. Dieser wird mit dem Beschäftigungsgrad (Ist-Beschäftigung/Plan-Beschäftigung – 120/100 = 1,2) hochgerechnet und es ergibt sich ein variabler Sollbedarf von 9.600 LE. Wenn man die 9.600 mit k_v und k_f multipliziert (9.600 × 0.5 + 9.600 × 0.9), erhält man 13.440 EUR Kostenvorgabe für den variablen Bedarf. Ergänzt um die 2.800 EUR für den fixen Bedarf gelangt man zur Soll-Kostenvorgabe des Fixkostenverrechnungssatzes von 16.240 EUR.

4 Wertung der Optionen der Parallelrechnung

Zusammenfassend kann zunächst festgehalten werden, dass die Möglichkeiten der Parallelrechnung von Fixkosten in der SAP®-Software fachlich korrekt und umfassend abgebildet sind. Sie lassen sich vom Anwender auch problemlos umsetzen. In diesem Punkt entspricht die SAP®-Software den Anforderungen des Gemeinkostencontrollings.

Richtige Abbildung in SAP®-Software

Mit der Fixkostenvorverteilung bietet die SAP®-Software eine betriebswirtschaftlich interessante Alternative zum Fixkostenverrechnungssatz. Ihr vorrangiges Anwendungsgebiet sind innerbetriebliche Verrechnungen zwischen Kostenstellen.

Der Grundgedanke ist, Leistungsempfänger für den von ihnen bei der Planung angemeldeten Kapazitätsbedarf in die Verantwortung zu nehmen. Es ist, als ob ein Vertrag über eine bestimmte Menge abschlossen wird und dann als eine Art „Grundgebühr" die Fixkosten der entsprechenden Kapazitätsvorhaltung in Rechnung gestellt werden. Die Ist-Fixkosten sind dem Leistungsempfänger bereits vorab bekannt.

Verantwortlichkeit der Leistungsempfänger für Senderfixkosten

Diese Vorgehensweise entspricht dem Fixkostencharakter sicherlich mehr als der Fixkostenverrechnungssatz und ist ihm im Hinblick auf die Verursachungsgerechtigkeit überlegen. Allerdings lässt sich auch die der Fixkostenvorverteilung letztlich zugrunde liegende Annahme, dass die Kapazitäten (und damit die Fixkosten) von Sekundärkostenstellen bei jeder einzelnen Kostenplanung neu bestimmt werden, kritisch hinterfragen.

Verursachungsgerechtere Fixkostenverrechnung bei Fixkostenvorverteilung

Ein weiteres positiv zu bewertendes Merkmal der Fixkostenvorverteilung ist, dass bei der Ist-Verrechnung keine gedankliche Proportionalisierung der Fixkosten erfolgt. Dies hat 2 Vorteile:

- Beim Sender treten keine Beschäftigungsabweichungen auf.
- Beim Empfänger entsprechen Soll-Fixkosten immer den Plan-Fixkosten. Die Proportionalisierung des Fixkostenverrechnungssatzes hingegen führt bei der Soll-Kostenvorgabe der Empfängerkostenstellen zu schwer nachvollziehbaren Differenzen zwischen den zugerechneten Soll- und Plan-Fixkosten.

Die Fixkostenvorverteilung ist aber nicht für die Abrechnung von Kostenstellen an Kostenträger geeignet. Hier liegt das „klassische" Anwendungsgebiet des Fixkostenverrechnungssatzes. Dafür gibt es 2 Ursachen:

Keine Fixkostenvorverteilung bei Abrechnung an Kostenträger

- Kostenträger sind Objekte und können im Gegensatz zu in Kostenstellen verantwortlichen Personen nicht für ihre Plananmeldung zur Verantwortung gezogen werden.

Organisation & IT

- Die Abrechnung in die Aktivierung von selbst erzeugten Halb- und Fertigfabrikaten auf Basis von geplanten Produktionsanteilen dürfte handels- und steuerrechtlich kaum akzeptiert werden[12]. Eine Ableitung dieser Bewertung aus den Daten der Kostenrechnung wäre somit bei Anwendung der Fixkostenvorverteilung äußerst problematisch.

Weitere Fragen der Abrechnung an Aktivierung

Mit Blick auf die zunehmende Integration zwischen Internem und Externem Rechnungswesen ist noch auf 2 weitere mit der Aktivierung verbundene Fragen bezüglich der Fixkostenvorverteilung einzugehen:

- Es tritt in der Praxis das Problem auf, dass Leistungen von Sekundärkostenstellen (z.B. eine Werkstatt, die auch für Investitionsobjekte tätig ist) aktiviert werden müssen. Um zu fiskalisch problemlos akzeptierten Ansätzen zu gelangen, könnte für derartige Abrechnungen Senderkostenstellen eine weitere Leistungsart zugeordnet werden, die mit dem Fixkostenverrechnungssatz abrechnet.

- Über die Abrechnung von Sekundär- an Primärkostenstellen findet der planbasierte Grundgedanke der Fixkostenvorverteilung letztlich mittelbar Eingang in die kostenrechnungsbasierte Bewertung von HF/FF, auch wenn die Abrechnung der Primärkostenstellen an Kostenträger über den Fixkostenverrechnungssatz erfolgt. Dies scheint jedoch eine geübte und (bisher) akzeptierte Vorgehensweise zu sein. Da derartige Erörterungen in den Bereich der Wirtschaftsprüfer und Finanzverwaltung fallen, enthält sich der Autor in seiner Funktion als Controller hier jedweder Wertung.

Übertragung der Fixkostenvorverteilung ins Vertriebscontrolling?

Abschließend soll als Ausblick noch eine in den Bereich des Vertriebscontrollings fallende Frage angeschnitten werden. Auch wenn die direkte Abrechnung an Kostenträger mit der Fixkostenvorverteilung nicht zweckmäßig ist, könnte der Ansatz ins Vertriebscontrolling übertragen werden. Bei der Planung melden die verschiedenen Vertriebsbereiche schließlich Absatzmengen an, für die in der Fertigung entsprechende Kapazitäten vorzuhalten sind und mit deren Fixkosten sie dann zu belasten wären. Die Situation ist also grundsätzlich vergleichbar mit der innerbetrieblichen Verrechnung zwischen Kostenstellen. Ob und wie sich dies ggf. umsetzen lässt, muss hier offenbleiben. Dies wäre ein Thema für eine eigene Abhandlung.

---

[12] Der Autor, der kein Experte des Externen Rechnungswesens ist, verweist auf Grottel/Pastor 2012, S. 656ff.

5 Anmerkung

Diese Publikation erfolgt mit freundlicher Genehmigung der SAP AG. In ihr wird auf Produkte der SAP AG Bezug genommen. SAP®, SAP ERP® und SAP R/3® sind Marken oder eingetragene Marken der SAP AG in Deutschland und anderen Ländern weltweit. Der Autor weist ausdrücklich darauf hin, dass die in den abgebildeten Bildschirmmasken eingepflegten Daten/Zahlen von ihm stammen. Für alle Screenshots gilt der Hinweis: Copyright SAP AG. Die SAP AG ist weder Autor noch Herausgeber dieser Publikation und für deren Inhalt nicht verantwortlich. Der SAP-Konzern übernimmt keinerlei Haftung oder Garantie für Fehler oder Unvollständigkeiten dieser Publikation.

6 Literaturhinweise

Assmann/Herzog, Grenzplankostenrechnung als geschlossenes Planungs-, Abrechnungs- und Informationssystem für das Kosten- und Deckungsbeitragsmanagement, krp, 37. Jg., H. 1/1993, S. 9–16.

Grottel/Pastor, Jahresabschluss (Bewertungsvorschriften) Bewertungsmaßstäbe – Begriff der Herstellkosten (Abs. 2), in Ellrott/Grottel/Schmidt/Fröschle/Kozikowski/Winkeljohann (Hrsg.), Beck'scher Bilanzkommentar, 8. Aufl. 2012, S. 635–690.

Kilger/Pampel/Vikas, Flexible Plankostenrechnung und Deckungsbeitragsrechnung, 12. Aufl. 2007.

Liening/Scherleithner, SAP-R/3 – Gemeinkostencontrolling, 2001.

Müller, Neuere Entwicklungen im innerbetrieblichen Rechnungswesen, in: krp, 27. Jg., H. 6/1983, S. 255–263.

Plaut, Die Grenz-Plankostenrechnung, ZfB, 23. Jg, 1953, S. 347–363 sowie S. 402–413.

Plaut, Die Grenzplankostenrechnung, ZfB, 25. Jg, 1955, S. 25–39.

Plaut, Grenzplankosten- und Deckungsbeitragsrechnung als modernes Kostenrechnungssystem, in Männel (Hrsg.), Handbuch Kostenrechnung, 1992, S. 203–225.

Szyszka, Operatives Controlling auf Basis IT-gestützter Kostenrechnung, 2011.

Organisation & IT

Akzeptanz schaffen: Psychologische Hindernisse überwinden, Widerstände integrieren

- Akzeptanz ist im Gemeinkostenmanagement ein wichtiger „weicher" Erfolgsfaktor. Aufgrund einseitiger fachlicher Fokussierung werden Controller im Gemeinkostenmanagement häufig von Akzeptanzproblemen überrascht. Dieser Beitrag zeigt, dass Akzeptanz differenziert, gemessen und aktiv gesteuert bzw. beeinflusst werden kann.
- Wesentliche Grundannahmen fördern die innere Einstellung im Umgang mit Widerständen. Eine wichtige Grundannahme ist: Widerstand hat seine Berechtigung und ist nützlich, Widerstände zu integrieren unterstützt den Projekterfolg.
- Wichtige Hilfsmittel zur Steuerung der Akzeptanz sind die Unterstützung durch das Topmanagement, die Stakeholder-Interessen-Analyse, der Ziel-Erwartungs-Abgleich sowie regelmäßige Feedbackgespräche. Um auf interaktiv-kommunikativem Weg die Akzeptanz der Beteiligten stetig zu sichern, sind regelmäßige Feedbackgespräche, verbindliche Projektschritte, sprachlich-kommunikative Mittel und die Einbindung von Widerständen in die Projektverantwortung zu empfehlen.

Inhalt		Seite
1	Die soziale Herausforderung im Gemeinkostenmanagement	231
2	Akzeptanz definieren, verstehen und bewerten	231
2.1	Akzeptanz verstehen	232
2.2	Akzeptanzprobleme in Form von Widerstand erkennen	233
2.3	Akzeptanzprobleme differenzieren und bewerten	234
3	Der Umgang mit Widerständen und Akzeptanzproblemen	238
3.1	Grundannahmen	238
3.2	Vorbereitende Maßnahmen für mehr Akzeptanz im Gemeinkostenmanagement	238
3.2.1	Unterstützung durch das Topmanagement	238
3.2.2	Stakeholder-Interessen-Analyse	239
3.2.3	Ziel-Erwartungsabgleich	240
3.3	Umgang mit Widerständen im Projekt	241
3.3.1	Feedbackgespräche nutzen	242

3.3.2	Verbindliche Projektschritte	243
3.3.3	Sprachlich-kommunikative Mittel nutzen	244
3.3.4	Einbinden von Widerständen in die Projektverantwortung	244
4	Fazit	245
5	Literaturhinweise	246

■ **Die Autorin**

Marion Kellner-Lewandowsky ist selbstständiger Controlling-Coach in den Themengebieten Controlling, Kommunikation und Organisationsentwicklung und Trainerin an der Controller Akademie.

1 Die soziale Herausforderung im Gemeinkostenmanagement

Projekte im Bereich des Kostenmanagements stoßen in Unternehmen bei betroffenen Mitarbeitern und Führungskräften selten auf Begeisterung. Schon die Bezeichnung einer Maßnahme als Optimierungsmaßnahme macht die Mitarbeiter vorsichtig. Auf das Gemeinkostenmanagement, das sich schwerpunktmäßig auf die Verwaltungs- und Servicebereiche bezieht, kommt eine weitere Schwierigkeit hinzu: Es macht die Arbeit der funktional ggf. nahe stehenden Kollegen zum Gegenstand von Effizienzuntersuchungen. Dies macht es neben den bekannten Zeit- und Multiprojektproblemen zusätzlich schwierig, für derartige Projekte unternehmensinterne Unterstützung und Akzeptanz zu gewinnen.

Gemeinkostenmanagement macht Kollegen zum Objekt der Effizienzanalyse

Im Umgang mit den Gemeinkosten zeigt sich, wie ernst ein Unternehmen Kosten- und Effizienzoptimierung nimmt. Über das Gemeinkostenmanagement wird deutlich, ob Kontroll- und Steuerungsmaßnahmen sowie Kostenzielsetzungen nur technische oder produzierende Bereiche betreffen oder ob Effizienzanforderungen für alle Bereiche und Funktionen im Unternehmen gelten. Darüber hinaus stellt sich die Frage nach den betroffenen Hierarchieebenen eines Gemeinkostenmanagements. Hier zeigt sich, ob die konsequente Optimierung nur in den unteren Hierarchiestufen gefordert oder im Sinne eines gemeinsamen Werteverständnisses von allen Führungskräften und Managementebenen des Unternehmens gelebt wird.

Gelten die Effizienzanforderungen für alle im Unternehmen?

2 Akzeptanz definieren, verstehen und bewerten

Damit ein Gemeinkostenmanagement erfolgreich wird, braucht es neben fachlich-methodischen Anforderungen (Zielen, Vorgehen, Instrumenten und Prozesse) auch sozial-persönliche Akzeptanz auf individueller Mitarbeiterebene. Dieser Zusammenhang lässt sich in folgende einfache Formel übersetzen:

Unverzichtbar für Projekterfolg

$$E = Q \times A$$
$$(Erfolg = Qualität \; mal \; Akzeptanz)$$

Erfolg stellt sich danach ein, wenn Qualität – im Sinne der fachlich-methodischen Anforderungen – als auch Akzeptanz – im Sinne förderlicher Verhaltensweisen und Einstellungen – im Rahmen eines Gemeinkostenmanagements gegeben sind.

Die multiplikatorische Verknüpfung der beiden Faktoren soll dabei zeigen, dass ein Mangel an Akzeptanz nicht durch bessere Qualität ausgeglichen werden kann. Es zeigt sich nämlich in der Praxis, dass eine

Weniger Qualität bringt bisweilen mehr Akzeptanz hervor

Reduzierung der qualitativen Ausprägungen im Gemeinkostenmanagement eine Akzeptanz der Systeme oftmals erst ermöglicht:

- ein Herunterschrauben der fachlichen Anforderungen,
- weniger komplizierte Be- und Verrechnungen,
- einfachere Darstellungen der Zusammenhänge oder
- auf das Wesentliche reduzierte Berichterstattungen

sorgen besser dafür, dass das Gemeinkostenmanagement anstatt als Spielfeld für Controller als gern genutztes Werkzeug für die Fach- und Führungskräfte im Unternehmen verstanden wird.

2.1 Akzeptanz verstehen

Bereitwilligkeit, etwas oder jemanden gutzuheißen

Um Akzeptanz zu schaffen, muss sie zunächst definiert und verstanden werden. Akzeptanz steht für die psychologische Bereitwilligkeit, ein Projekt oder Vorhaben gutzuheißen, anzunehmen oder zu unterstützen. Sie ist durch folgende Kriterien gekennzeichnet:

- Akzeptanz bezeichnet im Gegensatz zur Duldung oder sogar Ablehnung eine grundsätzlich positive, bejahende innere Einstellung zu einem Akzeptanzobjekt.
- Akzeptanz ist mental repräsentiert, an eine konkrete Person gebunden, ist stets subjektiv und beruht auf Freiwilligkeit.
- Akzeptanz ist nicht direkt erkennbar und muss aus verbalen Äußerungen und nonverbalem Verhalten der entsprechenden Personen gedeutet werden.
- Akzeptanz entsteht durch rationale und emotionale Einsicht.

Als Gegenteil von Akzeptanz steht Ablehnung oder Abneigung. Der mentale Zustand Akzeptanz zeigt sich differenziert in zustimmenden, unterstützenden oder begeisterten Verhaltensweisen. Ablehnung oder Abneigung zeigt sich in neutralen, bremsenden, skeptischen Verhaltensweisen beziehungsweise aktiven Widerstand.

Akzeptanzprobleme werden häufig unterschätzt

Aufgrund einseitiger fachlicher Fokussierung werden Controller im Gemeinkostenmanagement bislang von Akzeptanzproblemen eher überrascht. Häufig werden diese Probleme lange übersehen und unterschätzt. Nicht selten scheitern Projekte im Gemeinkostenmanagement daran, weil grundlegende Tabubrüche und Widerstände nicht rechtzeitig und ausreichend berücksichtigt wurden sowie keine Steuerung der Akzeptanz stattfand.

2.2 Akzeptanzprobleme in Form von Widerstand erkennen

Akzeptanzprobleme müssen rechtzeitig erkannt und differenziert werden. Mangel an Akzeptanz zeigt sich im Widerstand gegen das Projekt, Teile des Projekts oder gegen handelnde Personen. Dieser Widerstand kann sich in vielfältiger Form zeigen und danach unterschieden werden, ob er

- offen oder verdeckt,
- aktiv oder passiv auftritt.

Akzeptanzprobleme zeigen sich in Widerständen

Offener Widerstand kann beispielsweise offenbar werden durch:

- ablehnende Haltung in Diskussionen,
- direkter Widerspruch, Kritik oder Beschwerden bei Projektleitung und Projektbeteiligten sowie
- offene Aktionen gegen das Projekt oder Vorgehen.

Die offene Form des Widerstands ist leichter als verdeckte Formen erkennbar und bietet die Möglichkeit der offenen Auseinandersetzung.

Verdeckter Widerstand ist schwieriger zu erkennen und äußert sich beispielsweise durch:

- Nichterscheinen oder Fernbleiben von Projektsitzungen;
- Vorschieben von Vorwänden (beispielsweise Zeitmangel) oder Vorbehalten;
- Mangel an Engagement und Beteiligung;
- Ausweiten und Vertiefen von unwesentlichen Aspekten und Detailfragen;
- vorgetäuschtem Aktionismus oder Rückdelegationen;
- Nichterledigung von Aufgaben.

Dabei können diese Symptome auf verdeckten Widerstand hinweisen, müssen dies aber nicht zwangsläufig. Derartige Unklarheit erschwert den Umgang mit verdecktem Widerstand und kann das Erkennen und Steuern von Akzeptanzproblemen erschweren.

Aktiver Widerstand zeigt sich in konkreten Aktionen, verbalen und nonverbalen Äußerungen. Aber nicht jeder aktive Widerstand ist auch ein offener Widerstand. Das aktive Hinterfragen zahlreicher Details oder aktive indirekte Beschwerden bei einflussreichen Personen im Unternehmen sind Möglichkeiten, aktiv und dennoch verdeckt Widerstand zu zeigen. Bei aktivem Widerstand besteht grundsätzlich die Möglichkeit, das konkrete Verhalten zu thematisieren. Durch das Benennen der konkret beobachteten Handlung können die Hintergründe des Widerstands ergründet und Einflussmöglichkeiten auf die Akzeptanz geschaffen werden.

Erkennen und thematisieren

Passiver Widerstand zeigt sich wenig bis gar nicht in konkretem Verhalten. Obwohl beispielsweise eine Person ein Projekt nicht akzep-

Schwierig zu erkennen

Organisation & IT

tiert, macht sie diese Akzeptanzprobleme überwiegend mit sich selbst aus und interveniert nicht aktiv. Solche Verhaltensweisen können im Persönlichkeitstyp begründet sein. Aber auch der Kontext der Organisation kann bei Mitarbeitern Resignation, rationale Einsicht ohne emotionale Überzeugung, Desinteresse oder Furcht vor negativen Auswirkungen hervorrufen, welche sich in passivem Widerstand äußern können. Es ist schwierig und bedarf eines hohen psychologischen und sozialen Geschicks, um passiven Widerstand zu erkennen und damit umzugehen.

Passiver Widerstand kann sich im Verlauf eines Projekts jedoch auch selbstständig verändern: entweder hin zur Akzeptanz oder hin zu aktiverem, offenem oder verdecktem Widerstand.

Widerstände aus dem mittleren Management
Im Gemeinkostenmanagement sind es häufig die kaufmännischen Bereiche, Vordienstleister und das mittlere Management, welche offen oder verdeckt Widerstand gegen einzelne Projekte leisten. Die Veränderung von lang gewohnten Verhaltensweisen wie die Nichterfassung von Leistungen im kaufmännischen Bereich, das Brechen von Tabus wie das Anstoßen von Effizienzprojekten im eigenen Bereich oder die Unklarheit über die Auswirkungen von Projekten auf die eigene Rolle und Leistungen erzeugen häufig Unmut und Gegenwehr.

Für den Projekterfolg im Gemeinkostenmanagement geht es daher darum, gut auf diese Hemmnisse vorbereitet zu sein, sie zu verstehen und angemessen mit ihnen umgehen zu können.

2.3 Akzeptanzprobleme differenzieren und bewerten

Akzeptanzprobleme lassen sich nach folgenden weiteren Aspekten der Akzeptanz im Gemeinkostenmanagement differenzieren (s. Abb. 1).

Akzeptanzaspekt	Problemstellung
Problembeurteilung des Gemeinkostenmanagements	Die erkennbaren Symptome und daraus abgeleiteten Probleme des Gemeinkostenbereichs können individuell unterschiedlich bewertet werden. Die Ausgangsbeurteilung des Projekts kann angezweifelt werden.
Zielstellung des Projekts	Die definierten offiziellen Ziele des Gemeinkostenmanagement können von einzelnen Personen je nach individueller Interessenslage akzeptiert oder nicht akzeptiert werden. Insbesondere bei Vorhandensein von inoffiziellen Zielen im Gemeinkostenmanagement können Akzeptanzprobleme auftreten.

Akzeptanzaspekt	Problemstellung
Lösungsansatz/ Vorgehen	Die Akzeptanz bezieht sich auf das gewählte Vorgehen und die favorisierten Lösungsansätze. Auch unter demokratischen Auswahlbedingungen muss irgendwann eine Entscheidung über Lösungsansätze und Vorgehen getroffen werden. Dabei bleiben individuelle Einwände und Interessen teilweise unberücksichtigt und führen zu Akzeptanzproblemen.
Eingesetzte Instrumente	Auch wenn Ziele, Lösungsansatz und Vorgehen akzeptiert sind, kann es zu Differenzen bei der Wahl der einzusetzenden Instrumente kommen.
Passung und Angemessenheit für das Unternehmen	Die projektbezogenen Veränderungen werden methodisch bejaht, aber aus unterschiedlichen Gründen für das Unternehmen als ungeeignet befunden. Hier können beispielsweise Unter- oder Überdimensionierung von Systemen wahrgenommen werden. Auch unterschiedliche Einschätzung zur Kultur oder Veränderungsfähigkeit von Unternehmen können in diesem Bezugsfeld eine Rolle bei der Akzeptanz spielen.
Zeitliche Aspekte des Projekts	In diesem Bereich spielen die zeitlichen Einschätzungen, die Wahrscheinlichkeit von Fertigstellungsterminen oder die Wahrnehmung der Passung von Zeitpunkt und Projekt eine Rolle für die Akzeptanz.
Personen	Die Akzeptanz in diesem Bereich bezieht sich auf die Einschätzung einzelner im Projekt/Vorgehen beteiligter oder nicht beteiligter Personen, ihrer Rollen und Verantwortung. Aus Tabugründen werden diese Akzeptanzprobleme im Unternehmen manchmal weniger offen thematisiert und stattdessen auf fachlicher bzw. sachbezogener Ebene diskutiert. Hier gilt es die tieferliegenden Akzeptanzprobleme zu ergründen und zu lösen.

Akzeptanzaspekt	Problemstellung
Auswirkungen und Ergebnisse	Die Wahrnehmung der erreichten oder erwarteten persönlichen, bereichs- und unternehmensspezifischen Auswirkungen des Projekts kann von Person zu Person variieren. Insbesondere nicht erfüllte Erwartungen und unerwünschte Nebenwirkungen können Akzeptanzprobleme zu einem späteren Zeitpunkt des Projekts erzeugen. Konsequente Erwartungsabfrage und Messbarkeit der Ergebnisse beugen dem vor.
Kontext und Multiprojektdimension	Auch wenn alle oben genannten Aspekte des Gemeinkostenmanagements Zustimmung und Akzeptanz finden, können Vorbehalte aufgrund des Kontextes entstehen. Sind beispielsweise bereits in den letzten Jahren zahlreiche Veränderungsprojekte in den beteiligten Bereichen wahrgenommen worden oder laufen aktuell zahlreiche andere Projekte, so kann mit Akzeptanzproblemen gerechnet werden.

Abb. 1: Aspekte von Akzeptanz in Projekten und deren Problemstellung

In der Praxis zeigen sich die einzelnen Akzeptanzaspekte selten einzeln und differenziert. Bei erkennbaren Akzeptanzmängeln sind in der Regel mehrere oder (fast) alle der oben genannten Aspekte beteiligt. Nicht selten wissen die Personen, die ihre Ablehnung durch Widerstand zum Ausdruck bringen, selbst noch nicht differenziert, auf welche konkreten Aspekte sie ablehnend reagieren. Es kann daher hilfreich sein, durch Einzelgespräche und genaue Analysen die einzelnen Akzeptanzaspekte zu ergründen.

Grad der Akzeptanz messen

Bei der Bewertung der Akzeptanzaspekte hilft es, den Grad der Akzeptanz beziehungsweise Ablehnung ebenfalls zu differenzieren. Akzeptanz schaltet sich nicht wie das Licht am Schalter an und aus, sondern ist in der Regel graduell vorhanden.

Skala der Akzeptanz: 0–100 %

Eine Einschätzung der Akzeptanz für das Gesamtprojekt sollte auf einer Skala von 0–100 % erfolgen. Mit der Frage „Zu wie viel Prozent zwischen 0 % und 100 % befürworten und akzeptieren Sie das Gemeinkostenmanagement-Projekt?" lässt sich die subjektive Gesamtakzeptanz von den einzelnen Personen erfragen.

Um die Akzeptanz für die Einzelaspekte zu bewerten, hat sich der Einsatz einer Skala wie der folgenden bewährt (s. Abb. 2):

Psychologische Hindernisse

Vollständige Ablehnung	0
Starke Ablehnung	1
Mittlere Ablehnung	2
Stärkere Zweifel und Skepsis	3
Leichte Zweifel und Skepsis	4
Neutrale Haltung	5
Leichte Zustimmung	6
Mittlere Zustimmung	7
Überwiegende Zustimmung	8
Starke Begeisterung und Zustimmung	9
Vollständige Begeisterung und Zustimmung	10

Abb. 2: Skala des Akzeptanzgrades

Die Gesamtbewertung der Akzeptanz einer einzelnen oder mehrerer Personen kann dann im sogenannten „**Differenzierten Akzeptanzgrad**" wie nachfolgend abgebildet werden (s. Abb. 3):

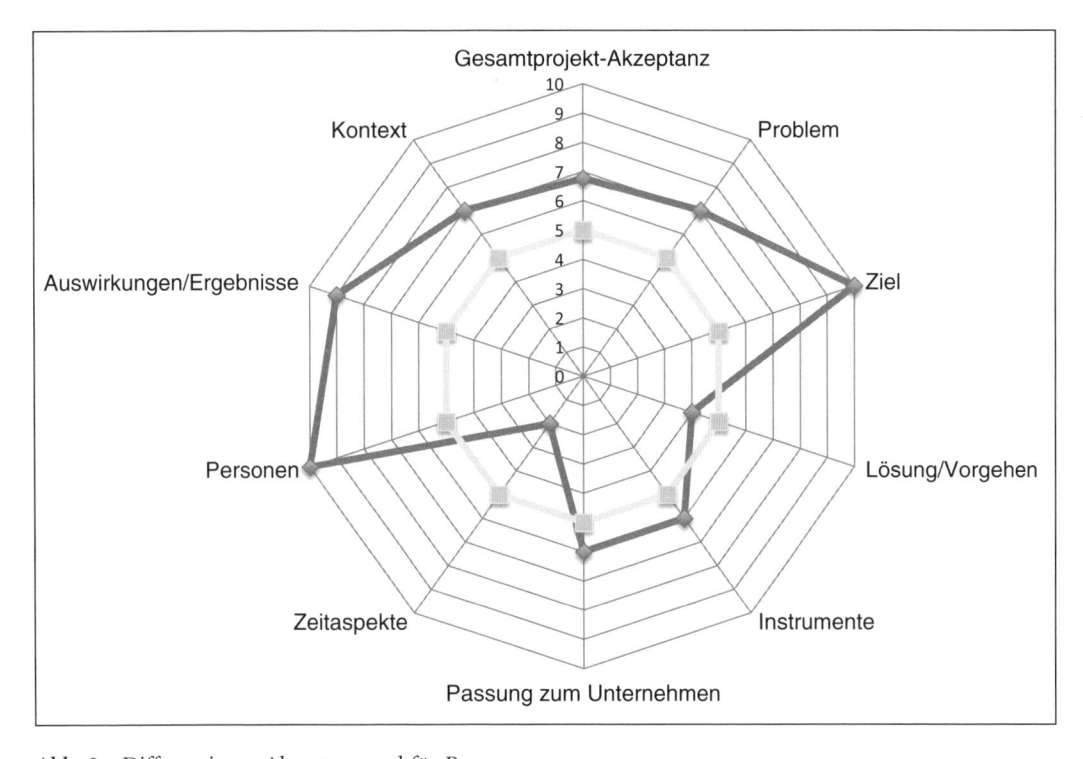

Abb. 3: Differenzierter Akzeptanzgrad für Personen

3 Der Umgang mit Widerständen und Akzeptanzproblemen

3.1 Grundannahmen

Grundannahmen richten die innere Einstellung aus

Für einen erfolgreichen Umgang mit Akzeptanzproblemen und Widerständen empfiehlt es sich, prinzipielle Grundannahmen im Rahmen des Gemeinkostenmanagements zu verinnerlichen. Die folgenden Grundannahmen helfen insbesondere dabei, im Umgang mit Widerständen eine konstruktive innere Haltung zu entwickeln.

1. Widerstand ist eine natürliche Reaktion auf anstehende Veränderungen und hat seine Berechtigung. Erst durch die Auseinandersetzung mit und die Integration von Widerständen können nachhaltig wirksame Systeme geschaffen werden.
2. Die Auseinandersetzung mit Widerständen hilft, komplexe Systeme aus unterschiedlichen Perspektiven zu betrachten, Bewahrenswertes zu schützen, bessere Entscheidungen zu treffen und nachhaltig wirkungsvolle Systeme zu schaffen.
3. (Alle) Menschen nehmen die Wirklichkeit in ihrer eingeschränkten und individuellen Sichtweise wahr. Keine dieser Sichtweisen ist wahr oder falsch. Aus dieser individuellen Sichtweise entstandene Widerstände oder Akzeptanzprobleme verfolgen stets eine positive Absicht.
4. Die zeitliche Investition in die Auseinandersetzung mit Widerständen ist gut angelegte Zeit für den Erfolg des Projekts.
5. Nicht jeder Widerstand muss überwunden und in positive Akzeptanz umgekehrt werden. Widerstand kann auch als kritische Kraft ins Projekt integriert werden.

3.2 Vorbereitende Maßnahmen für mehr Akzeptanz im Gemeinkostenmanagement

Bereits im Vorfeld von Projekten lassen sich Maßnahmen ergreifen, um die Akzeptanz und den Umgang mit Widerständen zu stärken.

3.2.1 Unterstützung durch das Topmanagement

Auftrag vom Topmanagement einholen

Wichtigste Grundvoraussetzung ist die uneingeschränkte Unterstützung von Projekten durch das Topmanagement. Sollte das Topmanagement nicht der direkte Auftraggeber eines Projekts mit konkreten Erwartungen an Nutzen und Ergebnisse sein, so ist es unbedingt notwendig, eine offizielle Beauftragung durch das Topmanagement nach vollendeter Projektplanung einzuholen. Diese Beauftragung erhöhen Priorität und Bedeutung des Projekts, was sich positiv auf die allgemeine Akzeptanz auswirkt. Es kann nicht mehr das „Ob" des Projekts diskutiert werden, sondern lediglich das „Wie". Im Umgang mit Widerständen, insbesondere den verdeckten, ist es erforderlich, sich der Unterstützung des Topmanagements gewiss zu sein.

Dabei müssen – wie auf allen anderen Ebenen der Unternehmenshierarchie auch – die Anforderungen, Erwartungen und Zielstellungen des Topmanagements erhoben und mit den konkret leistbaren Zielen und Ergebnissen des Projekts abgeglichen werden.

3.2.2 Stakeholder-Interessen-Analyse

Zu einem frühen Zeitpunkt sollten erste Interviews mit Betroffenen durchgeführt werden, um individuelle Problemwahrnehmungen und Erwartungen mit den Projektzielen abzugleichen. Eine genaue Analyse der Auswirkungen für einzelne Personen und Bereiche im Sinne einer **Stakeholder-Interessen-Analyse** schafft Klarheit über

Erwartungen durch Interviews klären

- positive und negative Aspekte des aktuellen Zustands,
- Erwartungen und Ziele an ein solches Projekt und
- zu erwartende positive und negative Auswirkungen nach Umsetzung der geplanten Veränderungen (s. Abb. 4).

Stakeholder	Aktueller Zustand		Projekt		Auswirkungen	
	Positive Aspekte	Negative Aspekte	Erwartungen	Ziele	Positive Aspekte	Negative Aspekte
Projektleitung						
Geschäftsführung						
Profitcenter						
Bereich XY						
Kostenstellenleiter						
Herr X						
Frau Y						
...						

Abb. 4: Stakeholder-Interessen-Analyse

Solche gedanklichen Vorbereitungen helfen, in der konkreten Diskussion

- die Berücksichtigung individueller Sichtweisen zu verstehen als auch darzustellen,
- den individuellen Nutzen für einzelne Bereiche aufzuzeigen und
- auf potenzielle Widerstände vorbereitet zu sein.

Dabei können sowohl Perspektiven von Abteilungen, Personengruppen und Einzelpersonen erhoben werden, welche für das Projekt relevant sind. Die Bearbeitung der Stakeholder-Interessen-Analyse kann bereits vorausschauend und noch ohne direkte Befragung der konkreten Personen erfolgen. Sie kann nach und nach in der Folge von Diskussionen und Auseinandersetzungen im Projektfortschritt gefüllt werden. Es empfiehlt sich, die Tabelle als Arbeitsmittel im gesamten Verlauf des Projekts stetig zur Hand zu haben und bei Bedarf zu aktualisieren.

3.2.3 Ziel-Erwartungsabgleich

Ziele und Erwartungen der Beteiligten abgleichen

Wie in jedem sorgfältig aufgelegten Projekt müssen auch bei Projekten im Gemeinkostenmanagement die zu lösenden Probleme beschrieben, die konkreten Zielstellungen definiert und das Vorgehen im Projekt geplant werden. Akzeptanzprobleme bezüglich dieser Aspekte können auftreten, wenn

- die der Planung zugrunde liegenden Problemanalysen nicht bekannt sind oder nicht verstanden werden,
- die Ziele nicht erkennbar, unkonkret oder nicht glaubwürdig sind oder
- das geplante Vorgehen aus individueller Sicht nicht zu Problemen und Zielen passt, nicht geeignet erscheint oder aus anderen Gründen abgelehnt wird.

Es unterstützt die Kommunikation und Zusammenarbeit mit den Beteiligten, wenn bereits im Rahmen der Projektplanung individuelle Erfahrungen und Interessen erfasst, berücksichtigt und diskutiert werden.

Ziel-Erwartungs-Abgleich

Durch einen Ziel-Erwartungs-Abgleich können abweichende Positionen rechtzeitig erkannt und einbezogen werden. Dabei werden die Einschätzungen der Projektleitung (Controller, Gemeinkostenmanager oder Topmanagement) den Erfahrungen und Erwartungen der Stakeholder gegenübergestellt und abgeglichen (s. Abb. 5). Folgende Struktur hat sich für diesen Ziel-Erwartungs-Abgleich bewährt:

	Symptome	Ursachen	Ziele	Potenzielle Lösungen	Wirkungen
Projektleitung					
Stakeholder 1					
Stakeholder 2					
...					
Abgleich					

Abb. 5: Ziel-Erwartungs-Abgleich

Die Problemeinschätzung wird in dieser Struktur in die Sichtweisen Symptom und Ursachen aufgeteilt. Symptom bezeichnet dabei die beobachtbaren, erkennbaren und sichtbaren Problemanzeiger, wie beispielsweise Desinteresse an Kosteninformationen oder zu hohe Verwaltungskosten. Die Ursachen fokussieren dagegen auf dahinterliegende Zusammenhänge und Gründe. Diese Aufteilung der sonst üblichen gemischten Problemsicht hilft, in der Praxis auf Ursachen statt auf Symptome fokussierende Ziele und Lösungen zu finden.

Beim Ziel-Erwartungs-Abgleich geht es darum,

- die eigene Problemeinschätzung, Zieldefinition, die potenziellen Lösungsansätze und deren voraussichtlichen Auswirkungen konkret zu erfassen,
- die Perspektiven der Projektbetroffenen einzunehmen und deren Sichtweisen unvoreingenommen zu prüfen,
- die Sichtweisen miteinander abzugleichen sowie
- rechtzeitig nicht erfüllbare, unklare oder noch nicht bekannte Aspekte bei den Problemeinschätzungen und Zielerwartungen zu identifizieren.

3.3 Umgang mit Widerständen im Projekt

In der Phase der Umsetzung empfiehlt es sich, die Instrumente Differenzierter Akzeptanzgrad, Stakeholder-Interessen-Analyse und Ziel-Erwartungs-Abgleich weiter zu verwenden sowie ihre Inhalte regelmäßig zu überprüfen und zu aktualisieren. Um sich der dauerhaften Unterstützung des Topmanagements zu versichern, sind regelmäßig Statusinformationsgespräche oder die Einbindung in den Lenkungskreis des Projekts sinnvoll.

Instrumentarium der Vorbereitung weiter nutzen

Organisation & IT

Akzeptanz über Interaktion und Kommunikation

Darüber hinaus gilt es, auf interaktiv-kommunikativem Weg die Akzeptanz der Beteiligten stetig zu sichern. Dies gelingt durch regelmäßige Feedbackgespräche, verbindliche Projektschritte, sprachlich-kommunikative Mittel und die Einbindung von Widerständen in die Projektverantwortung.

3.3.1 Feedbackgespräche nutzen

Einzelgespräche führen

Auf der Basis der identifizierten Stakeholder sollten im Projektverlauf regelmäßig Einzelgespräche mit den beteiligten bzw. betroffenen Personen geführt werden. Dies erscheint Projektleitern vielleicht aufwendig. Es sichert aber das frühzeitige Wahrnehmen von Signalen, die auf Akzeptanzprobleme und Widerstand hinweisen. Basis solcher Gespräche kann die Struktur des Ziel-Erwartungs-Abgleichs sein, welcher sowohl für das Gesamtprojekt als auch auf Einzelaspekte anwendbar ist. Der Projektleiter sollte mit einer offen-aufmerksamen Haltung in die Gespräche gehen und sich hauptsächlich auf das Fragenstellen und Zuhören konzentrieren. Viele reizt der Versuch, für mehr Akzeptanz die eigenen Argumente dem Gegenüber darzulegen und so auf einem sehr rationalen Weg Überzeugung und Akzeptanz zu schaffen. Auf diesem Weg wird es jedoch weder gelingen, die Frühwarnsignale zu erkennen noch Akzeptanz zu schaffen. Sachargumente werden in der Regel nur akzeptiert, wenn eine emotionale Grundlage geschaffen ist. Und diese kann nur durch eine ergebnisoffene Haltung, durch Zuhören und Interesse am Standpunkt des anderen geschaffen werden.

Fragetechniken der Gesprächssteuerung

Folgende Fragen helfen, das Gespräch in die richtige Richtung zu lenken:

- Wie nehmen Sie den Fortschritt des Projekts im Gemeinkostenmanagement wahr?
- Welche Aspekte finden Sie mehr, welche weniger förderlich?
- Welche Ursachen erkennen Sie hinter den Problemen?
- Was ist aus Ihrer Sicht das Ziel, welches wir in diesem Aspekt anstreben sollten?
- Welche Lösungsvorschläge und -ideen haben Sie zur Realisierung dieser Zielstellung?
- Wie wird sich dies nach der Umsetzung auf Ihren Bereich und auf das Gesamtunternehmen auswirken?
- Welche Hinweise möchten Sie darüber hinaus dem Projekt mitgeben?

Auch wenn es reizvoll erscheint, die oben genannten Fragen in einem allgemeinen Fragebogen schriftlich abzufragen: Dem persönlichen Gespräch ist – wenn möglich – Vorrang zu geben. Ein persönliches Gespräch signalisiert persönliches Interesse und wird dem aufmerksamen Zuhörer und Beobachter zusätzlich körpersprachliche Signale des Gegenübers mitliefern.

3.3.2 Verbindliche Projektschritte

Für eine Stärkung der Akzeptanz und Verbindlichkeit im Projekt hat es sich bewährt, in den Projektverlauf verbindliche Bestätigungen einzelner Projektschritte einzubauen. Bei diesen müssen alle Projektbeteiligten darüber abstimmen, ob der aktuelle Projektstand abgenommen wird beziehungsweise der nächste Projektschritt angegangen werden soll. In modernen Projektarchitekturen mit einem Lenkungskreis werden Meilensteine berücksichtigt. Ausgerichtet auf mehr Akzeptanz wird diese Meilensteinarchitektur um die verbindliche Abstimmung im Projektteam erweitert. Ziel ist es, dass möglichst alle Stakeholder zu einem gewissen Zeitpunkt ihre verbindliche Bestätigung zu einem Teil des Projekts abgeben müssen.

Verbindliche Bestätigung einzelner Projektschritte

Konkret kann die Abstimmung in einer Projektsitzung per Handzeichen, durch Unterschrift unter ein Projektvorgehensprotokoll oder durch andere Abstimmmechanismen erfolgen. Wichtig ist, dass jeder Beteiligte aufgefordert ist, aktiv seine Zustimmung oder Ablehnung kenntlich zu machen. Stimmenthaltungen sollten möglichst vermieden oder offiziell als neutrale Zustimmung deklariert werden.

Der nächste Projektschritt wird erst gestartet, nach dem ALLE Beteiligten ihre Zustimmung (gegebenenfalls unter Auflagen) erteilt haben.

	Projektphase	Bestätigung
Transparenz	Leistungen und Leistungsbeziehungen erfassen	✓
	Leistungen kalkulieren und bepreisen	✓
	Leistungsverrechnung	✓
	Kunden-Lieferanten-Gespräche einführen	✓
	Marktorientierte Preise einführen	⊘
Optimieren	Benchmarking A-Leistungen	✓
	Gemeinkostenwertanalyse in allen Bereichen	✓
	Optimierungsmaßnahmen identifizieren	▪
	Optimierungsmaßnahmen umsetzen	▪
Lenken	Gemeinkosteninformationssystem aufbauen	▪
Lernen	Auswirkungen und Effekte prüfen	

Abb. 6: Verbindliche Projektabstimmung im Gemeinkostenmanagement

Der Vorteil dieses Vorgehens ist es, dass latente Akzeptanzprobleme sich bereits zu einem frühen Zeitpunkt offenbaren können. Auch lassen sich zu einem späteren Zeitpunkt nicht mehr alle Themenstellungen und Projektschritte infrage stellen, sondern nur noch die offenen Punkte. Darüber hinaus erhöht diese Abstimmung die Auseinandersetzung mit dem Thema, Einwände werden transparent und können durch Auflagen berücksichtigt werden.

Nachteilig wird häufig der notwendige Zeitaufwand gesehen. Diese Zeitinvestition muss aber unter dem langfristigen Aspekt eines funktionierenden und akzeptierten Systems bewertet werden. Häufig sind frühzeitig diskutierte Einwände schneller gelöst als spät aufbrechende Grundsatzdiskussionen zu einem Projekt.

3.3.3 Sprachlich-kommunikative Mittel nutzen

Sprachliche und soziale Kompetenz sind trainierbar

Im Umgang mit Widerständen sind die sprachliche und soziale Kompetenz des Projektleiters, Controllers oder Gemeinkostenmanagers eine wichtige Rahmenbedingung.

Dazu gehören:

- gute Wahrnehmungsfähigkeiten;
- Menschen- und Persönlichkeitstypenkenntnis;
- Fähigkeit, sich auf andere Menschen einzustellen;
- sprachliche Kompetenzen und das Beherrschen von Fragetechniken;
- Fähigkeit zu begeistern, zu motivieren und zu argumentieren.

All dies sind Kompetenzen, welche trainierbar sind und im Gemeinkostenmanagement den Aufbau von Akzeptanz fördern.

Sprachliche Kurzinterventionen

Manchmal helfen schon kleine sprachliche Interventionen, wie lenkende Kurzfragen und Miniinterventionstechniken:

- „Was wollen Sie stattdessen?"
- „Sondern …?"
- „Heute noch nicht! Und wie ist es später?"
- „So war es bisher? Wie können wir es jetzt anders machen?"

Derartige sprachliche Interventionen unterstützen den Gesprächspartner dabei, sich anderen Sichtweisen zu öffnen, sich auf Lösungen zu fokussieren und auf diese Weise zu neuen Einsichten zu gelangen.

3.3.4 Einbinden von Widerständen in die Projektverantwortung

Bekannt ist die Aufforderung: „Aus Betroffenen Beteiligte machen". Während dies in der Praxis häufig als sprachliche Umformulierung und als Demokratisierungsaufforderung verstanden wird, verbirgt sich hinter der Idee psychologisch mehr.

Widerstände in die Projektverantwortung einbinden

Menschen, die in der konkreten Verantwortung für eine Aufgabe stehen, erleben die damit verbundenen Aspekte oftmals weniger kritisch. Stehen sie dagegen als unbeteiligter Beobachter (= Betroffener) daneben, nehmen sie eher eine kritische Haltung ein. Aus diesem Grund wird oft empfohlen, Widerständler bewusst in die Projektverantwortung einzubeziehen, ihnen am besten die Verantwortung für die Lösung der von ihnen kritisierten Aspekte zu übertragen. Dieses Vorgehen kann hilfreich sein. Dennoch empfiehlt es sich nicht für den Umgang mit allen Widerständen.

Zuviel Harmonie verdeckt Probleme

Ausgehend von der oben genannten ersten Grundannahme hat Widerstand in Projekten eine positive, bereinigende Funktion. Viele psychologische Studien zum Gruppendruckeffekt[1] haben nachgewiesen, dass allzu harmonische Gruppen Sachprobleme oftmals zu lange übersehen, übergehen oder ignorieren.[2]

Widerstand bewusst fördern

Um dies zu verhindern, muss der sachlich begründete Einwand stets begrüßt und gefördert werden. Auch können Projektmitglieder bewusst dazu aufgefordert werden, die zu einem bestimmten Zeitpunkt im Gemeinkostenprojekt aufgestellten Annahmen, Zielstellungen, Vorgehensweisen und Lösungen wieder infrage zu stellen. Die Welt dreht sich weiter und vormals definierte Rahmenbedingungen, Ausgangsparameter und Kriterien können sich ändern. Eine einmal im Gemeinkostenmanagement getroffene Entscheidung gegen marktorientierte Preismechanismen kann beispielsweise aufgrund einer Neuorganisation des Unternehmens neu zur Diskussion stehen. Projektleiter und Gemeinkostenmanager tun gut daran, Widerstände bewusst zu fördern und kritische Einwände regelmäßig einzufordern. Glaubwürdigkeit und Akzeptanz – sowohl der Person als auch des Vorgehens – werden damit gefördert.

4 Fazit

Gemeinkostenmanagementprojekte können nachhaltige Wirkungen ins Unternehmen generieren, stoßen aber aufgrund der Nähe zur Führung und zu den betroffenen Bereichen oftmals auf Tabus und Widerstände. Damit ein Gemeinkostenmanagement erfolgreich wird, braucht es neben hohen fachlich-methodischen Anforderungen auch die sozial-persönliche Akzeptanz. Diese Akzeptanz steht für die Bereitwilligkeit, das Projekt anzunehmen und zu unterstützen. Akzeptanz entsteht im Kopf, ist subjektiv und beruht auf Freiwilligkeit. Nur die Verbindung von

Erfolg = Qualität x Akzeptanz

---

[1] Vgl. Schaller, S. 54 ff.
[2] Vgl. Kerschreiter/Mojzisch/Frey, S. 131 ff.

rationaler und emotionaler Einsicht zusammen erzeugt Akzeptanz. Verstand und Herz müssen beteiligt sein.

Hilfreiche Grundannahmen unterstützen als innere Einstellung den Umgang mit Widerständen und Akzeptanzproblemen. Sie fokussieren auf

- die Berechtigung und den Nutzen von Widerstand und
- die Akzeptanz von unterschiedlichen Sichtweisen und Perspektiven.

Projektleiter im Gemeinkostenmanagement sind angehalten, den Grad der Akzeptanz differenziert zu messen und in der Vorbereitung des Projekts sowie im Projektverlauf mit Fragestellungen der Akzeptanz zu befassen.

In der Vorbereitung eines Gemeinkostenmanagementprojekts helfen folgende Ansätze, die Akzeptanz zu steuern:

- Unterstützung des Topmanagements,
- Stakeholder-Interessen-Analyse sowie
- Ziel-Erwartungs-Abgleich.

Im laufenden Projekt empfiehlt es sich, diese Ansätze fortzuführen. Darüber hinaus unterstützen folgende Ansätze den Umgang mit Widerständen und die Akzeptanz:

- regelmäßige Feedbackgespräche,
- verbindliche Projektschritte,
- sprachlich-kommunikative Mittel und
- die Einbindung von Widerstand in die Projektverantwortung.

Verantwortung für Akzeptanz ist nicht delegierbar

All diese Mittel dienen dazu, die Akzeptanz zu steuern und mit geeigneten Mitteln zu gestalten. Die Aufgaben können bei vorhandenen sozial-methodischen Kompetenzen vom Projektleiter selbst wahrgenommen werden. Es ist auch möglich, einzelne Aufgaben an Projektmitglieder zu delegieren sowie externe Unterstützung beispielsweise durch einen fachkompetenten Projektcoach hinzuziehen. Die Verantwortung für die Akzeptanz ist jedoch nicht delegierbar. Daher bleiben Projektleiter, Controller oder Gemeinkostenmanager immer in der Verantwortung im Sinne des nachhaltig hohen Projekterfolgs, neben den fachlich-methodischen Ansätzen auch die notwendige Akzeptanz für das Projekt sicherzustellen.

5 Literaturhinweise

Kerschreiter/Mojzisch/Frey: Gruppenprozesse. In: Frey/von Rosenstiel/Hoyos (Hrsg.): Wirtschaftspsychologie, 2005.

Schaller, Die Macht der Psyche – Die 202 Essentials menschlichen Verhaltens, 2. Aufl. 2002.

Kommunikationskosten in international agierenden Unternehmen optimieren

- Die Telekommunikationspreise sinken, während die Telekommunikationskosten in Unternehmen steigen. International agierende Unternehmen sind besonders betroffen von steigendem Datenvolumen und hohen Roamingkosten.
- Aufgrund der hohen Akzeptanz der Smartphones und der kontinuierlich steigenden Bandbreiten können mobile Endgeräte heute gerade auf Reisen effizient eingesetzt werden. Es gilt jedoch, diesen Nutzen zu effizienten Konditionen zu erzielen.
- Es muss nicht immer ein Wechsel des Anbieters sein. Stattdessen kann ein intelligentes Konzept Kostenfallen umgehen, indem die Vorteile von Fix-Mobile Konvergenz genutzt und Datenleitungen auch zur Sprachübertragung eingesetzt werden.
- Der Beitrag zeigt am Beispiel der AVL Deutschland GmbH auf, wie diese Techniken kombiniert werden können, sodass die Potenziale mobiler Kommunikation vollständig genutzt, die Kosten aber erheblich reduziert werden können.

Inhalt		Seite
1	Kommunikation in Unternehmen	249
1.1	Kommunikation als Kostenfaktor	249
1.2	Marktregulierung	251
1.3	Strategien der Carrier	251
2	Telekommunikation in einem Konzern	253
2.1	Ausgangslage der AVL in Deutschland	253
2.2	Ausgangssituation im Bereich der Mobilfunkkosten	254
2.3	Strategische Ziele des AVL-Managements	255
3	Strategien zur Kostensenkung	256
3.1	Mobilfunkverträge und Vertragsparteien	256
3.2	Analyse des Nutzungsverhaltens	257
3.3	Cross-Country-Optimierung	258
3.4	Next Generation Networks (NGN) und Voice over IP (VoIP)	259
3.5	Optimierungspotenzial	260
4	Fazit	266
5	Literaturhinweise	266

Die Autoren

Hans-Peter Caesar ist Senior Partner von Expense Reduction Analysts mit Büros in Wiesbaden und Wien. Sein Schwerpunkt ist Telekommunikation.

Joachim Weindel ist kaufmännischer Leiter der AVL Deutschland GmbH. Er hat die Aufgabe übernommen, einen Telekommunikationsrahmen für die deutschen AVL-Konzerngesellschaften zu entwerfen.

1 Kommunikation in Unternehmen

1.1 Kommunikation als Kostenfaktor

In Anbetracht steigender Anteile der Ausgaben für Information und Kommunikation am Gesamtbudget von Unternehmen fordern Unternehmensvorstände und Geschäftsführer zu Recht den Nachweis der Effizienz der eingesetzten Mittel. Die Frage „Was bringt uns das?" kann heute allerdings für den Bereich der Kommunikation noch nicht hinreichend beantwortet werden. Das ist weniger eine Frage der Erfassung von Kommunikationskosten, sondern vielmehr ihrer Zuteilung. Den Umstand, dass Kommunikationskosten für Unternehmen ein „blinder Fleck" sind, erleben viele verantwortliche Manager als Kontrollverlust[1]. Wenn schon nicht genau bewertet werden kann, welcher konkrete Nutzen der Kommunikation zurechenbar ist, so ist es ein erklärtes Ziel des Controllings, die Kommunikationskosten so weit wie möglich zu reduzieren bzw. zu begrenzen.

Kommunikationskosten als „blinder Fleck"

Wesentlicher Treiber von Kommunikationskosten in Unternehmen ist heutzutage der Mobilfunk. Die Kosten für Mobilfunkverbindungen liegen in vielen Fällen über den Kosten von Festnetzverbindungen, allerdings besteht der Vorteil der schnelleren und permanenten Erreichbarkeit. Das Controlling kann nicht messen, welchen Wert dieser Zeitvorteil hat. Vor diesem Hintergrund heutiger Steuerungsdefizite folgt das Controlling dem Minimalkostenprinzip bzw. dem Prinzip der komplexitätsreduzierenden Mikroperspektive. Dabei soll unabhängig vom Produkt die jeweils kostengünstigste Lösung zur Erfüllung einer Infrastrukturdienstleistung gefunden werden. Dies führt dazu, dass innovative und kostengünstige Lösungen gesucht werden müssen[2].

Mobilfunk hat die Kommunikation revolutioniert

Mobilfunk in Unternehmen beschränkt sich allerdings schon längst nicht mehr auf Sprache, nachdem zunächst UMTS-Sticks das Notebook auch unterwegs zu einem in das Unternehmensnetz integrierten Bestandteil machten. Mit Smartphones und erst recht Tablet-PCs wird das Mobile Computing erheblich an Bedeutung gewinnen. Dass Informationen damit weltweit und jederzeit zur Verfügung stehen, ist auch Cloud Computing zu verdanken. Unternehmen gehen mehr und mehr dazu über, ihre Datenbestände in abgesicherten Netzbereichen verfügbar zu machen. Für den Zugriff auf diese Daten – ebenso wie auf die Informationssysteme des Unternehmens – benötigt der autorisierte Nutzer lediglich einen Internet-Zugang. Die mittlerweile verfügbaren hohen Bandbreiten im Mobilfunk führten zu einer sehr hohen Akzeptanz, die durch die Entwicklung des Datenvolumens seit 2005 verdeutlicht wird (vgl. Abb. 1).

Mobilfunk ist heute mehr als nur Telefonieren

---

[1] Vgl. Piwinger/Porák 2005.
[2] Vgl. Eberle 2000.

Organisation & IT

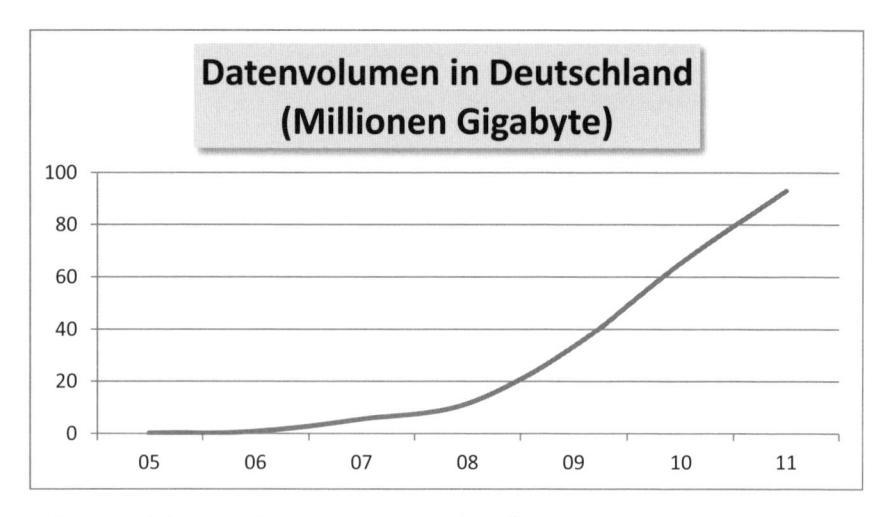

Datenvolumen in Deutschland (Millionen Gigabyte)

Abb. 1: Mobile Datenübertragung in Deutschland[3]

Die Übertragungsgeschwindigkeit ist durch ständig verbesserte Techniken, angefangen von EDGE über UMTS mit HSDPA bis LTE (Long Term Evolution), kontinuierlich gestiegen und kann bei LTE+ mit bis zu 100 mbps auch breitbandige Festnetzverbindungen um ein Mehrfaches übertreffen.

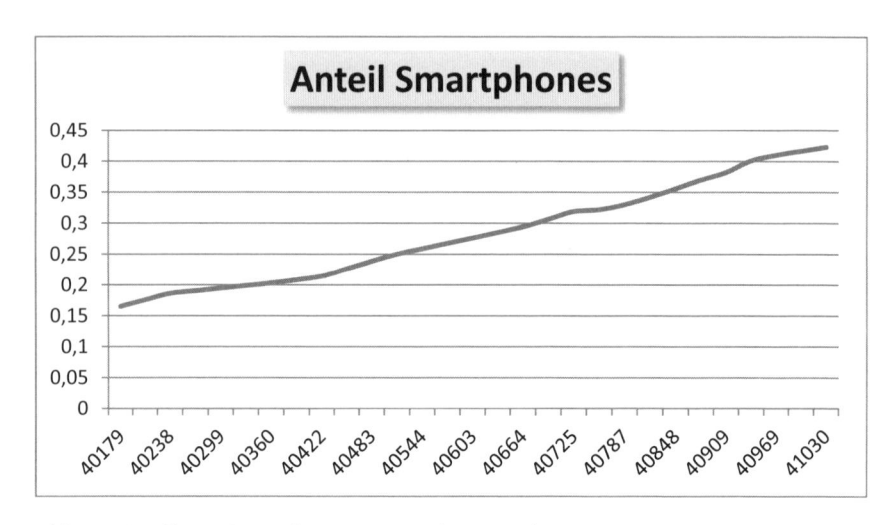

Anteil Smartphones

Abb. 2: Anteil von Smartphones am Handy-Bestand

---

[3] In Anlehnung an Bundesnetzagentur (2012), S. 87.

Eine Konsequenz daraus ist der zunehmende Trend zu Smartphones, deren Marktanteil sich von Januar 2010 bis Mai 2012 mehr als verdoppelt hat und mittlerweile in Deutschland bei 42,5 % liegt.

Die Aufgabe des Controllings ist es nun, den sich abzeichnenden Trends einerseits Rechnung zu tragen und damit die Produktivität und Effizenz der Mitarbeiter zu erhöhen, andererseits aber die dafür notwendigen Kosten nicht nur zu begrenzen, sondern in der Summe deutlich zu reduzieren, um damit auch dem bereits absehbaren weiteren Anstieg des Volumens Rechnung zu tragen.

1.2 Marktregulierung

Die Europäische Kommission hat die Bedeutung des Mobilfunks für einen funktionierenden Binnenmarkt erkannt und damit begonnen, die Roaming-Kosten, also die Mehrkosten, die durch die Nutzung eines Carriers in einem anderen Land entstehen, zu begrenzen. Dadurch konnten die Kosten für Sprachroaming und SMS in den vergangenen Jahren deutlich reduziert werden.

Mobilfunkpreise werden in der EU strenger reglementiert als im Inland

Die für international tätige Unternehmen wichtige Telefonie im EU-Ausland ist seit Beginn der Regulierung im Jahr 2007 bis 2012 für eingehende Anrufe um 66,7 % und für ausgehende Anrufe um 40,8 % gefallen. Die Reduzierung wird weiter fortgesetzt mit dem Ziel, im In- und Ausland mit annähernd gleichen Kosten zu telefonieren. Bis 2014 werden die Roamingkosten daher für eingehende Anrufe um insgesamt mindestens 79,2 % und für ausgehende Anrufe um mindestens 61,2 % gefallen sein.

Im Vergleich hierzu nehmen sich die Veränderungen der deutschen Preise für Telekommunikationsleistungen geradezu bescheiden aus: 2011 fiel der Verbraucherpreisindex für Telekommunikationskosten um 2,7 %, 2010 um 2,0 % und 2009 um 2,4 %.

1.3 Strategien der Carrier

Die Bundesnetzagentur in Deutschland setzt sehr viel stärker auf die regulierenden Kräfte des Marktes. Allerdings ist der Anwender in seinen Entscheidungen faktisch beschränkt: Der mit einem Anbieterwechsel verbundene Aufwand führt zu einem monopolistischen Intervall. Selbst wenn die Kosten bei Wettbewerbern niedriger sind, bleibt der Kunde bei seinem Anbieter, einerseits aufgrund einer fehlenden Marktübersicht in einem sehr komplexen und unübersichtlichen Gesamtmarkt, andererseits wegen der mit einem Wechsel verbundenen Risiken und dem Aufwand.

Trotz Liberalisierung bestehen deutliche Hemmnisse beim Anbieterwechsel

Zusätzlich sind nur in Einzelfällen die verschiedenen Blocklaufzeiten für Einzelverträge vereinbar. Ein sukzessiver Anbieterwechsel erstreckt sich dann über die Laufzeiten aller Einzelverträge und kann im Extremfall 24 Monate dauern. Eine Alternative ist das „Herauskaufen" der Einzelverträge durch den neuen Anbieter, das aber letztendlich zulasten der Konditionen des neuen Rahmenvertrags geht. Erleichtert wird dies zumindest durch die TK-Novelle 2012, die eine vorzeitige Übertragung einer Rufnummer zu einem anderen Carrier ermöglicht.

Regulierte Preise sind häufig attraktiver als Kombiangebote

Die Bindung an einen Carrier als Bestandslieferanten soll durch Bundle-Produkte verstärkt werden. Sinnvoll sind Fix-Mobile-Konvergenz-Angebote und damit die Möglichkeit der kostenfreien Corporate-Group-Telefonie. Bundle-Produkte werden aber auch eingesetzt, um Kunden Flexibilität zu nehmen, z.B. durch Freiminuten im Sprachverkehr oder Freivolumen im Datenbereich, die selbst bei voller Auslastung zu höheren Preisen als die von spezialisierten Wettbewerbern führen.

Achtung: Bequemlichkeit führt zu Mehrkosten im Ausland
Hier profitieren die Carrier allerdings auch von der Bequemlichkeit vieler Nutzer, die die einfache Nutzung des Handys auch im Ausland gewöhnt sind und über die damit verbundenen Kosten häufig – zumindest bis zu gewissen Obergrenzen – hinwegsehen.

Mit Angeboten wie Smart Traveller oder Reiseversprechen nutzen die Carrier von der EU-Kommission vorgegebene Gestaltungsspielräume, mit dem Ziel, überhöhte Preise zu unterbinden und gleichzeitig den Betreibern Freiraum für Wettbewerb und Innovation zu lassen. Hierbei erheben die Carrier z.B. zusätzliche Preise pro Gespräch und bieten dafür bei ausgehenden Gesprächen geringere Minutenpreise oder die Nutzung von Minutenpaketen an, während eingehende Gespräche bis zu 60 Minuten ohne Mehrkosten geführt werden können. Ein wichtiges Element bei der Preisgestaltung dieser Optionen sind allerdings statistische Informationen über die Dauer von Gesprächen bei Geschäftsreisenden, sodass es für Unternehmen zwingend erforderlich ist, das Telefonverhalten und die Reiseziele der Mitarbeiter zunächst genau zu analysieren, um dann über die Werthaltigkeit solcher Angebote entscheiden zu können.

Insgesamt haben sich die Carrier mit der Entwicklung arrangiert, dass Sprache im Inland zum Commodity wird und dass die Kosten für Roaming in der EU sinken. Im Gegenzug erfreuen sich die Carrier sehr hoher Margen in nicht regulierten Gebieten, gerade auch im internationalen Bereich: Telefonate mit dem Handy ins Ausland – unverzichtbar z.B. bei der Teilnahme an Telefonkonferenzen in verschiedenen Zeitzonen – oder Roaming außerhalb der EU ebenso wie Datenroaming sind wichtige und hoch profitable Umsatzquellen.

2 Telekommunikation in einem Konzern

2.1 Ausgangslage der AVL in Deutschland

AVL ist der weltweit größte private und unabhängige Anbieter für Motorenmesstechnik/Testsysteme und die Entwicklung von Verbrennungsmotoren. AVL beschäftigt weltweit 5.250 Mitarbeiter und erzielte 2011 einen Konzern-Umsatz von 830 Mio. EUR. *Unternehmensprofil*

AVL Deutschland GmbH ist eine Vertriebs- und Servicegesellschaft im Bereich Prüfstands- und Messtechnik und erbringt Dienstleistungen in Forschung und Entwicklung. Das Unternehmen vertreibt innerhalb von Deutschland und den Benelux-Staaten in erster Linie die Produkte der Gruppe. In Deutschland ist die Anzahl der Mitarbeiter im Zeitraum 2009 bis 2012 von 365 auf insgesamt 456 gestiegen.

	2009	2010	2011	2012
Powertrain Engineering	131	153	188	220
Instrumentation & Test Systems	234	226	226	236

Abb. 3: Entwicklung Anzahl Mitarbeiter AVL Deutschland GmbH

Die Geschäftsbereiche des Unternehmens sind:

- Motoren- und Antriebsstrangentwicklung im Kundenauftrag (PTE – Powertrain Engineering),
- Advanced Simulation Technology (AST)
- Mess- und Prüftechnik, Customer und Resident Services (ITS – Instrumentation & Test Systems).

Zu den Kunden zählen die weltweit führenden Automobilhersteller.

AVL Deutschland GmbH kann für ihre Kunden

- das gesamte Projektmanagement übernehmen,
- als Generalunternehmer tätig werden,
- bestimmte Dienstleistungen, wie beispielsweise Resident Service, anbieten oder
- mit eigenen Mitarbeitern beim Kunden z.B. durch Wartungsmaßnahmen die vereinbarte Verfügbarkeit des Prüffeldes sicherstellen.

AVL Deutschland GmbH ist dezentral aufgestellt. Sitz des Unternehmens ist Mainz-Kastel mit Geschäftsführung, Verwaltung, Service und Teilen von Vertrieb und Projektmanagement. Technische Büros mit Vertrieb, Support und Service befinden sich in Wolfsburg, Köln, Stuttgart und München. Engineering Center für Motor- und Antriebstrangentwick-

Organisation & IT

lung sind in Stuttgart, Ingolstadt und München. Am Standort Stuttgart betreibt AVL Deutschland zudem einen Resident Service.

2.2 Ausgangssituation im Bereich der Mobilfunkkosten

2 wesentliche Treiber

Im Oktober 2010 wurde eine Ist-Aufnahme der Kostensituation im Bereich Mobilfunk durchgeführt. Dazu wurden 265 Sprach-Karten im Zeitraum Dezember 2009 bis März 2010 ausgewertet. Die beiden Kostenblöcke

- Gespräche ins Ausland/Roaming und
- Grundgebühren

wurden als wesentliche Treiber der Mobilfunkkosten identifiziert.

Bestandteile der Mobilfunkkosten

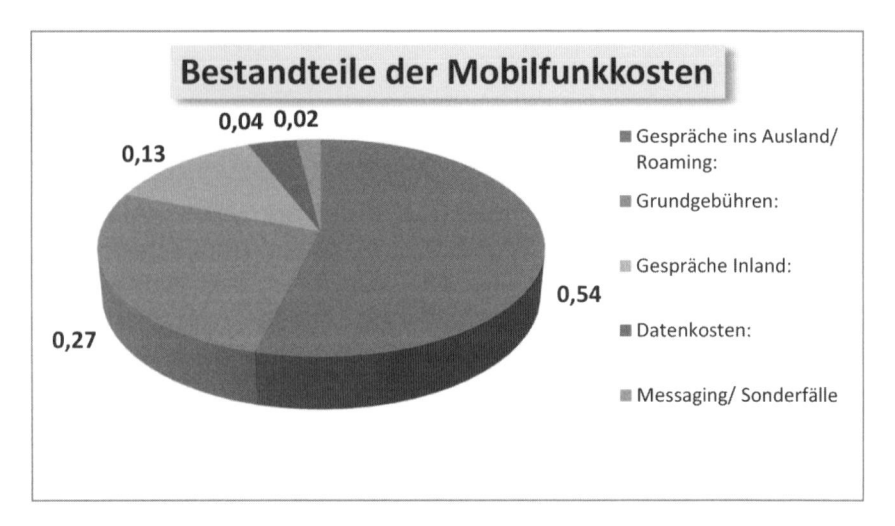

- Gespräche ins Ausland/Roaming: 0,54
- Grundgebühren: 0,27
- Gespräche Inland: 0,13
- Datenkosten: 0,04
- Messaging/Sonderfälle: 0,02

Abb. 4: Bestandteile der Mobilfunkkosten

Während bei ITS vornehmlich Vertrieb, Projektmanagement und Service im Tagesgeschäft auf ständige Erreichbarkeit angewiesen sind, werden Mobiltelefone bei PTE/AST ergänzend zum Festnetz genutzt.

In Abb. 4 ist die Veränderung der monatlichen Durchschnittskosten pro Karte für die einzelnen Unternehmensbereiche im Zeitraum 2009 bis 2012 dargestellt. Basis sind hierbei die Kosten des Bereichs ITS im Jahr 2009 (100 %). Dabei wird deutlich, dass der Bereich PTE/AST einen geringeren monatlichen Kartenumsatz als ITS hat.

	Monatlicher Kartenumsatz (MRPU)			
	2009	2010	2011	2012*
Instrumentations & Test Systems (ITS)	100 %	91 %	93 %	88 %
Powertrain Engineering (PTE/AST)	77 %	69 %	71 %	72 %

Abb. 5: Monatlicher Kartenumsatz pro Mitarbeiter (Stand: 30.6.2012)

2.3 Strategische Ziele des AVL-Managements

AVL steht als Automobilzulieferer unter einem erheblichen Kostendruck und ist zu permanenten Optimierungen gezwungen, um die Kostenvorgaben der Kunden erfüllen zu können. Mobilfunkgeräte sind daher bei AVL keine Statussymbole, sondern werden nur dort eingesetzt, wo sie einen Mehrwert schaffen. Diese Vorgaben umfassen daher nicht nur den Kreis der Mobilfunknutzer, sondern auch die Art der genehmigten Nutzer.

AVL unterscheidet daher 3 Nutzergruppen:

- Gruppe 1 nutzt das Handy nur selten aktiv, soll hauptsächlich erreichbar sein und über Group Intern kostenfrei innerhalb des Unternehmens anrufen können. Datentarife sind nicht erforderlich.
- Gruppe 2 nutzt das Handy intensiver, teilweise auch im europäischen Ausland. Aufgrund der Kundenkontakte und der Reisen sowie der Tätigkeit vor Ort werden Flatrates benötigt. Aufgrund der neuen Smartphones steigt künftig das Datenvolumen in dieser Gruppe.
- Gruppe 3 ist häufig im europäischen Ausland unterwegs und führt internationale Telefonate. Datenroaming ist ein erheblicher Kostenfaktor.

AVL sieht über E-Mail und Internetnutzung hinaus auch den Trend zu mobilen Anwendungen sowohl mit Smartphones als auch künftig mit Tablet-PCs. Zurzeit werden in der Konzernzentrale die verschiedenen Systeme getestet. Fest steht bereits, dass Blackberrys mittelfristig ersetzt werden. Als Alternativen werden zurzeit Android und Windows 8 (Mobile) getestet. iPhones werden mit hoher Wahrscheinlichkeit nicht konzernweit eingesetzt.

Im Fokus sind Betriebssysteme, die die Abbildung von Geschäftsapplikationen auf einem Smartphone unterstützen. Tools wie SalesForce müssen verfügbar sein, ein Zugriff auf Dokumenten-Management-Systeme wird in Zukunft notwendig werden. Plattformen wie Microsoft

Lync haben sich bereits heute für die unternehmensinterne Kommunikation bewährt und sollen mobil genutzt werden.

Die Realisierung dieser Vision wird zu einer sehr viel extensiveren Datennutzung führen. AVL berücksichtigt daher bereits in der Design-Phase, wie diesem Trend zu steigenden Kosten begegnet werden kann.

Bei der Ablösung der aktuell genutzten Blackberrys wird aus Gründen der Administrierbarkeit und der IT-Sicherheit ein einheitliches Betriebssystem gewählt, mittelfristig soll BYOD[4] möglich werden.

3 Strategien zur Kostensenkung

3.1 Mobilfunkverträge und Vertragsparteien

Flatrates oder volumenbasierte Abrechnung

Der 1. Schritt zur Reduzierung der Kosten ist die Prüfung der bestehenden Rahmenverträge, in denen die Konditionen für Tarife und Optionen vereinbart werden. Hierbei gibt es allerdings gegenläufige Trends, die zu berücksichtigen und miteinander zu kombinieren sind:

- Die Anbieter versuchen, ihre Kunden mit günstigen Flatrates zu beeindrucken.
- Häufig ist nicht klar genug, dass diese Optionen Laufzeiten von bis zu 24 Monaten haben.
- In diesem Fall können befristete Spitzen, z.B. wegen gelegentlicher Auslandsaufenthalte, nicht flexibel ausgeglichen werden und führen bei zusätzlicher Buchung zu einer Verlängerung der Mindestvertragslaufzeit der Karten.
- Eine weitere Optimierung nach der Buchung von Flatrates wird deutlich schwieriger und risikoreicher, wenn die Einzelverbindungsnachweise nicht mehr das gesamte Volumen, sondern nur noch die tatsächlich abgerechneten Verbindungen anzeigen.
- Ebenso ist Vorsicht bei Auslandsangeboten geboten. Bei Kosten für einen Verbindungsaufbau von z.B. 63 ct bei eingehenden Telefonaten liegt der Break Even für den Angerufenen bei mittlerweile 8 ct/min innerhalb der EU bei einer Gesprächsdauer von immerhin durchschnittlich 8 Minuten. Die meisten Geschäftsreisenden erreichen diese Gesprächsdauern nicht.

---

[4] BYOD (bring your own device) bezeichnet einen Ansatz, nach dem Mitglieder von Organisationen ihre eigenen mobilen Endgeräte in der Organisation nutzen, damit auf Organisationsserver zugreifen und auch Organisationsdaten auf den persönlichen Geräten verarbeiten und speichern.

Kommunikationskosten optimieren

Beispiel: Kostenvergleich Kombi-Paket vs. EU-Regulierung
Das Beispiel eines Managers, der sich 2 Wochen in England aufhielt, verdeutlicht die Risiken von Auslandsangeboten.

	„Kombi-Paket"	EU-Regulierung
Anzahl Gespräche	197	
Anzahl Gesprächsminuten	878	
Kosten	303 EUR	174 EUR

3.2 Analyse des Nutzungsverhaltens

Der Kostenvergleich der regulierten Tarife mit Kombi-Angeboten wie Smart Traveller oder Reiseversprechen zeigt, dass die Carrier gerade im Geschäftskundenbereich von relativ kurzen Gesprächen profitieren. Fast 70 % der geführten Gespräche dauern unter 100 Sekunden (s. Abb. 6).

Normalverteilung Gesprächsdauer

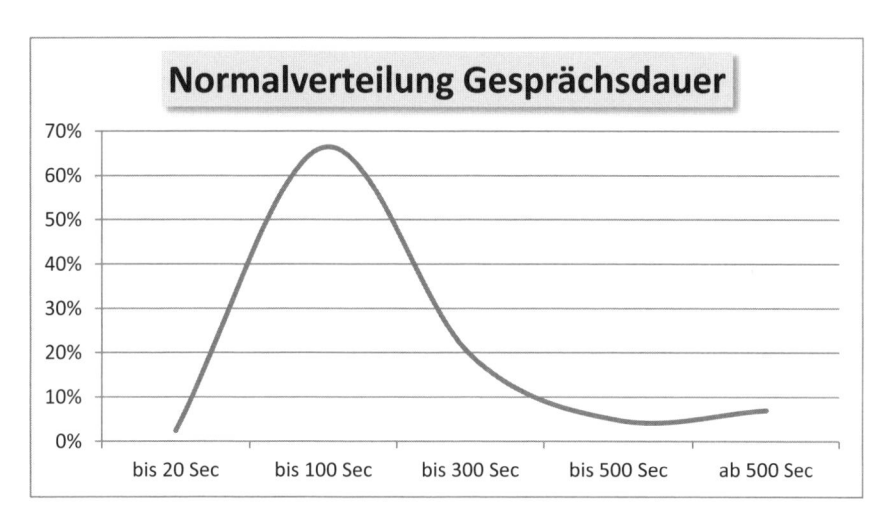

Abb. 6: Durchschnittliche Gesprächsdauer bei Auslandstelefonie

Zusätzlich zur Verhandlung über die Konditionen des Rahmenvertrags sind daher immer individuelle und durchaus aufwendige Einzelanalysen des Nutzungs- und Kommunikationsverhaltens erforderlich. Da sich das Nutzungsverhalten ändert, z. B. das Reiseverhalten nicht jeden Monat gleich ist, müssen – um wirklich optimale Konditionen zu erhalten – die Tarifzuordnung und die Optionen kontinuierlich nachjustiert werden. Ein wesentliches Merkmal guter Rahmenverträge ist daher neben den kommerziellen Konditionen auch das Ausmaß an möglicher Flexibilität, mit der auf Veränderungen reagiert werden kann.

Organisation & IT

Einsparung im Sekundentakt

Schließlich sind auch versteckte Kostenkomponenten zu berücksichtigen. Wie hoch ist die Einsparung, die mit einem Tarif erzielt werden kann, der im Sekunden- statt im Minutentakt abrechnet? Anhand der Roaming-Tarife wurde dies von der Europäischen Kommission berechnet und bewertet: Tarife, denen keine sekundengenaue Abrechnung zugrunde liegt, führen bei eingehenden Gesprächen zu einem Aufschlag von 24 % und bei ankommenden Anrufen von 19 %.

Ein weiterer wichtiger Trend ist die Integration der verschiedenen Sprach- und Datendienste, die von den 3 führenden Carriern vollzogen wurde:

- Die Deutsche Telekom hat die bis 2008 getrennten Bereiche Mobilfunk und Festnetz zusammengeführt.
- Vodafone hat 2009 die Festnetztochter Arcor integriert und im April 2012 für ca. 1 Mrd. GBP Cable&Wireless, einen weltweit tätigen Anbieter von Festverbindungen, übernommen.
- Telefonica war bereits vor der Übernahme von O2 einer der führenden Backbone-Anbieter von Datenleitungen und hat im November 2011 Hansenet mit der Marke Alice für ca. 1 Mrd. EUR übernommen.

Hierdurch bieten sich dem Kunden durch Bundle-Angebote nicht nur Einsparungsmöglichkeiten bei Verträgen, sondern auch Möglichkeiten zur Reduzierung der internen Kommunikationskosten.

3.3 Cross-Country-Optimierung

Nutzung von Auslandstarifen kann zu erheblichen Einsparungen führen

Unternehmen mit einem Auslandsschwerpunkt in nur einem Land können natürlich auch die Angebote des Ziellandes nutzen. AVL, mit der Zentrale in Österreich, kann auf landesspezifische Angebote zugreifen, wie z.B. auf einen Tarif, der für 25 EUR incl. Hardwaresubvention ein Sprachvolumen von 1.000 Minuten in alle Netze der beiden Länder bietet und für den innerhalb dieser Grenzen weder in Deutschland noch in Österreich Roamingkosten anfallen. Auch hier ist es von hoher Relevanz, die Konditionen und Verhältnisse der Zielländer zu kennen und in den Kommunikationsmix mit einzubeziehen.

Es ist darüber hinaus zu berücksichtigen, dass die vorgeschlagenen Lösungen auch praxisgerecht sein müssen. Eine SIM-Karte für jedes Land wäre nicht nur logistisch eine zu große Herausforderung. Die damit verbundenen Kosten würden auch die gewünschte Einsparung überkompensieren und hätte zudem den Nachteil, dass Mitarbeiter wegen ständig wechselnder Rufnummern gar nicht mehr erreichbar wären. Hier gibt es interessante Möglichkeiten, gerade in dem sehr kostenintensiven Segment der Auslandstelefonie und des Roamings die

Kosten signifikant zu reduzieren. Durch „Smart Mobile"-Lösungen sind sie auch so einfach und praxisgerecht zu gestalten, dass sie mit einer hohen Akzeptanz genutzt werden und damit erst zu nachweisbaren Einsparungen führen.

Dabei muss jedoch ein Prinzip im Vordergrund stehen: Im professionellen Einsatz sind Einsparungen nur möglich und denkbar, wenn sie nicht mit Qualitätsverschlechterungen einhergehen. Gerade im Mobilfunk sind die Anforderungen aufgrund der dynamischen Umgebung durch unterschiedlich gute Netzabdeckung, Fahrtgeräusche etc. sehr hoch. Verbindungsabbrüche oder schlechte Sprachqualität können daher auch bei niedrigen Kosten nicht in Kauf genommen werden.

3.4 Next Generation Networks (NGN) und Voice over IP (VoIP)

Eine weitere sehr interessante Entwicklung ist die fortschreitende Verbreitung von Voice over IP. Einst als Kommunikationsmedium von „Freaks mit Headsets vor ihren Computern" belächelt, gehört diese Technik mittlerweile zum technischen Alltag. Es sind die gleichen Leitungen, die verwendet werden, lediglich das Protokoll der Telefonübertragung ist anders: War es bei ISDN das DSS1-Protokoll, so ist es nun das SIP-Protokoll, mit dem bereits die Carrier die Gespräche über ihre internen Netze jagen. Diese Entwicklung erfasst nun auch zunehmend die Endkunden. Die Deutsche Telekom bietet seit August 2012 in einigen Regionen bereits wegen der veralteten Technologie keine ISDN- oder analogen Anschlüsse für ihre Call&Surf- sowie Entertain-Angebote an. Die neuere NGN-Technik unterstützt nur noch die IP-Varianten der Telekom-Komplettpakete.

Möglichkeiten durch neue Technologien

Diese NGN-Technologie entzieht aber gleichzeitig auch der Deutschen Telekom die Kontrolle über die sog. letzte Meile. Die Wettbewerber müssen dafür entweder die Leitung vom Firmengelände bis zu dem Verteilerknoten der Deutschen Telekom anmieten oder die Deutsche Telekom fordert dafür bei Pre-Selection- und Call-by-Call-Anbietern sog. Terminierungsentgelte, wie sie auch für Gespräche in Mobilfunknetze und in ausländische Netze anfallen.

Wahre Dumpingangebote sind mit dieser Infrastruktur nicht zu erwarten. Dies könnte sich allerdings ändern, da mit VoIP (Voice over IP bzw. Sprachübertragung mittels Internetverbindung) die Zugänge für neue Anbieter verfügbar werden.

Auch die i.d.R. von den Netzagenturen festzusetzenden Terminierungsentgelte in die Mobilfunknetze sind – was relativ unbekannt blieb – derartig gefallen, dass es keinen Grund mehr gibt, Aufschläge von bis zu

25 ct/min für Telefonate in ausländische Mobilfunknetze zu erheben. Im Gegenteil: Aufgrund der unterschiedlichen nationalen Regulierungsbehörden könnten Telefonate in die Mobilfunknetze anderer Länder teilweise sogar günstiger angeboten werden als Gespräche in nationale Mobilfunknetze.

3.5 Optimierungspotenzial

AVL bieten sich wie anderen international agierenden Unternehmen damit eine größere Zahl von Stellrädern und Parametern, die berücksichtigt werden müssen, um zu einer optimalen Lösung zu gelangen. Dies erhöht die Komplexität, die schon angesichts der möglichen Tarife und Optionen sehr hoch ist, noch weiter. Gleichzeitig gilt es, zu einem objektiven Urteil zu gelangen. In einer Ausschreibung kann, sofern die Leistungen gleichartig sind, der jeweilige Account-Manager alle Fragen zu seinen Angeboten und Tarifen erläutern. Dessen Beratung ist aber subjektiv. Sie bezieht sich auf das eigene Portfolio und ist bemüht, alles aus einer Hand anzubieten.

Durch die Neuverhandlung des Rahmenvertrags 2010 für Mobilfunk konnte AVL die Mobilfunkkosten bereits um 21,5 % reduzieren. Wie das Beispiel AVL zeigt, ist aber sehr viel mehr möglich und für viele Unternehmen gerade mit größeren Budgets auch sehr interessant und einfach umsetzbar. Die Kosten können weiter reduziert werden, das Leistungsspektrum wird erweitert, die Qualität bleibt mindestens auf dem derzeitigen Level und die Kosten sinken.

Nur praxisgerechte Vorschläge führen zu Kostenreduzierungen

Natürlich kann an dieser Stelle kein allgemeingültiges Konzept für alle Unternehmen aufgezeigt werden, da zunächst die Ausgangslage und der Bedarf genau zu analysieren sind. Auch muss darauf hingewiesen werden, dass nicht alles, was in diesem Beitrag beschrieben wurde, schnell und leicht zu implementieren ist. Qualität ist eines der wesentlichsten Entscheidungskriterien. Eine Lösung, die nicht sofort überzeugt, wird nicht angenommen werden. Hierfür sorgen schon die Beharrungskräfte der Organisation. Kostensparen ist – zum Leidwesen vieler Controller – kein Selbstzweck. Es bedarf nur eines Einwands hinsichtlich der Qualität (z. B. schlechtere Netzabdeckung, Verbindungsabbrüche), der Prozesse (zu umständlich) oder der geschäftlichen Implikationen (z. B. Erreichbarkeit unter der bekannten Nummer) und ein sinnvoller Ansatz – für dessen Anwendung es praxiserprobte Lösungsmöglichkeiten gibt, um Einschränkungen zu vermeiden – wird nicht weiter verfolgt. Hier ist es sehr wichtig, Gegenargumente möglichst frühzeitig mit der erforderlichen Expertise zu entkräften.

Die Unabhängigkeit der Beratung ist u.a. wichtig, da viele Anbieter und Berater an den Gesamtumsätzen und den verbrauchsabhängigen Kosten (Air-Time) partizipieren. Je höher das Telefonvolumen oder je höher die Quote der verlängerten Verträge ist, umso höher ist die Vergütung durch den Hersteller.

Am Beispiel der Festnetz-Telefonie kann ein Interessenkonflikt verdeutlicht werden: Kein Händler, der an den Verbindungskosten der Deutschen Telekom partizipiert, wird seinem Kunden eine Pre-Selection-Lösung oder einen Call-by-Call-Anbieter vorschlagen, mit dem der eigene Umsatz vollständig oder teilweise entfällt.

Besonders hohes Einsparpotenzial bei Festnetzgesprächen in Mobilfunknetze

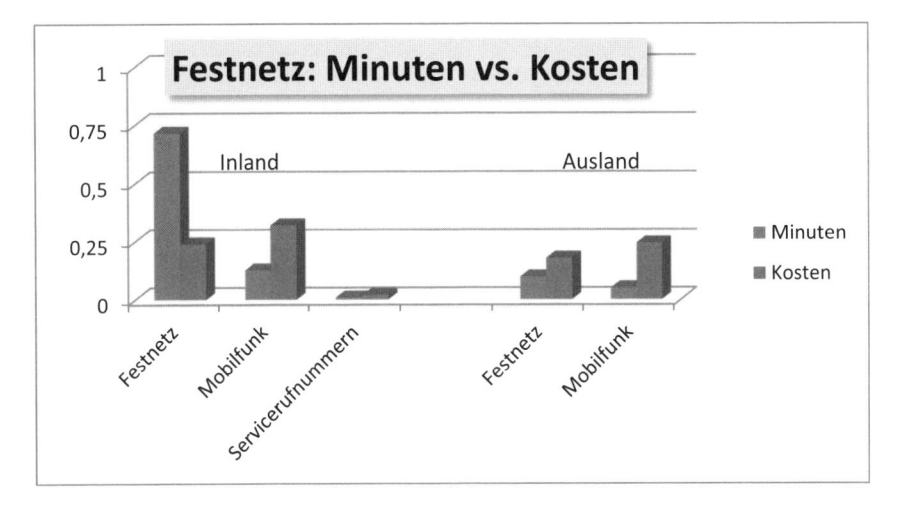

Abb. 7: Kostenfallen im Festnetz

Fehlt aber der Sponsor, so werden Optimierungsmaßnahmen nicht entsprechend gefördert. Mit einem One Number Concept können z.B. die relativ hohen Kosten in Mobilfunknetze vermieden werden. Der Nutzer ist – unabhängig von seinem Aufenthaltsort – immer unter seiner Festnetz-Nummer (One Number) erreichbar. Dies hat nicht nur Vorteile im eigenen Unternehmen, sondern auch für Kunden, die damit selbst von den sehr viel geringeren Preisen für Festnetzgespräche profitieren.

AVL hat bereits im April 2011 eine Lösung implementiert, mit der die Festnetz-Verbindungskosten allein durch die Optimierung der Kosten für Telefonate in deutsche Mobilfunknetze in der Zentrale um 85 % reduziert werden konnten. Dies wird durch das Zusammenspiel von Änderungen an der Telefonanlage (Least Cost Routing, LCR) und einer zusätzlichen Anbindung an einen Carrier ermöglicht.

Least Cost Routing mit VoIP kann zu hohen Einsparungen führen

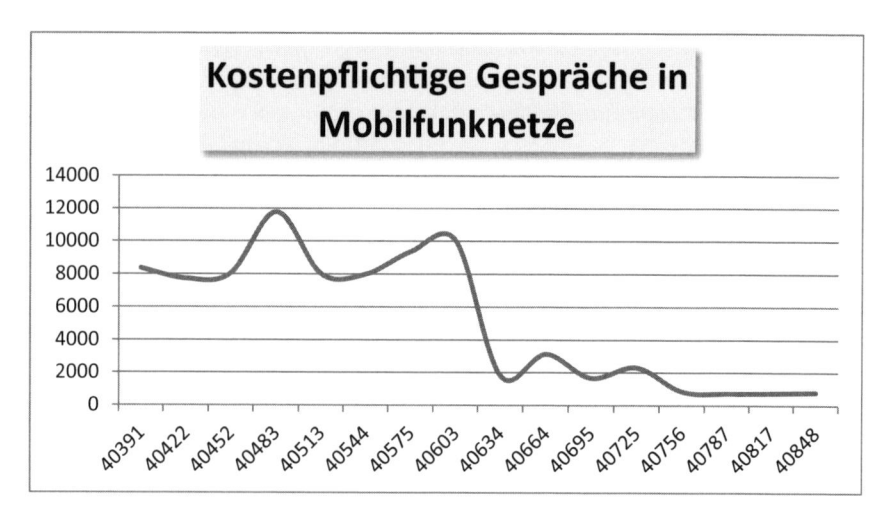

Kostenpflichtige Gespräche in Mobilfunknetze

Abb. 8: Kostenreduzierung durch LCR

Über die gleiche „Least Cost Routing"-Einrichtung können die Gesprächskosten in ausländische Netze erheblich reduziert werden. Dies ist insbesondere aufgrund der Aufschläge bei Telefonaten in ausländische Mobilfunknetze sehr lukrativ. Die über spezialisierte Anbieter geführten Telefonate führen häufig nur zu einem Bruchteil dieser Kosten. Im Falle der AVL kann für Telefonate in ausländische Mobilfunknetze eine Einsparung von bis zu 88,9 % erzielt werden. Aufgrund des hohen Gesprächsaufkommens mit der Muttergesellschaft in Österreich ist damit eine erhebliche Kostenreduzierung verbunden. Für eine bedarfsgerechte Optimierung ist zunächst eine Analyse erforderlich, wie viele Gespräche parallel in die relevanten Gassen (z.B. Ausland) geführt werden. Damit kann eindrucksvoll das Gesetz des abnehmenden Grenznutzens bestätigt werden (s. Abb. 8).

In diesem Beispiel wurde VoIP mit einer 2-mbps-Datenleitung realisiert, die bis zu 20 parallele Gespräche ohne Qualitätsverlust ermöglicht. Diese LCR-Technologie, mit der die Kosten für Auslandstelefonate über VoIP-Verbindungen um bis zu 90 % reduziert werden können, stellt die Basis für eine weitere innovative und kostensparende Möglichkeit dar.

Kommunikationskosten optimieren

Unter dem Stichwort FMC (Fix-Mobile Convergence) versteht man die Einbindung von Mobiltelefonen in Telefonanlagen. Das Handy fungiert als Nebenstelle der zentralen Telefonanlage, sodass Rückfragen, Verbinden, Weiterleiten, aber auch Auslandsgespräche von dem Handy aus möglich sind, ohne dass dies zu Mobilfunkkonditionen abgerechnet wird. Ein Telefonat ins Ausland (Zone Welt) kann damit von bis zu 1,83 EUR/Min.[5]. auf weniger als 5 ct/Min. reduziert werden. Darüber hinaus ist der Mitarbeiter – sofern er sich an einem anderen Unternehmensstandort oder im Hotel in einem WLAN anmelden kann – weltweit in der Lage, Anrufe zu führen oder unter seiner Festnetznummer entgegenzunehmen, ohne Mehrkosten zu verursachen.

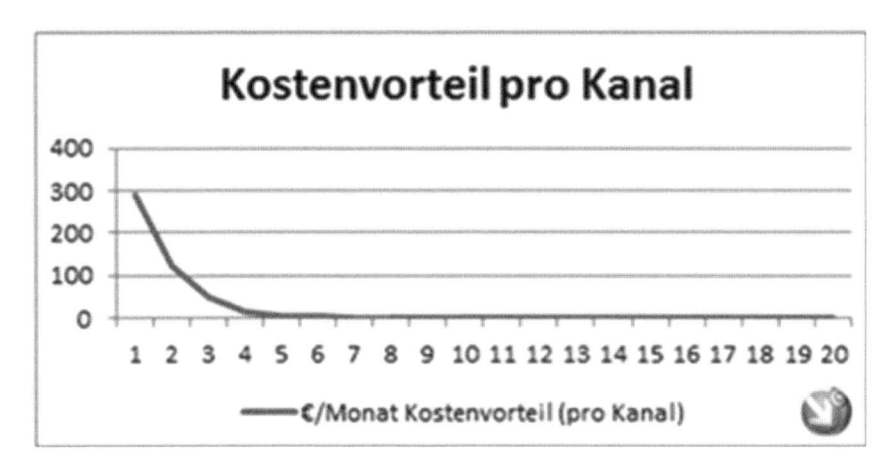

Abb. 9: Bedarfsanalyse – Anzahl gleichzeitiger Gespräche (abgehend)

Die Erfolge dieser Maßnahmen sind sofort erkennbar: Mit der Einführung des Least Cost Routing für Mobilfunkgespräche im März 2011 sind die abgerechneten Mobilfunkminuten sofort signifikant gesunken, ohne dass Verträge gekündigt oder Anbieter gewechselt werden mussten. Besser noch: Der Anwender hat dies nicht einmal bemerkt.

Neben technischen Grundlagen gilt es für international agierende Unternehmen, speziell im Mobilfunkbereich, die landesspezifischen Besonderheiten zu berücksichtigen, um ein optimales Gesamtkonzept entwickeln zu können. Hierzu wieder ein Beispiel aus Österreich:

Landesspezifische Angebote können zu hohen Einsparungen führen

---

[5] Höchstpreise der deutschen Carrier für internationale Gespräche (Internetrecherche vom 5.9.2012):
- T-Mobile: 1,83 EUR/min
- Vodafone: 1,59 EUR/min
- E-Plus: 1,79 EUR/min
- O2: 1,50 EUR/min

Organisation & IT

Für die Telefonie in Österreich gibt es spezielle Angebote für Auslandstelefonate und Roaming. In einem für AVL relevanten Tarif für 25,00 EUR/Monat sind 1.000 Freiminuten enthalten, die in Deutschland oder Österreich für Gespräche in alle Netze beider Länder genutzt werden können. Bei in Deutschland eingehenden Gesprächen fallen daher keine Roamingkosten an. Bei voller Ausnutzung kostet eine Gesprächsminute damit 2,5 ct/min.

Um zu einer optimalen Lösung zu gelangen, müssen die damit verbundenen Nachteile berücksichtigt und neutralisiert werden. Erstens sollte – auch, um eine möglichst hohe Auslastung zu erzielen – diese Nummer auch in Deutschland für kostenfreie Telefonate nach Österreich oder für Anrufe aus Österreich verwendet werden können. Zweitens sollte konsequenterweise dieses Gerät ebenfalls für ankommende Gespräche auf der bekannten Rufnummer (+49-17x xxx) im Ausland genutzt werden können, insbesondere auch deswegen, da dies das Minutenbudget nicht berührt. Hierzu kann ein One Number Concept genutzt werden, sodass auf dem deutschen Handy eingehende Anrufe kostenfrei zu einer österreichischen Festnetznummer weitergeleitet werden können.

Im Ergebnis werden damit alle Anrufe an das deutsche Handy kostenfrei auf das österreichische Handy weitergeleitet und alle eingehenden Anrufe können in Deutschland über das normale Endgerät im Büro angenommen werden.

Der wirtschaftliche Nutzen wird anhand der 25-EUR-Isoquanten deutlich: Für den gleichen Betrag von 25 EUR kann mit einem Auslandstarif etwa 3-mal länger eingehend und über 12-mal länger ausgehend telefoniert werden.

Datenroaming mit Smartphones kann zu erheblichen Risiken führen

Einsparungen in der gleichen Größenordnung sind auch beim Datenroaming möglich. Hier ist es zunächst von großer Bedeutung, die Risiken für extrem hohe Auslandsrechnungen zu begrenzen. War noch bis vor kurzem Datenroaming im Ausland kaum erforderlich, so steigt der Bedarf mit zunehmender Akzeptanz aufgrund der höheren verfügbaren Bandbreiten und der immer professionelleren mobilen Endgeräte kontinuierlich an. Ist ein Mitarbeiter erst daran gewöhnt, per iPad auf sein Archiv zuzugreifen, so bleibt dieser Bedarf auch auf einer Auslandsreise bestehen. Innerhalb der EU gibt es bereits kostengünstige Möglichkeiten, die Roamingkosten durch Tarifoptionen zu begrenzen, teilweise allerdings mit längerfristig geltenden Optionen, die sich bei einem kürzeren Aufenthalt nicht amortisieren.

Kommunikationskosten optimieren

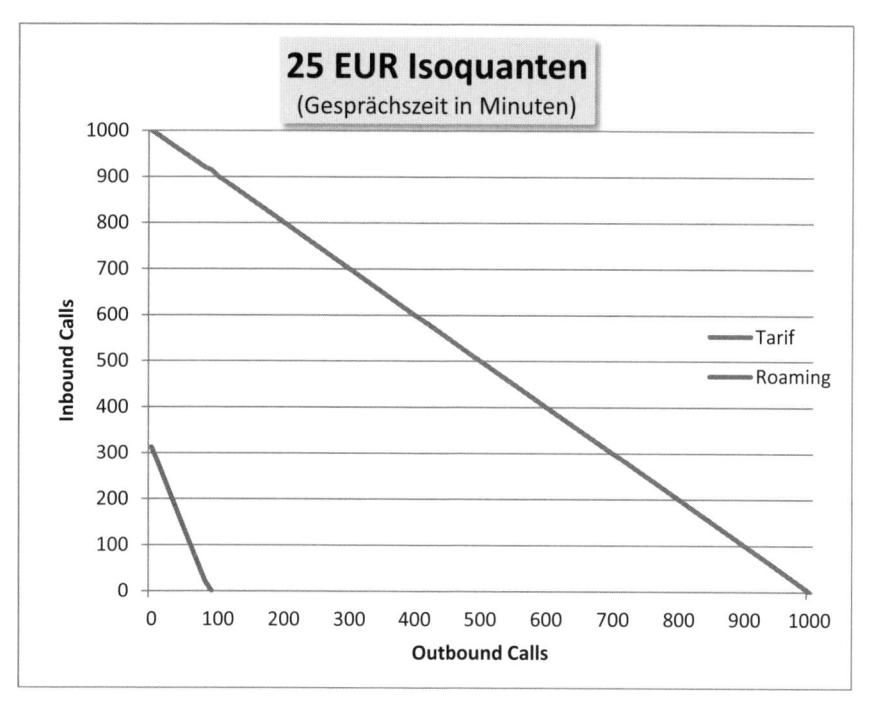

25 EUR Isoquanten
(Gesprächszeit in Minuten)

[Diagramm: Inbound Calls vs. Outbound Calls, Vergleich Tarif und Roaming]

Abb. 10: Roaming vs. Auslandsangebot

Außerhalb der EU können die Kosten aufgrund völlig fehlender Regulierung noch weit höher ansteigen. Auch hier bestehen sehr gute Möglichkeiten, die Kosten durch das Ausweichen auf spezialisierte Anbieter erheblich zu reduzieren. Für die Akzeptanz ist sehr wichtig, dass nicht pro Land eine spezielle SIM-Karte verwendet wird, sondern dass eine Karte in möglichst allen Ländern verwendet werden kann. Der Einsatz ist relativ einfach über UMTS-Sticks oder besser noch über portable Hot Spots möglich, sodass mehrere Endgeräte mit einer Datenkarte gleichzeitig betrieben werden können. Damit ist kein Kartenwechsel erforderlich und auch Endgeräte mit SIM-Lock (Beschränkung auf die SIM-Karten eines Anbieters) oder ohne USB-Anschluss (iPhone, iPad) können weiter verwendet werden. In Einzelfällen können spezielle Tarife für bestimmte Länder genutzt werden oder es können – insbesondere bei längeren Aufenthalten in einem Land – auch nationale Datenkarten sinnvoll sein. Daher ist auch hier eine genauere Analyse des individuellen Verbrauchsverhaltens erforderlich.

4 Fazit

Die vielfältigen Beispiele, Telekommunikationskosten durch Tarifverhandlungen und durch weiterführende Maßnahmen zu senken, erinnern an die Kostenreduzierung im Bereich von Energie und Energetik: Kann der Kaufmann durch bessere Einkaufskonditionen die Kosten bis zu 10 % reduzieren, so kann der Ingenieur durch energetische Optimierungen 50 % und mehr erreichen.

Eine notwendige Voraussetzung für eine erfolgreiche Implementierung ist die Akzeptanz der Nutzer. Die Einsparungen dürfen nicht zulasten der Qualität oder des Bedienungskomforts gehen.

Eine genaue Analyse des Nutzungsverhaltens ist daher notwendig aber nicht ausreichend. Einwände müssen ernsthaft aufgegriffen und bereits im Vorfeld mit dem notwendigen Know-how ausgeräumt werden.

5 Literaturhinweise

Bundesnetzagentur (Hrsg.), Jahresbericht 2011, 2012.

Eberle, Das Minimalkostenprinzip, 2000.

Piwinger/Porák (Hrsg.), Kommunikations-Controlling, Information und Kommunikation quantifizieren und finanziell bewerten, 2005.

Center-Organisation: Komplexität durch Flexibilisierung und Standardisierung lösen

- Fortschreitende Internationalisierung, Volatilität des Marktumfelds sowie zunehmende Komplexität werden zu immer bedeutsameren Herausforderungen für Unternehmen.
- Der steigenden Komplexität wird häufig mit aufwendiger Steuerung und Koordination und dadurch anwachsenden Gemeinkosten begegnet. Doch die Methode „Externe Komplexität durch interne Komplexität beherrschen" ist nicht immer Erfolg versprechend.
- Alternativ zu konventionellen Methoden kann Komplexität durch Flexibilisierung in wandelbaren Strukturen und Prozessen begegnet werden. „Beherrschung externer Komplexität durch die Reduzierung der internen Komplexität" lautet das Motto.
- Die aktive Gestaltung von Strukturen und Prozessen ändert die Ursachen der Gemeinkosten und beeinflusst sie damit fundamental. Ein wesentlicher Aspekt ist dabei die center-orientierte Organisation der Gemeinkostenbereiche, z. B. als Cost- oder Profit-Center.
- Ziel des Beitrags ist es, die Auseinandersetzung mit den eigentlich originären Ansatzpunkten zur Optimierung von Gemeinkosten zu beleben. Die Potenziale alternativer Planungs- und Strukturgestaltungskonzepte sollen als praktischer Mehrwert für das Gemeinkostenmanagement revitalisiert werden.

Inhalt		Seite
1	Komplexität als Gemeinkostentreiber	269
2	Komplexitäts- und Gemeinkostenmanagement durch flexible Strukturen und Prozesse	272
2.1	Organisatorische Gestaltung flexibler Strukturen und Prozesse	273
2.1.1	Center-Konzepte im Überblick	274
2.1.2	Performance-Optimierung und Kostendruck	276
2.2	Shared Service Center	277
2.2.1	Ziele von Shared Service Centern	277
2.2.2	Auswahl geeigneter Prozesse	278
2.2.3	Erfolgsfaktoren	280
3	Fazit: Gemeinkosten an der Wurzel anpacken	281
4	Literaturhinweise	282

■ **Die Autoren**

Prof. Dr. Ralf Dillerup ist Professor für Unternehmensführung und Controlling an der Hochschule Heilbronn.

Daniela Simone Kappler (**M.A.**) ist Akademische Mitarbeiterin und Doktorandin an der Hochschule Heilbronn.

1 Komplexität als Gemeinkostentreiber

Viele Unternehmen sehen sich erhöhtem Markt- und Wettbewerbsdruck sowie Regulierungsanforderungen ausgesetzt, insbesondere in global agierenden Branchen mit hohem Differenzierungs- und Innovationsdruck. Als Reaktion werden die Vielfalt im Produkt- und Dienstleistungsportfolio häufig stark erhöht und die Lebenszyklen verkürzt. Konkurrenten, auch aus Ländern mit günstigeren Kostenstrukturen, erhöhen gleichzeitig mit der Differenzierung den Kostendruck.

Differenzierungs- und Kostendruck

Um derartige Wettbewerbsanforderungen zu begegnen, setzen Unternehmen auf

- diversifizierte Marktbearbeitung,
- vielfältige Vertriebs- und Absatzkanäle und
- anforderungsspezifische Produkte.

Dies steigert die Komplexität der Aufbauorganisation und der Prozesse in Unternehmen. Niederschlag finden diese Sachverhalte auch in den Kostenstrukturen der Unternehmen. Um die Komplexität transparent und beherrschbar zu machen, werden mehr Aktivitäten zur Planung, Steuerung und Koordination erforderlich.

Dies gilt besonders für Gemeinkosten, die dadurch gekennzeichnet sind, dass sie keinem Produkt bzw. keiner Dienstleistung direkt zugerechnet werden können. Sie repräsentieren damit sehr stark nicht direkt zurechenbare Managementaufgaben zur Komplexitätsbeherrschung. Somit nehmen Gemeinkosten im Vergleich zu Einzelkosten zunehmend an Bedeutung und Ausmaß zu.[1]

Homogene Produkt-, Absatz- und Kundenstrukturen gehören in vielen Unternehmen der Vergangenheit an. Analog dazu ist sowohl eine Komplexitäts- als auch Kostenzunahme in den Vertriebs- und Verwaltungsaktivitäten zu verzeichnen. Die Anwendung herkömmlicher Methoden der Gemeinkostenzuordnung wird dann den Strukturen und Prozessen nicht gerecht und führt zu Fehlinformationen.[2] Dem kann durch immer neuere und detailliertere Verfahren des Gemeinkostenmanagements begegnet werden, oder alternativ durch die Gestaltung von Organisationen und Planungssystemen, welche die Komplexität durch flexiblere Unternehmen reduzieren.

Komplexität treibt Gemeinkosten

Komplexität bezieht sich auf den Aufbau eines Systems und die Vielfalt an Zustände, die dieses System annehmen kann. Hat ein Unternehmen eine große Anzahl verschiedenartiger Elemente wie z.B. Organisations-

Komplexitätsbegriff

---

[1] Vgl. Pfläging, 2003, S. 355 ff.; Horváth, 2009, S. 232 ff.; Dillerup/Stoi, 2011, S. 406.
[2] Vgl. Pfläging, 2003, S. 355 f.

Organisation & IT

einheiten, Produkte, Prozesse oder Märkte, so wird es als kompliziert bezeichnet. Verändern sich diese Systemelemente und Beziehungen mit der Zeit, dann handelt es sich um ein dynamisches System. Treffen beide Eigenschaften zu, dann wird von einem komplexen System gesprochen.[3] Abb. 1 veranschaulicht dies. Komplexe Systeme verfügen aufgrund der großen Variabilität über vielfältige und schwierig vorherzusehende Verhaltensmöglichkeiten. Die Handhabung von Komplexität wird daher zum Kern der Unternehmensführung.[4]

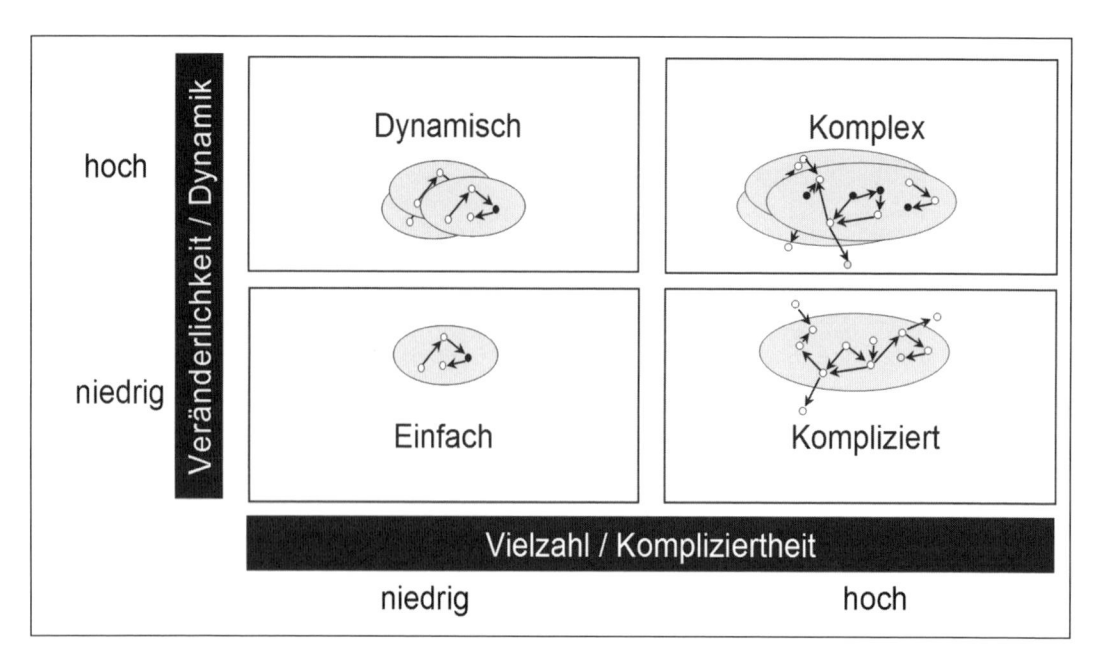

Abb. 1: Unterscheidung von Komplexitätsdimensionen[5]

In vielen Unternehmen steigen sowohl Kompliziertheit wie auch die Dynamik an. Komplexitätsbeherrschung wird deshalb zur zentralen Herausforderung der Unternehmensführung. Dies wird durch Internationalisierung, sozialen, technologischen und ökologischen Wandel oder Megatrends wie Digitalisierung mit neuen Informations- und Kommunikationssystemen oder weltwirtschaftlicher Pluralität und Volatilität maßgeblich beeinflusst.[6]

---

[3] Vgl. Ulrich/Probst, 2001, S. 59 ff.
[4] Vgl. Bleicher, 2004, S. 37.
[5] In Anlehnung an Ulrich/Probst, 2001, S. 61.
[6] Vgl. Bleicher, 2011, S. 47 ff.

Organisatorische Gestaltung

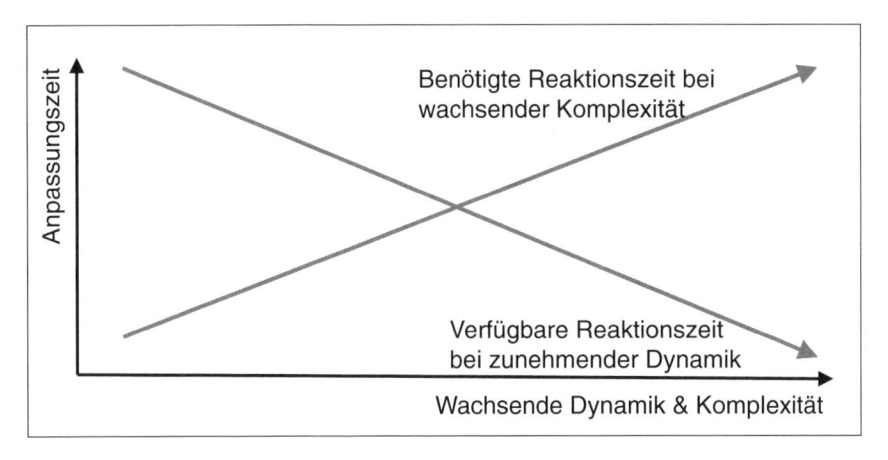

Abb. 2: Zeitschere als Dilemma zum Management von Komplexität[7]

Ein Ansatz der Komplexitätsbeherrschung ist die verstärkte Detaillierung der Steuerung und Koordination. Damit wird der externen Vielfalt eine Kompliziertheit im Unternehmen gegenübergestellt, um den externen Anforderungen zu begegnen. Empfunden wird dies als Bürokratisierung, welche Flexibilität und Offenheit der Unternehmen reduziert und zum Anstieg an Gemeinkosten führt. Steigt gleichzeitig die Dynamik im Unternehmensumfeld, und verkürzt sich damit die Anpassungszeit an Veränderungen, so erscheint der Ansatz „Externe Komplexität durch interne Komplexität beherrschen" wenig Erfolg versprechend. Dies zeigt schematisch auch die Zeitschere nach Bleicher, welche das Dilemma von Reaktionszeit in komplexen Systemen und verfügbarer Anpassungszeit in dynamischen Umfeldern visualisiert.

Als alternativer Ansatz zur Komplexitätsbeherrschung nach der Devise „Externe Komplexität durch Reduzierung der internen Komplexität beherrschen" erscheint daher als fundamentaler Lösungsansatz für das Gemeinkostenproblem. Reduzierung der internen Komplexität bedeutet flexiblere Planungs- und Kontrollsysteme sowie Organisationsstrukturen.

---

[7] Bleicher, 2011, S. 59.

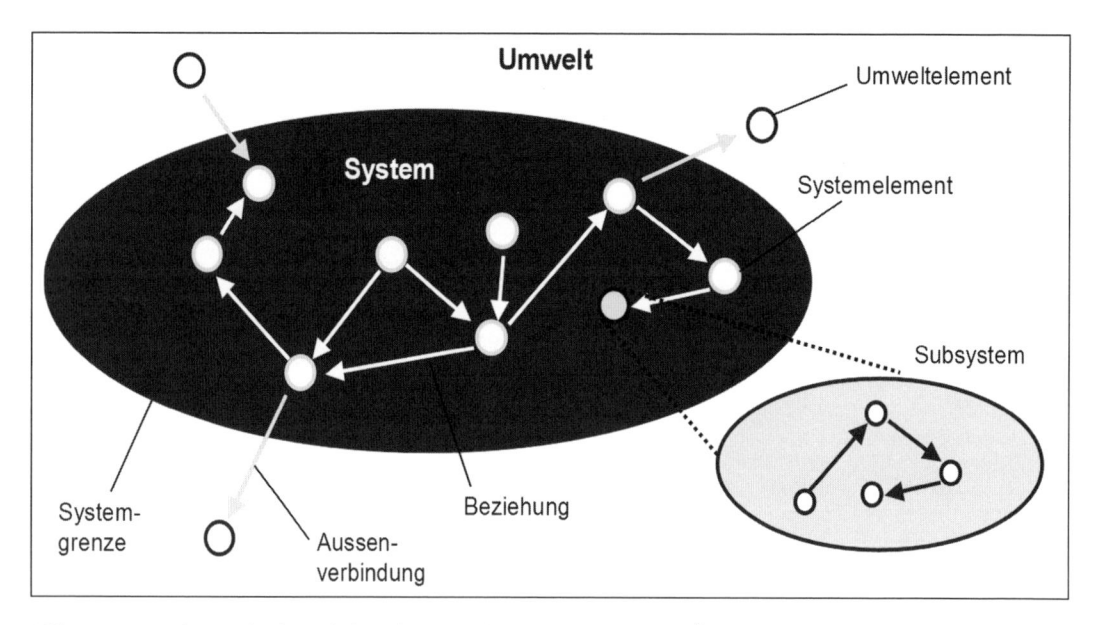

Abb. 3: Systembestandteile und -beziehungen als Komplexitätstreiber[8]

2 Komplexitäts- und Gemeinkostenmanagement durch flexible Strukturen und Prozesse

Flexible Strukturen und Prozesse

Ein fundamentalerer Lösungsansatz im Gemeinkostenmanagement liegt in der organisatorischen Gestaltung eines Unternehmens, mit dem Ziel, Flexibilität durch dezentrale und anpassungsfähige Strukturen und Prozesse zu schaffen. Die Bedeutung der Struktur als Einflussgröße auf den Unternehmenserfolg ist empirisch nachgewiesen. Dadurch konnten folgende Zusammenhänge ermittelt werden:

- Organisationsstrukturen sind von der **Umweltdynamik** abhängig. In dynamischen Umwelten sind flexible Strukturen mehr Erfolg versprechend als bürokratische.[9]
- Dynamik und Unsicherheit sind die prägenden Faktoren der Unternehmensstruktur. Je größer deren Ausprägung, umso weniger Hierarchieebenen und ein geringerer Formalisierungsgrad sind im Unternehmen anzutreffen.[10]

---

[8] Dillerup/Stoi, 2011, S. 25.
[9] Vgl. Burns/Stalker, 1971, S. 147 ff.
[10] Vgl. Lawrence/Lorsch, 1967, S. 23 ff.

Organisatorische Gestaltung

- Mit steigender Unternehmensgröße und dadurch bedingter Zunahme an struktureller Komplexität nimmt der Grad an Dezentralisation zu.[11] Spezialisierung, Standardisierung und Formalisierung sind zudem Faktoren, die vermehrt bei größeren Unternehmen zu finden sind.[12]

Ein weiterer zu berücksichtigender Aspekt erschließt sich aus dem Zusammenhang von Strategie und Struktur. Beides sind wechselseitige Einflussgrößen, wobei eine Dominanz auf dem Einfluss der Strategie liegen sollte.[13]

Die Zunahme von Markt- und Wettbewerbsanforderungen hat bereits in den letzten Jahren in der Ausrichtung der Organisation Spuren hinterlassen. Outsourcing, Off-/Nearshoring von Leistungen, Offshoring-Outsourcing oder auch Spin-Offs sind zu beobachten. Darüber hinaus werden verschiedene innovative Organisationskonzepte ent- und weiterentwickelt, um zunehmend Flexibilität in Strukturen und Prozessen zu schaffen.[14]

2.1 Organisatorische Gestaltung flexibler Strukturen und Prozesse

Wesentliche Gestaltungsparameter der Organisation sind Spezialisierung, Kompetenzverteilung und Zentralisierung. Durch diese 3 Dimensionen werden die Aufgabenverteilung (Pflichten, Verantwortung,…), die organisatorische Kompetenz (Rechte, Macht,…) und Autonomie der Organisationseinheiten festgelegt. Die Organisationsstruktur ist mit maßgebend, wenn es um die Zielerreichung des Unternehmens geht.[15] Strategien und Organisationskonzepte können daher nicht losgelöst voneinander betrachtet werden. Beide beeinflussen sich gegenseitig. Ausgehend von ihrer Bedeutung sollte die Strategie maßgeblich die Organisation beeinflussen und auf diese Weise Anforderungen nach verstärkter Flexibilität in die Organisationsgestaltung tragen. In der Praxis haben sich verschiedene flexible Organisationskonzepte herausgebildet:

Strategie und Struktur im Wechselspiel

- Holding- und Center-Konzepte
- Selbstorganisation und fraktale Unternehmen (Nutzung selbstorganisatorischer Prozesse)

---

[11] Vgl. Blau/Schoenherr, 1971.
[12] Vgl. Pugh/Hickson, 1976.
[13] Vgl. Dillerup/Stoi, 2011, S. 400 ff.
[14] Vgl. Zahn/Dillerup, 1995, S. 42.
[15] Vgl. Dillerup/Stoi, 2011, S. 383 ff.

- Organisationsmodelle, die neben hierarchischer Koordination auch Kooperation beinhalten (strategische Allianzen, Joint Ventures, Netzwerke und virtuelle Unternehmen)
- Projektmanagement als zeitlich befristete Formen der Zusammenarbeit

Center-Konzepte mit Vorteilen — Um in der dynamischen Unternehmensumwelt nicht an Wettbewerbsfähigkeit zu verlieren ist es notwendig, eine bestmögliche Anpassung der Strategien und Strukturen an diese Bedingungen zu erzielen. Flexibilität, auch im Bereich der Delegation von unterschiedlich starken Erfolgserwartungen, ist in diesem Zusammenhang der Vorteil von Center-Konzepten. Daher wird im Folgenden auch der Fokus speziell auf diese Organisationsform gelegt.

2.1.1 Center-Konzepte im Überblick

Auch im Rahmen des Gemeinkostenmanagements hat sich besonders das Center-Konzept bewährt, um die Schwächen der Gemeinkostenallokation mittels herkömmlicher Methoden zu überwinden.[16] Die zunehmende Bedeutung von Holding- und Center-Organisationen ist auf die zunehmende Diversifikation der Unternehmen zurückzuführen. Verantwortlich dafür sind neben der Internationalisierung auch die Zunahme an Fusionen und Übernahmen sowie der Zusammenschluss zu Kooperationen. Holdingorganisationen sind durch den Verbund mehrerer rechtlich selbstständiger Unternehmen unter einheitlicher Leitung gekennzeichnet. Center-Konzepte unterscheiden sich von dieser Form dahingehend, dass Erfolgsverantwortung delegiert wird und nicht an rechtliche Strukturen geknüpft ist. Center können daher als Organisationseinheiten definiert werden, deren Funktion in einer bereichsübergreifenden Aufgabenwahrnehmung resultiert. Sie übernehmen dadurch die Verantwortung für einen bestimmten Leistungsumfang. Die Leistungen an sich sind vorwiegend für mehrere interne Kunden bestimmt.[17] Die Unterscheidung der Center-Konzepte nach dem Angebot der Leistung zeigt Abb. 4.

---

[16] Vgl. Dillerup/Stoi, 2011, S. 400 ff.
[17] Vgl. Dillerup/Stoi, 2011, S. 404 f.

Center-Art	Leistung	Merkmale und Befugnisse	Erfolgsmaßstab
Standard Cost Center	Einhaltung von Kostenbudgets (auch in Form von Kosten-Leistungsverhältnissen)	• Eindeutig messbare Leistung • Entscheidung über den Ressourcenverbrauch • Vorgegebene, bestehende Kapazitäten	Kosten-Leistungs-Relation
Umsatzcenter (Revenue Center)	Verantwortlich für den Umsatz, der unter gegebenen Bedingungen zu erreichen ist	• Leistung des Centers sind Erlöse • Entscheidung über den Ressourcenverbrauch in einer feststehenden Kosten-Erlös-Relation • Vorgegebene, bestehende Kapazitäten	Umsatz
Profit Center	Führung einer Sparte hat Ergebnisverantwortung	• Entscheidung über den Ressourcenverbrauch • Entscheidung über Erlöse • Vorgegebene, bestehende Kapazitäten	Gewinn oder Deckungsbeitrag
Investment Center (Profit Center mit Investitionskompetenz)	Neben dem Ergebnis sind auch die Investitionsentscheidungen des Geschäftsbereichs zu verantworten	• Entscheidung über den Ressourcenverbrauch • Entscheidung über Erlöse • Entscheidung über Kapazitäten (Investitionen)	ROI, Wertbeitrag

Abb. 4: Arten von Centern[18]

---

[18] Vgl. Schulte-Zurhausen, 2005, S. 268; Dillerup/Stoi, 2011, S. 406.

Cost Center stellen die häufigste Centervariante dar. In vielen Unternehmen werden jedoch Cost Center speziell in Gemeinkostenbereichen als reine Kostenverursacher geführt. Die undifferenzierte Behandlung dieser Center spiegelt sich meist in der Fortschreibung von Kosten und Umsätzen, anstelle treiberbasierter Planungen der Leistungen.

2.1.2 Performance-Optimierung und Kostendruck

Ein Ziel ist es daher, leistungsbezogene Managementsysteme (Performance Management) im Gemeinkostenbereich zu schaffen. Dafür ist der Wandel von Cost Center zu Profit Centern bzw. Service Centern, als Variante eines Profit Centers, notwendig.[19] Die Unterscheidung zum Investment Center liegt in einer Erweiterung der Centerkompetenz durch das Treffen von Investitionsentscheidungen.

Kostendruck Ein weiterer Aspekt, der für den Einsatz von Center-Konzepten spricht, ist der zunehmende Kostendruck. Die Erzielung von Effizienzvorteilen durch Standardisierung ist zunehmend bedeutender. Besonders dezentrale Unternehmen sind davon betroffen. Der Vorteil dezentraler Organisationseinheiten liegt in einer verbesserten Markt- und Kundenorientierung. Es ist jedoch die lokale Prozessadaption, die für einen Anstieg der Gemeinkosten verantwortlich ist. Um dennoch von Effizienzvorteile aus standardisierten Prozessabläufen und Systemen zu profitieren und Skaleneffekte zu nutzen, kann der Einsatz von Shared Service Centern einen wesentlichen Beitrag dazu leisten. Der Vorzug dieser Ausrichtung ermöglicht neben den bereits genannten Aspekten auch die Beibehaltung der Qualitätsvorteile dezentraler Organisationen in Richtung Kunde.[20]

Zusammenfassend lässt sich festhalten, dass der Vorteil von Shared Service Centern nicht nur in einer markt- und kundenorientierten Ausrichtung liegt, sondern auch einen wesentlichen Beitrag zum Gemeinkostenmanagement leisten kann. Während die anderen Center-Konzepte hauptsächlich für wertschöpfende Aktivitäten eingesetzt werden, umfassen Shared Service Center im Wesentlichen nicht wertschöpfende Serviceleistungen im Sinne der Unterstützungsfunktionen. Diese schlagen sich in ihrer ursprünglichen Position in der Wertschöpfungskette als Gemeinkosten nieder. Daher wird die Variante der Shared Service Center als Lösungsansatz für das Gemeinkostenproblem im Folgenden näher betrachtet.

---

[19] Vgl. Pfläging, 2003, S. 359f.
[20] Vgl. Dillerup/Stoi, 2011, S. 406 sowie Pfläging, 2003, S. 359f.

2.2 Shared Service Center

Das Kerngeschäft für Shared Service Center liegt im Angebot von Dienstleistungen. Charakteristisch für diese Dienstleistungen ist die Unterstützung anderer Geschäftseinheiten des Unternehmens. Unterstützende Prozesse waren meist zuvor verteilt und sind nun in einer wirtschaftlich und z. T. auch rechtlich eigenständigen Einheit gebündelt. Besonders geeignet sind administrative als auch unterstützende Prozesse mit hohem Transaktionsvolumen. So kommen für Shared Service Center die Funktionen Logistik, Einkauf, Kundenservice, IT, Personal, Finanzen, Rechnungswesen oder Controlling in Betracht.

2.2.1 Ziele von Shared Service Centern

Ziele von Shared Service Centern sind vielfältiger Natur:

- Entlastung der Geschäftseinheiten von Aufgaben, die nicht zu Kernprozessen gehören,
- Prozessverbesserungen durch Standardisierung und Optimierung des Ressourceneinsatzes,
- Bündelung von Transaktionsvolumen (Konsolidierung) und
- Kostensenkungen.[21]

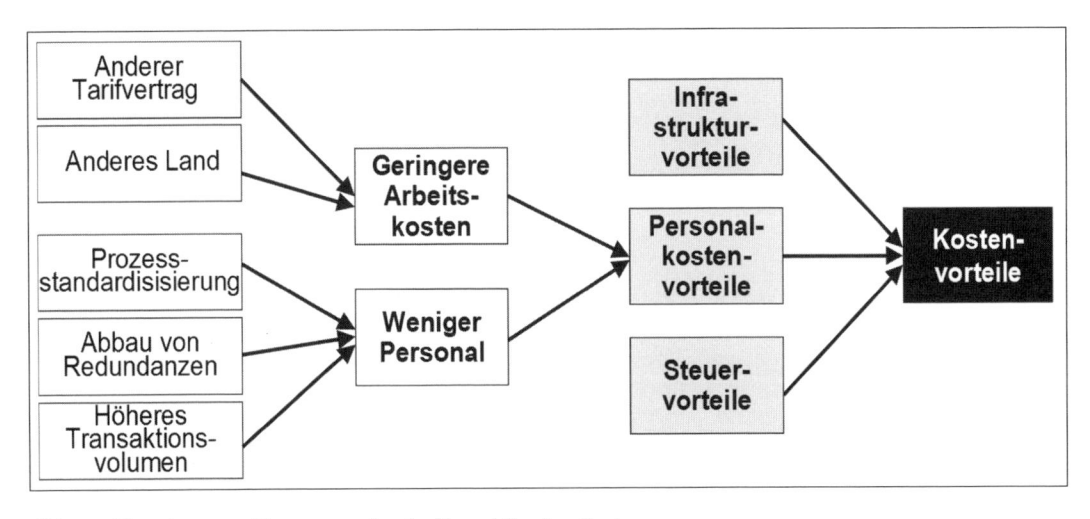

Abb. 5: Ursachen von Kostenvorteilen in Shared Service Centern

---

[21] Vgl. Dillerup/Foschiani, 1996, S. 39.

Kostenvorteile   Kostenvorteile sind ein wesentlicher Aspekt, wenn es um Überlegung zum Einsatz von Shared Services geht. Häufig sind in diesem Zusammenhang Kostensenkungen von 25 bis 30 % erzielbar. Ein weiterer Aspekt, der zu Kostenvorteilen führen kann, ist, dass Shared Services indirekten Marktkräften ausgesetzt sind. Als interne Dienstleister müssen mit den internen und teilweise auch externen Kunden Leistungsverträge fixiert werden. Diese können mit den Benchmarks externe Leistungsanbieter verglichen werden. Daraus resultierend werden Shared Services oft zu marktähnlichen Bedingungen als auch mit wettbewerbsorientierten Preisen angeboten. Die Vorteile im Gemeinkostenmanagement kommen aus der vereinfachten Zurechnung von Kosten auf die Kostenstellen und -trägern. Dies hat positiven Einfluss auf die Transparenz und Kalkulation.[22]

2.2.2 Auswahl geeigneter Prozesse

Nicht jeder Prozess ist geeignet, um diesen über ein Shared Service Center im Unternehmen zu offerieren. Die Eignung lässt sich jedoch anhand eines einfachen Prüfschemas ermitteln (s. Abb. 6). Neben der Bestimmung, ob der Einsatz eines Service Centers sinnvoll ist oder in einer dezentralen Einheit verbleiben soll, kann zudem ermittelt werden, ob ein Prozess nicht vollständig entfallen kann.

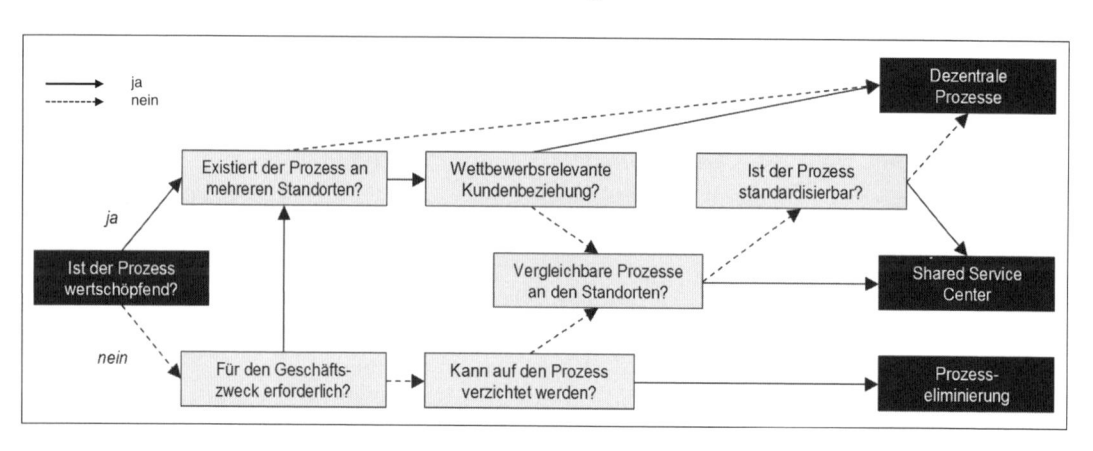

Abb. 6:   Schema zur Auswahl geeigneter Prozesse für ein Shared Service Center

---

[22] Vgl. Deimel/Quante, 2003, S. 301 f. sowie Pfläging, 2003, S. 362 f.

Ein Shared Service Center kann unterschiedliche Ausprägungen haben. Die Gestaltung orientiert sich an den Bereichen Prozessumfang, Standort und organisatorische und juristische Ausgestaltung.[23]

- **Prozessumfang:** Im Rahmen des Prozessumfangs wird über die Anzahl der durch das Shared Service Center angebotenen Funktionen entschieden als auch über den Funktionsumfang.
- **Standort:** Analog zum Prozessumfang ist die Entscheidung über die Standortanzahl, deren Reichweite (geografische Regionen) als auch die Länderorientierung zu treffen.
- **Organisatorische und juristische Ausgestaltung:** Im Rahmen der organisatorischen und juristischen Ausgestaltung muss über die rechtliche Eigenständigkeit des Shared Service Centers entschieden werden. Zudem muss festgelegt werden, inwieweit die Leistungserbringung vertraglich fixiert wird.

Abb. 7 zeigt mögliche Ausgestaltungsmöglichkeiten von Shared Service Centern.

Ausgestaltung

Kriterium	Ausprägungen			
Umfang an Funktionen	Eine Funktion	Mehrere Funktionen		Alle Unterstützungsfunktionen
Funktionsbreite	Einzelne Funktionen	Partieller Funktionalbereich		Vollständiger Funktionsumfang
Standortzahl	Ein Standort	Center of Excellence und Satelliten		Mehrere Standorte
Reichweite	Regional	National	Kontinental	Global
Standort	Inland		Ausland	
Rechtliche Form	Virtuelle Organisation	Abteilung	Rechtlich unabhängig, wirtschaftlich abhängig	Rechtlich und wirtschaftlich unabhängig
Verträge	Keine	Service Level Agreements		Outsourcingvertrag

Abb. 7: Ausprägungen von Shared Service Centern

---

[23] Vgl. Schulmann/Hammer, 1999, S. 11, Wißkirchen, 2002, S. 26 ff., von Campenhausen/Rudolf, 2001, S. 82 ff. sowie The Economist, 2003, S. 16 f.

2.2.3 Erfolgsfaktoren

Ob Shared Service Center generell zum Erfolg führen, kann nicht beantwortet werden. Es wurden jedoch in diesem Zusammenhang Erfolgsfaktoren ermittelt, die den Erfolg oder Misserfolg der Shared Service Center beeinflussen können. Diese orientieren sich mit an den unterschiedlichen Gestaltungsoptionen für Shared Service Center:[24]

- **Markt- und Wettbewerbsbedingungen**: Die Schaffung von marktorientierten internen Service- und Dienstleistungsbereichen kann durch Benchmarking mit externen Leistungsanbietern oder der direkten Teilnahme am externen Wettbewerb erzielt werden. Dadurch, dass interne Kunden Leistung auch von extern beziehen können, unterliegt das interne Leistungsspektrum den Bedingungen des regulären Wettbewerbs.
- **Performance Measurement**: Wie bei regulären betrieblichen Leistungen muss auch bei den Shared Services eine Möglichkeit der Beurteilung und somit der Zielerreichung bestehen. Dafür sind geeignete Maßgrößen zu planen und zu kontrollieren, um final den Vergleich mit externen Leistungsanbietern zu gewährleisten. Auch hier sollten relative und flexible Zielgrößen definiert werden.
- **Prozessauswahl und -gestaltung**: Der alleinige Transfer ausgewählter Prozesse in ein Dienstleistungszentrum ist nicht ausreichend. Meistens sind Adaptionen unumgänglich. Dafür müssen im Vorfeld geeignete Aktivitäten identifiziert und an die Kundenanforderungen angepasst werden.
- **Vertragsvereinbarungen**: In Abhängigkeit der rechtlichen Ausgestaltung kann ein Leistungsaustausch mit internen Kunden auch ohne vertragliche Vereinbarung erbracht werden. Der Anreiz, Kostenstrukturen zu überprüfen und die Prozesse am externen Markt auszurichten, bleibt ohne Vertragsvereinbarungen meist aus. Service Level Agreements dienen daher als zentrales Steuerungsinstrument in Shared Service Center.
- **Strategieorientierung**: Die Zusammenführung verteilter Dienstleistungen in ein Shared Service Center ist nicht nur aus Kosten-, sondern auch aus strategischen Gründen als sinnvoll zu erachten. Das Betreiben dieser Zentren bringt langfristige Verpflichtungen mit sich. Dadurch wird beispielsweise die Flexibilität beim Verkauf von Unternehmenseinheiten erheblich eingeschränkt.

---

[24] Vgl. Deimel/Quante, 2003 S. 301 ff. sowie von Campenhausen/Rudolf, 2001, S. 82 ff.

- **Kunden- und Marktorientierung:** Shared Service Center sind auf indirektem Weg ähnlichen Marktkräften ausgesetzt, da seine Leistungen an die Geschäftseinheiten verkauft werden müssen. Neben dem bereits erwähnten Kosteneinsparungspotenzial ist die angebotene Leistung sowohl kunden- als auch marktorientiert.

Die Vorteile von Shared Services sind besonders für international aufgestellte Unternehmen von Bedeutung. Die Wirkung bezieht sich besonders auf Kostensenkungspotenziale und Transparenz in den Gemeinkostenbereichen. Ausschlaggebend hierfür sind die Bündelung von Unternehmensressourcen sowie die Restrukturierung und Verbesserung interner Abläufe.

Neben den Vorteilen von Shared Service Centern sind natürlich auch deren Schwächen in die Sourcing-Entscheidung einzubeziehen. Wesentlicher Kritikpunkt liegt in dem Know-how-Abfluss und der Personalfluktuation aus den Konzerneinheiten. Hinzu kommen besonders bei international agierenden Unternehmen Kommunikationsprobleme zwischen den Shared Service Centern und den einzelnen Geschäftseinheiten aufgrund von Sprache und Kultur.[25]

Der Trend hin zu Shared Service Centern als auch deren zunehmenden Erfolg ist jedoch nachgewiesen. Über die Hälfte der umsatzstärksten Unternehmen in Deutschland haben Shared Service Center erfolgreich seit über 3 Jahren implementiert. Bei zwei Dritteln der befragten Unternehmen konnten zudem Kosteneinsparungspotenziale von mehr als 5 % im Vergleich zu keiner Einführung von Shared Service Centern ermittelt als auch realisiert werden. Ein Drittel der Unternehmen davon konnten Kosteneinsparungen von 16 bis 35 % erzielen.[26]

3 Fazit: Gemeinkosten an der Wurzel anpacken

Gemeinkostenmanagement wird in Anbetracht immer stärkerer Internationalisierung, Volatilität der Umfelder und Märkte sowie insgesamt zunehmende Komplexität zur steigenden Herausforderung für Unternehmen. Die zunehmende Komplexität der Ursache-Wirkungs-Beziehungen im Wettbewerbsumfeld hinterlassen alle Spuren in den Gemeinkosten – leider keine mit nachvollziehbaren reduzierenden Wirkungen. Der steigenden Komplexität wird häufig mit aufwendiger Steuerung und Koordination und damit auch anwachsenden Gemeinkosten begegnet. Alternativ kann Komplexität durch Flexibilisierung in wandelbaren

Gemeinkostentreiber

---

[25] Vgl. Becker, 2008, S. 21 ff.
[26] Vgl. Fischer/Sterzenbach, 2006, S. 24 ff.

Strukturen und Prozessen sowie flexiblen Planungs- und Kontrollsystemen begegnet werden.

Flexibilisierung und Relativierung

Flexibilisierung und Relativierung sind Begriffe, die in beiden Themengebieten eine wichtige Rolle spielen. In Planungs- und Steuerungsprozessen erleichtern und relativieren Sie die strategische Zielerreichung. Durch die Umstellung auf Center-Konzepte und speziell auf die des Shared Service kann die Flexibilisierung und Relativierung bis auf die Ebene der Gemeinkosten weitergegeben werden. Die Umsetzung ist zugegebenermaßen aufwendiger, aber in der langfristigen Ausrichtung wirkungsvoller. Die Schwächen der verursachungsgerechten Allokation werden hier von einer ganz anderen Seite angepackt, nämlich an der Wurzel.

4 Literaturhinweise

Becker, Gestaltung von Shared Service Centern in internationalen Konzernen, 2008.

Blau/Schönherr, The Structure of Organizations, 1971.

Bleicher, Das Konzept Integriertes Management, 8. Aufl., 2011.

Burns/Stalker, Mechanistische und organische Systeme des Managements in: Mayntz (Hrsg.), Bürokratische Organisation, 1971, S. 147–154.

Campenhausen/Rudolf, Shared Services – profitabel für vernetzte Unternehmen, in: Harvard Business Manager, 23. Jg., Nr. 1, 2001, S. 82–93.

Deimel/Quante, Prozessoptimierung durch Shared Service Center, in: Controlling, 15. Jg., Nr. 6, 2003, S. 301–307.

Dillerup/Foschiani, Outsourcing als strategische Option zur Optimierung der Leistungstiefe, in: Beschaffung aktuell, 52. Jg., Nr. 1, 1996, S. 39–41.

Dillerup/Stoi, Unternehmensführung, 3. Aufl., 2011.

Fischer/Sterzenbach, Controlling von Shared Service Centers – Ergebnisse einer empirischen Studie in deutschen Unternehmen, 2006.

Friedl/Hofmann/Pedell, Kostenrechnung – Eine entscheidungsorientierte Einführung, 2010.

Gaitanides, Prozessorganisation, 2. Aufl., 2007.

Horváth, Controlling, 11. Aufl., 2009.

Lawrence/Lorsch, Organization and Environment: Managing differentiation and integration, 6. Aufl., 1976.

Lynch/Cross: Measure Up! Yardsticks for Continuous Improvement, 2. Aufl., 1995.

Müller-Stewens/Lechner, Strategisches Management: Wie strategische Initiativen zum Wandel führen, 3. Aufl., 2005.

Pfläging, Beyond Budgeting Better Budgeting, 2003.

Pugh/Hickson, The Aston Programme I: Organizational Structure in its Context, 1976.

Schulman/Hammer, Shared Services – Adding Value to the Business Units, 1999.

Schulte-Zurhausen, Organisation, 4. Aufl., 2005.

Stern, Marktorientiertes Value Management, 2007.

The Economist, Shared Services: Moving into Central and Eastern Europe, 2003.

Ulrich/Probst, Anleitung zum ganzheitlichen Denken und Handeln: Ein Brevier für Führungskräfte, 2001.

Weber/Schäffer, Einführung in das Controlling, 13. Aufl., 2011.

Welge/Al-Laham, Strategisches Management: Grundlagen – Prozess – Implementierung, 5. Aufl., 2008.

Wißkirchen, Shared Service Center im Personalbereich – Ergebnisse einer Unternehmensbefragung, in: HR Services, o. Jg., Nr. 4/5, 2002a, S. 26–28.

Wißkirchen, Shared Service Center im Personalbereich – Ergebnisse einer Unternehmensbefragung, in: HR Services, o. Jg., Nr. 6, 2002b, S. 37–40.

Zahn/Dillerup, Beherrschung des Wandels durch Erneuerung, in: Reichwald/ Wildemann (Hrsg.): Kreative Unternehmen: Spitzenleistungen durch Produkt- und Prozessinnovationen, 1995, S. 35–76.

Der Nutzen elektronischer Tools für den Mittelstand bei der Organisation von Einkaufs- und Beschaffungsprozessen

- Bei der Nutzung von elektronischen Tools im Rahmen von Einkaufs- und Beschaffungsprozessen sind erhebliche Unterschiede zwischen Großunternehmen und Mittelstand festzustellen.
- Eine Ausarbeitung von elektronischen Einkaufsstrategien ist für KMU oft mit erheblichem Aufwand verbunden, ermöglicht aber häufig das Aufdecken substanzieller Einsparpotenziale.
- Konsequente Strategien zur Etablierung elektronischer Tools im Einkaufs- und Beschaffungsmanagement erfordern nicht nur umfangreiche Bedarfsanalysen über Abteilungsgrenzen hinweg, sondern auch eine intelligente Verknüpfung möglicher Einsparmethoden.
- Dieser Artikel gibt einen Überblick über verschiedene elektronische Tools im Einkaufs- und Beschaffungsmanagement und zeigt anhand von zwei Praxisbeispielen auf, dass die Einführung von IT-Tools auch für kleinere Unternehmen durchaus lohnenswert sein kann.

Inhalt		Seite
1	Ausgangslage	287
2	Instrumente für den Einkauf im Überblick	289
3	Einsatzmöglichkeiten externer Softwarelösungen	291
4	Der Nutzen von IT-Tools: Zwei Beispiele aus der Praxis	295
4.1	Bürokosten-Optimierung für den Warenhausbetreiber Manor AG	295
4.2	Reisekostenmanagement für den Druckmaschinenhersteller Müller Martini	296
5	Effizienz vs. Aufwand – Ein Fazit	297
6	Literaturhinweise	298

■ Die Autoren

Dr. Arnd Halbach ist Director of Business Development bei Expense Reduction Analysts in Köln.

David Fleschen ist Referent im Bereich Marketing & PR bei Expense Reduction Analysts in Köln.

IT-Unterstützung

1 Ausgangslage

Bei der Ausgestaltung von Einkaufsstrategien gibt es nach wie vor erhebliche Unterschiede zwischen mittelständischen Unternehmen und internationalen Großkonzernen. Dies lässt sich durch aktuelle Zahlen aus der Einkaufsbranche belegen. So stellt der Bundesverband für Materialwirtschaft Einkauf und Logistik e.V. (BME) in seinem aktuellen, jährlich erhobenen Rating der Effizienz von Einkaufsstrukturen, den „BME-TOP-Kennzahlen im Einkauf", fest, dass Katalogsysteme und Internetausschreibungen in großen Unternehmen weitaus häufiger zum Einsatz kommen als im Mittelstand.[1]

Große strukturelle Unterschiede bei der Nutzung elektronischer Tools

Während fast jedes zweite Großunternehmen mit einem Jahresumsatz von mehr als 5 Mrd. EUR in seinem Einkauf auf Rahmenverträge und Kataloge zurückgreift, sind es bei Mittelständlern mit einem Jahresumsatz bis zu 200 Mio. EUR Jahresumsatz weniger als ein Viertel (vgl. Abbildung 1). Auch bei der Nutzung von Internetausschreibungen sind Großunternehmen gegenüber mittelständischen Unternehmen deutlich aktiver. Alleine die aufwändigen und oft unberechenbaren Online-Auktionen sind bei kleineren Unternehmen populärer als bei Großkonzernen.

Abrufquote aus Rahmenverträgen und Katalogen | Umsatzvergleich

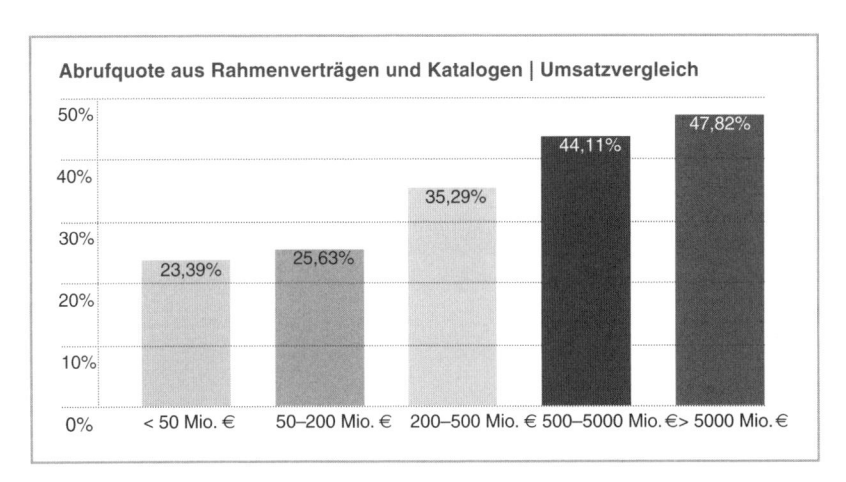

Umsatz	Abrufquote
< 50 Mio. €	23,39%
50–200 Mio. €	25,63%
200–500 Mio. €	35,29%
500–5000 Mio. €	44,11%
> 5000 Mio. €	47,82%

Abb. 1: Abrufquote aus Rahmenverträgen und Katalogen[2]

Generell hat sich die Erkenntnis durchgesetzt, dass elektronische Einkaufslösungen oft zu erheblichen Einsparpotenzialen führen können. Die Komplexität des Themas sorgt aber dafür, dass entsprechende Lösungen in Unternehmen zurzeit noch sehr uneinheitlich angewandt werden. So stellt das BME-Stimmungsbarometer „Elektronische Be-

Keine einheitliche Anwendung in Unternehmen verschiedener Größe

---
[1] Vgl. Bundesverband Materialwirtschaft, Einkauf und Logistik e.V., 2010.
[2] Ebenda.

schaffung 2011" fest, dass sowohl elektronische Ausschreibungen wie auch elektronische Auktionen von Großunternehmen und Konzernen in ihren grundsätzlichen Einsatzmöglichkeiten im Durchschnitt mehr als doppelt so relevant eingeschätzt werden wie von mittelständischen Unternehmen („KMUs" in Abb. 2 und 3).[3] Dabei profitieren Großkonzerne davon, dass sie beim Einrichtungsstand entsprechender Tools gegenüber Mittelständlern etwa 2-3 Jahre voraus sind, und dadurch in der Regel auf weitaus ausgereiftere und effektivere Anwendungen setzen können (s. Abb. 2 und 3).

	Nicht Relevant	Kein Einsatz	In Planung	bis 1 Jahr	1-2 Jahre	3-5 Jahre	6-10 Jahre	Über 10 Jahre
Gesamt	8,8%	7,9%	13,2%	6,1%	9,6%	23,7%	21,5%	9,2%
Industrie	7,8%	7,1%	14,9%	5,7%	11,3%	25,5%	19,9%	7,8%
DL	9,6%	11,0%	5,5%	8,2%	8,2%	19,2%	26,0%	12,3%
GU/Konzerne	2,9%	3,9%	5,9%	4,9%	7,8%	26,5%	34,4%	13,7%
KMU	13,5%	11,1%	19,0%	19,0%	11,1%	21,4%	11,1%	5,6%

Abb. 2: Bisherige Nutzungsdauer von elektronischen Tools in unterschiedlichen Unternehmensformen[4]

	Nicht Relevant	Kein Einsatz	In Planung	bis 1 Jahr	1-2 Jahre	3-5 Jahre	6-10 Jahre	Über 10 Jahre
Gesamt	26,3%	27,6%	22,4%	6,1%	3,9%	7,5%	3,5%	2,6%
Industrie	22,7%	29,1%	24,8%	5,7%	3,5%	8,5%	3,5%	2,1%
DL	34,4%	27,4%	15,1%	5,5%	4,1%	6,8%	2,7%	4,1%
GU/Konzerne	18,6%	21,6%	23,5%	8,8%	4,9%	14,7%	4,9%	2,9%
KMU	32,5%	32,5%	21,4%	4,0%	3,2%	1,6%	2,4%	2,4%

Abb. 3: Bisherige Nutzungsdauer von Lieferantenmanagement/E-SRM in unterschiedlichen Unternehmensformen[5]

Zahlreiche Faktoren sind zu berücksichtigen

Ursache für die Schere zwischen Mittelstand und Großkonzernen ist die Tatsache, dass beim Einkauf viele Faktoren zu beachten sind, die unmittelbaren Einfluss auf die Performance des gesamten Unternehmens haben können. Wohl die meisten Experten, die sich mit den Bereichen des Einkaufs- und Gemeinkostenmanagements auseinandersetzen, sind sich einig darüber, dass die Herausforderungen in den Projekten sehr facettenreich sind, so dass eine effektive Verknüpfung verschiedener projektrelevanter Parameter notwendig ist.

---

[3] Vgl. Bundesverband Materialwirtschaft, Einkauf und Logistik e.V., 2011.
[4] Ebenda.
[5] Ebenda.

Effektive IT-Instrumente zur Ausgestaltung von Einkaufsprozessen scheinen aufgrund dieser Komplexität zunächst einmal besonders relevant für Großunternehmen, da hier der vermeintlich hohe Aufwand, den eine umfassende Etablierung effizienter Tools erfordert, durch entsprechende Einsparvolumina ausgeglichen werden kann. Bei einem genaueren Blick auf die essentiellen Verbesserungen, die sich durch ein effizientes Kostenmanagement erzielen lassen, machen effektive e-Procurement-Tools aber durchaus auch für Unternehmen mit geringeren Einkaufsvolumen immer attraktiver.

e-Procurement Tools auch für KMU attraktiv

So konstatiert das aktuelle Stimmungsbarometer 2012, dass Unternehmen durch entsprechende Tools im Durchschnitt ihre Prozesskosten bei

- dezentralen Bestellprozessen (über Katalogsysteme) um 27,6 %,
- Ausschreibungsprozessen um 14,3 % und bei
- Verhandlungsprozessen (Auktionen) um 16,2 %

senken.[6]

Diese Zahlen unterstreichen gerade für Unternehmen aus dem Mittelstand die hohe Relevanz eines effektiven Beschaffungsmanagements für das Gesamtergebnis. Die Herausforderung liegt darin, gerade kleinere Unternehmen an der Expertise der aktuellsten Trends im Beschaffungsmanagement teilhaben zu lassen und dabei eine hohe Transparenz bei den Themen Compliance und Prozessstabilität zu erzeugen. Dies kann einen essentiellen Beitrag zur Senkung der Gemeinkosten leisten.

BME-Zahlen unterstreichen hohes Einsparpotenzial

2 Instrumente für den Einkauf im Überblick

Einen guten Überblick über die Vielfalt und das Einsparpotenzial bei Beschaffungsprozessen bietet das „Stimmungsbarometer Einkauf". Es zeigt sich, dass die Auswahl an möglichen Instrumentarien mit denen sich erhebliche Einsparpotenziale erkennen lassen äußerst vielfältig ist.

Große Auswahl an Instrumenten

Durch Umstrukturierungen der Einkaufsprozesse, beispielsweise durch Dezentralisierung, Umstellung auf Katalogsysteme, beziehungsweise einer Optimierung von Ausschreibung- und Verhandlungsprozessen lassen sich häufig Einsparvolumen im zweistelligen Prozentbereich ausmachen.

Umstrukturierung von Einkaufsprozessen

Häufig können bereits einfache Maßnahmen dazu beitragen, die Gemeinkosten in einer bestimmten Kategorie zu senken und Einkaufsvolumen deutlich zu straffen. Bei C-Teilen kann beispielsweise häufig ein

Zentralisierung der Beschaffung von C-Teilen

---

[6] Vgl. Bundesverband Materialwirtschaft, Einkauf und Logistik e.V., 2012.

deutliches Einsparpotenzial ausgemacht werden, wenn der Einkauf für alle Abteilungen konsequent durch die Einkaufsabteilung getätigt wird.

Internetbasierte Softwaresysteme: E-SRM und E-SCM

Sowohl im Lieferantenmanagement wie im Supply Chain Management sind einheitliche internetbasierte Softwaresysteme unabdingbar für Unternehmen, die verstärkt auf elektronische Auktionen und Ausschreibungen zurückgreifen. Laut BME-Zahlen lässt sich hier aber noch ein enormes Ausbaupotenzial erkennen. So liegt die Nutzungsquote sowohl für elektronische Supplier-Relationship-Management-Systeme (E-SRM) wie für elektronische Suppy-Chain-Management-Systeme (E-SCM) zurzeit bei rund einem Drittel aller Unternehmen.

Cloud Procurement ermöglicht hohe Flexibilität

Die sich nach wie vor rasch weiter entwickelnden Möglichkeiten der elektronischen Kommunikation spiegeln sich zweifelsohne auch in den neuesten Methoden der Kostenoptimierung wider. Am intensivsten werden hier in der Fachbranche zurzeit die Begriffe „Cloud Procurement" und die Nutzung des Web 2.0 diskutiert.

- Mit dem Begriff Cloud Procurement wird dabei die beliebig skalierbare Nutzung von IT-Infrastrukturen für Beschaffungsprozesse durch eine Internettechnologie beschrieben, die durch dezentrale Strukturen und hohe Flexibilität geprägt ist.
- Beim Web 2.0 geht es darum, Erfahrungswerte durch intensiven Wissensaustausch in professionellen Netzwerken schnell und effizient verfügbar zu machen und dadurch eine schnelle Adaption an aktuelle Projekte zu ermöglichen.

Noch keine einheitliche Anwendung neuer Ansätze

Die Vorteile dieser neuen Methoden lassen sich zurzeit noch schwer abschätzen. Zum einen ist durch die Einbeziehung eines immer größeren Daten- und Netzwerkswissens in umfangreiche IT-Strukturen, wie sie im Bereich Web 2.0 und Cloud Procurement realisierbar sind, grundsätzlich ein hohes Effizienzpotenzial gegeben. Gleichzeitig besteht die Gefahr der Unübersichtlichkeit: Die Infrastruktur der neuesten IT-Tools befindet sich nicht mehr unmittelbar auf den Rechnern der User, sondern schwebt viel mehr, wie der Begriff Cloud andeutet, als abstrakte Datenmasse über den konkreten Anforderungen der Anwender. Dies führt nicht nur zu großen Herausforderungen bei der konkreten Gestaltung entsprechender Tools, sondern erzeugt häufig auch ein Gefühl der Intransparenz beim Benutzer.[7]

---

[7] Vgl. Bundesverband Materialwirtschaft, Einkauf und Logistik e.V., 2011.

3 Einsatzmöglichkeiten externer Softwarelösungen

Eine der wichtigsten Herausforderungen beim Durchführen von Ausschreibungsverfahren ist eine umfangreiche Dokumentation sämtlicher Daten sowie eine klare und einheitliche Kommunikation mit möglichen Anbietern.

Kommunikation und Dokumentation wichtige Vorrausetzungen

Damit hochprofessionelle Lösungen auch von kleinen Unternehmen genutzt werden können, hilft es häufig die Unterstützung externer Dienstleister mit in Anspruch zu nehmen.

Bei der Ausgestaltung von Softwarelösungen. geht es nicht nur um darum, Ausschreibungen möglichst effizient und übersichtlich gestalten zu können. Es geht auch um die Etablierung einer Plattform, die ein Höchstmaß an Transparenz und Compliance in der Kommunikation zwischen Einkäufern und Lieferanten garantiert.

Transparenz und Compliance spielen zentrale Rolle

Häufig funktionieren Softwarelösungen besonders effizient, wenn sie in die Intranet-Umgebungen von Unternehmen eingebunden werden. Dadurch können in beliebig großen Firmen und Organisationen sämtliche in Digitalform vorhandenen Daten jederzeit abgerufen und zur Analyse aktueller Projekte verwendet werden. Typischerweise lassen sich in IT-Tools die für Kostenreduktionsprogramme und elektronische Ausschreibungsverfahren relevanten Funktionen über ein zentrales Menü abrufen (vgl. Abb. 4).

Vorteil firmeninterner Softwarelösungen

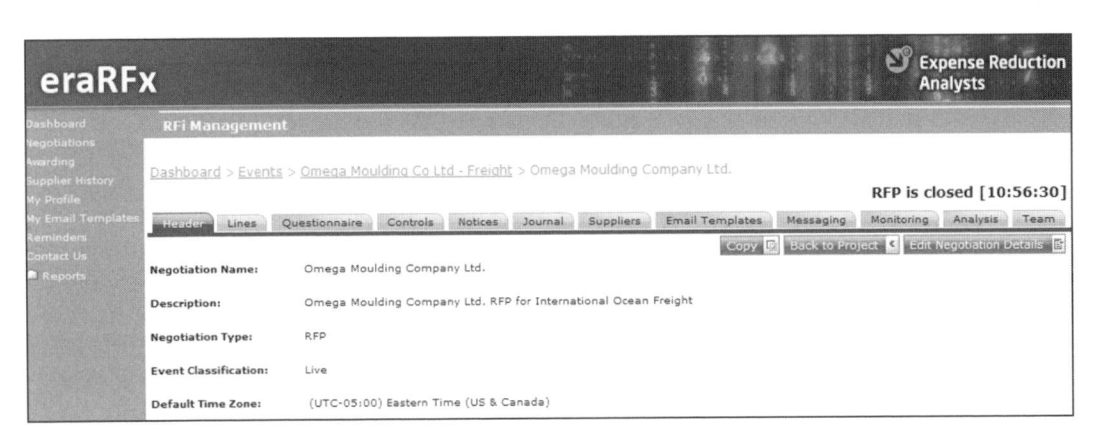

Abb. 4: Benutzeroberfläche und Menüführung in dem e-Procurement-Tool eraRFx

Dabei sollte eine übersichtliche Darstellung möglicher Lieferanten ein zentrales Element darstellen (vgl. Abb. 5).

Organisation & IT

Event Name	Description	Type	Status	Created	Replies		
Verpackungen-Test		RFP	Closed For Bidding	29 Jun 2012 13:27	0	Preview	Award
Holz-Verpackung		RFP	Closed For Bidding	29 Jun 2012 14:06	0	Preview	Award
Holz-Verpackungen Salzgitter		RFP	Closed For Bidding	29 Jun 2012 14:20	0	Preview	Award
Salzgitter - Kartonagen		RFP	Closed For Bidding	29 Jun 2012 14:24	1	Preview	Award
Markersdorf - Kartonagen		RFP	Closed For Bidding	29 Jun 2012 14:32	1	Preview	Award
München - sonstige Verpackung		RFP	Closed For Bidding	29 Jun 2012 14:37	0	Preview	Award
Trier - sonstige Verpackungen		RFP	Closed For Bidding	29 Jun 2012 14:41	0	Preview	Award
Gunnebo - Salzgitter Kartonagen		RFP	Closed For Bidding	29 Jun 2012 14:58	0	Preview	Award
Gunnebo - Trier - sonstige Verpackung		RFP	Closed For Bidding	30 Jun 2012 09:34	0	Preview	Award
Gunnebo - München - sonst. Verpackung		RFP	Closed For Bidding	30 Jun 2012 09:39	0	Preview	Award
Gunnebo - Markersdorf - Kartonagen		RFP	Closed For Bidding	30 Jun 2012 09:41	0	Preview	Award
Gunnebo - Salzgitter - Kartonagen		RFP	Closed For Bidding	30 Jun 2012 09:44	0	Preview	Award

Abb. 5: Übersicht von möglichen Lieferanten und Link zu deren jeweiligen Parametern in einheitlicher Softwarelösung

Elektronische Tools zum Management von Ausschreibungsverfahren sollten nicht nur eine Analyse aller relevanten Projektdaten ermöglichen, sondern gleichzeitig die Möglichkeit bieten, Aspekte wie Compliance oder Mitarbeiterstrukturen sichtbar zu machen

Schließlich spielt für den langfristigen Erfolg von Kostenreduktionsprogrammen nicht nur der Preis eine Rolle. Ebenso entscheidend sind Faktoren wie

- Akzeptanz kostenreduzierender Maßnahmen bei der Belegschaft,
- die Einhaltung von Compliance-Kriterien und
- die langfristige Wahrung guter Lieferantenbeziehungen.

Fragebögen ermöglichen Einbindung „weicher Faktoren"

In die elektronische Ausgestaltung von Ausschreibungsverfahren sollte deshalb ein detaillierter Fragebogen eingebunden werden, mit dem alle projektrelevanten Parameter bei potenziellen Lieferanten angefragt werden können. Dieser Fragebogen sollte einheitlich allen in Frage kommenden Lieferanten zugestellt werden und harte (Preise) sowie weiche Faktoren (z. B. Lieferdetails) berücksichtigen.

Abb. 6 zeigt auszugsweise, wie ausführlich ein solcher Fragebogen aussehen kann. So können Details zu Lieferzeiten und Zahlungsbedingungen aber auch die Rahmendaten einzelner Filialen in dem Fragebogen abgefragt werden.

IT-Unterstützung

> 3.3 Die Ausschreibung erfolgt auf der Preisbasis für Juli 2012. Geben Sie bitte Ihre Festpreiskonditionen (mit Zeitbezug) oder einen Preisindex an.
>
> 3.5 Bitte geben Sie Ihre Lieferzeiten und Lieferbedingungen für den Standort an!
>
> 3.6 Bitte geben Sie Ihre Zahlungsbedingungen an (Skonto usw.)! Bonusvereinbarungen sind ebenfalls anzugeben.
>
> 3.7 Bieten Sie elektronische Rechnungsstellung an?
> [Please Select...]
>
> 3.8 Bieten Sie die Erstellung von Sammelrechnungen an?
> [Please Select...]
>
> 3.9 Bitte bewerten Sie Ihre Flexibilität und Ihre Servicequalität auf einer Skala von 0 bis 10!
> (A numeric answer should be provided)

Abb. 6: Fragebogen zu Datenerhebung bei Lieferanten (Auszug)

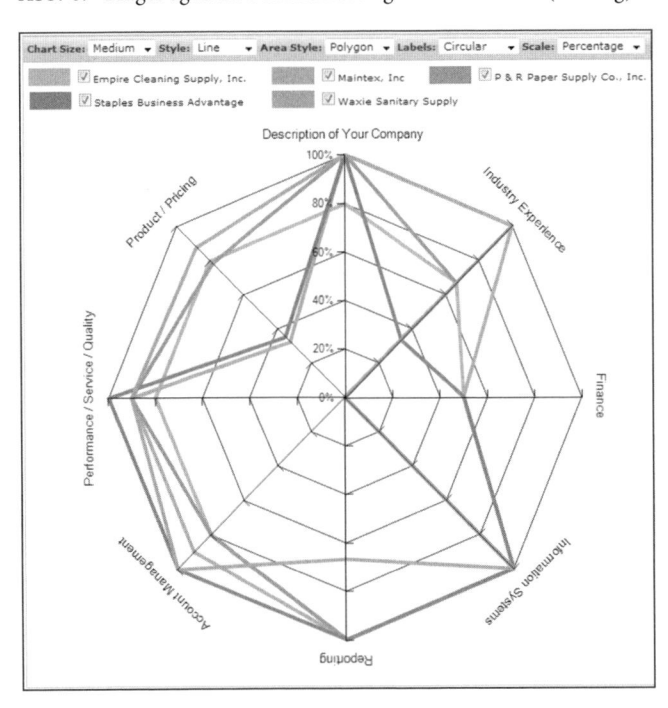

Abb. 7: Abbildung der Parameter möglicher Lieferanten in einer einheitlichen Matrix

Organisation & IT

IT-gestützte Analysen ermöglichen einheitliche Darstellung von Ergebnissen

Nach Sammlung aller relevanten Projektdaten können effiziente IT-Lösungen eine schnelle, umfangreiche und übersichtliche Analyse und Darstellung ermöglichen. Dabei können idealerweise zahlreiche für die Auswahl des idealen Lieferanten relevante Parameter ausgewählt und in wenigen Schritten grafisch aufbereitet werden (s. Abb. 7).

Um eine möglichst transparente Auswahl des richtigen Lieferanten zu treffen, empfiehlt es sich, alle relevanten Parameter in einem Scoring-System zusammenzufassen.

Daraus ergibt sich mittels elektronischer Tools eine unmittelbare Übersicht über alle Anbieter, die eine vorher festgelegte Mindestpunktzahl erfüllen und die somit als potenzielle zukünftige Lieferanten in Frage kommen (vgl. Abb. 8).

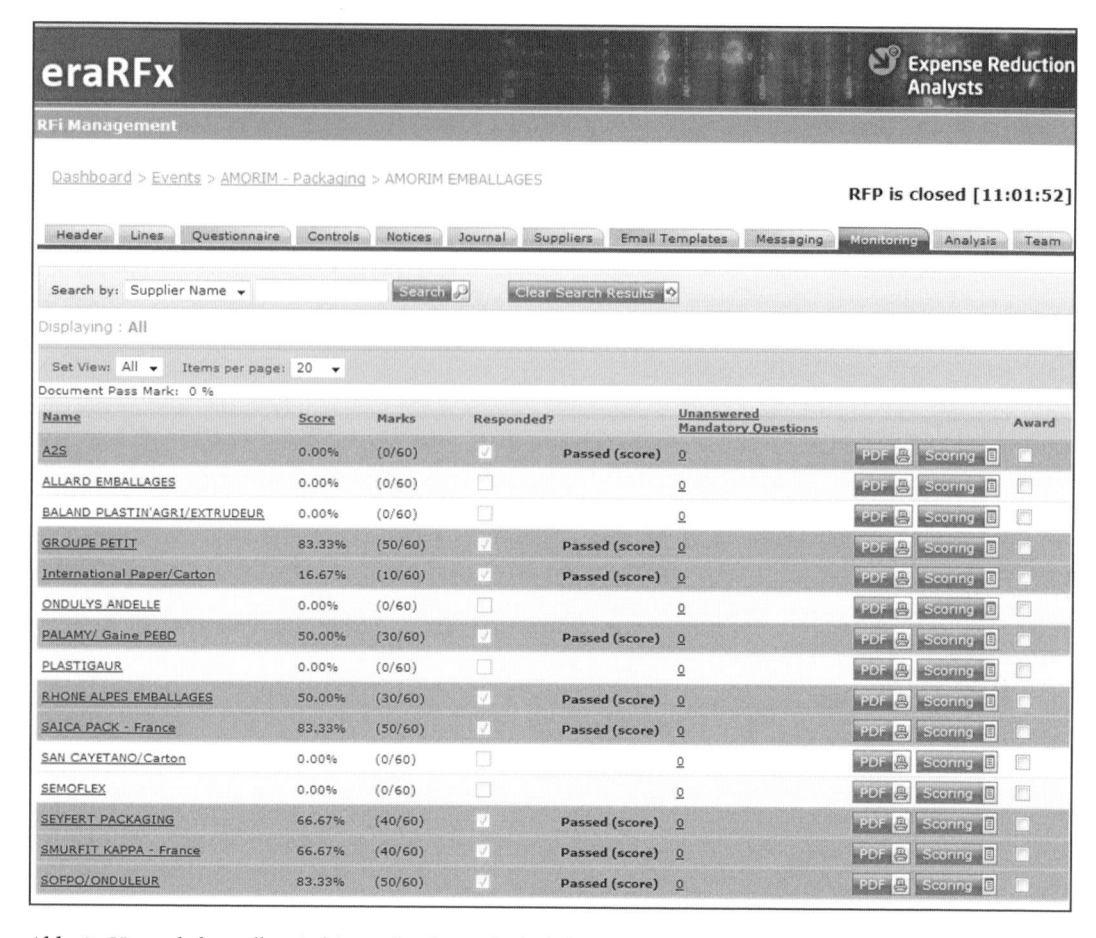

Abb. 8: Hervorheben aller Anbieter die das erforderliche Scoring für eine bestimmte Lieferantenfunktion erfüllen

IT-Unterstützung

Elektronische Tools bieten darüber hinaus eine entscheidende Grundlage, um Projekte, die durch mehrere internationale Projektpartner betreut werden, zu koordinieren. Sie ermöglichen eine schnelle und effiziente Kommunikation und garantieren, dass alle am Projekt beteiligten Partner jederzeit auf denselben Datensatz zugreifen können.

Klarer Vorteil durch IT-Tools bei internationalen Projekten

4 Der Nutzen von IT-Tools: Zwei Beispiele aus der Praxis

Um den Nutzen von IT-Tools für das Gemeindenkostencontrolling deutlich zu machen, empfiehlt es sich, zwei Beispiele aus der Praxis zu betrachten.

4.1 Bürokosten-Optimierung für den Warenhausbetreiber Manor AG

Das erste Beispiel greift ein Projekt aus dem Bereich Bürokosten bei der Manor AG, Betreiber der führenden Schweizer Warenhauskette, auf. Wie häufig bei Projekten, in denen es um große Bestellmengen kleinerer Posten geht, die für das Tagesgeschäft nur von geringer Relevanz sind, musste eine einfach umzusetzende Lösung gefunden werden, die zudem die erforderliche Akzeptanz bei der gesamten Belegschaft finden würde.

Einfach zu implementierende Lösung notwendig

Bereits bei der Bestandsanalyse erwies sich der Vorteil eines IT-Systems: Die Bestellvorgänge sämtlicher Abteilungen konnten zentral erfasst werden und übersichtlich ausgewählt werden. Aus dieser Analyse ließ sich schnell herauslesen, dass das Bestellverhalten einzelner Abteilungen erheblich voneinander abwich, und die preislichen Konditionen dabei substantiell variierten. Auch die Konditionen unterschiedlicher Lieferanten wiesen teilweise erhebliche Unterschiede auf.

Analyse identifizierte uneinheitliches Bestellverhalten

Dieses unkoordinierte Bestellverhalten sollte nun durch eine Vereinheitlichung von Zulieferprozessen beendet werden. Dies funktioniert am besten, wenn alle Bestellungen über einen zentralen Lieferanten abgewickelt werden. Dieser wiederum muss umfangreiche Preis- und Qualitätskriterien für den gesamten Bedarf des Unternehmens erfüllen.

Bei der Durchführung eines entsprechenden Ausschreibungsverfahrens ermöglichte es der Einsatz von IT-Tools auf Basis der Bestandsanalyse einen umfangreichen Katalog an Ausschreibungskriterien zu erarbeiten, und diesen einheitlich an alle potenziellen Lieferanten zu kommunizieren. In den Fragebogen wurden unter anderem folgenden Aspekte integriert:

Einheitliche Kommunikation von Ausschreibungskriterien

Organisation & IT

- Lieferung erfolgt an das Zentrallager oder an die Unternehmenszentrale.
- Vorkonfektionierung für die innerbetriebliche Verteilung.
- Lieferung innerhalb branchenüblicher Lieferzeiten.
- Bestellungen per Telefon, Post, Telefax und E-Mail müssen möglich sein.
- Preise haben sich auf das Bestellverhalten zu beziehen.
- Eine Mindestbestellmenge ist einzuhalten.

Übersichtlichkeit durch Softwaretools

Bei der Auswahl der in Frage kommenden Lieferanten sowie der Auswertung der komplexen Daten aus der Ausschreibung halfen Softwaretools, Übersichtlichkeit herzustellen. So konnten

1. die gesammelten Daten in einheitlicher Form analysiert,
2. mit den Erfahrungswerten aus anderen Projekten verglichen und
3. die in Frage kommenden Lieferanten anschaulich verglichen werden.

Durch die mehrdimensionale Auswertung der eingesetzten Software-Tools ließen sich die Pros und Contras einzelner Lieferanten für das gesamte Unternehmen auswerten.

Etablierung eines einheitlichen Controllings aller Einkaufsaktivitäten

Diese genaue IT-gestützte Analyse ermöglichte es, eine eindeutige Entscheidung für das Angebot eines Dienstleisters zu treffen, der ein Kernsortiment über einen elektronischen Katalog allen angeschlossenen Filialen zur Verfügung stellt. Auf Basis der umfangreichen IT-gestützten Analyse aller Projektdaten konnte zudem ein regelmäßiges Controlling der Einkaufsaktivitäten erarbeitet werden. Dieses Controlling ermöglicht es, auf die sich regelmäßig verändernden Anforderungen einzugehen und so die vom Dienstleister üblicherweise jährlich durchgeführte Optimierung deutlich zeitnaher durchzuführen.

4.2 Reisekostenmanagement für den Druckmaschinenhersteller Müller Martini

Umfangreiches Audit und Abgleich mit Erfahrungswerten anderer Projekte

Das zweite Beispiel greift ein Projekt aus dem Bereich Reisekostenoptimierung bei dem Druckmaschinenhersteller Müller Martini auf. Auch in diesem sensiblen Bereich galt es eine möglichst eindeutig umzusetzende Lösung zu finden, während gleichzeitig die Einbeziehung einer immensen Datenmenge notwendig war, um eine aussagekräftige Bestandsanalyse zu erstellen. In diesem Beispiel konnten IT-Tools einen Beitrag leisten, um ein umfangreiches Audit durchzuführen und mit den bisherigen Datenbanken ähnlicher Projekte abzugleichen.

Auf Basis der Datensammlung des vorangegangen Audits wurde der komplette Buchungsprozess auf ein neues Online-Tool umgestellt, das von der ganzen Belegschaft nach einheitlichen Richtlinien genutzt wird. Hier ließen sich durch

Umstellung des Buchungsprozesses

- eine Eindämmung von sog. „Maverick-Buchungen" (Unkoordinierte Buchungen ohne Einbeziehung der Einkaufsabteilung),
- das konsequente Ausschöpfen von Rabatten sowie
- eine Vereinfachung der Buchungsprozesse

deutlich spürbare Einsparungen erzielen.

Beide Projekte zeigen, dass ein konsequenter Einsatz eines passender IT-Tools in allen Projektschritten der Einkaufsoptimierung von großem Nutzen ist. Sie garantieren eine einheitliche Analyse aller Projektdaten, und helfen bei der präzisen Kommunikation dieser Daten zwischen allen beteiligten Stakeholdern.

5 Effizienz vs. Aufwand – Ein Fazit

Wie sich durch zahlreiche Referenzprojekte belegen lässt, steht der Nutzen von elektronischen Procurement-Tools beim Aufdecken von Sparpotenzialen außer Frage. Die entscheidende Frage, die sich gerade in kleineren Unternehmen stellt, ist allerdings, ob der Anschaffungs- und Verwaltungsaufwand mittelfristig durch nachhaltige Einsparungen kompensiert wird.

Die Erfahrungen aus zahlreichen Projekten der Kostenanalyse und des Einkaufsmanagements zeigen, dass die Vorlaufzeit, die bis zur effizienten Nutzung eines neuen IT-Tools eingeplant werden muss, nicht unerheblich ist. Gleichzeitig steigt der Nutzen von IT-Tools mit dem Umfang der Datenbanken und dem Erfahrungshorizont, den diese Daten widerspiegeln.

Nutzen steigt mit Umfang der eingebundenen Datenbanken

In jedem Fall sind Audit- und Ausschreibungsprozesse durch die Anwendung eines entsprechenden elektronischen Tools deutlich transparenter durchzuführen und eindeutiger zu analysieren als in konventionellen Verfahren: Daten können über die Grenzen einzelner Abteilungen und Filialen hinweg gesammelt und analysiert werden, während gleichzeitig alle am Projekt beteiligten Partner einen permanenten Zugriff auf den letzten Stand der fortschreitenden Auswertung haben. Dies wäre ohne passende IT nur durch aufwändige Kommunikationsprozesse und nicht ohne Reibungsverluste realisierbar.

Transparentere Durchführung und Analyse

Achtung: IT-Tools nur einer von vielen Bausteinen für Projekterfolg
Zu beachten ist dabei, dass der Gebrauch von effektiven IT-Tools alleine noch kein Garant für das Erzielen von Einsparungen ist. Nach wie vor spielt bei der Evaluierung von Parametern im Beschaffungsmanagement die gesammelte persönliche Expertise des Einkäufers bzw. Einkaufs-Consultants eine wichtige Rolle. Nur so kann sichergestellt werden, dass neben einer nachhaltigen Kostenreduktion auch weitere wichtige Aspekte wie Compliance, Akzeptanz in der Belegschaft oder Nachhaltigkeit in Lieferantenbeziehungen ausreichende Berücksichtigung finden.

6 Literaturhinweise

Bundesverband Materialwirtschaft, Einkauf und Logistik e.V. (BME), Stimmungsbarometer Elektronische Beschaffung, 2012.

Bundesverband Materialwirtschaft, Einkauf und Logistik e.V. (BME), Stimmungsbarometer Elektronische Beschaffung, 2011.

Bundesverband Materialwirtschaft, Einkauf und Logistik e.V. (BME), BME-Top-Kennzahlen im Einkauf, 2010.

Kapitel 5: Literaturanalyse

Literaturanalyse zum Themengebiet „Gemeinkostenmanagement"

Seit Beginn der 90er-Jahre ist in der betriebswirtschaftlichen Literatur als auch in der Unternehmenspraxis ein Trend von der traditionellen Kostenrechnung hin zu einem umfassenden Kostenmanagement als betrieblicher Führungsaufgabe festzustellen. Dem Kostenmanagement obliegt die operative Beeinflussung von Kostenniveau, -struktur und -verhalten, während das Gemeinkostencontrolling als unterstützende Funktion die Planung, Verrechnung, Steuerung und Kontrolle der Gemeinkosten zum Ziel hat.

Die Auswahl der vier Bücher dieser Literaturanalyse deckt inhaltlich sowohl die Perspektive des Kostenmanagements im Gesamtüberblick als auch die des Kostencontrollings im Detail ab und zeigt in beiden Perspektiven entsprechende Vorschläge zur inhaltlichen Vertiefung auf.

- Das Lehrbuch *„Kostenmanagement – Methoden und Instrumente"* von *Rosemarie Stibbe* bietet einen zusammenfassenden und praxisorientierten Überblick über die Instrumente und Methoden des Kostenmanagements.
- Das Praxishandbuch *„Gemeinkosten-Controlling mit SAP®"* von *Uwe Brück* und *Alfons Raps* ist ein kompetenter Begleiter auf dem Weg zu einer effektiven Gemeinkostensteuerung und beschreibt sowohl betriebswirtschaftliche Hintergründe als auch deren Umsetzung im SAP-System.
- Das Buch *Time-driven Activity-based Costing – Entwicklung, Methodik, Anwendungsfelder* von *Björn Baltzer* und *Bernd Zirkler* beschreibt die Implementierung einer zeitverbrauchsorientierten Prozesskostenrechnung in Unternehmen und beurteilt deren Eignung für die Analyse unterschiedlicher Fragestellungen in der Praxis.
- Das Methodenbuch *„Kosten-Controlling & Prozessverbesserung"* von *Dieter Andreas* und *Klaus Eiselmayer* schafft einen praxisorientierten Überblick über die Methoden der Gemeinkostenwertanalyse, Geschäftsprozessoptimierung und Prozesskostenrechnung und gibt weiterführende Empfehlungen zu deren Anwendung.

Die Verfasser der Literaturanalyse

Christoph Munck und **Helge F. R. Nuhn** sind wissenschaftliche Mitarbeiter und Doktoranden in den Forschungsschwerpunkten Controlling & Innovation sowie Innovationsmanagement am Strascheg Institute for Innovation and Entrepreneurship (SIIE) der EBS Business School in Oestrich-Winkel.

Literaturanalyse

Überblick		
Titel	Grundlagen	Aufbauliteratur
Autor: Rosemarie Stibbe **Titel:** Kostenmanagement – Methoden und Instrumente **Jahr:** 2009 (3. Aufl.) **Verlag:** Oldenbourg Wissenschaftsverlag **Kosten:** 34,80 EUR **Seiten:** 229 **ISBN:** 978-3-486-58923-8	+++	
	Praxisorientiert	Wissenschaftlich
	++	+

Inhalt

Dem Wandel innerhalb des Kostenmanagements von einer reinen Ausschöpfung von Kostensenkungspotenzialen hin zur Sicherung der Unternehmensexistenz versucht *Rosemarie Stibbe* gerecht zu werden. Dabei greift die Autorin insbesondere die verstärkte Einbeziehung qualitativer, nicht-monetärer Erfolgskomponenten auf, die es im Rahmen der Kosten-/ Nutzenoptimierungsaktivitäten zielorientiert zu steuern gilt.

Die hier vorgestellte 3. Auflage ist entsprechend der vorstehenden Entwicklung überarbeitet und ergänzt worden – ohne das Ziel der vorherigen Auflagen zu ändern: Dem Leser soll schwerpunktmäßig ein zusammenfassender und praxisorientierter Überblick über das Instrumenten- und Methoden-Set des Kostenmanagements vermittelt werden.

Hierzu dienen zunächst die kurze Abgrenzung und die Beschreibung der Aufgabenfelder eines effektiven Kostenmanagements in Kapitel 1. In den beiden weiteren Kapiteln wendet sich *Rosemarie Stibbe* den hierzu zur Verfügung stehenden Methoden und Instrumenten zu. Traditionelle Methoden und Instrumente des Kostenmanagements wie das Erfahrungskurvenkonzept, die Wertanalyse, die Gemeinkostenwertanalyse und das Zero Base Budgeting werden in Kapitel 2 beschrieben und analysiert. Kapitel 3 wendet sich den modernen Methoden und Instrumente des Kostenmanagements zu: Je ein Unterkapitel widmet sich dabei dem Benchmarking, dem Outsourcing, dem Target Costing, dem Integrierten Ideenmanagement, dem Management von Intangibles auf der Basis der Balanced Scorecard, dem Product-Life-Cycle-Management sowie der prozessorientierten Kosten- und Leistungsrechnung.

Bewertung

Das Lehrbuch von *Rosemarie Stibbe* stellt sowohl die in zahlreichen weiteren Büchern beschriebenen traditionellen als auch die wichtigsten neuen Instrumente und Methoden des Kostenmanagements vor. Auf durchschnittlich jeweils zwanzig Seiten wird jedes einzelne Instrument bzw. jede einzelne Methode in einer sehr kompakten Art und Weise zusammenfassend dargestellt. Neben der einfachen und guten Strukturierung sticht vor allem die Übersichtlichkeit des Buches positiv hervor. Hierzu tragen eine Vielzahl von Abbildungen, Checklisten, Tabellen und Bildern bei, die allerdings vom Layout eher einfach und lediglich schwarz-weiß gehalten sind.

Vertiefende Literaturempfehlungen, Lehrfragen und Übungen am Ende runden die einzelnen Unterkapitel ab. Die Kontrollaufgaben bleiben allerdings leider unbeantwortet, so dass der Leser keine Anhaltspunkte hat, ob er das Thema im Sinne der Autorin vollumfänglich durchdrungen hat.

Fazit

Das Lehrbuch von *Rosemarie Stibbe* gibt eine gelungene Zusammenfassung über die für ein effektives Kostenmanagement zur Verfügung stehenden Methoden und Instrumente. Zielgruppen sind dabei Studierende der Betriebswirtschaftslehre im Hauptstudium und Spezialisten in der Praxis, die sich schnell einen ersten Überblick zum Thema verschaffen wollen. Tiefergehende Detailbeschreibungen sowie Praxisbeispiele bietet das Buch jedoch nicht.

Literaturanalyse

Überblick		
Titel	Grund-lagen	Aufbau-literatur
Autor: Uwe Brück, Alfons Raps **Titel:** Praxishandbuch Gemeinkosten-Controlling mit SAP® **Jahr:** 2010 (2. Aufl.) **Verlag:** Galileo Press / SAP Press **Kosten:** 59,90 EUR **Seiten:** 527 **ISBN:** 978-3-8362-1485-8	+++	+
	Praxis-orientiert	Wissen-schaftlich
	+++	

▮ **Inhalt**

Uwe Brück und *Alfons Raps* zeigen in ihrem Buch „Praxishandbuch Gemeinkosten-Controlling mit SAP®" nicht nur auf, wie Gemeinkostencontrolling mit SAP® effektiv umgesetzt werden kann. Vielmehr gehen sie auch auf die betriebswirtschaftlichen Grundlagen ein und machen ihr Werk somit zu einem umfassenden Berater im Hinblick auf die anwendungsbezogene Umsetzung eines Gemeinkostencontrollings.

Wichtiges Attribut für jedes SAP-bezogene Buch ist die zu Grunde liegende SAP-Version und die Versionen anderer, in Betracht gezogener Software. Hierbei handelt es sich um die Releases SAP ERP 6.0 und SAP NetWeaver BW 7.0. Die Module von SAP und der angrenzenden Software werden gleich zu Beginn übersichtlich dargestellt.

Inhaltlich gliedert sich das Buch in die Bereiche „Kostenarten", „Kostenstellen", „Innenaufträge", „Projekte, Prozesse und Ergebnisermittlung" und „Reporting und Planung".

Die Verfasser steigen bei den Grundeinstellungen des SAP-Systems ein und erklären die Anlage von Kostenarten und ihre Administration grundlegend. Ein Einschub erläutert alle wichtigen Elemente der Kostenstellenplanung. Nachdem das Basiswissen somit aufgebaut worden ist, widmen sich die Autoren den anspruchsvolleren Aufgaben des Gemeinkostencontrollings, nämlich der Verrechnung von inneren Aufträgen und Projekten. Es schließt sich ein Kapitel zu Monatsabschlüssen an. Eine ergänzende Anwendungsmöglichkeit von SAP ERP wird im Kapitel der Prozesskostenrechnung dargestellt. Hier wird erläutert, warum herkömmliche Verrechnungssysteme den gewachsenen Anforderungen an Flexibilität in den Wertschöpfungsprozessen nicht immer gerecht werden, wenn sie solche transparent darstellen sollen. Damit ist verrechnungstechnisch ein guter Ausgangspunkt gegeben, um anschließend Ergebnis- und Marktsegmentrechnung, sowie Profit Center Rechnung betriebswirtschaftlich und technisch fundiert zu erläutern.

Abgeschlossen wird das Buch mit einem von den Autoren als „Ausflug in eine schöne neue Welt" betitelten Abschnitt über BI-integrierte Planung. Ein Einblick erklärt, was der Unterschied zwischen SAP und BI-Software ist und wieso es Sinn macht, Analyse von Datenerhebung und -nutzung zu trennen. Auch in diesem Abschnitt wird sehr bildreich erläutert, wie Microsoft Excel in die Analyse mit einbezogen werden kann, und welche Auswirkungen z.B. die Wahl zwischen Konten- oder kennzahlenbasierter Berichterstattung auf die Unternehmensplanung haben kann. Die Erläuterung von BI-Queries schließt den gezogenen Bogen zwischen Controlling-Praxis und Informationstechnik.

Bewertung

Das Buch von *Uwe Brück* und *Alfons Raps* verdient den Zusatz „Praxishandbuch" im Titel, weil es dem Leser einen praktikablen Einstieg in das softwareunterstützte Gemeinkostencontrolling sehr leicht macht. Auch für versierte Controller eignet es sich Buch hervorragend zur inhaltlichen Vertiefung und als Nachschlagewerk.

Die einfache und nachvollziehbare Strukturierung des Buches verstärkt diesen positiven Eindruck. Ein kontinuierlicher Rückgriff auf Grundlagenwissen, um die technische Anwendung und Umsetzung zu fundieren, erleichtert das Verständnis des Lesers ebenso, wie die Anwendung eines durchgängigen Fallbeispiels in SAP®. Klare, einfache Sprache macht das Buch leicht lesbar und zahlreichen Abbildungen und Screenshots helfen zusätzlich, die vorgestellten Inhalte nachzuvollziehen. Die zu Beginn eines jeden Kapitels eingefügten Comics ermöglichen es, in eine jeweils neue Thematik mit einem Lächeln einzusteigen.

Die inhaltliche Zusammenführung von controllingspezifischen sowie informations-technischen Aspekten ist in diesem Buch in hervorragender Weise gelungen. Damit wird auch ein wachsender Bedarf in der Unternehmenspraxis idealtypisch bedient: Mit steigender Komplexität in der Unternehmenssteuerung besteht eine immer stärkere Notwendigkeit der Integration von Datensammlung und -lieferung (IT) auf der einen Seite sowie der Analyse und Bewertung (Controlling) auf der anderen Seite.

Fazit

Ein Praxishandbuch, das diesen Titel verdient. Es ermöglicht Anfängern und Fortgeschrittenen in Unternehmen, „controlling-nahen ITlern" oder „IT-nahen Controllern" den Zugriff auf das relevante Wissensgebiet des Gemeinkostencontrollings und unterstützt sehr hilfreich bei dessen Umsetzung in SAP®. Das Buch richtet sich darüber hinaus an Studierende der Betriebswirtschaft und Wirtschaftsinformatik, die zusätzlich zu den in den Vorlesungen vermittelten Grundkenntnissen einen Einblick in die Praxis des SAP-basierten Gemeinkostencontrollings erhalten möchten.

Überblick		
Titel	Grund-lagen	Aufbau-literatur
Autor: Björn Baltzer, Bernd Zirkler	++	++
Titel: Time-driven Activity-based Costing – Entwicklung, Methodik, Anwendungsfelder Jahr: 2012 Verlag: AV Akademikerverlag Kosten: 49,00 EUR Seiten: 108 ISBN: 978-3-639-40741-9	Praxis-orientiert	Wissen-schaftlich
	+	++

■ Inhalt

Die unterschiedliche zeitliche Inanspruchnahme der Ressourcen durch verschiedenartige Prozesse wird in den bislang implementierten Systemen der Prozesskostenrechnung i.d.R. noch nicht differenziert abgebildet. An diesem Defizit setzt das sog. Time-driven Activity-based Costing als Weiterentwicklung der traditionellen Prozesskostenrechnung an. Durch die Einführung von Zeitverbrauchsfunktionen werden Unterschiede in der zeitlichen Beanspruchung der betrieblichen Ressourcen abgebildet. Die Zielsetzung des Buches von *Björn Baltzer* und *Bernd Zirkler* ist es, das Time-driven Activity-based Costing als neue Entwicklung auf dem Feld des prozessorientierten Rechnungswesens und Controllings systematisch zu analysieren und seine Bedeutung vor dem Hintergrund verschiedener Anwendungsfelder herauszuarbeiten und zu beurteilen.

Gefolgt auf eine Beschreibung der Zielsetzung und des Aufbaus des Buches, wird zunächst ein kurzer Überblick über den Bezugsrahmen des Time-driven Activity-based Costing gegeben (Kapitel 2). Im weiteren Verlauf werden die wesentlichen Problemfelder der Prozesskostenrechnung, die zur Entwicklung des Time-driven Activity-based Costing führten, beschrieben (Kapitel 3.1). Anschließend wird die Methodik des Time-driven Activity-based Costing ausführlich vorgestellt, wobei insbesondere auf Unterschiede zur traditionellen Prozesskostenrechnung eingegangen wird (Kapitel 3.2). In Kapitel 4 erfolgt in einem ersten Schritt eine anwendungsunabhängige Beurteilung des Time-driven Activity-based Costing. Dabei gehen die Autoren insbesondere der Fragestellung nach, inwieweit die Methodik die im Kapitel 3 geschilderten Probleme beheben kann. In einem zweiten Schritt prüfen sie, ob sich für bedeutsame Anwendungsfelder der Prozesskostenrechnung durch das Time-driven Activity-based Costing verbesserte oder erweiterte

Nutzungsmöglichkeiten ergeben. Als Abschluss (Kapitel 5) wird ein kurzes Fazit sowie einen Ausblick zum Time-driven Activity-based Costing gegeben.

Bewertung

Björn Baltzer und *Bernd Zirkler* gelingt es, das Time-driven Activity-based Costing, als neue Entwicklung im Bereich des prozessorientierten Rechnungswesens und Controlling, systematisch zu analysieren und seine Bedeutung hinsichtlich verschiedener Anwendungsfelder herauszuarbeiten.

Dem praxisorientierten Leser wird dabei aufgezeigt, wie sich das Time-driven Activity-based Costing zur Verbesserung prozessorientierter Kundenergebnisrechnungen im Rahmen des Customer Value Management einsetzen lässt. Ferner werden anhand des Time-driven Activity-based Costing-Systems weiterführende Ansätze der Prozesskostenkalkulation, der Lebenszyklus- und Zielkostenrechnung, des effektivitätsorientierten Controllings, der Ergebnisrechnung sowie des wertorientierten Controllings erläutert.

Das Buch überzeugt sowohl durch die sorgfältige theoretische Fundierung als auch durch zahlreiche anschauliche Anwendungsbeispiele. Es ist durch kurze prägnante inhaltliche Abschnitte leicht lesbar und für den Leser mit sehr vielen Abbildungen, Tabellen und Diagrammen leserfreundlich aufgearbeitet. Eine besondere Stärke liegt darüber hinaus in der durchgängigen Fallstudie anhand derer die Methodik des Time-driven Activity-based Costing anschaulich und sehr gut nachvollziehbar dargestellt wird.

Fazit

Die Monographie empfiehlt sich primär für Fachkräfte, Entscheidungsträger, Wissenschaftler und Studenten aus den Bereichen Rechnungswesen und Controlling. Wissenschaftler und Praktiker auf dem Gebiet des führungsorientierten Rechnungswesens erhalten zudem wertvolle Anregungen für eine effiziente und prozessorientierte Gestaltung der unternehmerischen Wertschöpfungssysteme.

Überblick		
Titel	Grund-lagen	Aufbau-literatur
Autor: Dieter Andreas, Klaus Eiselmayer Titel: Kosten-Controlling & Prozess-Verbesserung – Methodenbuch zur Arbeitsvereinfachung Jahr: 2005 (9. Aufl.) Verlag: Verlag für ControllingWissen AG Kosten: 29,00 EUR Seiten: 230 ISBN: 978-3-7775-0005-8	++	+
	Praxis-orientiert	Wissen-schaftlich
	+++	

Inhalt

Methoden wie Work Simplification, Zero Base Budgeting, Activity Based Costing, Gemeinkostenwertanalyse und Geschäftsprozessoptimierung gehören mittlerweile zum Standardrepertoire jedes Controllers. Das Methodenbuch von *Dieter Andreas* und *Klaus Eiselmayer* schafft einen praxisorientierten Überblick über derartige Ansätze und gibt Empfehlungen zu deren Anwendung.

Inhaltlich gliedert sich das Methodenbuch in insgesamt elf Abschnitte. Zunächst bieten die Autoren einen Überblick über die verschiedenen Einflüsse, die seit den 30er Jahren auf das Themenfeld der Arbeitsvereinfachung eingewirkt haben und zeigen auf, wie sich im weiteren Verlauf Methoden wie die Gemeinkostenwertanalyse oder die Geschäftsprozessoptimierung („Business Process Reengineering") entwickelt haben. Im weiteren Verlauf beschreiben sie die Grundausstattung eines Methodenpakets der Arbeitsvereinfachung bestehend aus Bausteinen, Techniken und Formularen. Dieses ergänzen sie um Schlüsselfragen, die sich ein Bereichsverantwortlicher immer wieder stellen sollte. Weitere Abschnitte thematisieren die Aufgaben- und Funktionsgliederung von organisatorischen Bereichen sowie Tätigkeits- und Ablaufanalysen. Die zentralen Abschnitte des Methodenbuches widmen sich der Strukturkostenanalyse bzw. der zielgerichteten Beeinflussung von Struktur-/Fixkosten unter Nutzung von Ansätzen des Zero Base Budgeting sowie der Vorgehensweise bei der Durchführung einer Gemeinkostenwertanalyse. Abschließend formulieren die Autoren ein Fazit und stellen fokussiert den Nutzen der vorgestellten Methoden und Instrumente für die betriebliche Praxis dar.

Zwei sich daran anschließende Abschnitte sind als Nachschlagewerk konzipiert und bieten dem Leser zum einen ein kurzes Glossar der wichtigsten Fachbegriffe sowie eine Formularsammlung. Der in dieser Auflage neu hinzugefügte letzte Abschnitt beschäftigt sich abschließend mit der Methodik der Prozesskostenrechnung.

Bewertung

Mit ihrem als Pocketbuch gestalteten praxisorientierten Leitfaden schildern *Dieter Andreas* und *Klaus Eiselmayer* die relevanten Managementtechniken zur Arbeitsvereinfachung, der zeitgemäß in Richtung Funktions- und Kostenanalyse (Gemeinkostenwertanalyse) sowie Geschäftsprozessoptimierung erweitert wurde. Die Autoren schaffen es, dem Leser aufzuzeigen, wo die relevanten Herausforderungen bestehen und in welchen Bereichen die Vorteile der vorgestellten Methoden liegen. Die einzelnen Abschnitte sind sehr leicht lesbar, gut verständlich und leserfreundlich aufbereitet.

Der anwendungsorientierte Leser bekommt auf vielen Seiten praktische Checklisten, Tabellen und Fragenkataloge geliefert. Des Weiteren beinhaltet das Buch eine Vielzahl an Beispielen und zeigt damit dem Leser transparent auf, wie die vorgestellten Methoden in die betriebliche Praxis umgesetzt werden können. Nur die am Ende des Buches angefügten Formularbeispiele sind etwas in die Jahre gekommen und vom Layout nicht mehr ganz zeitgemäß.

Das Buch beinhaltet ebenfalls ein Glossar der wichtigsten Fachbegriffe. Diese sind in aller Kürze und gut verständlich „für den eiligen Leser" aufbereitet. Lediglich die inhaltliche Einordnung als Abschnitt 9 des Buches ist etwas gewöhnungsbedürftig, da ein derartiger Abschnitt sich üblicherweise am Ende eines Buches findet.

Fazit

Das Buch ist – auf eine lockere Art und Weise – eine hilfreiche Arbeitsgrundlage für jeden Praktiker, der Arbeitsvereinfachungsprozesse und ein effektives Kosten-Controlling in seinem Verantwortungsbereich umsetzen möchte.

Literaturanalyse

Stichwortverzeichnis

A

Akzeptanz
– Definition 232
Akzeptanzproblem
– Aspekte 234
Ausgabensenkung
– Energiekosten 133

B

Beschaffung
– Kostenoptimierung 285
Budgetierung
– Gemeinkosten 30

C

Center-Konzept
– Unterscheidung 274
Cloud Procurement
– Begriff 290
Controlling
– Gemeinkosten 23

D

Differenzierter Akzeptanzgrad
– Projektmanagement 237

E

Einkauf
– Kostenoptimierung 285
Energiekostensenkung
– Praxisbeispiel 133

F

Fixkosten
– Vorverteilung in SAP 205
Fixkostenvorverteilung
– Umsetzung in SAP 205

Flexibilität
– im Gemeinkostenmanagement 267

G

Gemeinkosten
– Budgetierung 30
Gemeinkostencontrolling
– Aufgaben 42
– Grundlagen 23, 37
Gemeinkostenmanagement
– Einkauf 285
– Flexible Organisation 267
– Prozesskostenrechnung 53
– Variantenkostenrechnung 87
– Versicherungsunternehmen 185
Gemeinkostenplanung
– mit Prozesskostenrechnung 62
Gemeinkostensenkung
– Akzeptanz 229
– Energiekosten 133
– Intralogistikbereich 163
Gemeinkostentreiber
– Komplexität 267

I

innerbetriebliche Leistungsverrechnung
– mit SAP CO-Modul 205
innerbetrieblicher Materialfluss
– Kostenoptimierung 163
Intralogistik
– Kostenoptimierung 163

K

Kommunikationskostenoptimierung
– Praxisbeispiel 247

Stichwortverzeichnis

Komplexität
- Begriff 269
- Gemeinkostentreiber 267
- Variantenkostenrechnung 87

Komplexitätsdimension
- Übersicht 270

Kostenmanagement
- Versicherungsunternehmen 185

Kostenplanung
- mit Prozesskostenrechnung 62

Kostensenkung
- Akzeptanz 229
- Einkauf 285
- Energiekosten 133
- Reisekosten 145

L

Lagerkosten
- Optimierung 163

Leistungsverrechnung
- mit SAP CO-Modul 205

M

Materialflusskosten
- Optimierung 163

Mobilkommunikation
- Kostensenkung 247

P

Planung
- mit Prozesskostenrechnung 62

Projektsteuerung
- Akzeptanz 229

Prozesskostenrechnung
- Gemeinkostenmanagement 53
- Praxisbeispiel Otto Group 111
- Versicherungsunternehmen 185

Prozessoptimierung
- Restrukturierung 61
- teamorientiert 61

R

Rationalisierung
- Einkauf 285

Rechnungsprüfung
- Leistungssteigerung 111

Reisekostenoptimierung
- Praxisbeispiel 145

S

SAP CO-Modul
- Fixkostenvorverteilung 205

Service Center
- für Rechnungsprüfung 111

Shared Service Center
- Ausgestaltungsmöglichkeiten 279
- Charakteristika 277
- für Rechnungsprüfung 111
- Prozessauswahl 278

Stakeholder-Interessen-Analyse
- Projektmanagement 239

T

Telefonkostenoptimierung
- Praxisbeispiel 247

V

Variantenkostenrechnung
- Praxisbeispiel 87

Versicherungsunternehmen
- Gemeinkostenmanagement 185

Z

Ziel-Erwartungs-Abgleich
- Projektmanagement 240